奋力打造中国式现代化市域样板

2022宁波发展研究报告

张　健 / 主编

中国商业出版社

图书在版编目（CIP）数据

奋力打造中国式现代化市域样板：2022 宁波发展研究报告 / 张健主编. -- 北京：中国商业出版社，2023.7

ISBN 978-7-5208-2509-2

Ⅰ. ①奋… Ⅱ. ①张… Ⅲ. ①区域经济发展－研究报告－宁波－2022 ②社会发展－研究报告－宁波－2022 Ⅳ. ①F127.553

中国国家版本馆 CIP 数据核字（2023）第 125124 号

责任编辑：吴　倩

中国商业出版社出版发行
（www.zgsycb.com　100053　北京广安门内报国寺 1 号）
总编室：010-63180647　编辑室：010-83128926
发行部：010-83120835/8286
新华书店经销
北京七彩京通数码快印有限公司印刷
*
710 毫米 ×1000 毫米　16 开　22 印张　359 千字
2023 年 7 月第 1 版　2023 年 7 月第 1 次印刷
定价：78.00 元
* * * *
（如有印装质量问题可更换）

编 委 会

主　编　张　健

副主编　周少华　黄建华　张立央　王　峪　费孟云

编　委　**（以姓氏笔画为序）**

王明荣　卢　跃　冯　路　农贵新

吴红艳　张　华　陈　浩　鲍盛基

目录

城市发展

现代经济

产业提质

助企纾困

改革开放

社会民生

城市发展

现代化滨海大都市落地实施对策研究

2022 年 2 月宁波市第十四次党代会提出了建设现代化滨海大都市的奋斗目标，这是贯彻习近平总书记对宁波工作重要指示的政治担当，是落实省委要求的具体行动，也是宁波在新发展阶段实现争先进位的重大部署。为推动宏伟蓝图变成美好实景图，本课题借鉴国内外港口城市发展经验，全面把握现代化滨海大都市的内涵特征，深入剖析存在的突出问题，提出了现代化滨海大都市建设的工作思路、突破重点等建议。

一、现代化滨海大都市的内涵特征

（一）基本内涵

现代化滨海大都市，是现代化发展水平、滨海风貌品质和大都市规模能级的有机统一，是实力、魅力和影响力兼具的城市。

一是现代化发展水平领先。

现代化是一个持续推进的过程，从人类历史来看，有第一次现代化（从农业社会向工业社会迈进）和第二次现代化（从工业社会向知识社会迈进）之分；从我国来看，有“四个现代化”（第三届全国人大）、“基本实现现代化”（党的十三大），“社会主义现代化国家”（党的十五大）、“社会主义现代化强国”（党的十九大）等不同阶段；从宁波来看，有“现代化港口城市”（市第六次党代会）、“现代化国际港口城市”（市第八次党代会）、“现代化滨海大都市”等不同目标。当前，宁波已经基本建成现代化国际港口城市，但与新加坡、汉堡、西雅图等国际一流港口城市相比，发展水平和综合实力仍然存在较大差距。例如，新加坡、汉堡、西雅图地均 GDP 分别是宁波的 23.8 倍、8.6 倍和 1.3 倍，人均 GDP 分别是宁波的 3 倍、3.4 倍和 4.9 倍。

现代化滨海大都市，首先应该是现代化发展水平领先的城市。在新发展阶段，宁波要全面转入创新驱动发展模式，加快实现以知识、创新为引领的更高水平的现代化，对标更高标准、更强城市，力争发展水平“全球一流、全国领先，全省领跑”；加快实现更加全面的现代化，除经济现代化外，还要一体推进政治、文化、社会、生态现代化；加快实现更加均衡的现代化，高质量发展走在前列，城乡统筹协调，共同富裕美好生活惠及全民。

二是滨海风貌品质鲜明。

滨海城市，并不只是地理概念，也不仅指滨海空间的塑造，还意味着宜居宜业的人居环境、人与自然和谐相处的良好生态、开放包容的城市文化等，是城市品质、魅力的综合体现。国内外一流港口城市无一例外都是滨海风貌、品质俱佳的城市，如西雅图被誉为“全美最佳居住地”“最佳生活工作城市”“美国生活质量最高的城市”，不仅是波音、微软、亚马逊等全球500强企业总部所在地，还是美国会议旅游中心；新加坡以“花园城市”闻名于世，良好的生态环境与现代化都市完美融合；汉堡被评选为“欧洲绿色之都”，是著名的文化创意和传媒中心；青岛、大连、厦门、深圳等城市的滨海风貌品质也是所在城市的亮丽名片。

滨海是宁波重要的资源禀赋和空间特色，是宁波城市形象的重要元素，也是宁波未来发展的空间和潜力所在。建设现代化滨海大都市，就是要推动宁波从港口工业城市向滨海城市跨越升级，实现城市形象、品质、魅力的综合提升。现代化滨海大都市应该滨海风貌鲜明，海洋元素丰富，滨海风情浓郁，枕山拥江揽湖滨海的城市风貌特色彰显；人居环境优越，港产城文和生产生活生态融合共生，城市绿色安全韧性，宜居宜业、宜乐宜游；开放而有活力，城市通达内外、时尚活力，文化开放包容、独具魅力，是各类人才和创新资源要素向往集聚之地。

三是具有大都市的规模能级和辐射影响力。

国内外关于“大都市”并没有统一的概念和标准，一般指具有较强的综合竞争力、区域影响力、文化软实力，是全球全国城市体系中重要的枢纽和节点城市。从国内外主要港口城市的发展经验来看，汉堡、西雅图、新加坡、香港、深圳、上海等城市在经历港口带动城市和产业发展的初始阶段之后，纷纷通过推进产业高端化、城市品质化、功能国际化，实现了从临港工业城市向创意创新城市、从商品流转中心向资源配置中心、从生产型城市向品质型城市、从区域中心城市向国际中心城市的跃升。例如，汉堡、西雅图、新加坡不仅是重要的港口城市和贸易口岸，西雅图还是美国前十的科技强市，在航天、计算机软件、生物信息科学、基因科学、电子设备、医疗设备、环境工程等行业处于全球领先地位；汉堡是德国工业中心、第二金融中心和北部文化中心；新加坡是亚洲航运和金融中心。

建设现代化滨海大都市，就是要遵循港口城市发展趋势规律，推动宁波从专能型城市向综合型城市转型，提升在全球全国城市体系中的功能地位。现代化滨海大都市应该综合竞争力强，建成世界一流强港，成为全球领先的先进制造业基地、产业科技创新基地；辐射影响力大，深度参与国际分工及区域一体化，双循环枢纽城市、都市圈核心城市、长三角城市群次中心功能地位突出；城市软实力高，社会文明度、人民富裕度、城市美誉度和国际化水平、营商环境水平、社会治理水平较高。

（二）主要特征

从基本内涵出发，结合宁波新阶段的使命担当、形势任务，借鉴国内外港口城市发展经验，宁波要建设的现代化滨海大都市应具有如下特征。

1. 规模实力雄厚。城市规模迈入特大城市行列，经济总量进入全国第一方阵，综合实力与杭州大体相当，是全球城市体系重要节点城市。

2. 发展质量领先。率先达到发达经济体水平，人均 GDP、单位建设用地产出、一般公共预算收入居于全国全省前列，单位产出能耗水耗、碳排放量明显下降，经济发展的环境友好性更显著。

3. 产业优势明显。现代产业体系基本形成，建成数字经济、高端装备、绿色石化等一批具有世界影响力的产业集群和标志性产业链，工业增加值居于全国前列，拥有一批国际国内一流企业。

4. 创新活力强劲。城市创新功能突出、活力迸发，全社会研发投入强度达到同类城市水平，拥有一批高水平大学、研究院所和创新企业，建成三大科创高地，优势领域领跑全国甚至全球，是国际创新体系重要节点城市。

5. 滨海特色鲜明。城市空间框架从三江迈向三湾，建成世界一流城市滨水景观设施，形成与自然有机融合、富有滨水特色的美丽人居环境，是国际国内旅游目的地。

6. 极核功能突出。宁波在都市圈中的经济、金融、科技、消费、交通、公共服务的极核作用明显，辐射带动能力突出；宁波都市圈呈现较高水平的一体化、协同发展，在长三角城市群和世界城市体系中的地位明显提升。

7. 交通外联内畅。国际性综合交通枢纽城市地位确立，建成世界一流强港，对外形成海、陆、空、铁现代立体交通网络，对内全面建成多元高效便捷的“123 出行交通圈”，是“全球 123 快货物流圈”重要节点城市。

8. 国际化水平高。建成新型国际贸易中心和国际消费中心城市，是全球交通、贸易、投资、消费和人文交流的重要枢纽，具有较强的全球资源要素配置能力；营商环境与国际接轨，外籍人口数量和占比居全国城市前列。

9. 文明共富典范。创成全国文明典范城市、共同富裕示范先行市，物质生活富裕富足，公共服务优质均衡，社会文明程度较高，具有与经济硬核实力相匹配的文化软实力。

10. 运行安全高效。智慧城市建设迈入全球先进行列，社会治理和城市安全韧性水平明显提高。

二、现代化滨海大都市建设存在的突出问题

宁波建设现代化滨海大都市具有坚实基础。2021 年，全市 GDP 总量位居全国第 12 位，一般公共预算收入、工业增加值分别升至全国第 10 和第 7 位，成为全国第六座“外贸万亿之城”，港口货物吞吐量、集装箱吞吐量稳居全球第 1 和第 3 位，同时，区域、城乡统筹协调发展走在全国前列，民生、公共服务、社会治理、生态建设等持续提升。但对照现代化滨海大都市建设的目标要求和内涵特征，还存在一些突出问题和短板。

（一）城市规模能级不大

一是城市面积、人口规模偏小。在 24 个 GDP 超万亿元城市中，宁波建成区面积、城区常住人口均居第 20 位。二是城市辐射带动力偏弱。总部经济、高端服务、创意创新、金融服务等高端城市功能培育不足，世界 500 强企业数量、外资金融机构数量、年度国际会展举办次数等指标均处于计划单列市末位，国内外游客数量和网上繁荣度落后于同类城市。根据全球化与世界城市研究网络（GaWC）2020 年对全球城市功能等级排名，宁波仅位列全球四线城市，低于青岛、苏州、合肥、厦门、大连等城市。三是市域统筹水平偏低。宁波长期以来形成县域经济发达、市级层面统筹偏弱的格局，区（县、市）同质竞争

问题突出，协同发展、规模效应不足。

（二）产业层次不高

一是科技创新能力不足。缺乏具有强引领作用的高水平研究型大学、国家实验室和创新领军人才，人才总量和研发经费支出大大低于同类城市。广大中小民营企业创新资源、意愿和能力不足，2020年全市仅有38.1%规模以上工业企业设置了研发机构，46.5%的企业开展了研发活动，而同期苏州、南京开展研发活动企业占比分别为50.1%、53.2%。2021年度浙江省创造力百强企业中，杭州上榜企业54家，宁波只有17家。二是制造业总体处于价值链供应链中低端。高新技术产品出口占比不足10%，外贸单箱货值仅为深圳的1/5。2021年，宁波规模以上工业亩均税收为49.1万元/亩，被杭州（54.4万元/亩）反超，增速排名全省倒数第2；规模以上工业亩均增加值为195.8万元/亩，低于杭州（218.8万元/亩）、温州（199.5万元/亩），增速排名全省第7。三是新兴产业、现代服务业发展滞后。2021年，宁波战略新兴产业、高新技术产业增加值占比分别为27.9%和58.8%，低于杭州17.2和10.2个百分点。高端生产性服务业发展滞后，港航物流业中贸易、保险、信息、咨询等高端行业增加值占比不足20%，证券、会计、律师、科技等专业服务外流现象明显。四是领军型、平台型大企业少。市场主体以民营中小企业为主，没有世界500强企业，中国企业500强、中国制造业企业500强和中国服务业企业500强分别只有9家、17家和15家，而杭州分别有24家、6家和27家。

（三）国家综合交通枢纽城市地位尚未形成

一是对外交通链接相对薄弱。铁路末梢状况尚未得到根本改变，高铁线路仅有2条，南北向、西北向、西南向均缺少对外铁路通道，是长三角主要城市中唯一与上海缺少直连通道的城市，通达长三角核心城市时间超过2小时。海港与内陆腹地衔接不够，辐射地区以浙江、江西、福建为主，距离多在300～500公里以内。机场旅客和货邮吞吐量分别位列全国第32位和第26位，航线密度、通达口岸和航班少于同类城市。二是对内1小时交通圈尚未实现全覆盖。部分外围组团与主城区之间缺乏快速路、轨道交通连接，通达时长超过1小时。

（四）滨海风貌品质欠缺

一是滨海感知度不高。镇海区域100%的岸线、北仑区域80%以上的大陆岸线资源被港口、临港工业所占据；梅山新区、象山港等新建滨海区域与中心城区车程超过1小时；四类和劣四类的海域面积占比超过65%。二是空间功能布局散乱。港产城功能区块交叉混杂，70%的腹地集装箱通过公路集疏运，部分路段与城市交通道路重合，堆场、集卡停车场等布局不合理，物流动线杂乱低效。建设空间碎片化问题突出，全市重点开发区现状工业用地图斑数量17369个，单一图斑用地面积平均0.91公顷。总规生态带范围内现状建设用地占比达24%。三是城市风貌特色不够鲜明。建筑设计、风貌管理相对粗糙，三江口、老外滩、东钱湖等公共空间缺少亮点与兴奋点，天一阁、它山堰、河姆渡等文化地标缺少高质量整体保护与开发，知名度和影响力不足。四是优质公共服务不足。中心城区幼儿园和中小学学位缺口多；本专科院校只有14所，在全国城市中列第38位，没有“985”“211”工程建设高校，仅有1所“双一流”高校；三甲医院仅有9家，与杭州（26家）、青岛（16家）、深圳（15家）差距较大，且没有医院上榜全国百强，市民赴沪杭求医现象较为普遍；每百位老人养老床位数只有5.6张，公办养老机构“一床难求”，老年大学学位供给比例约为上海的1/2。

（五）传统思维理念对创新发展支撑不够

一是进取精神不足。宁波务实、低调的人文传统容易走向保守，大气魄和大格局不足。干部队伍中本地人偏多、年龄结构偏大，区域优越感明显，创新开拓精神不足，机遇意识、危机意识不强；部分中小民营企业家求稳意识、小富即安意识浓厚，进取精神、做大做强做优精神不足。二是专业精神不足。城市建设偏好用本地人才、本地公司，强工程弱运营的建设模式导致活力不足、体验不佳。产业发展、招商引资等习惯于用财政补贴、税收优惠等老经验、老办法，产业基金、投资机构、招商机构等专业化和市场化力量依托不足、效果不佳。这些因素导致宁波近年来在争取国家政策红利、改革开放试点以及发展新经济、未来产业方面明显落后于同类城市。

三、现代化滨海大都市建设的工作思路和突破重点

（一）工作思路

对照现代化滨海大都市内涵特征，针对存在的突出问题，借鉴先进城市发展经验，建议现代化滨海大都市建设的工作思路为：贯彻落实市党代会和市委

部署，紧紧围绕“全球一流、全国领先、全省领跑”的要求，产业对标汉堡、城市对标西雅图、港口对标新加坡，对内强化统筹、对外强化联通，横向强化融合、纵向强化赋能，推动重点领域、关键环节、核心项目攻坚突破，尽快形成一批标志性成果。

一是对内强化统筹，激发释放内在活力。坚持市域“一盘棋”“一张图”“一本账”，积极推进新型城镇化、全域都市化、市域一体化，促进空间、产业、基础设施和公共服务一体布局，土地、资金等资源集约使用，全面消除县域经济综合体发展模式弊端，加快推进共同富裕，实现更高水平、更高质量发展。二是对外强化联通，提升宁波枢纽极核功能。全面融入和高效服务双循环新发展格局，优化国际国内综合运输通道布局，提高国际国内市场链接、全球资源集聚配置水平，加快嵌入全球创新网络体系，进一步提升在全球全国城市体系中的枢纽功能地位。三是横向强化融合，培育发展新动能新增量。打破发展边界，积极推进一二三产业融合、生产生态生活布局融合和都市圈全面融合，以融合促进产业转型升级、空间高效利用和城市协同发展，增强城市发展后劲。四是纵向强化赋能，牵引支撑现代化先行。强化数智赋能，深入推进政府数字化改革、产业智能化改造和智慧城市建设，全面赋能政府管理、产业发展和社会治理。强化文化赋能，以文化人、以文惠民、以文兴业、以文聚力，为现代化滨海大都市建设提供有力支撑。

（二）突破重点

一是完善市域统筹的空间格局和体制机制。提升统筹发展水平，构建与大都市相匹配的发展模式和格局。以国土空间综合整治为牵引优化全市域空间功能布局。科学编制实施方案，全域全要素推进国土空间综合整治，一体推动资源重组、功能重塑、空间重构、产业重整、环境重生，加快全市域空间大腾挪、大整合、大重构。优化全域功能布局，根据现代化滨海大都市建设要求，结合各行政区资源禀赋、现实基础，确立优化其主导功能，形成错位协同发展格局，减少低水平重复建设和内部不良竞争。完善市级统筹体制机制。聚焦城市规划、土地管理、城市建设、招商等重点领域和关键环节，进一步增强市级统筹协调能力。按照事权与财权相匹配的原则，理顺市、区两级的事权责任，集中有限财力和资源要素用于重大战略、重大改革、重大平台、重大项目建设。发挥城市规委会作用，进一步强化市域规划、建设、管理的统筹，推动实现全市重大功能布局“一盘棋”。深化大招商统筹，完善项目跨区流转和利益分享等机制，健全以主导产业为对象的差异化招商考核机制，明晰市级各职能部门职责分工，充分调动各主体积极性和主动性。健全完善重点区块、开发园区的管理体制机制，围绕增强活力，进一步精简管理机构、优化职责配置、深化“放管服”改革。适时谋划全域都市化。以行政区划调整推动资源要素、人口、产业布局和空间格局协同、高效发展，积极做好余、慈、宁、象撤县（市）改区，以及江北和镇海两个规模较小的行政区合并方案研究，适时启动相关工作。

二是加快建成国家综合交通枢纽城市。发挥交通先导作用，抢抓国家重要战略机遇和投资振市机遇，全面对接国家综合运输大通道和综合立体交通网，按照适度超前原则，构建外联内畅的现代化综合立体交通体系。建成更加丰富立体的对外通道。聚焦两个“123”目标（宁波都市圈内部及宁波至上海1小时、至长三角主要城市2小时、至全国主要城市3小时交通圈和国家123快货物流圈），加快建设“一主十二廊”铁路网和“五向十径”高速公路网，完善六向联通的陆路对外通道。北向跨湾，重点加快通苏嘉甬进度、沪甬跨海通道前期；南向沿海，重点推进甬台温高速改扩建、甬台温福高铁进度；西向沿江，重点推进杭甬高速复线三期开工和杭州湾货运铁路等前期；西北向甬宁郑西，重点畅通宁波与西安、兰州、新疆陆上“丝绸之路”的交通连接；西南向甬昆，重点加快甬金衢上高速开工和甬金高铁前期；东向海上通道，重点建设甬舟铁路、甬舟高速复线。提升空港枢纽能级，加密拓展客运航线，大力发展航空货运，建成全国重要的国际货运口岸和全球物流体系重要节点。加快推进宁波西枢纽项目，尽早启动铁路西站、栎社机场四期等主体工程，实现机场、高铁、高速、地铁无缝衔接，提升综合客运枢纽功能。建成更加高效便捷的市域双快廊道。聚焦市域一体化发展目标，围绕组团直连、滨海直达、品质通勤等需求，重点推进以市域轨道交通和城市快速路为主的双快廊道建设，加快形成市域内30分钟交通圈。全面推进轨道交通三期建设，谋划轨道交通四期，加快建设宁慈、余慈、宁象及梅山连接线等市域（郊）铁路，推动轨道交通与市域（郊）铁路、城际铁路、国铁干线铁路等“四网”融合、高效衔接。着力完善“四横五纵九联”的城市快速路网体系，加快鄞州大道快速路（机场路—鄞横线）、东钱湖快速路二期、环城南路—梅山快速路等项目进度，谋划建设东海大道、公园大道、宁波大道等中心城区至余姚、慈溪的快速连接通道。

三是优化提升国际国内双循环枢纽功能。抓住全球产业链重构、扩大内需战略实施和全国统一大市场建设机遇，放大港口、外贸等传统优势，培育提升港航服务、开放平台、消费中心等新优势，在服务构建新发展格局上发挥更大作用、展现更大作为。打造国际一流强港。建设世界级港口泊位群和发达的集疏运体系，做强初级产品战略储运配置功能，货物吞吐量继续保持全球第1位，集装箱吞吐量力争全球第2位。做强宁波航运交易所，加快发展航运金融、海事服务等国际航运现代服务业，进一步提升高端航运服务业增加值占比，推动全球航运中心地位和港口辐射带动能力明显提升。打造新型国际贸易中心。重点推动贸易主体引培、贸易结构优化和贸易业态创新。实施全球贸易商集聚计划，大力招引能源贸易、大宗商品、港航服务、新业态贸易商等国际巨头设立运营总部或分支机构，打造一批具有国际话语权的本土跨国公司和内外贸一体化领跑企业，保持进出口额全国占比。大力培育优势出口产业集群，支持企业通过自主培育、境外收购等方式推进品牌建设，提升宁波在国际分工和国际价值链中的地位。加快数字贸易、服务贸易跨越发展，推动转口贸易、离岸贸易等新型贸易方式发展，完善独立站、海外仓、前置仓等新型外贸基础设施，培育外贸发展新增长点。做强高能级开放平台。中国—中东欧国家经贸合作示范区要围绕做大规模能级，深入推进与中东欧国家贸易投资、航运物流、科技创新、人文交流等领域务实合作，多渠道拓展中国—中东欧国家博览会的形式、范围、覆盖面和影响力，积极争取承办中国—中东欧国家领导人峰会和其他机制性活动，抓住绿色发展、数字经济等新合作增长点提升发展中东欧国际产业合作园，推动宁波成为中国—中东欧国家“三个首选地”。宁波自贸片区要突出三大枢纽的功能定位，聚焦港航物流、新型贸易、智能制造等重点领域，推进对外开放和先行先试，强化政策、制度、流程、服务创新的系统集成，全面接轨国际规则、管理和标准，打造具有宁波辨识度的制度性开放新高地；要依托政策制度创新，加快集聚发展油气全产业链、新型贸易业态、智能制造、新材料科创等重点产业，争创大宗商品特色自由贸易港、新型国际贸易和智能制造示范区。建设国际消费中心城市。要重点做大进口消费、旅游购物消费、外贸产品内销等增量，提升消费能级。发挥世界级口岸优势，扩大优质消费品进口，进一步做大跨境零售进口规模，建设成为区域性进口消费品集散地。高品质打造泛三江口、东部新城、南部商务区等国际化、地标性商圈，高标准建设一批特色街区，积极发展首店经济、夜间经济，挖掘和保护老字号品牌资源，策划消费节庆活动，打造国际国内旅游购物目的地。积极支持外贸企业开拓国内市场，大力发展直播电商、新零售等消费新业态新模式，提高宁波产品的国内市场占有率。发展专业性批零市场，将其建设成为都市圈消费中心。

四是培育一批具有世界影响力的产业集群。紧紧把握新一轮科技革命和产业变革机遇，以超常规举措补强宁波科技创新短板，加快推进制造业向全球产业链中高端攀升、生产性服务业跨越式发展和未来产业全面布局，力争建成3～5个具有世界影响力的产业集群，世界500强企业实现零的突破，成为全球先进智造基地。加快建设三大科创高地。加大政府创新投入，加快推进甬江实验室、甬江理工大学（暂名）建设，迭代升级甬江人才工程，实施重大科技专项攻关，争取国家级重大创新平台、重大科技基础设施（装置）布局，建设以实验室、高校、产业技术研究院为主体的创新平台体系。发挥企业创新主体作用，健全市场导向的产学研协同机制，鼓励龙头企业牵头建设产业技术创新联盟，支持企业与高校共建现代产业学院、工程师协同创新中心，鼓励企业开展技术并购、设立海外研发中心和布局国内外专利。发挥科技大市场作用，对接省、长三角科技大市场和全球创新网络，多渠道引进利用国内国际创新成果，实现"全球创新、宁波集成"，借势借力站上产业链技术顶端。以高质量为导向开展全域产业治理。推进企业智能化、数字化转型，加快数字技术与先进制造技术深度融合，开展企业设计、研发、生产、管理、服务等全流程智能化改造。推进产业空间集聚集约发展，整合提升各类产业平台，做到空间相对集中、功能全面集成，引导增量企业向园区集中、存量企业有序转移。推进资源要素优先向高效产业、项目配置，深化"亩均论英雄"改革，扩大适用范围，制定有约束力的低效企业退出机制，强化正向激励和反向倒逼。创新产业促进政策体系。针对制造业服务业融合发展、内外贸一体化的趋势，全面梳理现有产业政策、扶持资金等，打破按企业性质分类扶持的做法，建立按照企业生命周期不同发展阶段给予相应扶持的政策体系，强化企业全生命周期精准服务。针对未来产业前瞻性强、风险高的特点，出台有针对性支持政策，包括成立政府牵头、社会资本广泛参与的产业基金，以产业投资方式引培未来产业；谋划推出一批未来产业重点技术攻关项目，以技术突破带动未来产业发展；搭建自动驾驶、人工智能、区块链、AI应用、大数据等新技术的实验基地，强化应用场景供给，推动未来产业落地应用，等等。推动企业做大做强做专。开展企业雁阵梯度培育，推动企业"上规、上市、上云、上榜"，完善单项冠军全链条培育机制，做大专精特新"小巨人"群体规模，持续推动中小微企业快速成长，打造一批产品卓越、品牌卓著、创新领先、治理现代的一流企业。鼓励企业提升跨国经营发展能力、全球资源配置能力，促进产品、设备、技术、标准和服务等一体化"走出去"。

五是全面塑造滨海特色风貌。把滨海地区发展放在更加突出的位置，加快推进港产城文融合，充分放大海洋资源优势，打造世界级绿色活力海岸带，建设海洋中心城市和国家经略海洋实践先行区。提升发展滨海产业。建设生态型、创新驱动型现代海洋产业体系，提升海洋渔业发展质量，突破发展海洋新材料、海洋生物医药、海洋油气资源开发利用、国际商业卫星发射、海洋监测等现代海洋产业，依托梅山海洋工程装备产业孵化基地、象山临港装备产业园等平台打造千亿级规模海洋工程装备产业集群；依托丰富的岸线、海岛、海湾等资源，大力发展港口观光、涉港工业旅游、海岛旅游、渔村民宿、中小学海洋研学、滨海运动等滨海旅游休闲业，建设成为长三角滨海休闲旅游目的地。优化滨海空间布局。强化滨海空间管控，建立滨海开发保护统筹机制，防止岸线无序开发，并根据不同地区资源禀赋、生态特征、功能利用需求，塑造差异化的滨海空间风貌。优化海岸带空间布局，北部建设产城融合区，中部推动临港产业区绿色转型，并增强滨海生活、公共服务等功能，南部加强生态环境治理和修复，打造形成"北部产业、中部港口和滨海都市休闲湾区、南部生态休闲"的格局定位。打造北纬30°最美海岸带。以北仑梅山—象山东部海岸带为重点，打造以滨海蓝绿空间为底色、以特色小镇为节点、最具滨海风情的魅力区块。腾退低效工业岸线，导入发展健康、休闲、时尚、创意等产业；推进北仑梅山、奉化滨海、宁海湾底、象山东部、石浦岛群特色化发展，加快建设中国浙江海洋运动中心、松兰山—大目湾游艇基地、象山影视星光小镇、石浦渔港古城、花岙海岛公园等项目，形成珠链式滨海小城镇带；谋划建设北起白峰码头、南至象山半岛南段的滨海绿道，打造一条百公里长、观山看海的"Q"字形滨海风情大道。提升城市滨水空间。重点打造三江六岸、东钱湖和塘河滨水空间。全线贯通三江六岸百公里滨水空间，重点建设三江口城市滨水客厅和甬江科创大走廊、姚江文化大走廊、奉化江魅力大走廊，强化沿江公共空间营造，完善公共交通配套，打造成为最具活力的城市地标和都市单元。高起点高水平做好东钱湖—福泉山片区规划研究，加强环湖区域管控和路网建设，推进国际会议中心等重要功能载体建设，加快韩岭南宋风情街、南宋石刻公园等项目提升，打造东钱湖宋韵文化圈。谋划建设塘河慢生活空间，推进水系河网贯通、生态软性岸线改造和慢行步道建设，并与城市绿道、公园湿地、文化遗迹等贯通链接，一体布局休闲游憩、文化体育、防洪排涝等设施，提升塘河水系的生态、水利、文化、景观和休闲功能。

六是提升城市幸福宜居品质。围绕就业创业环境、公共服务和人居环境等关键领域，加快推进以共同富裕为底色的城市品质提升，增强城市综合竞争力，集聚吸引人口人才。营造更具吸引力的就业创业环境。加大技能培训、资金补助和金融服务等政策扶持力度，推动所有劳动者同等享受就业服务和政策。结合企业智能化、数字化改造，大力改善制造业整体就业环境，同时，加快现代服务业发展，完善平台经济、共享经济等新业态和灵活就业模式的支持政策，开发城乡社区公共服务就业岗位，吸引更多高素质的青年人就业。强化创业的全链条政策扶持，优化创业生态，打造最容易创业城市。加强优质公共服务供给。实施民生服务优享行动，建立覆盖常住人口的公共服务体系，扩大优质教育、医疗、养老等群众需求强烈的公共服务供给。推进学校布局、学位供给与人口规模相适应，大幅提升公办和普惠性幼儿园覆盖率、常住人口子女就读公办幼儿园和义务教育学校比例，建成一批高水平大学。将住房保障覆盖面扩大到常住人口，解决新市民、年轻人阶段性住房问题。实施“医学高峰计划”，力争更多医院进入三甲医院行列。加大普惠性养老托幼设施建设，提升服务水平。探索构建共富型大社保体系，推进基本社会保障提标扩面，鼓励发展商业补充养老和医疗保险。推进老城有机更新和未来社区、未来乡村建设。紧抓国家城市更新试点契机，一体推进城中村、城乡接合部、老旧小区整治改造和未来社区、未来乡村建设，滚动实施“精特亮”工程，建设一批共同富裕现代化城乡单元。

七是发挥文化建设赋能作用。争创文明城市典范，活化利用宁波丰富的历史文化资源，推进历史底蕴与现代活力交织辉映、文化建设与经济社会发展相得益彰，显著提升城市知名度、美誉度和软实力。弘扬开放包容、创新进取的人文精神。建设现代化滨海大都市，必须要有全球视野、开放精神，要进一步提高城市国际化水平，全方位深化对外交流合作，兼容并蓄各种有益资源为我所用，打造多元包容、充满活力的城市文化；要大力倡导自主创新、奋力拼搏的精神，实施更加开放、更加便利的人才引进政策，不拘一格引进各种人才，鼓励各种新生事物，健全支持创新、包容失败的社会环境；要大力弘扬科学家精神、企业家精神、工匠精神，加快发展教育、科技、文化事业，营造尊重知识、尊重人才的社会氛围；要创建文明典范城市，建设全龄友好型城市，优化宜居宜业环境，让各方人才人口近悦远来。打造一批文旅金名片。以文旅融合发展带动城市环境品质提升，建设多元魅力的现代大都市。擦亮“流动的世界文化遗产”和“顺着运河来看海”等品牌，优化提升“大运河—海丝之路”“浙东唐诗之路”“诗画浙江·百县千碗·甬菜百碗”等传统特色精品线路。整体规划开发三江口、天一阁·月湖、鼓楼、城隍庙等文旅资源，打造千年甬城核心承载区，建设成为市民家园认同的情感纽带和最具辨识度的宁波IP。建设翠屏山文旅融合区，高水平打造河姆渡—慈城—上林湖“宁波文脉金三角”，建设成为大都市中央公园。完善宁波帮作用发挥的长效机制。扩大宁波帮人士范围，把曾经在宁波生长生活过的企业家、院士以及科技、教育、医疗等各行各业人士全部纳入。建立专门机构，常态化开展与宁波帮人士的联系、交流、慰访，多样化开展凸显宁波风俗特色的日常活动，促进文化认同，增进互信交流，强化资源对接。做好典范人士及相关事迹宣传，设立“宁波帮帮宁波”突出贡献奖等荣誉称号。创新城市宣传推广载体。坚持互联网思维，深化与头部互联网平台的合作，策划一批“网红宁波”打卡地，充分运用国际语言、群众语言、网络语言讲好宁波故事。策划一批时尚赛事活动，高水平举办文化产业博览会、时尚服装节、开游节、开渔节、书画展等文旅节展，积极承办有影响力的影视节、动漫节等，策划有宁波特色的环湖马拉松、江边音乐节等活动。加强城市大事件策划，积极争取承办世博会、全运会等，乘势推动城市设施完善、功能整合、魅力塑造，全面提升城市全球影响力。

八是推进城市治理现代化智慧化。以“整体智治”“一网协同”的数字政府建设为牵引，全面推进政务服务“便捷普惠”“一网通办”、市域治理“泛在智慧”“一网统管”，打造治理现代化、智慧化的滨海大都市。建设“整体智治”“一网协同”的数字政府。推动政府履职方式系统性、数字化重塑，对内实施政府机关决策、执行、评价、反馈等数字化协同工程，加快形成各级政府部门核心业务全覆盖、横向纵向全贯通的数字化工作体系，促进行政权力规范透明运行；对外，借助数字化技术深化大综合一体化执法改革，提升跨层级、跨地域、跨部门、跨系统、跨业务的协同管理和服务水平，构建协同高效的政府数字化履职体系。打造“便捷普惠”“一网通办”的公共服务体系。以一体化智能化公共数据平台为支撑，推进各部门、各领域的业务融合交互和流程改造，迭代升级“一件事”服务，深化政务服务“全省通办”“跨省通办”，打造全时在线、多跨协同、一次不跑的政务服务体系。依托数字化技术推动涉企审批一网通办、惠企政策精准推送、政策兑现直达直享，提高主动服务、精准服务、靠前服务能力，构建智慧化的企业全生命周期服务体系。完善提升数字出行、数字健康、数字养老、数字教育、数字旅游等智慧民生系统，强化综合集成，构建多元参与、功能完备的一站式数字化生活体系。建设“泛在智慧”“一网统管”的社会治理体系。持续升级网络基础设施，建设全国领先的城市智能感知基础平台，强化动态感知和立体防控，打造立体化智能化社会治安防控体系、数字化安全监管体系和应急防控网络。推进人工智能超算中心建设，在城市大脑的总框架下，加强基层社会综合治理系统、智慧城管等各类城市运行系统的互联互通，推进数据按需归集、充分共享和安全利用，构建统一的城市运行视图，推动数字孪生技术在城市治理中的运用，提高城市治理的精细化、科学化、智能化水平。

张　健　金　戈　吴红艳　汪志飞　陈　浩　冯　路　罗　松　徐　毅

宁波城市燃气管网有机更新研究

近年来，国内多地发生燃气爆炸事故。仅2022年6月，就造成6人死亡、72人受伤。2021年6月湖北十堰燃气事故，造成25人死亡，138人受伤，主要原因就是天然气管道的严重腐蚀破裂。对此，习近平总书记多次作出重要指示，强调城市管道包括燃气管道更新改造是一件重要工程。2022年政府工作报告中明确提出加快城市燃气管道、给排水管道等管网更新改造。2022年6月，国办印发《城市燃气管道等老化更新实施方案（2022—2025年）》，要求加快推进城市燃气管道等老化改造，让人民群众生活更安全、更舒心、更美好。

目前，宁波城市燃气已进入大规模使用时期。一方面城市燃气管网设施①逐步完善，总体运行保持安全稳定。另一方面，城市燃气管网局部出现老化趋势，而且早期建设管网标准相对较低，安全运行风险逐年增大。此外，城市燃气管网设施在应急储备、城乡覆盖、智能化运行等方面还存在薄弱环节，迫切需要以有机更新为着力点，推动城市燃气管网设施系统性升级改造，全面巩固维护城市安全“生命线”。

一、宁波城市燃气管网发展基本情况

宁波城市燃气管网设施主要为天然气管网，个别市政管道未达地区为液化石油气管网。宁波城市燃气管网设施建设始于1995年，早期主要通过建设区域液化石油气气化站方式向周边小区供应燃气。2006年启动天然气置换管道液化石油气以来，天然气管网设施规模不断拓展，逐步形成以天然气为主体的燃气管网设施体系。

---

① 城市燃气管网设施是指从城市门站向终端用户输送燃气所必需的综合设施系统，一般由门站、储配站、输配管道、调压设施、运行管理设施及监控系统等共同组成，是重要基础民生设施。

（一）用户规模持续扩大

随着天然气大规模推广应用，宁波管道燃气用户快速增长。2021 年管道燃气用户数 158.7 万户，为 2010 年的四倍，其中管道天然气用户达 157.9 万户（见图 1）；市六区管道燃气气化率[①]达 95%，全市城镇管道燃气气化率达 65.6%（见图 2）。

（二）管网设施逐步完善

2021 年末全市管道燃气企业共建成城市门站 10 座、储配站 57 座、LNG 气化站 12 座（见表 1）；燃气管道[②]总长近 10450 公里，其中天然气管道 10410 公里，相比 2011 年增长 209.6%，立管约 5926 公里，基本形成高压成环、各层级管道互联互通供气格局。2021 年，全市天然气年供应量达 18.8 亿立方米，相比 2011 年增长 468%。

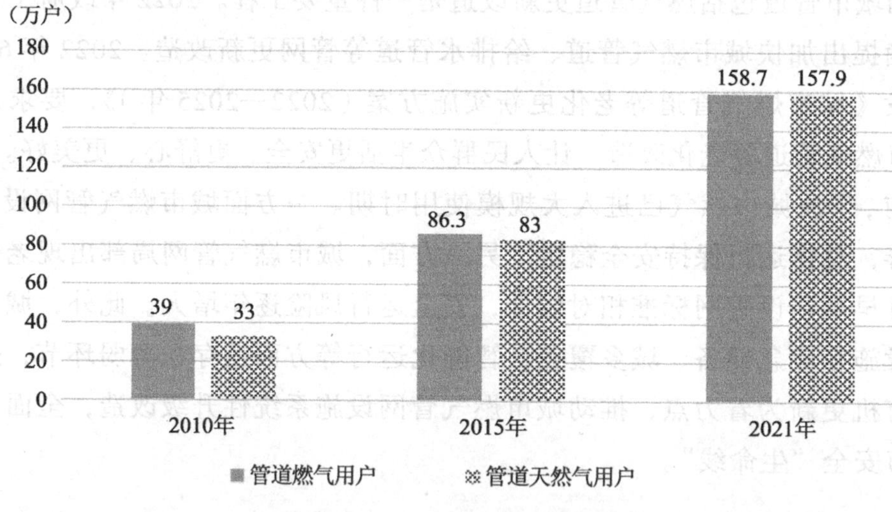

图 1　2010 年、2015 年、2021 年宁波管道燃气用户数量[③]

① 使用管道燃气居民户占总家庭户的比例。

② 燃气管道包括市政燃气管道以及建筑区划内业主共有的庭院管道（不含立管）；立管是指引入管出地面后沿墙向上敷设的燃气管道。

③ 数据来源：市综合行政执法局。图2、表1、表2同。

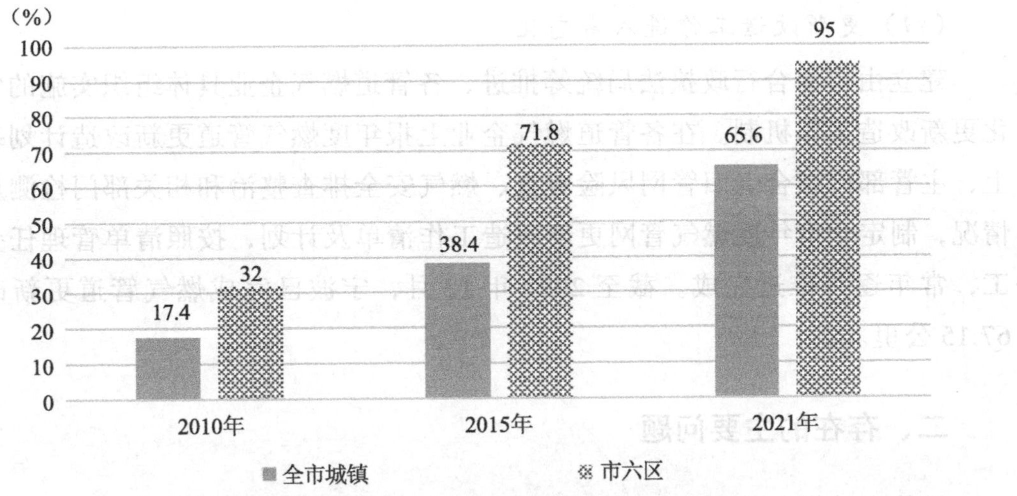

图 2　2010 年、2015 年、2021 年宁波城镇管道燃气气化率

表 1　　2021 年宁波城市天然气管网设施情况

	城市门站	储配站	LNG 气化站	高/中压调压站
数量（座）	10	57	12	20
	高压管道	中压管道	低压管道	管道合计
里程（公里）	266	5138	5006	10410

（三）行业市场竞争格局基本形成

燃气行业作为市政公用行业主要采取特许经营方式实现市场化转型。目前宁波燃气行业已形成国有企业为主导、民营和外资企业共同参与、适度竞争市场格局。市六区现有管道燃气企业 6 家，其中华润兴光、新奥燃气分别是国有和民营企业代表，两家在市六区的管道运营里程和用户数合计占比均超过 80%（见表 2）。各县市通过地方国企独资、引入民营企业及与国内大型燃气企业合资等方式，相继成立管道燃气企业，目前象山 2 家、宁海 2 家、慈溪 2 家、杭州湾 1 家、余姚 1 家。

表 2　　宁波市六区管道燃气企业相关情况（截至 2021 年底）

企业名称	所有制类型	管道运营里程（公里）	用户数（万户）
宁波华润兴光燃气有限公司	国有	6631	77.03
宁波新奥燃气有限公司	民营	1794	27.14
宁波东方管道燃气股份有限公司	国有	378	5.42
鄞州滨海燃气发展有限公司	民营	147	0.26
宁波大榭开发区燃气有限公司	外资	282	1.48
奉化华润兴光燃气有限公司	国有	729	5.74

（四）更新改造工作进入常态化

建立由市综合行政执法局统筹推进、各管道燃气企业具体组织实施的常态化更新改造工作机制。在各管道燃气企业上报年度燃气管道更新改造计划基础上，主管部门结合老旧管网风险普查、燃气安全排查整治和相关部门检测反馈情况，制定全市年度燃气管网更新改造工作清单及计划，按照清单管理任务分工，常年逐月推进完成。截至2022年12月，宁波已完成燃气管道更新改造67.15公里。

二、存在的主要问题

目前宁波燃气管网设施存在局部老化集中、智能化建设尚需提升、覆盖和供气应急保障水平不高等问题，同时面临资金投入动力不足、法规标准不够健全、协同推进工作合力有待提升等体制机制问题。

（一）部分燃气管道进入老化周期，老旧小区安全风险相对集中

通常情况下，运营满20年的燃气管道存在安全隐患的概率较大；不满20年的，如遇环境条件差、维护不当等情形，同样可能存在安全隐患。根据最新排查情况，宁波现有运营满20年的中低压燃气管道213.3公里、燃气立管约100公里，分别占总数的2%和1.7%，未来一段时期还会有更多管网进入老化周期，安全隐患将增多。尤其是燃气立管主要集中在中心城区老旧小区，安全风险相对较大，同时存在户内燃气立管检查难、封闭包裹等安全风险。此外，全市尚有近50万户室内橡胶软管用户，其中约70%的橡胶软管用户集中在中心城区。

（二）燃气管网数字“一张图”难以构建，平台集成度有待提升

政府燃气运行监管平台已与部分管道燃气企业信息化平台对接联通，但尚未全面覆盖。管网长度、使用材质、使用年限和老化程度等基本信息依然分散在部分管道燃气企业，且部分早期建设燃气管道基础信息不全、无管道测绘等资料，导致形成全市“一张图”全覆盖难度较大。与应急管理部门的安全监管业务系统、消防救援部门的指挥系统以及自然资源部门的城市地理信息数据等相关部门平台数据尚未完全打通，现场感知设备安装覆盖面不广，数据接口和标准不统一，数据集成度不够高，平台功能还需完善。居民终端用户新型燃气物联网智能表安装有待提升，家庭燃气报警器安装率还处于较低水平。

（三）资金投入保障机制不够健全，管道燃气企业更新改造动力不足

燃气管网更新改造耗资较大，保守估计每公里燃气管道更新改造成本100万元。“十四五”时期，按照平均每年改造50公里管道计，需要投入2.5亿元，再加上用户端改造和局部智能化升级，实际投入将达到5亿元，每年1亿元。目前，燃气管网更新改造所需资金主要由企业自筹，企业更新改造的投入回报机制尚未理顺。城市管道燃气销售价格实行居民用气政府定价，工商业用气最高限价管理，管道燃气企业更新改造资金投入难以通过价格传导消化，一定程度影响企业更新改造的积极性。更新改造财政补贴激励不足。目前居民用气存在价格倒挂现象，燃气购销差价亏损补贴未能完全覆盖企业亏损，与杭州相比还有明显差距（见表3），致使企业利润变薄，影响企业更新改造投入力度。此外，部分规模较小的县级地方独资燃气企业，负担不起常态化更新改造投入，给管网运行埋下一定安全隐患。

表3　宁波、杭州燃气企业居民用气购销差价亏损补贴方案对比[①]

	宁波	杭州[②]
每立方米购销差价亏损	4.08元（进气成本）–2.95元（销售价）=1.13元	
购销差价亏损补贴方案	0.37元	(1.13+0.7)×80%=1.47元

（四）燃气应急储备主要依靠协议储气能力，本地应急气源站建设不足

目前，全市仅有3座LNG应急气源站，本地储气能力288.6万立方米，协议储气能力9106万立方米，总储气量占年供气量的比重约为5%，远低于欧美主要发达国家30%左右的水平。宁波应急储备能力主要依赖过渡性质的购买协议合同[③]，应急气源站建设相对滞后，其中一个重要原因是燃气专项规划未与城市总体规划进行有效衔接，部分应急储备设施项目未明确具体选址，影响项目落地建设，导致应急储备设施能力提升缓慢。

（五）市六区少数偏远乡镇尚未接通天然气管道，城乡总体燃气管网覆盖率有待提升

目前，市六区仍有6个乡镇（街道）镇区未接通天然气管道[④]，全市尚有

① 数据来源：管道燃气企业。

② 杭州的补贴方案中0.7元是管道燃气企业管理成本，杭州的补贴方案可覆盖购销差价亏损幅度较大，而且有利于激励管道燃气企业降低管理成本。

③ 以签订协议和合同的形式确定储气能力。

④ 分别为海曙区的章水镇，北仑区的白峰街道、郭巨街道，奉化区的大堰镇、裘村镇、松岙镇。

0.8万户管道液化石油气用户，管道里程38.6公里。由于地理位置偏远，资金、土地等要素落实难，部分农村还不具备安全敷设、使用管道燃气条件，全市城乡居民天然气覆盖率尚未达到40%，与深圳全市74%的天然气覆盖率相比差距较大，天然气管道向乡村地区延伸覆盖还有较大空间。

（六）地方相关法规对更新改造的规定还不够具体，非压力管道的检测评估标准缺失

《宁波市燃气管理条例》在燃气管网更新改造方面，虽然明确了企业的主体责任，但并未对更新改造标准、成本分担、法律监督等方面做出具体规定。现有法律法规以及国家标准未对非压力燃气管道（1公斤以下压力管道）制定统一的检测评估标准，导致部分老旧庭院管道、立管等非压力燃气管道更新改造不及时、停滞拖延等问题，加大了燃气管网运行的安全风险。

（七）燃气管道更新改造涉及多方主体，协调实施难度较大

燃气管道更新改造涉及公路或市政道路开挖、绿化占用、交通组织、规划路由变更等事项，涉及自然资源和规划、城市管理、交通、交警等相关部门，同时涉及其他地下市政管线产权单位及其管线保护，存在审批环节较多、作业协调难度较大等问题。小区燃气管道更新改造涉及小区内部道路开挖、建筑外墙和用户室内装修破坏、暂停供气等问题，涉及业主、物业、社区居委会等各方诉求，企业在小区单方面实施更新改造协调难度较大。

三、对策建议

从国内外比较来看，欧美发达国家天然气在一次能源消费占比均超过20%，中国约为9%，宁波这一比重只有5%，天然气应用规模增长空间巨大，燃气管网设施将进一步延伸拓展，燃气管网设施安全运行重要性将更加突显。提升城市燃气管网生命线系统运行质效，应以城市燃气管网有机更新为着力点，发挥规划统筹引领、强化政策激励、数字赋能、法规标准支撑和组织保障，推进燃气管网设施安全性、稳定性、先进性系统升级，牢牢守住城市安全运行底线。

（一）发挥规划统筹引领作用

编制城市燃气管网更新改造规划方案。全面梳理城市燃气管道老化更新改造底数，加快编制城市燃气管网更新改造规划方案，与国土空间规划和燃气专

项规划实现有机衔接、同步传导，研究提出升级改造项目清单和分年度计划，按规划逐年滚动实施落地。

完善燃气应急储备项目规划传导衔接机制。加快制定完善城市燃气专项规划，统筹布局燃气应急储备项目，健全燃气专项规划与国土空间规划同步传导机制，落实燃气应急储备项目选址及用地安排。

推进城市燃气专项规划向农村延伸覆盖。将城市燃气专项规划范围拓展到全市域，管线规划向有条件乡镇、中心村、农村新社区辐射，及时将农村管道燃气项目建设用地纳入相关规划。对暂不具备条件开通燃气的地区，按规划要求预留燃气设施建设用地及通道。

（二）健全资金投入保障机制

优化管道燃气企业居民用气购销差价补贴方案。借鉴杭州按照购销差价亏损加企业管理成本的一定比例进行补贴的做法，加快出台优化现有居民用气购销差价补贴的方案。

拓宽庭院管道和户内设施更新改造资金筹措渠道。超前谋划老旧小区老化管道更新改造项目，积极申请中央预算内投资计划。已纳入老旧小区改造计划的庭院管道更新改造，材料和安装费用由管道燃气企业负责，施工所需其他费用由财政资金补助。推广免费为居民用户同步更换户内橡胶软管。

加大终端用户自有设施智能化升级资金支持力度。采取市县两级政府补贴一部分、管道燃气企业和用户分担一部分的激励引导政策，支持居民、餐饮等生产经营单位安装新型燃气物联网智能表和燃气报警器。

建立燃气下乡资金合理共担机制。将符合管道燃气建设条件的乡镇周边农村或农村新建社区纳入燃气下乡财政补贴范围，以户为单位确定补贴标准，由市与区（县、市）财政按比例分担，市级财政可适当向宁海、象山倾斜。

（三）深化燃气数字化改革

完善数字化监管平台。推进燃气数字化监管平台与管道燃气企业信息化平台对接整合，加快打通应急管理、消防救援、自然资源等相关部门业务系统，统一相关数据接口和标准，推进燃气管网设施数据、业务数据和空间数据整合集成，打造城市燃气管网设施全主体、全要素、全流程信息“一张图”。推动数字化监管平台功能迭代升级，增加完善可视化远程监控、智能预警、联动应急处置、用户一站服务等功能，推动实现市、县、企业、用户等主体的贯通应用。

创新安全协同管理机制。鼓励管道燃气企业整合监控系统（SCADA）、地理信息系统和管线巡查系统，打造集传感器感知、无人机巡检、卫星遥感等技术于一体的管网智能运维体系。建立快速联动燃气警报机制，依托智能化终端，实现多信源快速警报、及时协同处理。健全统一指挥、上下联动、灵活应对的应急协同机制，一屏掌控、实时部署车辆、物资、设备等应急保障资源，为突发情况下指挥人员进行大规模应急资源管理和调配提供支持。

建立燃气事故统计数据库。建立燃气事故电子报送系统，拓展细化燃气事故报送事项，规范报送流程，形成全市燃气事故统计数据库。深化统计数据库应用，科学分析挖掘燃气事故发生原因和统计规律，定期发布燃气事故分析报告，提高燃气管网更新改造针对性和科学性。

（四）完善相关法规标准

推动更新改造法治化管理。健全《宁波市燃气管理条例》等规定，进一步明确不同位置、不同类型燃气管道设施产权界定，以及日常运维、更新改造、成本费用分担等责任。研究制定相关管理法规，切实加强违建拆除执法，积极解决违规占压、第三方施工破坏、违建导致安全间距不足等城市燃气管道安全保护突出问题。

加强非压力燃气管道技术标准支撑。加快制定非压力燃气管道安全评估导则，进一步完善和规范非压力燃气管道检测评估内容、方式、结论报告和检测周期等。支持市政建设相关国有企业加强燃气管道检测评估能力建设。建立完善责任明确、竞争有序的第三方检测机构评价体系和监督约束机制。研究制定智慧燃气等技术标准。

（五）强化组织协调

推进城市管道统筹改造。建议成立地下老旧管网更新改造领导小组，办公室设在市城管局，各区（县、市）建立工作专班。结合城乡风貌整治、老旧小区改造、道路改造与提升等工程，推进燃气管道、其他管道项目统筹改造、同步施工。

建立健全工作落实机制。燃气管网更新改造责任主体部门要完善清单管理制度，强化任务接领、责任落实、科学考核闭环管理。建立健全协调联席会议机制，协调解决更新改造中的问题，及时总结更新改造工作经验。

规范基层社区共建共治。社区居委会要主动联合管道燃气企业、物业、业主委员会和居民代表等，成立工作专班，建立例会制度，加大宣传，做好思想工作，提高居民知晓度和参与度，全流程跟踪保障，协同推进相关工作。

简化优化审批流程。建立完善快速审批机制，组织相关部门联合审查城市老旧燃气管网更新改造方案。既有庭院管网改造中，不涉及土地权属变化和管道位置改变的，建议不再办理用地、规划等手续。老旧小区改造办理前期手续后，再增加庭院燃气管道改造内容的，可实行备案制。推广“一次性联合验收”的做法。

（六）加强重点问题研究

前瞻研究布局油气全产业链管网基础设施。依托宁波舟山港丰富的油气资源，加快布局完善油气管网设施，有力支撑油气储运、炼化加工、贸易交易等全产业链区域联动发展。

重视并开展对轨道交通产生杂散电流腐蚀埋地钢质管道等安全问题的监测研究。

组织成立燃气管网安全技术委员会。组织一批市内外城市燃气管道风险评估、检验检测、标准研究等方面行业专家，为全市燃气管网安全管理提供智力支撑。

市政府发展研究中心　张立央　农贵新　傅叶挺　唐平原　张小兰
市综合行政执法局　戚兴初　章和庆　鲁　凡
市公用事业指导中心　应春然　王建海　俞浩臻

进一步提升宁波人口竞争力的对策研究

人口是城市的基础，人口竞争力就是城市竞争力。当前我国人口发展形势已经处于重大转折时期，全国人口或将进入负增长阶段，对城市人口战略带来深远影响。近年来，宁波经济社会高速发展，城市空间格局不断拉大，保持了人口高速增长的良好态势，第七次全国人口普查数据显示，2010年至2020年间，全市常住人口增加179.9万人，增幅23.64%；截至2021年底，全市常住人口总量达到954.4万人。但与此同时，宁波也面临生育率持续下降、老龄化少子化问题凸显、人口学历素质不高等问题，必须深入研判宁波人口竞争优势潜力和制约问题，采取有力举措，扬长补短、提质增效，切实增强人口竞争力，为实现“两个先行”奋斗目标，加快打造中国式现代化市域样板奠定更加坚实的基础。

一、人口问题事关城市发展大计

（一）人口规模影响城市经济实力

我国城市发展实践证明，城市经济实力与人口规模呈正相关关系，人口规模越大，城市经济实力越强，我国城市人口总量位居前十的城市，占据了国内GDP规模的前七位，城市服务业规模也相对较大（见表1、图1）。同时，第七次全国人口普查和地方经济统计数据显示，近10年来，人口净流入多的城市，发展也相对较快，尤其是深圳、西安、广州等城市，成为人口“抽水机”的同时，区域经济也得以快速发展。

表 1　2021 年城市人口、GDP 和服务业规模情况 ①

序号	城市	人口规模（万人）	全国排名	GDP增加值（亿元）	全国排名	服务业增加值（亿元）	全国排名
1	重庆	3212	1	27894	5	14787	5
2	上海	2489	2	43215	1	31666	2
3	北京	2189	3	40270	2	32890	1
4	成都	2119	4	19917	7	13220	6
5	广州	1881	5	28232	4	20203	3
6	深圳	1756	6	30665	3	19300	4
7	天津	1373	7	15695	11	9615	11
8	武汉	1365	8	17717	9	11064	9
9	西安	1316	9	10688	24	6794	19
10	苏州	1280	10	22718	6	11656	8

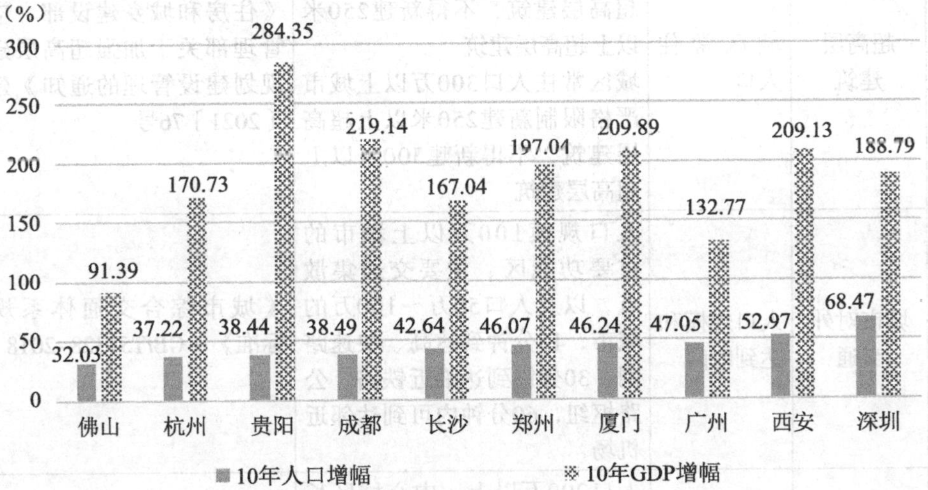

图 1　2010—2020 年人口增幅前十城市 GDP 增幅

（二）人口规模关系城市重大基础设施建设

从城市建设看，人口规模对城市基础设施建设具有重要影响，尤其是关系到交通道路、建设用地、城市建筑等重大基础设施建设。如国家发改委对城市修建地铁设置了 GDP3000 亿元以上、市区人口 300 万以上等条件，不少城市因为市区人口达不到标准而导致地铁建设暂缓。又如，对城市超高建筑，规定城区常住人口 300 万以下城市严格限制新建 150 米以上超高层建筑，不得新建 250 米以上超高层建筑。另外，在城市交通基础设施领域，机场、快速路等建

① 资料来源：网络搜集整理（同表2、表3）。

设标准都与人口规模密切相关（见表 2）。

表 2　部分城市重要基础设施建设与人口规模关系

序号	类型	划分标准	具体数值	政策文件
1	地铁建设	GDP、人口、地方一般预算收入	GDP3000亿元以上、市区人口300万以上、地方一般预算收入300亿元以上	《关于进一步加强城市轨道交通规划建设管理的意见》（国办发〔2018〕52号）
2	轻轨建设	GDP、人口、地方一般预算收入	GDP1500亿元以上、市区人口150万以上、地方一般预算收入150亿元以上	《关于进一步加强城市轨道交通规划建设管理的意见》（国办发〔2018〕52号）
3	建设用地和居住用地	人均建设用地、人均居住用地面积	人均建设用地指标，一般控制在65～115平方米之间	《城市用地分类与规划建设用地标准》（GB 50137-2011）
4	超高层建筑	城区常住人口	城区常住人口300万人口以下城市严格限制新建150米以上超高层建筑，不得新建250米以上超高层建筑 城区常住人口300万以上城市严格限制新建250米以上超高层建筑，不得新建500米以上超高层建筑	《住房和城乡建设部、应急管理部关于加强超高层建筑规划建设管理的通知》建科〔2021〕76号
5	城市对外交通	人口规模和达到时间	人口规模100万以上城市的重要功能区、主要交通集散点，以及人口50万～100万的城市，15分钟到达高、快速路网，30分钟到达临近铁路、公路枢纽，60分钟内可到达邻近机场	《城市综合交通体系规划标准》（GB/T51328-2018）
6	城市干线道路等级	人口和城市长度	人口200万以上，中心城区长度30公里以上，规划Ⅰ型快速路；人口200万以上，中心城区长度20公里以上，规划Ⅱ型快速路；人口100万～200万，规划Ⅱ型快速路或Ⅰ级主干路；人口50万～100万，规划Ⅰ级主干路	《城市综合交通体系规划标准》（GB/T51328-2018）
7	城市内部出行	人口规模和通勤时长	95%的通勤出行单程时耗，城市规模100万以上的，控制在60分钟以内，100万以下的控制在40分钟以内。1000万以上的，可适当延长	《城市综合交通体系规划标准》（GB/T51328-2018）

（三）人口规模决定城市公共服务资源配置

在城市社会治理领域，人口是一个重大变量，城市公共服务资源一般按照人口规模进行配置，人口规模数量决定了公共资源配置力度。提升社会治理精细化程度，需要精准把握城市人口总量、结构、分布等，合理配置公共服务资源和社会治理资源。如，在医疗教育、养老托幼等公共事业领域，一般按照每千人配备学位、床位和托位数；在律师、会计师等生产性服务业领域，一般按照万人比配置专业服务人才；在持证社工等社会治理人才领域，也有相应的配备比例要求（见表3）。

表3　部分公共服务资源配置与人口数量配比

序号	类型	配置标准	全国现状	宁波现状	配置目标
1	3岁以下婴幼儿托位	每千人	2.03个	2.63个	到2025年，国家达到4.5个/千人的目标，宁波目标4.5个/千人
2	医疗床位	每千人	6.51张	4.73张	到2025年，宁波计划增加到6.6张/千人
3	养老床位	每千人	31张	56张	2025年，全国养老服务床位总量要达到900万张以上，养老机构护理型床位占比达到55%
4	公交车	每万人	12.5标台	12.6标台	交通运输部“公交都市”要求公交车拥有量15标台/万人
5	律师	每万人	4.2名	4.3名	到2026年，宁波目标拥有律师数6.5人/万人
6	执业医生	每千人	3.04名	3.59名	国家明确到2025年，执业医师数达到3.2人/千人；到2025年，宁波规划执业（助理）医师数4.4人/千人
7	注册护士	每千人	3.34名	3.72名	到2025年，国家注册护士数达到3.8人/千人，宁波则要求达到5.1人/千人
8	持证社工	每万人	5.3名	8.1名	国家要求城镇常住人口持证社工数不少于18名/万人，宁波目标到2026年不少于22名/万人
9	注册志愿者	每万人	154名	202名	2025年全国注册志愿者突破1亿人，到2026年宁波目标超过230人/万人

（四）人口规模体现城市能级影响力

当前城市能级的划分，除了以城市综合实力为标准的一线、二线、三线划分之外，影响力最大的就是以城区常住人口规模为标准的城市大、中、小等级划分。如，根据城区常住人口规模，我国将城市划分为超大城市（1000万以上）、特大城市（500万以上1000万以下）、Ⅰ型大城市（300万以上500万以下）、Ⅱ型大城市（100万以上300万以下）、中等城市（50万以上100万以下）、Ⅰ型小城市（20万以上50万以下）和Ⅱ型小城市（20万以下），这类划分属于较为正式的城市等级分类，也在一定程度上影响了公共政策（如户籍政策）和区域战略（如都市圈战略）实施，并且学界接受度较高，成为各类城市分析比较、体现城市能级能量的主要依据。

二、宁波人口竞争力提升基础优势和制约因素分析

城市人口竞争力可以从两个方面来评价：一是有合理的存量人口规模、素质结构和空间布局；二是有强大的外来人口吸引力、承载力。对照这两方面标准，宁波人口竞争力有优势也有不足，需要客观分析、正确对待。

（一）人口增长保持良好态势，少子老龄化问题逐渐显现

随着经济社会快速发展，宁波已经站在“千万人口城市俱乐部”门槛上，近10年常住人口增加150.3万人，年均增长1.9%，户籍人口增加40.6万人，年均增长0.8%。宁波对流动人口的吸引力不断增强，第七次全国人口普查人口统计显示，非户籍人口总量430.97万人，占全市常住人口45.83%，规模较十年前第六次全国人口普查增加202.12万人，年均增速6.53%，显著高于宁波常住人口增长率。与此同时，宁波人口自然增长率逐年放缓，少子老龄化问题逐渐显现，人口自然增长率、低龄人口占比逐年下降，老龄人口占比逐年上升的“两降一升”现象较为明显。2021年末全市常住人口自然增长率为0.7‰，比上年下降0.02‰，户籍人口自然增长率为-0.86‰，近10年首次负增长。0～14岁人口占总人口比重为12.2%，比上年下降0.1个百分点；60岁及以上和65岁及以上人口占总人口比重分别上升0.2、0.7个百分点（见图2、图3）。

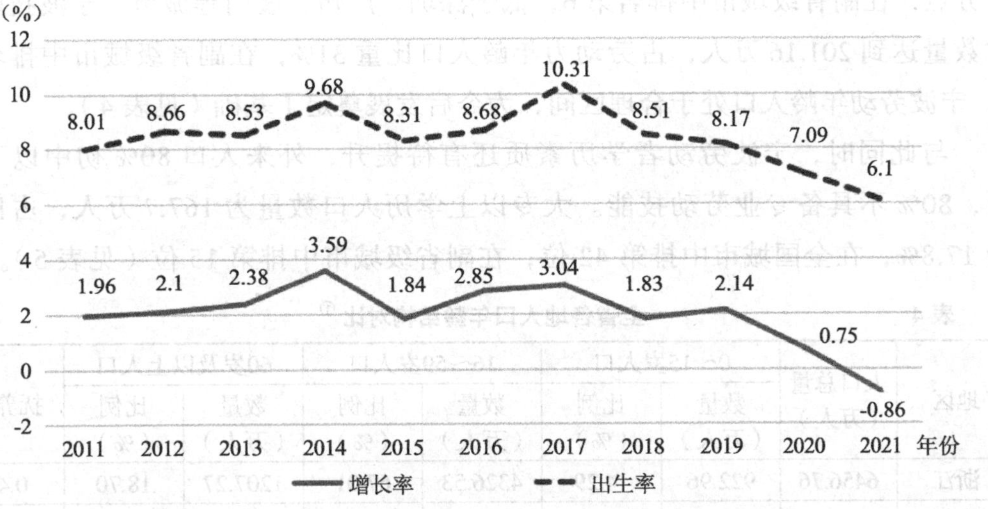

图 2 2011—2021 年宁波户籍人口自然增长率和出生率情况

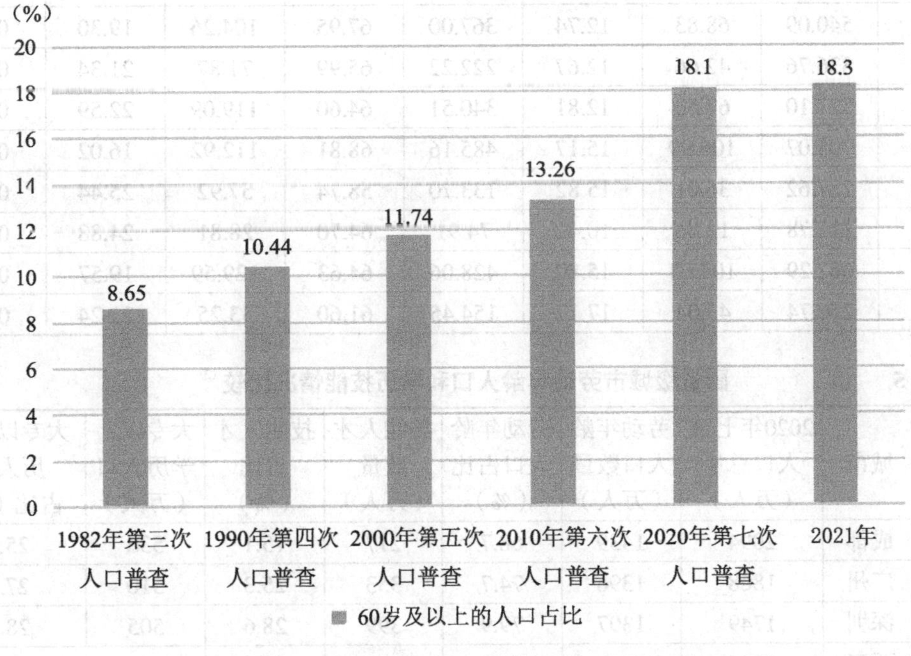

图 3 历次人口普查宁波 60 岁及以上人口占比

（二）劳动年龄人口占比合理，劳动力素质有待提升

劳动年龄人口是城市经济社会发展的主要支撑，劳动年龄人口规模占比和素质高低决定了对城市发展的贡献程度。第七次全国人口普查数据显示，宁波劳动年龄人口 648 万人，占比达到 68.9%，在全省仅次于杭州，高于全省平均 1.81 个

百分点，在副省级城市中排名第 6，低于深圳、广州、厦门等城市。宁波技能人才数量达到 201.16 万人，占劳动力年龄人口比重 31%，在副省级城市中排名第 2，宁波劳动年龄人口处于合理区间，为今后发展奠定了基础（见表 4）。

与此同时，宁波劳动者学历素质还有待提升，外来人口 80% 初中以下学历，80% 不具备专业劳动技能。大专以上学历人口数量为 167.7 万人，占比仅为 17.8%，在全国城市中排第 42 位，在副省级城市中排第 15 位（见表 5）。

表 4　　全省各地人口年龄结构对比 ①

地区	人口总量（万人）	0～15岁人口		16～59岁人口		60岁及以上人口		抚养比
		数量（万人）	比例（%）	数量（万人）	比例（%）	数量（万人）	比例（%）	
浙江	6456.76	922.96	14.29	4326.53	67.01	1207.27	18.70	0.49
杭州	1193.60	163.31	13.68	828.97	69.45	201.33	16.87	0.44
宁波	940.43	122.03	12.98	648.14	68.92	170.26	18.10	0.45
温州	957.29	155.89	16.28	643.43	67.21	157.97	16.50	0.49
嘉兴	540.09	68.83	12.74	367.00	67.95	104.26	19.30	0.47
湖州	336.76	42.66	12.67	222.22	65.99	71.87	21.34	0.52
绍兴	527.10	67.50	12.81	340.51	64.60	119.09	22.59	0.55
金华	705.07	106.99	15.17	485.16	68.81	112.92	16.02	0.45
衢州	227.62	36.01	15.82	133.70	58.74	57.92	25.44	0.70
舟山	115.78	12.06	10.42	74.91	64.70	28.81	24.88	0.55
台州	662.29	104.64	15.80	428.06	64.63	129.59	19.57	0.55
丽水	250.74	43.04	17.17	154.45	61.60	53.25	21.24	0.62

表 5　　副省级城市劳动年龄人口和学历技能情况比较 ②

序号	城市	2020年七普人口总量（万人）	劳动年龄人口数量（万人）	劳动年龄人口占比（%）	技能人才数量（万人）	技能人才占比（%）	大专以上学历人口（万人）	大专以上学历人口占比（%）
1	成都	2094	1439	68.7	217	15.1	536	25.6
2	广州	1868	1396	74.7	353	25.3	510	27.3
3	深圳	1749	1397	79.9	399	28.6	505	28.9
4	西安	1295	885	68.3	155	17.5	378	31.0
5	武汉	1245	859	69.0	128	14.9	422	33.9
6	杭州	1194	837	70.1	173	20.7	350	29.3
7	青岛	1007	648	64.3	118	18.2	228	22.6

① 浙江省第七次全国人口普查数据（同表7）。

② 资料来源：公开数据整理（表5、表9、表10）。

续表

序号	城市	2020年七普人口总量（万人）	劳动年龄人口数量（万人）	劳动年龄人口占比（%）	技能人才数量（万人）	技能人才占比（%）	大专以上学历人口（万人）	大专以上学历人口占比（%）
8	哈尔滨	1001	676	67.5	110	16.3	205	20.5
9	宁波	940	648	68.9	201	31.0	168	17.9
10	南京	931	636	68.3	182	28.6	328	35.2
11	济南	920	585	63.6	137	23.4	238	25.9
12	长春	907	608	67.0	150	24.7	202	22.2
13	沈阳	907	593	65.4	78	13.2	250	27.6
14	大连	745	474	63.6	101	21.3	176	23.6
15	厦门	516	378	73.3	147	38.9	139	26.9

（三）人口空间分布相对均衡，城区人口集聚度不高

人口区域分布也是衡量人口竞争力的重要标准，合理的区域分布能够带动促进相关产业快速发展。宁波人口区域分布呈现一核多极、相对均衡的态势，城区常住人口 360.9 万人，10 个区（县、市）中常住人口超过 100 万的区域有 4 个，其中慈溪城区常住人口就突破 100 万人，达到Ⅱ型大城市标准。同时，区域人口集聚与经济发展基本呈正相关关系，人口排名前列的区（县、市），GDP 总量也相对靠前。人口高密度区域主要集中于中心城区和北部片区，南部区域人口密度绝大部分在 500 人 / 平方公里以下（见表 6）。

与此同时，宁波城区常住人口集聚度不高，第七次全国人口普查数据显示，宁波城区常住人口占全部常住人口比重仅为 38.4%，在副省级城市中排倒数第二位（见表 7）。由于城区常住人口不足 500 万人，在城市等级划分时，宁波也未能被纳入特大城市序列。虽然城区常住人口最合适的占比没有相对统一标准，但一般来说，城区人口集聚度高更有利于促进城市产业集聚发展，也影响城市能级地位。

表 6　2021 年宁波各区（县、市）人口规模与 GDP 规模对比

序号	地区名称	人口规模（万人）	排名	GDP规模（亿元）	排名
1	慈溪市	185.9	1	2379.2	3
2	鄞州区	164.8	2	2500.3	1
3	余姚市	126.1	3	1441.5	4
4	海曙区	105.3	4	1400.6	5
5	北仑区	85.0	5	2382.5	2

续表

序号	地区名称	人口规模（万人）	排名	GDP规模（亿元）	排名
6	宁海县	70.8	6	840.1	8
7	象山县	67.4	7	669.8	10
8	奉化区	58.4	8	848.4	7
9	镇海区	51.2	9	1252.4	6
10	江北区	49.5	10	829.4	9

表7　副省级城市第七次全国人口普查城区常住人口规模比较

序号	城市	2020年常住人口规模（万人）	城区常住人口（万人）	城区人口占常住人口比例（%）
1	成都	2093.8	1334	63.7%
2	广州	1867.7	1487.8	79.67%
3	深圳	1749.4	1743.8	99.71%
4	武汉	1244.8	995.3	79.92%
5	西安	1218.3	928.4	76.19%
6	杭州	1196.5	874.2	73.21%
7	青岛	1007.2	600.7	59.68%
8	哈尔滨	1000.9	549.9	54.95%
9	宁波	940.5	360.9	38.4%
10	南京	931.5	791.5	84.96%
11	济南	920.2	587.8	63.91%
12	长春	906.7	342.6	37.82%
13	沈阳	907	706.7	77.95%
14	大连	745.1	520.8	69.93%
15	厦门	516.4	436.4	84.43%

（四）人口城镇化率不断提升，公共服务匹配度相对不足

人口城镇化率也是体现人口竞争力的重要方面。一方面，人口城镇化带动了基础设施投入，根据国内研究测算，外来人口市民化成本约为10万元/人，可以转化为城市发展实实在在的投入；另一方面，城镇居民人均可支配收入普遍高于农村居民人均可支配收入，城镇人口的消费带动能力更强。近年来，宁波人口城镇化率不断提升，2021年达到了78.4%，相比十年前提升9.7%，分别高于全国、全省13.68和5.7个百分点（见图4）。

但与此同时，宁波与人口挂钩的公共服务配套还不够匹配，按照近三年年均增加14.3万人口计算，每年仅为外来人口市民化一项就需要投入143亿元。

在教育、医疗等公共服务配套方面还有缺口，比如在教育领域，按照区域人口与学校数量、从业人员规模匹配度计算，各地区位商低于1的①类别占比达到46.25%，区位商低于0.5、两者极不匹配的也有8项；在医疗领域，统计显示，近5年常住人口增长越快的地区，每千人口床位数、卫生技术人员增长速度等反而呈现负增长，医疗资源供给跟不上人口增长幅度（见表8、表9）。

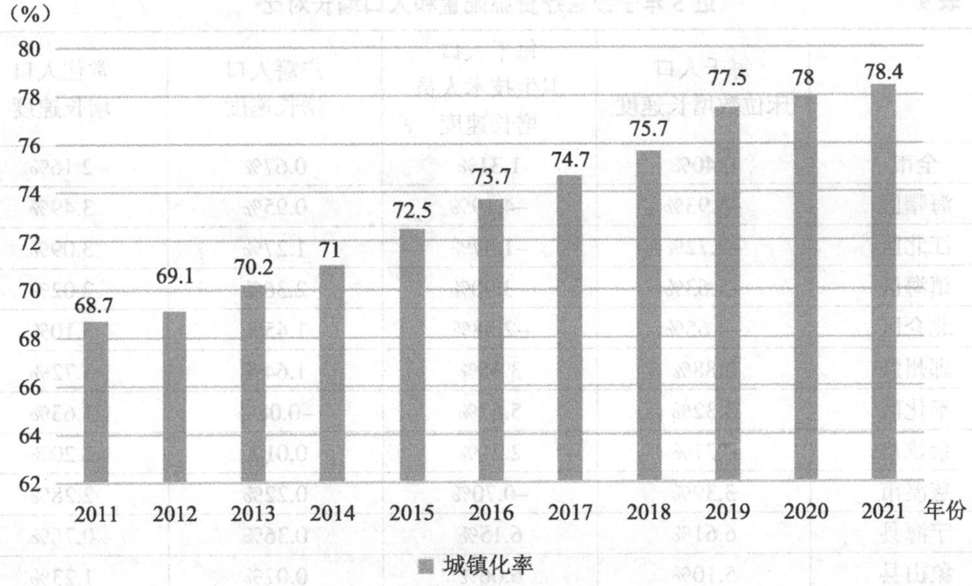

图4　2011年以来宁波人口城镇化率情况

表8　各区（县、市）各类教育资源区位商②

	幼儿园		小学		中学		大学	
	按数量	按规模	按数量	按规模	按数量	按规模	按数量	按规模
海曙区	1.207	1.198	0.961	1.184	0.766	0.834	0.854	0.880
江北区	1.486	1.466	0.927	1.420	1.161	0.755	2.980	5.594
镇海区	1.127	1.232	1.048	1.098	1.191	1.233	1.910	0.646
北仑区	1.134	1.184	0.712	0.810	1.253	1.145	1.236	1.344
鄞州区	0.778	1.121	0.912	1.207	0.483	0.650	1.691	2.207
奉化区	0.921	0.640	0.799	0.889	1.004	0.869	1.120	0.476
余姚市	1.177	0.952	1.435	1.061	1.082	1.082	0	0
慈溪市	0.967	1.089	1.113	0.960	1.304	1.375	1.014	0.638

①　区位商是根据各区（县、市）各层次学校数量、从业人员规模与人口的整体匹配计算所得。区位商的值为1是匹配度较为合理，大于1是教育资源相对于人口数量较充裕，小于1为资源不足。

②　数据来自公开数据计算得出。

续表

	幼儿园		小学		中学		大学	
	按数量	按规模	按数量	按规模	按数量	按规模	按数量	按规模
宁海县	0.791	0.652	1.061	0.882	0.874	0.781	0	0
象山县	0.861	0.716	0.648	0.545	1.228	1.226	0	0

表9　　　　近5年宁波医疗资源配置和人口增长对比

	每千人口床位数增长速度	每千人口卫生技术人员增长速度	户籍人口增长速度	常住人口增长速度
全市	0.40%	1.31%	0.67%	2.16%
海曙区	–6.93%	–4.19%	0.95%	3.49%
江北区	–2.72%	–1.57%	1.27%	3.09%
镇海区	–5.63%	–3.90%	2.36%	2.02%
北仑区	–4.65%	–2.58%	1.45%	3.10%
鄞州区	2.88%	3.35%	1.64%	1.72%
奉化区	3.32%	5.67%	–0.08%	1.63%
余姚市	0.27%	2.21%	0.01%	2.20%
慈溪市	3.39%	–0.70%	0.22%	2.28%
宁海县	6.61%	6.15%	0.36%	0.76%
象山县	5.10%	6.06%	0.07%	1.23%

（五）优秀人才持续流入，高素质人口承载平台亟须扩容

近年来，随着宁波人才政策力度不断加大，优秀人才呈现持续流入良好态势。据统计，2010年宁波在校大学生是14.08万人，到2020年则增加到19.20万人，十年间增长了36.36%。常住人口来甬“学习培训”的比例，由第六次全国人口普查的3.13%提高到第七次全国人口普查的7.57%，提高了4.44个百分点。近年来，宁波持续打造青年友好城品牌，三年新引进大学生60余万名，技能人才累计突破200万人，高技能人才达到66.4万人，在副省级城市中排名第4，人口素质结构不断优化。

与此同时，宁波承载高素质人口的平台载体还有待扩容，突出表现在高校、高新技术企业和高端实验室（研究机构）等平台不足，与同类城市相比处于靠后位置。如宁波高校在校生规模与苏州相差近10万人，仅为杭州的32.8%；高新技术企业数量仅为深圳的18.2%、杭州的38.3%；全市仅有1家科技部国家重点实验室和国字号院属研究单位，与青岛、武汉等地差距较大（见表10）。

表 10　副省级城市高校院所、高新技术企业情况比较

序号	城市	高校	排名	院属研究单位	排名	科技部国家重点实验室	排名	高新技术企业	排名
1	成都	58	4	3	4	9	6	7904	6
2	广州	83	1	6	1	11	3	11398	2
3	深圳	14	14	1	8	0	15	21504	1
4	武汉	83	1	5	2	18	1	9016	4
5	西安	63	3	3	4	11	3	7140	7
6	杭州	40	10	0	12	9	6	10222	3
7	青岛	29	12	2	7	9	6	5619	8
8	哈尔滨	49	6	0	12	4	10	1751	15
9	宁波	14	14	1	8	1	14	3919	10
10	南京	51	5	4	3	18	1	8443	5
11	济南	42	8	0	12	2	13	4000	9
12	长春	41	9	0	12	10	5	2286	14
13	沈阳	45	7	3	4	3	11	3402	11
14	大连	31	11	1	8	5	9	3028	12
15	厦门	16	13	1	8	3	11	2801	13

三、聚力提升宁波人口竞争力的突破路径

综合分析宁波人口规模结构、区域分布、人口引力和配套服务等情况，应该说潜力优势很大，但短板不足同样明显。当下，要着力针对影响宁波人口竞争力的制约因素，坚持问题导向、发展导向、需求导向，正确认识、科学应对、找准路径，不断提升人口综合竞争力，为聚力打造中国式现代化市域样板提供更有保障的人口支撑。

路径一：坚持扩大人口规模长期战略，不断增强人口集聚效应

推动鼓励生育政策落地生效。生育不是水龙头，一打开水就涌出来，一关上水就停了。人口是长期变量，生育意愿的提升必须持有长期主义心态，推动鼓励政策持续落地生效，方能久久为功。要着力针对经济负担重、子女无人照料和女性对职业发展的担忧等制约生育的主要障碍，采取更有力的支持措施。在解决经济负担方面，要严格落实子女教育和 3 岁以下婴幼儿照护服务费用纳入个人所得税专项附加扣除政策，积极探索出台二孩、三孩生育一次性专项补

贴政策。在解决子女照料方面，要推动托育事业加快发展，到2025年宁波3岁以下婴幼儿托位数实现翻倍，数量超过5万个；加大对社会力量举办托育机构支持力度，在全国率先将托育服务纳入基本公共服务提供范畴；适当延长二孩、三孩生育产假时间。在破除女性职业发展担忧方面，要加大劳动力市场性别歧视监管力度，规范单位用工行为；运用财政支持、税收减免、降低贷款利率、扩大企业品牌效应等手段，激励用人单位保障女性合法权益，营造生育友好工作场所。

持续增强人口流入引力。在生育率持续低位徘徊的背景下，吸引市外人口流入是扩大人口规模最直接有效的手段。要按照早日跻身“千万人口俱乐部”要求，加大人口吸引政策供给，提升人口与公共服务匹配度。一要持续优化户籍政策。按照国家大城市落户分类管理要求，加强放宽落户政策的前瞻研究和政策储备，如探索研究居住（就业）落户和亲属投靠落户可扩展至产权人（户主）的近亲属、进一步缩短落户社保缴纳年限等举措。进一步优化落户办理程序，推广落户秒批服务覆盖范围。二要稳步提升公共服务供给力度。密切追踪国家公共资源按实际服务管理人口规模配置趋势和标准，建立城镇教育、就业创业、医疗卫生等基本公共服务与实际服务管理人口挂钩机制，争取上级更大的公共资源支持，提高人均资源配置比。推动按照实际管理服务人口规模测算医疗、教育、养老等支出要求，提升一般公共服务财政支出占比，更好满足人口需求，提升人口竞争力。

路径二：合理优化人口区域布局，推动城区人口规模适度集聚

城区常住人口是按照城市公共基础设施可以触达的区域人口进行统计，依托地铁等城市公共基础设施的不断延伸。为扩大城区常住人口规模，我们要按照中心提升、周边融入、北向链接、南向拓展的整体思路，打造一批职住平衡的空间结构单元，推动宁波城区常住人口尽早突破500万人。

中心提升。加快城市有机更新进度，对中心城区20世纪八九十年代建设的多层住宅加快拆迁改造，提升人口相对集聚度。优化中心城区行政区域设置，对江厦、鼓楼、东胜、新明、聚贤等规模较小的城区街道进行合并，对福明、石碶、骆驼、庄桥等规模较大的城区街道进行拆分，形成相对合理的城区人口布局。推动姚江新城、甬江科创区等空间、产业、人口同步规划、合理配置，打造成为人口集聚新的核心板块。

周边融入。加快开展邱隘、五乡、姜山、云龙、古林、集士港、高桥、慈城、澥浦等近郊城镇改设街道工作，推进所在地城区化管理。通过公共服务资源再配置，从城市中心向城市周边疏解一部分重要的医院和学校，或者通过建立分院、分校的模式，引导人口适当向周边重点乡镇（街道）集聚。建设用地指标适当向中心城区地铁沿线乡镇（街道）倾斜，加快建设开发进度，推动成为城区人口集聚新增长点。

北向链接。加强与余慈地区人口密集区域的延伸和链接，以翠屏山文旅融合区开发为契机，加快推动城市公园大道、东海大道和轨道交通外环等交通基础设施延伸，减少通勤时间，构建形成居住在中心城区周边、就业在余慈地区的人口空间新格局，推动更多余慈地区人口纳入城区常住人口统计范畴。

南向拓展。坚持保护中开发理念，加快环象山港区域的居住休闲功能开发。依托北仑春晓、鄞州大嵩新区和奉化沿海三镇等区域交通、生态和房价优势，加强医疗教育等公共资源配置，积极引导新流入宁波人口往该区域集聚，做强都市滨海板块，把象山港北岸打造成为滨海休闲居住胜地、人口集聚新高地。

路径三：加快提升人口素质结构，做大做强高素质人才蓄水池

加快提升人口学历素质。加强学历教育资源的优化配置，大力发展职业教育，对宁波广大低学历成年劳动力，通过加强学历教育等方式，提高学历素质。坚持以需求为导向开展成人高中（双证制）学历教育。鼓励支持乡镇成人学校、社区学院和中等职业学校等针对初中学历产业一线劳动者，尤其是初中学历外来务工人员开展成人高中（双证制）学历教育。推动职业院校教育开展学历提升教育。发挥职业院校专业设置对接市场灵敏度高的优势，根据产业发展需求，健全完善专业动态调整机制，重点培育紧缺专业和社会发展亟须专业。

实施百万劳动者技能轮训行动。今后5年，面向全市低技能劳动者开展技能专项提升行动，争取培训轮训技能劳动者100万人以上，打造一支高素质产业工人队伍。聚焦用工矛盾突出的行业和新业态，持续大规模开展面向新生代农民工等的职业技能培训，同时探索通过社保卡为符合条件的农民工发放电子培训券等。全面落实企业职工教育经费税前扣除限额提高至工资薪金总额8%的税收政策。人力提升技能培训教师收入待遇。

打造高能级人才集聚平台产业。高素质人才是人口中素质和能力较高的群体，大力引进高素质人才有利于优化和改善宁波人口和劳动力素质结构。高能级平台集聚高素质人才。加快构建以甬江科创区为主平台、以重点实验室为龙头的新型实验室体系，以国家产业创新中心为重点的产业创新体系，形成对高素质人才更强的承载能力。推动宁波高校持续扩容，加快甬江理工大学建设，不断扩大在校生人数，争取更多硕博士学位点授权，提升硕博士在校生比例。完善高校毕业生留甬比例与办学绩效考评挂钩机制，增加留甬比例考评占比，力争在甬高校毕业生留甬比例达50%以上。大力培育高端装备、智能汽车、新材料、深海空天等战略性新兴产业和未来产业，通过先进产业集群打造高素质人才集群。

路径四：持续推进适老化改造，充分激发老龄人口活力作用

将积极应对人口老龄化作为提升人口竞争力的重要手段，通过科学合理的适老化改造，打造老年活力型社会，激发老龄人口的作用，积极推进养老事业产业化发展，开辟养老产业新业态、新赛道。

完善老龄人口就业条件。加大适老岗位设置，探索推出如婴幼儿照护、传统文化传播、社区志愿公益等岗位，吸纳老龄人口再就业。借助互联网技术，通过网络直播、视频讲课等方式，为老年人打造更广阔的参与、沟通平台，促进老年人的经济和社会参与度。率先开展老龄人口灵活就业制度体系安排，研究出台更符合老龄人口灵活就业的工伤保险等制度。推动有意愿有能力的老龄人口到农村创业就业，加大投身参与民宿、现代农业等事业力度，畅通对接渠道。

改善老龄人口出行条件。激发老龄人口活力意味着老年人参与社会、进入公共空间的概率增加，必须强化城市出行设施的适老性。加大智能电子公交站、低地板低入口城市公交、出租车“一键呼叫”、地铁无障碍设施等推广力度，便利老龄人口出行。推动将适老化出行服务纳入政府民生实事项目。

加强居住环境适老化改造。加快建立老旧小区适老化改造标准和室内适老化建设标准，为老龄人口创造更加优质的居住条件。如在老旧小区改造过程中，要推出适老化改造“菜单”，增加休闲凉亭、健身步道、便民服务空间等适老化元素，供小区业主共同选择。将独居老人的室内适老化改造也作为老旧小区改造的重要内容，为其配备标准化的老年自理设备和智能监测设施。

路径五：建立科学的人口监测体系，强化人口发展战略研判

推动建立市人口发展战略研究智库。建议由市发改委牵头，联合统计、公安、卫健、流管办等部门，联动宁波大学等高校共建宁波人口发展战略研究院，长期追踪研究人口问题，制定研究人口中长期规划、开展人口战略研判分析、加强政策前瞻研究，为提升宁波人口竞争力提供更有效的理论支撑。

加强实际管理服务人口监测统计。建立涵盖户籍人口、常住人口、流动人口和实际管理服务人口的整体人口监测体系，尤其是注重加强对实际管理服务人口的研究和统计。如广州、深圳等地都陆续披露实际管理人口超过2200万人，宁波也要开展常态化披露，作为日常工作决策的重要依据，也是争取国家公共服务资源配置倾斜的有效依据。

加强对扩大城区人口规模的研判。从人口发展的两大战略目标来说，宁波千万城市人口规模近年基本可以实现，但城区常住人口规模突破500万人实现难度较大，需要持续跟踪、深入研究。建议将宁波迈入超大城市作为近期人口战略研究的重点方向，开展系统研究，从工作路径、体制机制、空间布局、基础设施等各方面，加强综合研判分析，扩大城区人口规模。

王明荣　廖绍云　江　彬

基于多源数据的宁波中心城区职住平衡分析与对策建议

居住和就业是城市的两大基本功能，职住平衡要求城市的居住和就业空间大体平衡分布，大部分居民可以就近工作，出行距离较短。职住平衡可以大大减少钟摆式通勤带来的交通拥堵、空气污染等问题，提高市民生活质量和幸福感，同时，在防范应对突发公共卫生事件、自然灾害事故等时，也让城市更富有弹性、韧性。进入20世纪以来，随着大城市病问题日益突出，产城融合、职住平衡逐渐成为城市规划建设的主流趋势。尤其是新型冠状病毒感染疫情发生以来，职住平衡的重要性引起了更多城市的关注。

宁波要建设现代化滨海大都市，加快推进港产城人融合发展，着力提升环境舒适度、城市美誉度、综合竞争力，促进职住平衡是重要抓手。为此，我们结合人口、土地、交通、手机信令等多源数据，对宁波中心城区职住平衡情况进行评估分析，提出了进一步优化的对策建议。

一、宁波中心城区职住平衡情况评估分析

评价城市职住平衡程度主要从四个维度进行：一是通勤空间，包括通勤空间半径、单程平均通勤距离、5公里以内通勤比重等，通勤距离越短，职住平衡性越好；二是职住分离度，包括职住比、产居比等，前者指某个区域内就业岗位与居住者的比例，后者指某个区域内产业用地与居住用地的比例，分离度越小，职住平衡性越好；三是公共服务设施覆盖率，包括教育、医疗、养老、商超等公共服务设施慢行可达性，慢行可达性越高，职住平衡性越好；四是低成本住房供需情况，住房保障水平越高、可负担的低成本住房供给越充足、布局越合理，职住平衡性越好。

（一）从通勤空间来看：宁波5公里以内幸福通勤占比位居全国主要城市前列，但城市通勤空间半径大、集中度高，并呈现单程平均通勤距离增加、幸福通勤比重下降的趋势

5公里以内通勤比重，又称“幸福通勤”，反映就近职住、可以慢行通勤的人口占比，是测度城市职住平衡性、宜居性的最重要指标之一；通勤空间半径，指覆盖90%中心城区通勤人口居住与就业分布的椭圆空间的长轴，反映城市紧密通勤联系的空间范围，是城市交通需要支撑的空间尺度；单程平均通勤距离，体现真实职住分离情况和城市运行成本。

根据住建部、中国城市规划设计研究院、百度联合发布的《2022年度中国主要城市通勤监测报告》，宁波幸福通勤占比为58%，高于平均水平7个百分点，位居44个样本城市（35个直辖市、计划单列市、省会城市和9个开通地铁、轻轨的其他地级市）的第6位，优于同类城市；但中心城区通勤半径为31公里，仅次于广州、南京、济南，高于武汉、成都等城市，与建成区面积同等规模大小的城市相比明显偏大，在44个样本城市中排名第12位；居民单程平均通勤距离为7.1公里，耗时31分钟，比上年增加0.5公里，增加幅度在44个城市中排名第8；同时，幸福通勤占比比上年下降3%，下降幅度较大，仅次于郑州、徐州、乌鲁木齐的4%（见表1）。

表1　六大城市市区建成区通勤空间指标

指　标	宁波	深圳	青岛	厦门	大连	杭州
市辖区建成区面积（2020年，平方公里）	355	928	758	398	444	648
通勤空间半径（2021年，公里）	31	39	25	29	35	33
单程平均通勤距离（2021年，公里）	7.1	8	8.6	7.1	7.7	7.8
5公里内幸福通勤比例（2021年）	58%	58%	49%	58%	52%	54%

此外，根据宁波市动态位置大数据服务平台手机信令数据分析，中心城区通勤空间高度集中。海曙、鄞州、江北三区交互通勤密度最高，鄞州与北仑、鄞州与镇海、镇海与江北交互通勤密度次之，镇海与海曙、镇海与北仑再次；鄞州的南部商务区、中河街道、东胜街道、聚贤街道、明楼街道，海曙的南门

街道、西门街道、鼓楼街道、白云街道，江北的文教街道在通勤出行 OD 图[①]上的浓度最高，是全市最繁忙的通勤空间，承载着全市最为集中的通勤人口。

（二）从职住分离度来看：职住比部分区域偏离较大，产居比明显高于同类城市，道路网密度与城市通勤规模不相称

从职住比来看，根据宁波市动态位置大数据服务平台的手机信令数据（见表 2），2021 年 8 月市六区的职住比为 0.51[②]，即总就业人口占总居住人口数（包括就业人口和非就业人口）的比例为 51%，这是市六区职住平衡的标准值。如果将 0.51 ± 0.05 作为相对平衡区间，以街道作为评估单元（市区街道平均面积 47 平方公里，与住建部要求的组团规模[③]大致相当），则市六区 79 个街道中，46 个街道（乡镇）处于不平衡状态，占比达 58%；职住不平衡的街道（乡镇）占比最高的为鄞州（21 个，占比为 84%）、镇海（4 个，占比为 57%）、奉化（11 个，占比为 55%）。其中，三江片（海曙江厦街道、鼓楼街道、月湖街道，鄞州东郊街道）和鄞州经开区职住比最高，均超过 1，居住空间无法匹配就业岗位人数；鄞州白鹤街道、瞻岐镇、下应街道和海曙望春、白云街道职住比最低，均不足 0.35，就业岗位远低于居住人口就业需求。

从产居比来看，根据住建部 2020 年城市建设年鉴统计，宁波、深圳、青岛、大连、杭州六市的中心城区产业用地（工业、商服）、居住用地（城镇住宅、农村宅基地）、交通用地中，宁波产业用地比例最高（48.76%），居住用地（29.5%）、交通用地比例（21.74%）均倒数第二（见图 3），如果计入采矿、物流仓储用地，宁波产业用地比例将更高。根据宁波国土三调数据，在各区（县、市）中，北仑区产业（商服、工业、采矿、物流仓储）、住宅（城镇住宅）、交通（城镇村道路、铁路、轨交、公路、交通场站）用地比例为 66 ∶ 11 ∶ 23，镇海区的三类用地比例为 63 ∶ 15 ∶ 22，产业用地占比均远高于城镇住宅用地（见图 4）。

从道路网密度来看，根据住建部 2022 年度《中国主要城市道路网密度与运行状态监测报告》和 2021 年宁波城市体检报告，宁波道路路网密度为 6.9 公里 / 平方公里，与深圳的 9.7 公里 / 平方公里、厦门的 8.6 公里 / 平方公里、

① OD图，即交通起止点间的交通出行量图。“O”指origin，交通出发点；“D”指destination，出行目的地。

② 宁波市动态位置大数据服务平台职住比数据每年8月更新一次。

③ 住建部要求城市组团不宜超过50平方公里。

杭州的7.3公里/平方公里有较大差距，与城市汽车保有量和交通规模不相称（见表3）；市区建成区道路网密度为5.24公里/平方公里，尚未达到国务院提出的到2020年城市建成区平均道路网密度提高到8公里/平方公里的目标要求。同时，市六区的极端堵点仍然较多，环线高架等干道高峰必堵。

表2　宁波市六区各街道（乡镇）职住比

区级	街道（乡镇）	职住比	区级	街道（乡镇）	职住比	区级	街道（乡镇）	职住比
海曙区	江厦街道	2.1	海曙区	古林镇	0.53	江北区	慈城镇	0.45
鄞州区	东郊街道	1.47	奉化区	溪口镇	0.53	鄞州区	东柳街道	0.45
海曙区	鼓楼街道	1.47	江北区	白沙街道	0.52	镇海区	贵驷镇	0.45
海曙区	月湖街道	1.27	镇海区	骆驼街道	0.52	奉化区	松岙镇	0.45
鄞州区	经开区	1.2	海曙区	横街镇	0.52	鄞州区	姜山镇	0.44
江北区	中马街道	0.94	江北区	甬江街道	0.51	鄞州区	东钱湖镇	0.44
鄞州区	梅墟街道	0.83	鄞州区	云龙镇	0.51	海曙区	南门街道	0.43
镇海区	澥浦镇	0.73	北仑区	春晓街道	0.51	江北区	庄桥街道	0.41
奉化区	江口街道	0.71	海曙区	章水镇	0.51	鄞州区	明楼街道	0.41
鄞州区	福明街道	0.68	江北区	文教街道	0.5	鄞州区	中河街道	0.41
鄞州区	首南街道	0.68	北仑区	小港街道	0.5	鄞州区	咸祥镇	0.41
奉化区	大堰镇	0.64	北仑区	白峰街道	0.5	鄞州区	邱隘街道	0.41
鄞州区	百丈街道	0.63	奉化区	岳林街道	0.5	鄞州区	潘火街道	0.41
奉化区	西坞街道	0.61	鄞州区	塘溪镇	0.49	鄞州区	钟公庙街道	0.4
北仑区	梅山街道	0.6	北仑区	郭巨街道	0.49	镇海区	庄市街道	0.39
鄞州区	东吴镇	0.58	海曙区	集士港镇	0.49	北仑区	柴桥街道	0.39
江北区	孔浦街道	0.57	海曙区	鄞江镇	0.49	海曙区	龙观乡	0.39
鄞州区	东胜街道	0.57	江北区	洪塘街道	0.47	镇海区	招宝山街道	0.38
鄞州区	横溪镇	0.57	镇海区	九龙湖镇	0.47	海曙区	高桥镇	0.37
奉化区	尚田镇	0.57	北仑区	新碶街道	0.47	海曙区	西门街道	0.37
奉化区	莼湖镇	0.57	北仑区	霞浦街道	0.47	鄞州区	白鹤街道	0.33
鄞州区	新明街道	0.55	奉化区	萧王庙街道	0.47	海曙区	白云街道	0.33
鄞州区	五乡镇	0.55	北仑区	大碶街道	0.46	海曙区	望春街道	0.32
海曙区	洞桥镇	0.54	北仑区	大榭开发区	0.46	鄞州区	瞻岐镇	0.28
镇海区	蛟川街道	0.53	海曙区	石碶街道	0.46	鄞州区	下应街道	0.26
北仑区	戚家山街道	0.53	奉化区	锦屏镇	0.46			
海曙区	段塘街道	0.53	奉化区	裘村镇	0.46			

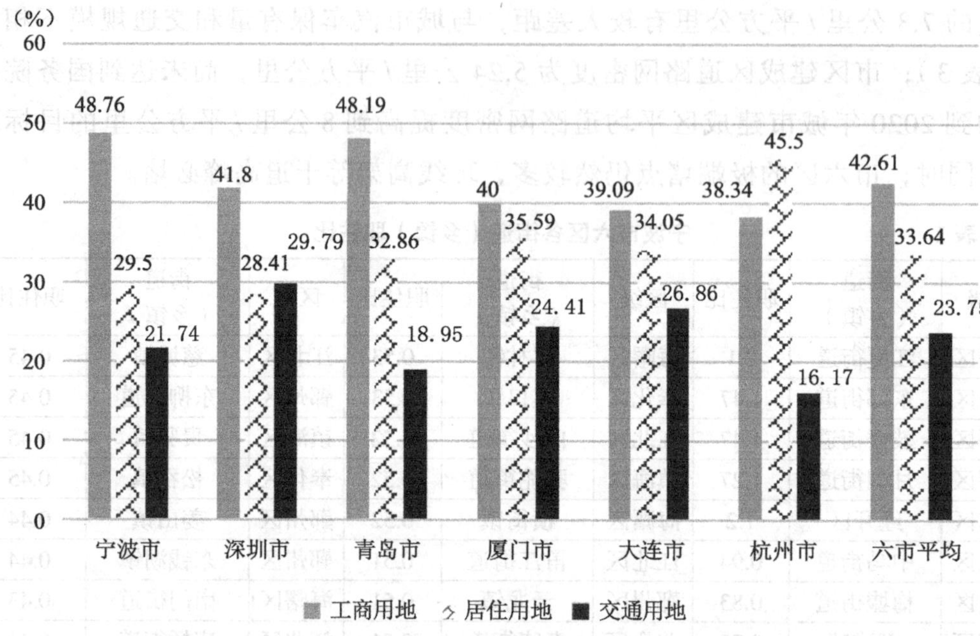

图 3　宁波等六大城市中心城区产业、居住、交通用地比例

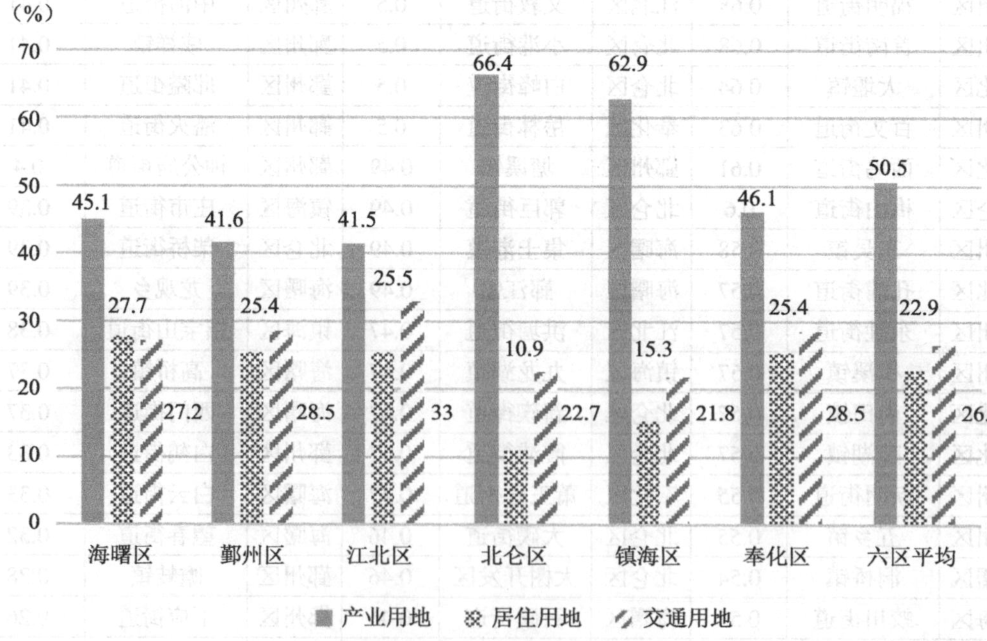

图 4　宁波市六区三类建设用地比例

表 3　2021 年宁波等六大城市道路网密度　单位：公里 / 平方公里

宁波	深圳	青岛	厦门	大连	杭州
6.9	9.7	5.4	8.6	6.1	7.3

（三）从公共服务设施覆盖率来看：完整社区覆盖率不高，教育、卫生和商贸便民设施等总量不足、分布不均衡，科教文卫用地规模和人均面积较同类城市明显偏少

公共服务设施齐全、布局合理，是职住平衡的重要方面，可以减少大量无效交通，提高城市宜居性。

根据2021年宁波城市体检报告，对照住建部《完整居住社区建设标准（试行）》①，宁波中心城区完整社区覆盖率为63.7%（见表4），与南京、广州、厦门等其他体检城市有差距；教育卫生设施不足、分布不均衡的情况比较突出，小学和初中的服务半径覆盖率②分别为56.1%和56.8%（《浙江省社区公共服务设施专项体检导则》参考值为40%～80%），仅有39.2%的社区建有社区卫生服务站（《浙江省社区公共服务设施专项体检导则》参考值为85%～95%），二级及以上医院4公里内（15分钟公交车程内）覆盖率为56.17%（住建部2022年城市体检评价标准为80%），评价均为“一般”。宁波国土三调数据显示，全市科教文卫用地6417公顷，占建设用地比重为3.47%（杭州为4.63%），人均科教文卫用地面积6.82平方米（杭州为8平方米）。其中，中小学用地、幼儿园、医疗卫生用地分别为2592公顷、402公顷和564公顷，分别占科教文卫用地的40.4%、6.3%、8.8%。2022年中心城区共有64所中小学发布招生红、黄预警，预计学位缺口超过8万个。

表4　宁波主要公共服务设施覆盖率

指标	宁波	参照值
完整社区达标率	63.7%	南京92.1%，广州69.3%，厦门71.1%
小学服务半径覆盖率	56.1%	省导则参考值40%～80%
中学服务半径覆盖率	56.8%	省导则参考值40%～80%
社区卫生设施覆盖率	39.2%	省导则参考值85%～95%
4公里内、15分钟公交车程内二级及以上医院覆盖率	56.17%	南京76.4%，住建部2022年城市体检评价标准为80%

此外，“15分钟商贸便民服务圈”数量不足。根据《宁波市15分钟商贸便

① 基本公共服务方面至少有一个社区综合服务中心、一个幼儿园、一个老年服务站、一个社区卫生服务站；便民商业服务方面至少有一个综合服务超市、一个邮件和快递寄件服务设施、一个便民商业网点；市政配套方面至少有水电路气热信等设施、无障碍设施和环境卫生设施等；公共活动空间方面至少有一个公共活动场地或公共绿地；物业管理方面有物业服务。

② 小学、初中服务半径（分别为500米和1000米）覆盖的居住用地面积占建成区总居住用地面积比。

民服务圈建设实施方案》，到2025年将建设完成50个（2021年已建成33个，2022年在建12个），覆盖社区数量有限（市辖区建成区共554个社区）。

（四）从低成本住房供需来看：面向新市民、青年人的住房保障水平较低，城中村人口占比超过1/4

职住平衡不仅注重职住空间相对均衡、合理，还强调城市要提供居住环境相对较好、数量充足、可负担的低成本住房。

根据第七次全国人口普查数据，宁波常住人口中新市民占比约为40%，其中，市辖区常住人口中新市民有200多万，这些新市民是当前租赁住房最大消费人群。2021年全市流动人口抽样调查报告显示，超过1/3的新市民是租房居住，住有所居是新市民最大期盼；而2021年北仑流动人口数据分析报告则显示，北仑租赁房屋的流动人口达37.7万人，超过流动人口总数的2/3。

为节约住房成本，大部分新市民以牺牲通勤距离为代价选择租住在城乡接合部、城中村。目前，宁波仍有城中村156.8平方公里，约占全市居住用地的1/5，并主要集中在市辖区；市辖区内居住在城中村的人口数量为136.3万人，约占市辖区常住人口的1/4。其中，北仑城中村人口数量占比最高，达46.4%，鄞州、江北、镇海占比均超过28%，海曙、奉化相对较低，分别为16%和11%。

而宁波主要面对新市民、青年人的保障性租赁住房只有2.9万套（杭州6.2万套），供给规模与常住人口需求有较大缺口，并且分布不均衡，比如，青年人群相对集中的东部新城和高新区仅有0.3万套，仅占11%，住房保障在平衡职住方面的作用发挥不充分。

二、重点区块通勤时效的抽样调研情况

为更直观反映宁波职住平衡状况，我们对市六区3000户以上社区、主要商圈、产业园区等的通勤情况进行了抽样调研。数据显示，这些重点区块普遍存在长距离、长时间的极端通勤，职住平衡仍有很大提升空间（见表5）。

（一）重点小区

按照各区兼顾原则随机抽选的六区30个3000户以上常住人口社区，平均通勤时间65分钟，最长平均耗时为北仑洋沙山社区（82分钟），最短为鄞州明湖社区和镇海同心湖社区（57分钟），70分钟以上的社区有7个，60分钟以

下社区仅有3个。如海曙青林湾小区抽样的通勤人次共5735人，5公里范围内的通勤人次仅占12.2%，职住分离度明显偏高；主要通勤目的地包括广安社区（共575人，占比10%，通勤距离2公里，平均耗时45分钟），江城社区（共321人，占比5.6%，通勤距离14公里，平均耗时89分钟），苍水社区（共166人，占比2.9%，通勤距离6.5公里，平均耗时59分钟）（见图5）。

表5 宁波市六区30个3000户以上社区平均通勤时间

区县市	出发社区	平均通勤时间（分钟）	区县市	出发社区	平均通勤时间（分钟）
海曙区	青林湾社区	72	江北区	洪都社区	71
海曙区	五江口社区	62	江北区	天水社区	75
海曙区	新典社区	72	江北区	湾头社区	69
海曙区	高桥社区	63	镇海区	银凤社区	64
海曙区	南都社区	63	镇海区	兴庄路社区	62
海曙区	汪弄社区	63	镇海区	同心湖社区	57
海曙区	南苑社区	72	镇海区	静远社区	71
鄞州区	月季社区	66	镇海区	箭港湖社区	65
鄞州区	常青藤小区	65	北仑区	蔚斗社区	67
鄞州区	东裕小区	60	北仑区	黄杨社区	63
鄞州区	福明家园	60	北仑区	杜鹃社区	64
鄞州区	钟公庙社区	59	北仑区	洋沙山社区	82
鄞州区	海创社区	63	北仑区	高塘社区	69
鄞州区	明湖社区	57	奉化区	长汀社区	61
鄞州区	华侨城社区	62	奉化区	阳光社区	61

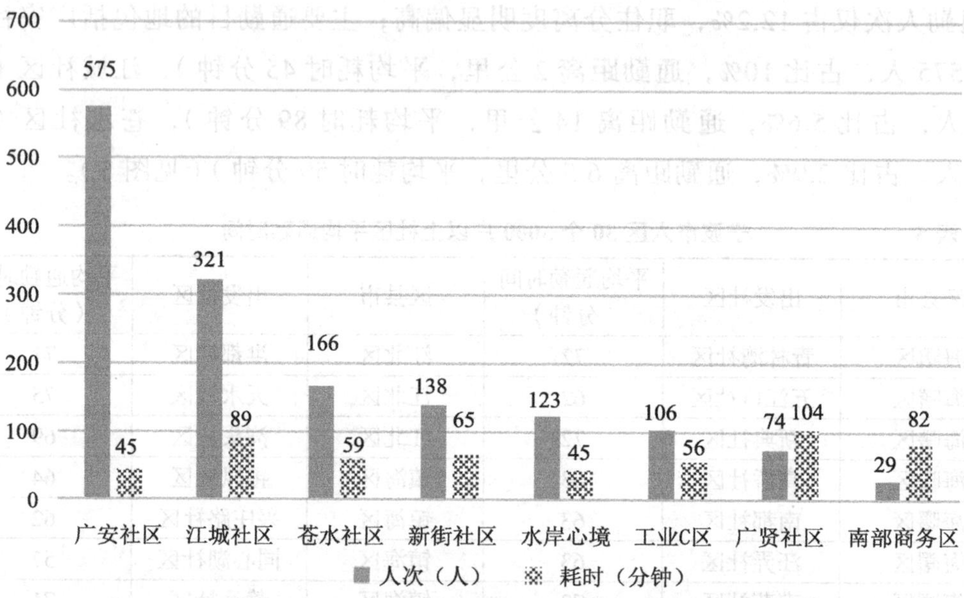

图 5　海曙区青林湾小区主要通勤到达社区的人次和平均耗时

（二）重点商圈

商圈是服务业岗位的主要承载区，六区 15 个主要商圈的平均通勤时间为 64 分钟，最长耗时为鄞州区的印象城（69 分钟），最短为北仑区银泰（49 分钟）。如阪急板块抽样的 50851 通勤人次中，75% 左右的人员通勤距离超过 5 公里，平均通勤时间超过 64 分钟；5 公里内幸福通勤的人员比例只有 25%，且由于商圈所在区域人口分布密集、早晚高峰交通流速缓慢，平均通勤时间也长达 45 分钟（见表 6）。

表 6　　宁波市六区主要商圈和产业园区通勤达到时间

区县市	达到区块	平均通勤时间（分钟）	区县市	达到区块	平均通勤时间（分钟）
海曙区	和义大道	62	海曙区	望春工业园	61
海曙区	南塘老街	56	海曙区	科技工业园	64
海曙区	天一广场	55	鄞州区	投创中心	62
海曙区	高鑫广场	55	鄞州区	经开区	70
鄞州区	鄞州万达	52	鄞州区	五乡工业园	53
鄞州区	阪急	64	镇海区	石化区	71
鄞州区	印象城	69	镇海区	北欧工业园	59
江北区	万象城	59	镇海区	大学科技园	59

续表

区县市	达到区块	平均通勤时间（分钟）	区县市	达到区块	平均通勤时间（分钟）
江北区	来福士	58	北仑区	大港工业区	60
江北区	江北万达	52	北仑区	大榭开发区	79
镇海区	吾悦广场	63	北仑区	梅山保税区	92
镇海区	开元广场	62	江北区	洪塘工业园	67
北仑区	富邦广场	52	江北区	城市工业功能区	69
北仑区	北仑银泰	49	奉化区	三横工业区	60
奉化区	宝龙广场	51	奉化区	奉化开发区	73

（三）重点园区

工业型产业园区一般处于城市郊区，居住配套设施相对滞后，地铁等快捷通勤设施覆盖不足，通勤耗时普遍较长。六区抽样的15个工业型产业园平均通勤时间为66.7分钟，梅山保税区、大榭开发区、奉化开发区耗时分别长达92、79、73分钟，最短耗时为五乡工业园（53分钟）。如洪塘工业园区抽样的5259通勤人次中，25%来自3公里范围内的洪塘社区、鸿盛社区、北欣社区、东邵村、下沈村等，但受其余通勤来源地耗时影响，平均通勤耗时仍然达64分钟。

南部商务区、大学科技园、文创港等生产性服务业园区，受中心城区地铁网络陆续完善、城市更新后空间复合度提高等因素利好，职住融合度、通勤时效优于一般产业园区。如南部商务区抽样的33138通勤人次中，平均通勤时间为60分钟，主要通勤来源地是3公里范围内的锦悦湾社区、南裕社区、和众社区、泰安社区、海创社区，合计6604人次，占通勤总人数的20%，平均通勤时间45分钟（见表7）。

表7　南部商务区主要通勤来源地

锦悦湾社区	人次（人）	2062
	耗时（分钟）	44
海创社区	人次（人）	1031
	耗时（分钟）	50
学府社区	人次（人）	951
	耗时（分钟）	41
南裕社区	人次（人）	1350
	耗时（分钟）	44

续表

陈婆渡	人次（人）	835
	耗时（分钟）	50
和众社区	人次（人）	1152
	耗时（分钟）	48
格兰春天	人次（人）	877
	耗时（分钟）	46
泰安社区	人次（人）	1045
	耗时（分钟）	41

宁波重点区块通勤时长普遍较长，不仅有职住分离、通勤距离较大的因素，也有轨道交通等快速、大运量公共交通路网尚在建设、最后500米接驳设施不完善的原因。根据《2022年度中国主要城市通勤监测报告》，2021年，宁波轨道交通运营里程为182公里，轨道交通800米覆盖通勤比例为16%，低于深圳的29%、青岛的21%、杭州的19%，位居44城第18位；轨道进站客流量1090万人次，与深圳（6477万）、青岛（1603万）、厦门（1386万）、杭州（4179万）仍有较大差距，高峰期平均客流断面为0.99万人次/小时，低于深圳、青岛、厦门、大连、杭州等城市（见表8）。

表8　　六大城市轨道交通指标

指标	宁波	深圳	青岛	厦门	大连	杭州
2021年轨道运营规模（公里）	182	431	293	98	225	335
轨道800米覆盖通勤比例	16%	29%	21%	14%	11%	19%
2021年轨道进站（万人次）	1090	6477	1603	1386	1050	4179
2021年地铁日均客流强度（万人次/公里）	0.46	1.45	0.27	0.54	0.27	0.77
轨道高峰平均客流断面（万人次/小时）	0.99	3.6	1.51	1.52	1.22	2.0

从以上分析可以看出，宁波职住平衡情况总体一般，部分区块尚有较大提升空间。主要原因在于：一是虽然形成了多组团式空间格局，但部分组团功能单一，居住空间西多东少，产业空间东多西少，优质教育、医疗等资源布局集中在老城区，导致职住分离突出；二是随着城市快速扩张，老城区的传统就业岗位大量向外围转移扩散、存在产业空心化的问题，产业新区则存在居住功能不完善等问题，导致通勤空间半径、单程平均通勤距离不断增加；三是组团间快速、大运量的公共交通体系尚不完善，TOD、XOD的产城融合式开发建设模

式应用不充分，交通干线在职住空间的串联融合上作用发挥不足，导致通勤时间较长；四是保障性住房总量和保障面有限，布局较为集中，导致大量新市民、青年人、低收入人群无法就近获得低成本住房，为降低住房成本而只能选择以长距离通勤为代价。

三、其他城市推进职住平衡的主要做法和经验借鉴

我国“十四五”规划已经明确提出“职住平衡”，指出要“推行功能复合、立体开发、公交导向的集约紧凑型发展模式”“加快建立多主体供给、多渠道保障、租购并举的住房制度，让全体人民住有所居、职住平衡”；2021年国务院发布《关于支持北京城市副中心高质量发展的意见》，也提出要支持北京推进更大区域职住平衡建设。同时，广州、上海等城市还提出了职住平衡的具体目标、推进举措等。

（一）广州

广州提出到2030年打造50%以上适龄就业人口30分钟内通勤，40%以上居民享受低成本住房的城市新格局，并计划将轨道覆盖率由39%提升至55%，产居比由15%提高至25%，超过新加坡（23%）、东京（24%）现状水平。

为此，广州于2021年4月发布全国首个产城融合职住平衡指标体系，涵盖市域、行政区、商圈就业中心30分钟通勤圈三个层级，每层级5项、共计15项指标，发挥宏观监测、中观管理、微观管控的作用；并出台了《广州市城市更新实现产城融合职住平衡的操作指引》，明确城市更新单元产业建设量（含商业商务服务业、新型产业、产业的公建配套）占总建设量的最低比例要求，要求城市更新提供的住房面积总量中40%为低成本住房，探索以城市更新为契机，进一步增加产业空间供给、吸引高端产业向中心城区聚集，优化城市功能和人口布局，推动实现产城融合、职住平衡的目标。

（二）上海

上海“十四五”规划明确提出要以职住平衡优化空间供给结构，“结合区域内职住平衡的需求，提高商办用地和住宅用地供应的有效性与精准性”“鼓励中心城老旧商务楼宇改造为租赁住房，为周边就业人口提供居住配套设施”“动态调整部分地区商住用地比例，允许部分未建商办用地在充分论证的基础上转为居住用地并建设租赁住房，用于青年科创社区或企业人才公寓等”。

同时，上海大力实施新城发展战略，以新城建设推动全市域职住平衡。上海“十四五”规划提出，嘉定、青浦、松江、奉贤、南汇五大新城要以优质公共服务资源、良好的营商环境引入优势产业和人口人才，打造成为“产城融合、功能完备、职住平衡、生态宜居、交通便利”的独立的综合性节点城市，而不再是郊区卫星城的定位。

此外，2022年出台的《上海市保障性租赁住房租赁管理办法（试行）》还规定实施差异化的区域准入规则，以保障职住平衡。对于保障性租赁住房位于五个新城范围内的，申请人员现有住房建筑面积的计算区域范围可结合职住平衡需要予以合理确定。

（三）成都、合肥、杭州等

成都、合肥、杭州等城市都把“职住平衡”写入“十四五”规划中。成都是较早探索推进职住平衡的城市，“十四五”规划中提出，“以‘人城产’逻辑推动组团发展、功能复合，构建产城融合、职住平衡的全域功能体系”，建设一批“产城融合、职住平衡、生态宜居、交通便利”的郊区新城，构筑“城市功能优化、职住平衡”的产业功能区，打造“职住共存、功能混合”的高品质科创空间等；并提出实施“城市通勤效率提升工程”，丰富“轨道＋公交＋慢行”多样化绿色出行选择，到“十四五”末期，中心城区建成区轨道站点800米范围覆盖面超过50%，平均通勤时间缩减到35分钟，30分钟内通勤人口占比达45%，让职住更加平衡适宜、通勤生活深度融合。合肥“十四五”规划提出，“推动开发区产城融合、职住平衡，推动开发区从单一产业园区向现代化城区转变，促进‘科创—产业—生态—居住’融合发展”。杭州“十四五”规划强调，要“大力推进产城融合、职住平衡、生态宜居、交通便利的郊区新城建设”。

此外，这三个城市都积极从房地产调控的角度推进职住平衡。比如，成都早在2018年就将“职住平衡”理念写入了房地产业、租赁住房和住房保障的五年规划（2017—2021年）中，并在限购政策中优先保障本区域就业人员的购房资格；合肥、杭州选择特定区域开展职住平衡试点，在试点区域内，在本区域就业人员有优先购房资格。

四、进一步提升宁波职住平衡水平的建议

紧紧围绕满足广大群众对美好生活向往这一核心，立足当前城市从增量扩张向存量更新转型这一阶段特征，借鉴相关城市发展经验，从职住空间单元塑造、公共服务设施优化和高效通勤体系建设等环节着手，进一步促进产城融合、职住平衡，优化现代化滨海大都市的生产、生活、生态空间结构。

（一）完善职住平衡的空间结构单元

一是进一步优化组团式空间功能布局。在市十四次党代会确立的"一体两翼多组团、三江三湾大花园"的空间大格局下，按照以人为本、产城融合的理念，结合国土空间综合整治，推进功能空间布局大分散、小集聚、组团式：要着力丰富完善组团功能，确保每个组团都具有相对完整的生产、居住、公共服务等功能，培育塑造规模适宜、人口适中、功能复合、具有自我造血功能的综合性都市组团，减少远距离通勤；组团内，重点推进城中村改造和工业集聚区建设，大力整治提升低效用地，推进企业入园、居民上楼，腾出空间根据组团实际情况合理增加居住或产业功能，以空间布局相对集中提升土地利用效益和职住平衡水平；组团间则通过多层次的功能联系、复合化的交通网络和一体化的蓝绿生态框架连接，打造形成"紧凑、多中心"的现代化滨海大都市空间组织形态。

二是把促进职住平衡作为城市有机更新和未来社区建设的重要工作导向。要积极推进城市空间复合、社区功能混合，中心城区要通过有机更新、改善人居环境，引入培育高附加值的现代服务业和高新技术产业，重塑产业结构，增强产业活力；产业新区要加强商业、交通、教育、医疗等公共服务设施的投入，吸引人口在新区域内更好地居住工作。

三是大力推进低成本住房供应。加快建立多主体供给、多渠道保障、租购并举的住房制度体系，按照新增保障性租赁住房供应套数占新增住房供应套数比例达到30%以上的刚性要求（住建部2022年城市体检评价标准），在产业园区周边、轨道交通站点附近和重点片区，通过新建、存量改造的方式布局保障性租赁住房，为新市民、青年人、产业人才和低收入人群提供可负担、可就近选择的保障住房，促进职住平衡。

四是创新土地开发政策。推行工改工、M0用地、逆向规划、连片组团开

发等混合用地机制，解决单一地类管制无法满足新产业空间复合利用、职住平衡等突出痛点。

（二）加快公共服务设施充分均衡供给

一是强化规划引领。将职住平衡基本空间单元内的居住、教育、卫生、商业、文体设施建设纳入片区控制性规划，注重均等化配置，引导控制开发时序。

二是促进教育医疗设施合理布局。根据第七次全国人口普查人口分布空间结构和未来增长趋势，测算各基本单元内就学、就医需求，加快实施教育医疗设施新建、扩建、更新工程，构建覆盖常住人口需求的优质教育医疗体系，把就近入学、就近医疗打造成为吸引青年人才和产业工人来甬就业生活的金名片。

三是打造15分钟便民生活圈。对照住建部“完整居住社区建设标准”和商务部“一刻钟便民生活圈”要求，加快完善宁波社区便民服务设施，引入更多的生活服务功能配套，推动餐饮、洗衣、理发、维修、便利店、卖场、家政、养老、药店、连锁旅馆等生活服务设施的社区布局，利用桥下空间、社区配套用房打造一批文化休闲体育场所，提升居住单元本土就业吸纳能力。

四是建设功能复合的公共空间。高水准规划建设绿心公园、口袋公园，实施“公园+”计划，特别是运用土地立体确权、多层开发理念，改建一批立体公园，实现公园的休闲、文化、生态、停车、连通、商业、应急等功能的复合融合，推动公园形态时尚、功能升级。

（三）优化城市绿色通勤体系

一是发挥轨道交通在职住平衡中的龙头支撑作用。全面提升轨道交通站点、走廊周边的职住密度，实现“城市轨道”向“轨道城市”转型。加快6、7、8号等在建轨道交通项目进度，根据客流量、地理位置、功能布局等因素完善第三轮轨道交通路线走向；积极应用“XOD+PPP+EPC”模式，完善投入回报、联合开发、利益分享、土地收储、投融资机制，将重要站点打造成为具有出行、居住、办公、商业、生态、文化诸多功能的综合体，使地铁站从交通空间成为目的地场所。

二是着力完善轨道交通站点的交通接驳体系。加大轨道交通站点3公里范围内共享单车、共享电瓶车的投放，以及3公里以上中大型小区公交接驳服务，实现就业场所、小区与地铁站的无缝衔接，逐步使公交成为地铁的辅助、补充接驳系统，实现地铁“站到站”向“门到门”服务升级。

三是优化公交线路。取消5公里以上与地铁基本并行的公交线路，通过线路优化大幅降低两次以上换乘情形。落实公交优先原则，分时段、分路段适当提高公交时速，开通更多环线公交，改善北环路、北环高架等路段公交缺位现状。完善公交定制出行服务，按照出行密度和热力值设立跨区域长途、城际公交线。

四是优化慢行交通系统。聚焦商圈、学校、医院、干道枢纽周围等突出交通堵点，以公共交通、慢性交通优先为原则，采取立体化改造等方式加强交通整治，从根本上解决交通混乱、拥堵问题。对于新建片区，按照立交交通、下沉交通、空中城市等理念规划设计交通干道，减少交通对市民出行、商业营造、生态连通的隔离。

吴红艳　汪志飞　吴秀芸

补齐宁波创建文明典范城市两个突出短板对策建议

全国文明典范城市是文明城市的“升级版”，更具示范性、先进性和引领性，创建标准更高、要求更严，实行每三年推倒重来的届期制。对标全国文明典范城市创建新标准、新要求，宁波在一些重点领域和重要环节还存在突出短板，应引起高度重视。2021 年新版《全国文明城市（地级以上）测评体系》特别明确提出建成区公共卫生间设置密度≥ 4 座 / 平方公里的指标要求（原体系为每隔 500 米至少能看到 1 处公共卫生间的指示牌），同时创建目标更加突出民生导向和群众满意度，群众满意度最低标准由 85% 提升到 95%。根据课题组的调研情况看，城区公共厕所还偏少，目前宁波建成区每平方公里公厕只有 1.9 座，与创建标准要求差距较大，老旧小区改造群众满意度不够高，这两个问题已成为当前宁波创建全国文明典范城市必须补齐的突出短板。经过努力这两个短板问题可以明显改进提升，宁波应利用好全国文明典范城市创建时间差，重点突破、靶向发力，将短板问题打造成为特色亮点，精细推进文明典范城市创建，为全国精神文明建设创造新经验、提供新范例。

一、构建城区便利舒适公厕体系，彰显城市文明尺度

公共厕所狭义是指环卫部门管理的城市公厕（环卫公厕），广义上还包括社会公厕（共享厕所）和旅游厕所，是城市重要民生基础设施，公共厕所数量和质量能够体现一个城市的文明和品质。2017 年底，宁波启动实施中心城区“公厕提质”三年行动计划，超额完成三年新改建环卫公厕 565 座工作目标。并开展新一轮深化“公厕提质行动”，结合数字化改革，逐步推进中心城区公

共厕所智能化。截至2021年底，中心城区环卫公厕约700座，平均每平方公里约1.9座，基本形成了以环卫公厕为主体，社会公厕为补充的公厕服务体系。

但目前宁波中心城区公厕设置密度和分布仍有待优化提升。一是中心城区公厕设置密度相对较低。以环卫公厕为例，由于历史欠账过多等原因，中心城区环卫公厕设置密度还不够。2020年度城市建设统计年鉴数据显示，宁波城市每平方公里公厕只有1.8座，与其他先进城市还有较大差距（参见表1）。二是城市区域公厕设置不够平衡。老城区三江片和东部新城环卫公厕覆盖相对较好，高新区、东钱湖、奉化区等新兴地区人口集聚效应逐步显现，环卫公厕建设相对滞后，建设密度还有待提升（参见表2）。此外，城市公共厕所导向标志设置还不够科学，社会公厕标志不统一，标识不清或不合理，不熟悉的市民游客寻厕难问题依然存在。

表1　宁波与先进城市公厕密度比较　单位：座/平方公里

	宁波	杭州	苏州	厦门	深圳	佛山
公厕密度	1.8	2.74	2.51	5.5	3.72	3.22

注：城市公厕密度是指建成区环卫公厕密度。

数据来源：2020年度城市建设统计年鉴。

表2　宁波中心城区建成区各区域公厕密度　单位：座/平方公里

建成区	海曙	江北	鄞州	镇海	北仑	奉化	高新区	东部新城	东钱湖
公厕密度	3.08	2.56	1.9	2.28	2.23	1.61	1.14	3.02	1.21

数据来源：2022年市规划研究院公开发布研究报告。

建议：

一是科学编制城市公厕建设规划。按照“规划先行、科学布局、建改并重、方便群众”原则，摸清建设城市公厕可利用地情况，在充分征求社会公众意见基础上，科学编制和完善城市公厕相关规划，提高规划前瞻性、实用性。

二是加大城市公厕建设力度。启动新一轮“厕所革命”提升行动，总结上一轮城市公厕建设经验和不足，按照建成区公共卫生间设置密度≥4座/平方公里要求，结合城市更新计划和新区建设，重点关注公厕盲点区域，新改建一批城市公共厕所。鼓励社会厕所向公众开放，对需进行一定改造才能开放的社会厕所，给予一定比例改造补贴，部分作用明显的社会公厕也可考虑纳入环卫服务范围。

三是积极推广应用新型公厕。利用城市边角地、市政公用设施等用地，有序推广装配式公厕建设，积极探索市场化运行模式，拓展共享充电、雨伞借用等综合便民服务。探索开发小型公共卫生间，在城市绿化带、社区公园等区域“见缝插针”式落点建设，试点打造占地面积小、功能完善、灵活多变、美观大方的街头小型公共卫生间风景线。

四是优化寻厕标识导向体系。完善《宁波市公共厕所标识标牌系统设置导则》，统一规范设置中心城区的公厕标识。进一步规范社会公厕，建议增加“共享厕所”中文字样方便识别，加大沿街商铺“OK”社会公厕标识宣传力度。

五是深化城市公厕数字化管理。持续推进“智慧公厕”工程，扩大公共厕所数字化设备安装覆盖面。依托大数据、互联网、人工智能等技术，实现公厕在线导航、在线管理、智能监控、查询反馈等功能。加强城市公厕养护、管理和环卫作业人员调度，并及时修复损坏设施设备。

二、推进老旧小区精细化改造，打造文明典范新亮点

老旧小区改造是改善民生、拉动内需稳经济的必然要求，也是争创全国文明典范城市题中应有之义。2017年以来，宁波先后两次入选全国老旧小区改造试点城市，2020年制定出台《城镇老旧小区改造三年行动方案（2020—2022年）》，全面启动新一轮改造，2020年、2021年两年实施老旧小区改造368个、惠及居民23.6万余户，完成老旧小区改造329个，显著提升城镇居民获得感、安全感、幸福感。“十四五”期间，宁波继续推进老旧小区改造，将基本完成2000年前建成的需改造城镇老旧小区，开工改造城镇老旧小区约430个，改造建筑面积约2000万平方米。

但是，城镇老旧小区改造过程中仍存在一些影响文明典范城市创建的问题，与老旧小区改造相关投诉较多，根据民生E点通的老旧小区改造投诉统计，近两年有21个小区投诉改造施工管理不规范，有11个小区投诉施工质量较差，有3个小区投诉适老设施缺乏（见表3）。

表3　　老旧小区改造投诉典型问题

序号	问题类型	具体表现	投诉小区数量
1	工程设计	缺乏系统化、个性化设计：简单翻新；缺乏适老化设计；缺乏施工效果图展示；重复施工等	4

续表

序号	问题类型	具体表现	投诉小区数量
2	施工过程	安全管理不到位：沟渠、窨井敞开；缺乏警戒线告示牌；保温板随意堆放；电线裸露等	5
		施工简单、不规范：刷墙、刷漆敷衍随意；粉尘问题；屋顶、墙面漏水修复工程排查不到位；养护保护措施未到位，缺乏围挡、施工指示牌等	8
		暴力施工：弄断网线；挖破水管；挖坏路灯；损坏监控；乱踩窗体；损害居民个人财产等	8
		毁绿现象：绿化面积缩水；野蛮铲除；不按要求补种	8
		噪声问题：施工时间不合理	5
		建筑垃圾、堆料：建筑材料随意堆放、散落绿化带	6
3	施工质量	居民对工程质量不满意：路面破损；墙体粉刷、颜色；管线交叉；照明、监控死角等	11

资料来源：近两年民生 *E* 点通老旧小区投诉整理。

从课题组调研情况来看，当前老旧小区改造主要存在以下几个问题。

一是部分改造缺乏整体设计。老旧小区主要是建成于2000年以前的建筑物，原有设计标准普遍较低，改造之前需针对小区现状进行整体设计。但部分老旧小区改造项目局限于简单翻新、片面化改造，缺乏针对整个小区的综合性整治，环境提升和功能品质达不到居民生活需求。比如，近年宁波大部分老旧小区改造项目未将防盗窗纳入改造升级范围，导致改造后防盗窗仍然新旧不一、型号尺寸五花八门、质量参差不齐，严重影响楼体颜值。

二是改造缺乏管理统筹。老旧小区改造项目内容较多，涉及不同部门、不同主体、不同施工单位与环节，整体协调改造难度较大。根据相关社区实地调研发现，部分老旧小区电力、通信、有线电视等线路改造施工过程中，各个施工单位之间存在协调不顺畅、时序安排不合理等问题，导致改造过程中出现扰民现象，改造后部分小区仍“蜘网飞线”，居民改造满意度大打折扣。

三是监督机制不够健全。乡镇（街道）作为发包方监督不够到位，尚未充分发挥居民监督作用，与居民的信息沟通反馈渠道不畅。而且社区监督力度有限，面对居民意见只能做“传声筒”，导致项目施工实际操作环节与居民期待存在差距。工程监理作用发挥不够充分，部分小区监理公司现场监理人员到场率低，文明施工不达标、防护措施不规范、质量安全监管不到位等情况仍然存在。

四是改造资金保障不够有力。目前宁波老旧小区改造资金主要来源于政府财政资金，市级财政承担40%，区（县、市）财政需承担60%，区（县、市）财政总体压力较大。老旧小区改造投入大、周期长、收益不确定性高，社会资本参与积极性普遍不强，单靠政府财政支出模式负担过重，难以有效支撑大规模改造任务。目前部分小区每平方米的改造资金不足200元，与每平方米500元的目标要求相差较大。

建议：

一是深化思想认识，加强规划设计力量支撑。将老旧小区改造作为提升城市品质和完善社会治理的重要实践举措，综合考虑老旧小区居民需求、文化特色、功能定位等因素，整合现有资源，强化周边公共资源支撑，建设功能升级、治理提升的活力社区。建立设计师、规划师等社会力量资源库，引导支持规划设计社会力量参与支撑老旧小区改造方案设计实施。

二是强化数字化思维，创新协同管理长效机制。加快推进宁波市老旧小区管理平台向数字化多跨场景应用迭代升级。推进老旧小区改造意见征求反馈、改造项目申请、改造项目审批、改造过程公开、改造监管评估等环节数字化协同管理服务。强化对基层乡镇（街道）、社区老旧小区改造协同管理服务的数字化支撑。

三是鼓励社会资本参与，拓宽资金来源渠道。部分项目可引入专业化、市场化社会资本参与老旧小区改造运营，引导支持属地政府与投资方共同出资，组建城市综合运营服务平台，探索老旧小区改造、城市有机更新新模式。支持社会资本盘活城市低效用地、闲置资源，整合利用老旧小区及周边区域存量空置公有房屋等资源，推进城镇老旧小区改造可持续发展，提高社区公共服务水平和提升街区活力。

四是探索党建引领新路径，打造改造治理新模式。推动成立老旧小区改造项目工程临时党支部，积极吸纳设计施工单位、咨询单位、监理单位、居民党员骨干等为成员，发挥项目推进过程中沟通邻里、征集意见、过程监督、调解矛盾等作用，探索"党员+群众+专业力量"老旧小区改造治理新模式，实现对老旧小区改造项目闭环式监管。

农贵新　傅叶挺　周雅静　农晓丹

新阶段宁波发展模式与重点建设路径思考

当前宁波仍处于工业化的提升期、新经济的孕育期、城市化的融合期、全球化的爬坡期、绿色化的转型期，在建设现代化滨海大都市进程中面临着慢进则退、不变则退的竞合形势。建议以党代会确立的“六大变革”为引领，确立以社会建设、品质建设和文化建设“三大建设”驱动城市发展的新模式，重点建设如诗如画的宁波城、服务向往美好的宁波人、积蓄赶超跨越的宁波能、激活羽人竞渡的宁波文、锻造硬核力量的宁波港、构建连通未来的宁波网。

一、识别：新阶段宁波发展面临的主要形势

（一）五大主要挑战

1. 处于工业化的提升期，城市发展路径依赖深。与高科技产业在全世界领先、制造业占据全球价值链高端、城镇化成熟、中产阶层成为社会主导等后工业化标准相比，宁波仍处于工业化提升期。全市工业经济占比大，钢铁、石油、化工产业链产值占制造业比重近四成，技术密集型制造业占比低，精细化工和高端装备制造实力不强，生产性服务业发展缓慢，制造业多数仍处于赚“辛苦钱”阶段，单位建设用地产出不高。生活性服务业规模和结构与先进城市差距大，内需驱动力不足。

2. 处于新经济的孕育期，新旧发展动能转换缓慢。重大创新平台载体不足，缺乏位于金字塔尖、具有高端引领作用的高水平研究型大学、实验室、产业技术研究院。创新投入和成效不足，全市R&D经费支出占比较头部城市差距大，发明专利授权居GDP万亿城市后位，重大科技成果转化不足。以战略新兴产业、未来产业、数字经济、独角兽经济为代表的新经济发育迟缓，创新和冒险精神弱化，城市先锋度不高。

3. 处于城市化的融合期，宜居品质不高问题凸显。城市化发展模式仍以县域经济驱动为主，全域优越资源缺少整体谋划，市域功能同质化、空间碎片化特征明显。港产城没有从空间结合升级为功能融合，协调难度增大。城市历史文化资源活化水平低，在主要城市人文魅力综合评价中排名靠后，城市特色空间知名度、美誉度不高，乡村风貌杂乱。优质托幼、养老服务存在巨大缺口，常住人口优质教育供给均衡性不足，优质医疗资源相对短缺，住房仍然是常住人口、新市民安居乐业的主要障碍。

4. 处于全球化的爬坡期，开放能级和首位度不高。宁波仍以制造业全球化时期的大宗资源进口为拉手、低成本工业制造出口为推手参与国际经济循环，尚未从出口导向型经济升级为开放创新型经济。城市国际化水平不高，交通枢纽优势弱化，世界500强办事机构、外资金融机构、高端港航服务业、平台型企业少，供应链掌控能力弱，对高端人才、创业资本、专利技术、创意想法等创新资源的全球配置能力薄弱。中心城区的服务功能较弱，对县市区和舟山、台州、绍兴的辐射作用不强，人口密度、经济密度低。

5. 处于绿色化的转型期，城市可持续发展压力较大。全市有较多的化工企业及较长的天然气、油品长输管线、危化管线，大宗危险品货船、石油货船在港口密集作业，危化品道路运输量大，城市安全压力较大。受产业结构和用能结构等因素影响，全市碳达峰任务艰巨。大气环境与世界一流水平仍有差距，重要海湾水质亟待改善，城市水网缺乏景观功能，水环境管理韧性不强，洪涝灾害时有发生。

（二）五大发展宏观经纬

1. 第四次技术革命重塑全球城市竞争格局。以新能源、量子信息、生物技术为代表的第四次技术革命来到，颠覆性技术、新兴产业不断涌现，引发国际产业分工重大调整。资本、人口、知识等要素加速重组，中高端产业空间集聚增强，优势地区循环累积效应突出。加快创新资源集聚成为先进城市的首要议题。智能化为发达地区解决劳动力难题提供出路。

2. 双循环格局为城市发展释放超大市场机遇。我国将从过去出口—创收—消费的客场循环转向消费—创新—输出的主场循环，构建全球经济最活跃和商务环境最优的金融贸易中心。海权和陆权并重，西部陆海新通道加速推进，“一带一路”和自贸协定将成为中国参与全球治理的重要平台。头部城市必须有硬科技创新能力，在交易博弈中具备反制实力；必须有更高的首位度和开放度，具备导入国际国内市场流量的资源配置能力。

3. 都市圈成为区域协调战略叠加的重要空间。随着市场经济的发育成熟，城镇行政边界限制逐渐被打破，经济区加速显现。城市群—都市圈—中心城市—大中小城市协同发展—特色小镇—乡村振兴的空间组合链条，成为要素分层聚集的主要载体。加快融入区域一体化，合理分工、极化辐射和避免虹吸是中心城市面临的重要课题。以提升公共服务水平和城市更新为主的新型城镇化是近期经济增长的主要动力。

4. 推进共同富裕是社会主义制度的本质要求。重大生产力布局和基础设施建设将进一步向后发地区倾斜，公共服务均等化和城乡一体化发展体制机制将进一步完善落实，全社会将开展降成本、脱虚向实行动，引导资本规范有序运行，提升创新活力、消费能力和经济竞争力。以土地融资为主要原理的城市外延式扩展模式日渐式微，城市化走完原始积累阶段，将走上以城市运营促进财富积累为主要特征的内涵式发展道路。

5. 绿色低碳和安全韧性是城市发展底线。碳中和之路逐步加速，构建零碳新工业体系是工业城市的当务之急。新冠病毒感染敲响公共卫生和供应链安全警钟，全球化产业布局的成本优势让位于供应链韧性要求。气候极端事件和旱涝火害频发，要求城市完善防灾应急理念和设施。人口危机威胁国家和文明传承，大城市加快构建生育友好型政策体系。

二、预见：新阶段宁波发展模式的更新转换

（一）由社会建设驱动城市发展

在当前国际局势复杂多变、国内发展面临三重压力的形势下，更需要强调经济建设的中心地位。但经济建设不单是产业建设、招商引资本身，在城市对资源和人才竞合的某个具体阶段，从新阶段经济社会发展的主要矛盾上看，社会建设又成为城市经济高质量发展的驱动力，是服务创新型经济壮大的必备条件。这意味着，城市的主导功能从物质生产回归到以人为本，城市是人们实现美好生活的容器和平台，就重要性而言，“人的城市”远高于“城市的人”。围绕人的全生命周期加快公共基础设施和优质公共服务的供给、共享是城市集聚创新资源要素和人才人口的必答题。同时，教育科技、医疗卫生、托幼养老、交通物流、体育休闲、安防环保等服务设施本身是保证城市高效运行的物质基

础，也是激发内需、扩大有效投资的潜力所在。伴随科技进步、生产力提升以及企业边界的放大，在公共服务领域还出现了诸多以市场化、商业化方式推进社会建设的新探索，对于减轻地方政府财政负担、提升资源配置效率、增加公共投资边际收益等都有积极意义。

（二）由品质建设驱动城市发展

随着社会物质条件的改善和精神文化诉求的提高，城市居民对生活环境的要求已经从最基本的卫生城市的“洁居”，园林城市的“绿居”，环境友好、生物友善、低碳循环、智慧便捷的“宜居”，向森林、湿地、公园城市的“诗居”以及平安、健康的“乐居”转变，未来将有更多城市向自然型城市演替。与用廉价的生产要素吸引企业、创造就业，进而建设市政的城镇化的“上半场”不同，“下半场”则是用优质的城市生活和公共服务吸引人才，人才吸引企业，企业创造繁荣，理念上从“产城人”到“人城产”转变。国际国内头部城市都开展了蓬勃的城市更新，用新理念和新手段的“再城市化”推动城市焕发新活力。从大尺度上看，公共空间与自然有机融合，城市组团间以高标准的生态廊道实现区隔和联系，城市人口、生产力、基础设施和公共服务布局合理，生态廊道设施尽力保留自然原型和生物多样性，真正把城市建设在自然中。从小尺度上看，城市功能单元朝着场景化、数字化、价值化、低碳化的方向精雕细琢，即城市单元将在物理形态基础上强化社交功能，由钢筋＋水泥升级为手机＋水泥，成为智能硬件和终端，在数字化驱动下将信息流、资金流导入创新链、供应链和价值链，成为无处不在的创新载体、产业单位，从负债资产变成增值资产，城市单元可以推窗见绿、鸟语花香、能源循环。

（三）由文化建设驱动城市发展

眼下，人民群众对优秀文化的需求愈加急迫。现代化大都市既是对外展示区域特色、深厚积淀、文化魅力的重要空间，也是塑造“恋地”情结、做强留人功能、增强地域归属感的重要承载。近年来头部城市加快对区域文脉的功能活化，不再拘泥于单调的文物展示展览，而是将历史文化元素与城市创新和生活功能充分交互，形成多元、复合、升维的有机空间，推动文化与产业跨界融合，更有效地赋能历史的时间价值、兑现历史文脉的未来价值。城市文化更多的是一种无法言说的韵味、感觉、气质，再具体的指标也难以对其衡量，但它又最能打动人心，因而文化往往是城市软实力的主要方面，是破解发展难题、充实开拓精神、提升治理效能的无形力量。推动建设共同富裕先行市跑在高质量发展、竞争力提升、现代化先行的跑道上，更加需要注入文化这个更基本、更深沉、更持久的动力，加快打造新时代文化高地。

三、聚焦：新阶段宁波发展的重点路径建议

（一）建设如诗如画的“宁波城”

就是要按照东方滨海时尚之都的愿景，沿着“滨海产业大平台、沿湾活力大动脉、四明生态大屏障、甬江科创大走廊”的经纬秩序，推进城市与自然有机融合，以产业空间治理为抓手，推动城市功能布局大变革，营造长三角世界级城市群极富宜居魅力的诗画名城，让“宁波是个好地方”成为脍炙人口、闻名遐迩的城市名片，以“诗和远方”的高品质宜居环境吸引人、留住人。重点包括：一是大尺度凸显城市绿色背景。通过轨道交通、高速、郊野专线、水上公交等方式，推进轨道交通向旅游休闲区延伸，把四明山、福泉山、翠屏山，日湖、月湖、东钱湖、九龙湖，梅山湾、象山湾、杭州湾的盎然生机“搬进”城，再现四明九题、丹山瀛海盛韵。可推出十大滨海景观大道、二十条古道、三十处赏花胜地、五十个田园古村，发展绿道经济，建设未来乡村。高水准规划建设绿心公园和郊野公园，增加城市绿色大斑块，实施“公园+”计划，推动公园从单纯视觉景观向综合功能承载体升级，实现“人在城里，亦处园中”。在滨海、森林等区域谋划建设一批康养康复等“自然敏感型”设施。二是打造自然型都市生命地标。充分考虑城市森林、绿地、湿地、河流、田园的自然功能和自然形态，将潜在自然植被作为恢复目标，提升生物多样性水平，实现城市构筑物与自然协调并存。如可在东部新城东片、植物园二期三期、姚江新城、小浃江生态湿地、丁家湾、大运河（宁波）国家公园等区块建设和新改建公园时，考虑保留块状或点状相连的田园、河滩、水网、植被，谋划打造色声香味触五觉俱全的生物多样性内岛等都市生命地标，谋划一批“果园社区”等未来理念社区，把城市经济的高密度与生命繁衍、农业劳作图景更“自然”地融合起来，为市民提供更多可以“发呆”的地方。三是着力推进水乡风貌重塑。整体打造水系网络、城市绿道、文化紫道和慢行系统，优化景观节点、功能设施的设计水平，畅通中心城区内河网，大力提升水质，再现街河、湖居、湿地、市镇的浙东乡愁，打造水乡名都，增强现代化滨海大都市的辨识度。加

快甬江两岸码头整迁更新，建设国际一流滨水空间，建成北纬30度最美海岸带，促进生态设施串线成链、连片成网。优化城市综合治水方案，加快实施北水南排工程，加强中水循环型建筑、内河淡水循环利用等技术研究和配套设施建设，推进城市内涝治理，增强气候适应能力。

（二）服务向往美好的“宁波人”

就是要紧紧顺应我国社会主要矛盾转变的大趋势，加快从物质框架建设为主的城镇化阶段向内容承载填充为主的新阶段转型，践行“城市为人而生”的主题，破解城市发展善于算小账、不善算收益的思维困局，真正把服务好包括住甬、来甬的每一位新老宁波人作为城市工作的出发点，大幅提升公共服务供给的充分性、优质性、均衡性水平，共同富裕系统集成改革取得重要进展，建成近悦远来的城乡幸福共富之都。重点包括：一是提升全生命周期公共服务。拓展教育、健康、就业、生育、养老、文化等公共服务范围和标准。特别要力争标本兼治落实“双减”，坚持学生减负、教师减负并行，改革教师工时、待遇，确立学校的主阵地定位，实质性减轻社会负担。梳理小升初学位需求，做好学位供给衔接。推进健康宁波建设，实施优质医院、医学、医生“三引行动”，降低高负担医疗项目，如推出一批牙科、眼科等普惠性医疗套餐。突出推进城乡居家养老服务升级，办好老年食堂，降低养老服务业经营成本，高水平建成人人享有、人人可及的养老服务体系。二是构建人口导入友好型政策体系。考虑符合条件的三孩母亲长期领取补贴政策，支持辅助生育技术合理应用，鼓励产业园区创办托幼机构，研究三孩免费教育方案。率先探索建立人地钱挂钩、以人定地、钱随人走制度，丰富保障房供给，建立与城市消费水平更相适应的城镇居民最低生活救助制度，降低来甬人口生活成本。支持和规范新就业形态发展，实施人工智能、数字经济产业工人培训。三是提升城市生活设施便捷性。提升交通枢纽的客运服务功能，加快完善市域高速公路、轨道交通、市域快速路成环成网，打通城市交通微循环毛细血管，大力提升中心城区首位度。探索新建、改建“空中城市”，以空中慢行系统串联城市建筑、景观和商圈等主要公共空间节点。增加各类体育运动场地、休憩健身设施和地方性文化设施，在城市副中心新增市民运动馆。

（三）积蓄赶超跨越的“宁波能”

就是要以超常规举措补齐宁波创新资源不足的突出短板，健全集中力量办大事、办小事机制，构建大中小微企业协同发展、政产学研用金深度融合的创业创新生态高峰，建设辐射全国、链接全球的技术成果交易和转化平台，实施好关键核心技术攻关工程，带动宁波蓄势待发和战略赶超，建成全球智造创新之都。重点包括：一是集中力量建设甬江科创区。加快甬江实验室建设进度，推动科研设施、大院大所、科创企业加速集聚，积极争取国家在材料、光学、氢能等领域的大科学装置布局，打造全市科创策源核。实施产业技术研究院提升工程，支持产学研组建技术攻关联合体，健全以转化应用为导向的科技成果评价机制。扩大宁波大学影响力，尽快启用国科大宁波材料工程学院，顶格支持甬江理工大学（暂名）建设，瞄准我国职业教育改革方向，力争新创办一所以培养工程师为使命的本科学历教育大学（如争取命名东海大学），打造中国工程师之乡。争取自贸区高端人才、企业所得税、签证等方面制度创新，布局一批离岸创新创业基地、人才飞地。二是加快壮大科创“企业森林”。加大高新技术、科技型企业培育力度，聚焦领军企业最急的创新瓶颈，谋划布局一批攻关项目和重大平台，开展核心技术攻关，探索“无人区”科技，支持领军企业联合上下游共同开展终端及其配套产品产业化。建立以企业为核心、竞争中性的产业促进政策，聚焦企业在不同发展阶段、不同经营环节的核心需求，强化全生命周期的普惠政策和优化全经营环节的支持政策，形成由企业主导创新全过程的创新生态。打造面向实体经济的产业金融中心，扩大国有资本在股权投资、风险投资中的有为作用，拓宽科技型企业直接融资渠道。三是催生新经济爆发式发展。把发展硬核科技产业作为支撑城市引领力的定海神针，力争在核心元器件、关键材料、先进工艺、软件、科研器材、智能终端、机器人等方面开发一批国产替代产品，努力培育工业母机、精细化工、医疗装备等一批标志性先进重工业。加快新经济试验场地建设，建设超算中心等新基建，积极实施沙盒监管创新，大力发展新业态、新模式。重视服务业对制造业的提升支撑作用，实施服务业与制造业双轮驱动，根据功能分区考核服务业，加快培育服务型制造企业，推动制造业向价值高端攀升。

（四）激活羽人竞渡的“宁波文”

就是要立足宁波悠久、独特的历史渊源，利用现代技术、城乡更新等手段再现宁波稻鱼起源、海洋文明、经世致用、工商皆本、知恩图报等文化内涵，强化河姆渡文化标记，推广具有宁波特色、中华自信的区域性文化符号，传承弘扬与当代社会主义建设相适应的价值主张，谋划具有广泛影响力的文化事件，赋予城市鲜明的地域特色、风格和气派，大力提升城市韵味、趣味。重点包括：一是在城乡更新中彰显城市文脉。提升城市空间设施文化品位，融入宁波山水、诗画、佛道和名人文化元素，发展第四代建筑和未来社区。统筹保护和利用，把城市空间打造成为新技术、新业态、新模式、新消费、新治理的开放场景，将老外滩步行街、鄞州水街、韩岭等升级为新型消费集聚区。围绕月湖，建设宁波中央人文区，实施柳汀路等干线（穿、绕）工程，将天一阁、鼓楼、南塘老街、孝闻街、三江口建成紧密贯通、风格简约、烟火旺盛的多功能历史大街区。二是有序推进建成一批文化地标设施。加快市党代会确立的三江文化长廊、大运河（宁波）国家文化公园、东钱湖宋韵文化圈、天一阁博物院、河海博物馆等重大文化项目进度，扩大雪窦山、杭州湾湿地公园、亚帆中心、招宝山四抗名城等元素的影响力，投用国际会议中心，开建国际博览中心。打造翠屏山文旅融合区，串联河姆渡、井头山、施岙、田螺山、胡坑基、吕岙、上林湖、慈城等古文化标志节点，彰显“依山傍海处，稻耕渔猎生”的历史韵味。考虑研究诸如宁波海洋新馆、自然博物馆、工业展览馆、海丝博物馆、非遗博物馆、民间公益收藏馆、宁波音乐坊、治水博物馆、航海博物馆、星空科学馆、稻作文化馆、宁波排球馆等地标设施的可行性与谋划方案。推行带设计方案土地出让制度，提升建筑艺术水平，用建筑为城市代言，以文化节点命名一批交通、地理设施。深化艺术振兴乡村行动，通过文化赋能把乡村打造成理想生活栖居地、产业振兴新载体，以艺术小切口推动共同富裕大场景。三是用现代视角让文化开口说话。实施城市画布计划、四明舞台计划，加大名家、名作、名品引育力度，支持一批专业艺术工作者潜心创作，把宁波历史文化符号搬到城市公共空间、国内外舞台，将先锋艺术融入城市街头。力争举办排球、篮球、声乐等国际文体赛事，谋划举办世博会等国际节事，创新赛事与旅游融合，提升景区资产运营效率。尽快实施文创“新势力”计划，加快培育影视机构、培养影视人才，依托象山影视城、文创港壮大影视产业链。支持优质短视频创作，引进脱口秀等青年文化项目，扩大城市曝光度。围绕饭稻羹鱼、越文化、禹尧治水、鸟图腾崇拜、玉琮文化等史前传说，围绕文种、范蠡与西施、梁祝、王安石、王阳明、黄宗羲、贺知章、王元暐等历史名人，围绕水乡风情、商贸传统、海丝节点、重文风气、家国情怀等区域特征，加深历史考据，加强对越窑秘瓷、天封塔、天宁寺塔、阿育王塔、保国寺、南宋石像、明州刻漏、宁波钟等文化符号的数字孪生复原宣展，围绕文化符号建设一批中心公园、社区公园、口袋公园，繁荣文艺创作，用数字技术和美学营造展示文物中的宁波、记忆中的宁波、诗词中的宁波、奋进中的宁波，力争推出一批具有广泛影响力的文化载体、沉浸式的文化体验。实施“文化+”行动，鼓励、规范企业运用宁波文化符号装饰产品、标注服务。

（五）锻造硬核力量的“宁波港”

就是要支持宁波舟山港创新转型发展，在更高层次上推动港产城文融合，打造全球新型贸易中心、战略资源配置中心和国际航运服务基地，加快构筑对外战略大通道，提升国际开放枢纽地位，着眼于深空发展的时代机遇，打造国际商业航天港。重点包括：一是推进港产城文高质量融合。按照港产城功能有机融合、空间有序分离的原则，以市场化、生态化、共享化为导向创新港地融合机制。优化物流基础设施布局，整合码头资源，完善交通集疏运体系，尽快明确海铁联运铁路编组站选址建设事宜，根本上解决物流动线杂乱低效等突出问题。大力发展港航服务产业，根本改观“大港小航”的局面。二是加快建设对外战略要道。加快建成空铁一体的宁波西枢纽，组建本土航空公司，扩大航空货运能力，提升空港能级，大力发展临空经济。加快建设金甬铁路、甬舟铁路、杭甬复线等在建项目，推进苏嘉甬铁路、甬台温福高铁、沪甬海上通道、甬金衢上等项目进度。三是提升全球资源配置能力。高水平建设宁波自贸片区，推进投资贸易自由化便利化重大制度创新，大力推动服务业开放。加快油气全产业链发展，争取油气国际交易试点，搭建高效公信的能源交易服务平台和跨境结算平台，争取创建化工品期货交易所。加快海外仓、独立站等新型贸易设施建设，积极培育本土跨国公司，鼓励企业利用资本运作谋求市场主导权，发展壮大进口贸易。尽早壮大和引进本土、央企船公司总部、区域总部，增强国际航线主动权。发挥宁波民营经济发达和高收入群体较大的财富优势，顺应创二代转型趋势，培育兴起一批家族办公室和财富管理中心。四是加快谋划打造航天港。发挥宁波区位和军民融合基础优势，谋划推进空天产业发展，催生新的万亿级产业群。构建以商业航天发射基地（象山）、前湾新区卫星研发制造基地、空天信息大数据创新中心（甬江科创区）为主要载体的空间布局，实施“宁波一号”卫星星座计划，引育火箭研制发射、空天信息应用、空天关联制造、航天文旅科教四大主导产业，打造特色鲜明的空天产业生态圈。

（六）构建连通未来的“宁波网”

就是要自觉把握信息革命的“时”与“势”，把数字化技术和思维贯穿到经济社会建设的全过程各方面，完善国际一流的数字化基础设施、开发深入人心的数字化应用场景、构建充满活力的数字化服务生态、塑造先锋引领的数字化生活风尚，加快党政组织、政务服务、产业发展、社会治理整体性、全方位、系统性重塑，实现治理模式和干部能力大变革。重点包括：一是数字政务网。以效能管理为中心，实施党政职能整合、流程再造和新技术加载，形成各部门核心业务全覆盖、纵横全贯通的数字化工作体系，提升党政机关协同管理和服务水平，推进党政绩效考核瘦身健体。以用户体验为中心，加快公共服务供给数字化，推进政务服务事项一网通办、一端集成、一键下单。建立以数据、算法和智能辅助为特征的新型政研决策系统。二是数字产业网。加快模具、化工等省级产业大脑试点，推进产业大脑建设。咬定工业互联网领军城市目标不动摇，培育工业互联网头部企业，加大工业软件开发应用支持力度，建设“未来工厂”。推进贸易主体数字化转型，提高企业样品在线全息展示、柔性化生产、全球化采购组织能力，借助外贸综合服务平台将更多中小企业纳入全球贸易网络。三是数字治理网。夯实城市数字底座，建设数字基础设施，实现城市空间、物品、人员的全要素、全状态、全周期的数字化、可视化、孪生化。深化城市数字化精细治理，加快建成“城市大脑”，实现公共安全、应急管理、市场监管、生态环境等重点领域一屏通观、一网统管，使城市治理更聪明、更敏捷。

汪志飞

塑造“宁波五优、人才无忧”服务品牌研究

宁波市第十四次党代会报告提出要做实“宁波五优、人才无忧”服务品牌，构筑高水平人才首选地、创新策源地、产业集聚地。新的发展时期，城市人才竞争重点已经从政策竞争转向服务竞争，做优服务、做精品牌是推动区域人才集聚的关键抓手。为此，宁波亟须塑造人才服务品牌、提升人才服务实效，以营造爱才育才优质生态，争创人才竞争比较优势。

一、新时期宁波人才服务工作面临的新形势、新要求

当前，宁波人才服务工作站在新的历史起点上，既有难得的发展机遇，又面临激烈的竞争挑战。

（一）人才竞争加剧

投资人才就是投资未来，已经成为地方政府的共识和自觉行动，人才竞争成为城市竞争的核心领域。总体而言宁波人才工作有一定先发优势，但与一线城市相比，比较优势不明显，特别是随着科技创新场景下知识型人才多元化诉求增强，北上广深杭等城市的人才虹吸效应进一步凸显，前期出现了宁波人才少数外流现象。同时，中西部后发城市人才招引力度大、势头猛，宁波往往成为这些城市引进人才的储备库和资源池。这就需要加强宁波人才全周期、全过程、全方位服务，千方百计用好人才、留住人才。

（二）政策效应递减

从实践来看，各地人才政策趋于同质化，“真金白银”政策补助成为吸引人才的常态化条件，部分城市人才政策支持力度总体高于宁波。以人才项目资助政策为例，各地普遍通过实施人才计划遴选支持高端人才，深圳、南京、嘉兴等地支持额度最高达1亿元，高于宁波“甬江引才工程”的支持上限2000

万元。在此背景下，单纯政策优化的空间有限，必须寻找新的突破口，优化人才服务保障体系，加快建立以人才为核心的创新创业生态系统。

（三）产业优势下降

《2021宁波市产业紧缺人才导向目录报告》显示，宁波人才需求主要集中在汽车制造、高端装备、智能家电、绿色石化等重点产业紧缺岗位，对大专人才、本科人才需求占比分别达44.8%、44.3%，对硕士及以上人才需求占比仅为1%。同时，宁波产业结构偏重，互联网和相关服务、软件和信息技术服务业等较易集聚高级以上人才的产业基础薄弱。从产业层面看，宁波人才引育面临“新兴产业优质人才承接不住、传统产业基础人才时而紧缺”的困局，迫切要求在人才服务方面进一步细化颗粒度、加强精准度，充分运用数字化、市场化等新技术、新手段，加快打造“以产引才、以才兴产”的产才融合新高地。

（四）工作目标提升

2021年，市委人才工作领导小组会议提出要把宁波建设成世界重要人才中心和创新高地战略支点城市，为宁波人才服务确立了更高的目标。为此，必须从发展动能变革的视角，下大气力全方位培养、引进、用好人才，夯实全链条人才创业创新支撑，加快构建具有宁波辨识度的人才服务体系，打响具有宁波特色的人才服务品牌。

二、宁波与部分副省级城市人才服务体系比较分析

为更好揭示宁波和其他副省级城市人才服务体系发展优劣，从政策优待、创业优助、权益优护、子女优学、安居优享五个方面着手，比较研究宁波、深圳、厦门、青岛、武汉、成都、南京、西安、济南、杭州等10个副省级城市人才服务，“宁波五优”人才服务存在以下特点。

（一）政策优待走在全国前列，但需集成补缺

宁波人才政策更新迭代走在前列。从人才政策发展动态来看，特别是2021年中央人才工作会议之后，各地纷纷更新迭代人才政策，政策更加趋于综合化和集成化，突出面向世界科技前沿、面向经济主战场、面向国家重大需求、面向人民生命健康，突出高层次人才集聚和高水平人才高地建设。宁波人才政策基本上保持三年一轮的更新，2022年出台《关于加强和改进新时代人才工作加快建设世界重要人才中心和创新高地战略支点城市的若干意见》，提出全方位

构建宁波人才谱系、改革人才授权松绑评价制度、发挥高校聚才育才主平台作用、优化重点平台聚才机制、打响“宁波五优、人才无忧”服务品牌、构建人才工作整体智治体系等六方面30条政策意见。但同时，宁波在人才政策优待方面还存在一定短板。

1. 人才政策缺乏区域协同。深圳将人才服务纳入粤港澳大湾区发展战略框架，发布《深圳市国际职业资格视同职称认可目录（2022年）》，试点开展国际职业资格视同职称认可工作，持有该目录内国际职业资格的专业人才（不限国籍、户籍）视同为取得工程系列相应职称，可按规定申报高一层级职称评审，主要集中在工程技术领域，涉及绿色建筑、人工智能、勘察设计等专业，覆盖美国、英国、澳大利亚、中国香港、澳门等国家和地区，进一步打开了人才引进的空间。宁波是国家长三角一体化战略中的重点节点城市，又是杭甬“双城记”的重要一极，在人才政策上，与上海、杭州等城市处于竞合状态，缺乏实质性互动和协同，尚未形成区域人才流动互认发展格局。

2. 人才谱系偏重第二产业。人才政策谱系反映城市人才引育的方向和重点，各地相继制定出台人才分类目录（见表1）。近年来，深圳、杭州等城市细化人才谱系，实施引育并重，有效满足城市发展需要。深圳明确提出引进培育紧缺的城市管理治理、金融、教育、医疗、人文社科等专业人才，建立博士后“人才战略储备库”，培养“鹏城工匠”；杭州的“专业人才引育工程”直接面向数字经济人才、生命健康人才、金融人才和名师名医名家。相比之下，宁波“人才新政30条”构建的人才谱系侧重于第二产业方面，人文社科、金融证券、软件信息等领域人才引育还需发力补强。

表1　10个副省级城市人才类别

城市	人才分类
宁波	六类：顶尖人才、特优人才、领军人才、拔尖人才、高级人才和基础人才
深圳	四类：杰出人才、国家级领军人才、地方级领军人才、后备级人才
厦门	四类：A+（杰出人才）、A（国家级人才）、B（省级人才）、C（市级人才）
青岛	七类：顶尖人才、高层次人才、“未来之星”后备人才、青年人才、技能人才、海洋人才、海外人才
武汉	四类：战略科技人才、产业领军人才、优秀青年人才、高素质技能人才
成都	五类：国际顶尖人才、国家级领军人才、地方高级人才、产业发展实用人才、青年大学生
南京	六类：A类国际杰出人才、B类国内杰出人才、C类地方拔尖人才、D类高端人才、E类高级人才、F类中初级人才

续表

城市	人才分类
西安	五类：国内外顶尖人才（A类）、国家级领军人才（B类）、地方级领军人才（C类）、产业发展与科技创新类人才（D类）、产业发展与科技创新类实用型人才（E类）
济南	五类：国内外顶尖人才（A类）、国家级领军人才（B类）、省级领军人才（C类）、市级领军人才（D类）、优秀专业人才（E类）
杭州	五类：国内外顶尖人才（A类）、国家级领军人才（B类）、省级领军人才（C类）、市级领军人才（D类）、高级人才（E类）

资料来源：各地官网信息整理。

3. 人才奖励缺少税收优惠政策。10个城市均拿出“真金白银”吸引人才，但在人才税收优惠方面，宁波目前还是空白，相较之下，深圳、厦门、西安和杭州已出台相关政策。比如，深圳对在粤港澳大湾区工作的境外高端人才和紧缺人才，按内地与香港个人所得税税负差额给予补贴，并对补贴免征个人所得税；西安对C类以上人才，全额奖励个人所得税地方留成部分。

（二）创业优助体系较为齐全，但需完善提升

1. 支持人才创业创新政策仍有提升空间。10个城市均出台了支持大学生创业奖励措施，主要集中在设立人才基金、创业项目、初创补贴、场租补贴、吸纳就业奖励、人才信贷、创业贴息等方面。宁波设立100亿元规模的人才创业创新投资基金，金额居10个城市首位。但成都、深圳、厦门、南京、杭州对大学生人才创业支持体系更为健全，覆盖了初创补贴、社保补贴、场租补贴、创业贴息等，青岛还对人才创业按照贡献比例进行奖励（见表2）。

表2　10个副省级城市人才创业支持和奖励

城市	人才基金规模	人才创业奖励	人才团队、企业、项目奖励
宁波	100亿元	创业项目（大学生）：10万元	团队项目：按实际到位资本30%给予资助，最高2000万元
深圳	80亿元	初创补贴：1万元/人，最高10万元	场租补贴：500～1560元/月，36个月；创业贴息：最高300万元；吸纳就业奖励：3000元/人，最高5万元；社保补贴：840元/人·月，36个月，最高30万元
厦门	10亿元	初创补贴：5000元	创业贷款：最高额度为30万元的，财政贴息不超过3年；场租补贴：36个月；吸纳就业奖励：2000元/人

续表

城市	人才基金规模	人才创业奖励	人才团队、企业、项目奖励
青岛	3亿元	"人才贷"：最高1000万元；"人才企业贷"：最高5000万元	创业奖励：连续三年，企业地方综合贡献与人才占股比例乘积的30%；产业领军人才（团队）津贴：一类项目总计500万元，二类项目总计100万元，三类项目每月4000元
武汉	无	创业项目（博士）：6万元；优秀毕业生创业：2万元	战略人才项目：一事一议；国家重大科技专项、国家重点研发计划项目：最高500万元；产业领军人才项目：最高1亿元股权投资
成都	10亿元	创业担保贷款：最高20万元	吸纳就业奖励：最高10万元；高层次创新创业人才项目：A类300万元、B类200万元、C类120万元；青年项目和海外短期项目：60万元；顶尖创新创业团队：500万元
南京	5.5亿元	创业项目（大学生）：10万～50万元；接力投资：获得风投的项目，30万～300万元	初创补贴：2000～4000元；场租补贴：30平方米免费场地或300～800元/月，3年；社保补贴：创业失败最高1万元；创业贴息：300万元额度内申请贴息；吸纳就业奖励：2000元/人
西安	5亿元	创业贷款：优惠利率的信用贷款，给予贴息	高层次人才优秀创新项目：给予100万～5000万元的创业投资
济南	50亿元	创业项目（大学生）：10万～60万元；"人才贷"：最高1000万元，人才企业最高5000万元	创客团队：创新券最高10万元
杭州	无	创业项目（大学生）：5万～20万元；场租补贴：最高10万元	留学人员创业项目：50万元或100万元；领军型创新创业团队：最高500万元；青年创新创业团队：最高300万元项目资助

资料来源：各地官网信息整理。

2. 金融支持人才发展措施需加快落地。10个城市中，宁波和青岛出台了金融支持人才发展的专项政策。宁波"金融支持人才17条"覆盖人才贷、人才投、人才险等创新举措，青岛推出"人才贷""人才板"等系列人才金融品牌，支持和服务高层次人才（项目）开展科技成果转化和创新创业，营造金融赋能人才创新创业发展的良好生态。梳理发现，9个城市（厦门除外）出台了"人才贷"，8个城市（武汉、杭州除外）出台了"人才投"。可以预见，金融支持人才发展将成为城市人才竞争的一个重要点位，宁波需要抓紧落地落实各项相关举措。

（三）权益优护实现迭代升级，但需走深做实

梳理发现，10个城市都成立了专门的人才服务机构（人才服务中心），构建起日臻丰富的人才服务门类。比如，西安创新提出“清单制”“帮办制”服务及“直通市领导”工作机制，为高层次人才免费提供引进落户、创办企业、人才政策兑现、社保医疗教育等“四个帮办”服务。在知识产权保护方面，宁波、深圳和杭州均提出加强人才知识产权保护，更好契合人才知识创造和知识成果转化的需求，宁波还提出保护海外人才合法权益；深圳专门成立人才知识产权法律服务联盟，为人才提供公益性、专业性的知识产权法律服务；杭州建立知识产权鉴定机制，防控知识产权风险，注重保护人才安全。可见，宁波人才服务已经深入到发展价值层面，权益保护的深度、黏性需要进一步增强。

（四）子女优学重点领域突出，但需增加供给

解决人才的后顾之忧是人才服务的关键，主要包括子女入学、家属就业和医疗服务等方面。从10个城市情况看，子女入学服务主要面向顶尖人才、领军人才等重点高层次人才，对于量大面广的基础人才子女入学基本上空白，家属就业方面主要给予工作调动便利、未就业补贴，医疗服务主要是特惠待遇。党的二十大报告将教育与科技、人才、创新统筹部署，预示着当前和今后一段时间，各大城市仍将着力解决教育资源优质均衡的问题，增强人才吸引力、留用率。为此，宁波要发挥基础教育资源优势，构建分层分类人才子女入学机制，更好满足各类人才对子女高质量教育的需求和期盼。

（五）安居优享服务体系较为完善，但需巩固发展

安居保障是人才服务中较具含金量的内容，也是住房保障的重头戏。深圳2014年以政府规章形式对人才安居保障进行立法，并于2020年进行了修订；宁波、南京、西安等城市专门出台人才安居办法。具体来看，宁波、成都、济南和杭州人才安居保障范围较广，不仅给予顶尖人才高额安家补助，还给予大学生群体一次性购房补贴，而其他城市对于大学生群体仅给予租房补贴。但同时也要看到，宁波人才购房补助举措需要优化。以硕士研究生购房补贴政策为例，从绝对值来看，宁波购房补贴并不高，低于杭州最高补贴金额的15万元；从相对值来看，如果将购房补贴折算成对应面积，成都以9平方米位居首位，

济南、杭州对应面积分别有6.3平方米、4.3平方米，均高于宁波（见表3）。为此，宁波仍需完善“货币+实物”人才安居保障体系，全面落实人才安居货币化补贴措施，丰富人才安居实物配置方式，着力推动人才安居服务从“有没有”向“优不优”转变，从“保重点”到“广覆盖”转变。

表3　部分城市硕士研究生购房补贴比较

城市	购房补贴（元）	平均房价（元）	对应面积（平方米）	备注
成都	141345	15705	9	按照优惠政策面积的15%计算补贴金额
济南	100000	15983	6.3	
杭州	150000	35241	4.3	最高金额
宁波	80000	25793	3.1	最高金额

注：平均房价数据来自各地官方发布数据，为2022年9月数据。

三、加快塑造“宁波五优、人才无忧”品牌的对策建议

纵向对照宁波人才发展目标，横向对标同类城市的经验做法，“宁波五优”距“人才无忧”的目标尚有落差，人才服务体系仍有较大提升空间。塑造“宁波五优、人才无忧”品牌，必须准确把握新时期人才特征和发展规律，长远谋划和构建与城市未来发展相契合的人才政策体系，从供给侧精准发力，补齐缺项，提升弱项，建立以服务为核心的体制机制，持续推进人才工作高质量发展。具体提出五方面16条措施建议。

（一）政策优待

1. 探索人才发展立法。将人才发展立法列入“十四五”地方立法项目，学习借鉴深圳等地人才立法的经验做法，系统梳理和总结“3315计划”“泛3315计划”“3315资本引才计划”“甬江人才工程”等引才实绩实效、短板不足，通过立法明确长远目标，健全体制机制，增进服务效果。

2. 加强区域人才协同。积极推动建立长三角人才认证对接机制，对于紧缺的投融资人才、保险精算师、注册会计师等，实施职称视同认可，加快人才引育。加强与杭州人才工作协同，唱好新阶段人才合作“双城记”，推动建立两地人才互认机制，经杭州认定的人才可直接按照认定的层级落户宁波享受相应政策，进一步承接杭州人才溢出效应。

3. 制定产业人才标准。根据数字经济、高端装备、绿色石化三大万亿级产业集群需要，量身定制人才认定和人才服务标准，增强人才政策、人才服务与产业发展的紧密度、契合度，提高人才工作绩效。根据文化强市的要求，加强人文社科人才引进和培育，提高人才工作与文化发展的结合度，增强城市软实力和影响力。

4. 实施人才税收优惠。借鉴深圳、厦门、西安、杭州等城市做法，依托浙江自贸试验区宁波片区，积极争取出台高端人才和紧缺人才个人所得税的优惠政策。制定人才地方财政贡献奖励政策，基于税收地方留成，加大对经济社会发展贡献度高的创业人才的奖励力度，进一步增强人才留甬发展的长期获得感。

（二）创业优助

1. 发展人才普惠金融服务。加快发展“人才贷”产品，鼓励和支持金融机构开发适合不同层次人才的金融产品，开发低于市场化利率的人才信用贷款。建立人才普惠金融服务站，构建融资服务、数字支付、风险防控和金融教育四位一体的普惠金融模式，全面提高人才金融服务覆盖面、可得性和满意度。

2. 发展人才知识产权质押融资。鼓励金融机构创新推出满足人才和人才企业需求的研发贷、创业贷、智慧贷等产品，扩大专利权、商标权、股权等无形资产质押融资规模，更大力度支持人才创业创新。建立知识产权质押融资风险补偿机制，对于人才创业创新中出现的信贷损失，由财政给予一定比例的代偿。

3. 发展人才创业天使引导投资。发挥人才基金的撬动作用，加大对人才企业和项目的股权投资，通过基金的投资引导，鼓励社会资本对具有专门技术和独特概念的人才创业项目或具有发展潜力的创新型人才企业进行投资并提供高水平创业指导及配套服务，助推人才创业创新。

4. 发展人才科技创新支撑体系。进一步优化人才创业创新环境，强化公共科研资源供给。加快打造以甬江实验室为龙头的实验室体系，推进极端条件材料大科学装置、工业互联网实验平台、人工智能超算中心等重大科技基础设施布局，加大先进实验仪器、装备和设施向人才和人才企业的开放力度，增加地方创新资源与人才创业创新的结合度。

（三）权益优护

1. 开设人才知识产权绿色通道。依托中国（宁波）知识产权保护中心，围绕人才知识创新，以高价值知识产权为核心，加强宁波甬江知识产权研究院与产业的联结度，建立人才知识产权服务专窗和绿色通道。建立人才知识产权鉴定机制，防控知识产权风险。

2. 争取本外币合一银行账户体系试点。借鉴杭州试点本外币合一银行账户体系经验，加强与省地方金融监管局对接，争取本外币合一银行账户体系试点落地，开发更多跨境结算产品和服务，方便人才国际交流。

3. 提升人才服务数字化、市场化水平。以数字化改革为牵引，推进人才服务流程再造和制度重塑，加快衔接贯通重大应用，升级完善甬上人才金港、引才用工综合服务平台、宁波人才码等多跨应用场景，实现人才数据"一库汇集"、人才工程"一网通办"、人力资源配置"一键触达"、人才服务"一码集成"。按照集成式管理、实体性运作、市场化运营模式，发挥人才发展集团高端人才猎头、人才教育培养、人才服务保障、人才创业投资等功能，服务人才"引育用留"全链条。

（四）子女优学

1. 增加优质教育资源供给。健全分层分类人才子女入学协调解决机制，新（改、扩）建公办幼儿园、普惠性民办幼儿园和外籍人员子女学校。加强中小学教育编制区域间统筹调剂，支持优质民办学校单列高层次人才子女招生学额。

2. 优化园区人才子女入学服务。人才子女优学服务嵌入人才密度高的各类园区，加强产业园区教育资源配套，通过企业预申请、园区集中提交等方式提前摸清需求，积极配置教育资源，留足义务教育阶段入学名额。

（五）安居优享

1. 提高人才一次性购房补贴。综合考虑物价和房价水平等因素，适度提高基础人才一次性购房补贴，适当区分本科生、硕士研究生资助额度。变人才租房年度补贴为月度补贴，提高补贴额度到 1500 元 / 月，进一步增强安居宜居的吸引力。

2. 增加人才安居实物配置。提高基础人才安居专用房配建比例，增加人才房的供给量，试点集中建设优先或定向供应高层次和基础人才的共有产权住房，允许人才在甬工作一定年限后按优惠价格取得全部产权。

3. 建立人才安居驿站。对来甬大学生推出最长三年的过渡性住房，实施优惠租金政策，保障来甬大学生能够在宁波站稳脚、发展好、留得住。以工业园区为重点，加大园区人才安居专用房配套，探索建立园区人才驿站，真正解决产业人才的实际安居困难。

徐 毅

深化改革奋力构建城市再生水利用新格局

“水是生存之本、文明之源。”宁波作为一座总量上和结构上双重缺水的城市，必须把水安全放在更加突出的位置，全面落实宁波市委书记关于“把再生水作为第二水源”的批示要求，扎实推进水资源循环利用，高标准建设国家典型地区再生水利用配置试点城市。结合现实基础和难点堵点，建议按照“市场主导、政府引导和规范”的发展策略，重点抓好三方面工作。一是完善顶层设计，加快形成再生水作为城市“第二水源”的目标体系和项目支撑；二是深化再生水供给侧改革，强化统筹协调，压实各主体责任，加快破解审批、资金等实际难题；三是改革释放需求潜力，健全用水排污指标的替代制度，建立生态用水使用者付费制度，引导市场主动选择再生水，全面构建“分质供水、优水优用、水尽其用”的可持续发展格局。

一、充分认识扩大再生水利用的重要性和紧迫性

2013年以来，全市扎实推进“五水共治”，城市的“水韧性”显著提升，水资源供需维持紧平衡。但是，总量性、季节性、区域性缺水问题依然突出，市域优质水源开发①、市外引水的提升空间已经非常有限，要满足到2025年3亿立方米的新增用水需求，必须依赖内部挖潜，把扩大再生水利用作为“牛鼻子”来抓。

其一，扩大再生水利用是破解宁波缺水问题的治本之策，变废为宝打造城市“第二水源”。目前，深圳再生水利用率超过70%，北京约60%，杭州污水再生利用和雨水利用占总供水量的3.8%。相比，宁波再生水利用率18.8%，污

① 截至2021年底，全市水资源整体开发利用率达到24.1%，已高出全省平均6.3个百分点，优质水源开发潜在增幅空间不大。

水再生利用和雨水利用占总供水量的2%，均有着不小差距。据规划测算，至2025年，宁波市区再生水最大可利用量[①]将达到221万吨/日。若再生水利用率提高到35%[②]，则能新增再生水利用量1.95亿吨，匹配65%的新增用水需求（规划指标）。至2035年，宁波市区再生水最大可利用量有望达到329万吨/日、12.0亿吨/年，与全市城镇公共水厂现有总供水能力基本持平，成为名副其实的“第二水源”。

其二，扩大再生水利用是推动绿色发展的务实之举，腾笼换鸟实现水资源更大价值。水资源的循环利用有助于构建“分质供水、优水优用、水尽其用”的用水结构，减少优质水资源消耗，防治水污染，为宁波高质量发展提供更强韧性和动力。一是减少水库水等优质水资源的消耗，能够更好保护水环境，涵养地下水，保障城市水资源稳定供应，提高应对极端天气危机的能力。二是污水资源化利用的扩面提标，能够从源头上破解水环境污染、水生态损害等问题。特别是生态补水方面，为维持水资源供需的脆弱平衡，全市每年“牺牲”生态用水约1.4亿吨，水体流动性和水动力不足，水体自净能力受限，成为河网治理成效提升的最大瓶颈。截至2021年底，城区劣V类河道比例仍高达63.8%。相比，陆家河在获得福明净化水厂每日2万立方米再生水供给后，河道水体已改善至符合地表水Ⅲ类标准。三是再生水利用释放的用水排污指标，能转化为城市经济的强劲发展动力。2021年，宁波1立方米的工业用水已经可以创造0.88万元的工业增加值。

其三，扩大再生水利用是城市水治理变革的动力之源，因势利导推动水务管理现代化和培育水务新经济。从管理的视角，扩大再生水利用需要打通原水、净水、制水、输水、售水等环节，促进涉水资源和涉水事务的全过程统筹协调和效率提升，撬动数字化、专业化运营，沉浸式引导供给侧和需求侧改革，有力推动城市水治理体系和治理能力的现代化。从经济的视角，再生水利用将再生水厂由污水处理终端转变为水资源供给前端，实现了产业功能的重塑。其中蕴含巨大商机，“深水模式”[③]是标杆，北控、首创、碧水源、中国水环境、威立雅等水务企业都是成功样板。成为全国首批典型地区再生水利用配

① 即污水处理量，下同。

② “典型地区再生水利用配置试点方案”要求达到35%。

③ 深圳水务集团承担着深圳90%以上的供水业务及99%的污水处理业务；旗下水务投资公司，已在7个省市成功投资了15个水务项目。“深水模式”是对深圳水务集团在复制推广水务项目成熟商业模式、抢占越来越多国内市场的同时，提升了深圳技术、深圳管理、深圳质量、深圳品牌影响力的总结提炼。

置试点城市，为宁波加快培育再生水利用可复制可推广的商业模式，创造了先发优势和更强动力。

二、宁波再生水利用的实践探索

宁波各级党委政府始终高度重视水环境治理和水资源循环利用。回顾发展历程，2002 年庆丰热电有限公司引入中水用于工业冷却，成为首个“吃螃蟹”的企业，2008 年《城市排水和再生水利用条例》正式颁布实施，2019 年荣膺国家节水型城市“四连冠”，宁波再生水利用已经从“政府推动、点状探索”转型升级为“政企联动、分类推进、制度支撑”。

供给侧方面，生产能力上，截至 2021 年底，宁波市区已建成集中式污水处理厂 17 座，年污水处理量达到 5.25 亿吨。其中 10 座配套建有再生水生产设施（以下称这些污水处理厂为“净化水厂”），再生水设计生产能力 45.26 万吨 / 日。全年市区再生水利用量 0.88 亿吨，利用率 16.7%。管道建设上，已建成再生水供水管网约 40 公里，再生水管道入廊项目加快推进，再生水供应的服务半径不断扩大。出水水质上，各净化水厂出水的主要水污染物排放均已优于一级 A 标准，基本满足再生水各类场景需求。岚山净化水厂还根据镇海炼化、镇海电厂等用户需求，引入“超滤膜 + 反渗透膜”工艺生产更高品质的再生水（以下简称“双膜再生水”）。

需求侧方面，宁波再生水主要应用于生态补水、工业用水、市政杂用等三大场景，生态补水占六成，工业用水接近四成，市政杂用尚处于起步期，但发展迅猛。生态补水方面，已有 7 年实践经验，处理工艺成熟，治水成效显著。工业用水方面，已实现分质供水。岩东净化水厂向北仑临港工业企业日供水量已达 7 万吨，岚山净化水厂向宁波碧源工业水厂的日均供水量突破 4.5 万吨。市政杂用方面，全市市政环卫用水、绿化浇灌等领域正不断推广再生水应用。福明、长丰等净化水厂与周边洗车店合作，开展再生水洗车，取得良好社会反响。高架绿化滴灌使用再生水进入中试阶段，全市推广可节约优质水源 50 万吨 / 年。

体制机制方面，顶层设计上，宁波已明确市和区县（市）人民政府抓总，水利、住建、综合行政执法、生态环境、资规、发改、财政、应急等部门共同参与，市水务环境集团具体落实的推进体制机制。结合试点工作，编制完成《宁波市区给水专项规划（2021—2035）》《宁波市中心城区再生水利用专项规划（2021—2035）》，积极推进生态补水、工业用水等再生水利用价格机制研究，探索建立健全再生水价格和税费机制。具体落实上，市水务环境集团成立污水资源化工作专班，聚合运营管理部、水务科技中心、水环境事业部、工业供水公司等部门和子分公司的力量，系统构建再生水作为城市“第二水源”的水资源战略保障体系、“再生水管道＋工业供水管道＋城市河网”的联网联调体系，以及配套水环境综合治理方案和分质供水布局，按“一厂一策”科学提升再生水利用能力。

三、宁波扩大再生水利用的难点堵点

入选全国首批典型地区再生水利用配置试点城市，成为宁波扩面提标污水资源化利用、构建城市再生水利用新格局的“里程碑式新起点”。调研显示，当前宁波市扩大再生水利用的难点堵点也不少。

一是全市再生水利用的路线图和任务书急需完善。完成国家典型地区再生水利用配置试点城市任务，时间紧，任务重。迫切需要在《宁波市中心城区再生水利用专项规划（2021—2035）》基础上，加强跨层级、跨部门的统筹协调，尽快明确具体项目和分工责任。

二是新应用场景的审批规范急待明确。如长丰净化水厂再生水用于南环高架绿化的滴管工程，因为属于新应用市场的推广，缺乏明确的审批依据或可以参照的案例，水利、综合行政执法、杭甬高速等相关部门在履行审批职责时都非常谨慎，成为阻碍项目推广的“玻璃门”。迫切需要“城市排水和再生水利用工作联席会议制度”的有力统筹协调。

三是工业用水的前期投入偏大，制约企业参与积极性，需要政府“扶一把”。目前，宁波市一般工业企业自来水供水价格为6.12元/吨，“双膜再生水”的成本约3元/吨，已具有一定的单价优势。但是，工业企业购买再生水需要配建供水管网，而宁波再生水生产设施都是依托污水处理厂而建，大多地处江河下游或海边，长距离的供水管网建设需要企业一次性投入数百万甚至数千万资金，目前尚无财政补贴，企业压力偏大。相比，昆明市给予再生水利用设施建设投资30%以内的资金补助，赤峰市给予用水企业1元/吨的再生水使用补贴，北京等大多数城市则是财政出资建设市政再生水输配水管线。

四是生态补水成本收益不匹配，市水务环境集团难有动力多生产。宁波内河整治经费主要投向水质维护和污染源管控，对水体流动性和水动力不足的问题不够重视，生态补水投入偏少。对于区县（市）和乡镇（街道）而言，受到经费紧张、无显性收益、非排他性等条件限制，更是缺乏购买生态补水的动力。

四、宁波扩大再生水利用的对策建议

在国家试点赋能下，今后三年是宁波深化改革奋力构建城市再生水利用新格局的战略机遇期。必须抢抓时间窗口，完善顶层设计，强化统筹协调，创新构建可持续发展的配套机制，有力推动再生水生产、输送、存储等项目建设和技术创新。

（一）完善再生水作为城市“第二水源”的顶层设计

加快制订全市再生水利用三年行动计划。紧紧围绕再生水作为城市“第二水源”的目标定位，明确今后三年水资源调配和污水处理厂（净化水厂）、供水管网、环保设施建设的项目清单、时间安排和具体实施方案，压实各主体责任，完善项目保障。更大力度推动再生水应用于工业和市政杂用，制度激励生态补水应用，创新拓展更多应用场景[①]，着力破解资金、审批等方面难点堵点，确保2025年全市再生水利用量达到2.8亿立方米，利用率达到35%。

坚持“市场主导、政府引导和规范”的发展策略。发挥好再生水厂的创新主体作用，支持其以经营的理念打造再生水产品，优化价格形成机制，强化市场在资源配置中的决定性作用。政府重点围绕完善功能布局、引导多元参与、优化审批制度、精准政策支持、强化标准约束和价格监督、规范市场行为等目标实施引导和规范。

强化城市排水和再生水利用工作联席会议制度。明确牵头单位，压实发改部门综合协调职能[②]，与水利部门共同牵头国家典型地区再生水利用配置试点城市建设。拓展参与对象，在现有部门基础上，可邀请经信、农业农村、市场监管、科技等市级部门，各区县（市）、重点功能区，及市水务环境集团共同参与，广泛凝聚共识，汇聚强大合力，更好发挥会议制度的统筹协调作用。

（二）创新构建再生水利用可持续发展的配套机制

优化再生水利用的审批制度。强化产业项目水资源论证审查和取水许可审

① 如日本，将再生水用于城市景观、河道、工业用水、融雪、卫生间等更多场景。

② 《关于推进污水资源化利用的指导意见》（发改环资〔2021〕13号）文件要求。

批制度，督促有条件的新改（扩）建项目优先使用再生水。优化新应用场景的项目审批规范，明确操作流程和标准，强化跨部门、跨层级的信息共享和审批联动。

健全用水排污指标的替代制度。工业企业利用再生水，应计入企业重复用水量，而非新鲜用水量；排污量和排污费应抵扣再生水本底指标。生态补水应按照《“十二五”主要污染物总量减排核算细则》（环发〔2011〕148号，仍在执行）的要求核减排污指标。每年定期公示各区县（市）再生水利用情况和指标替代情况，强化正向激励。适时探索用水排污指标的跨区域交易机制。

积极破解长距离供水管网建设难题。从短期看，对这类项目建设可给予融资增信、利率补贴等支持。从中长期看，新建污水处理厂、再生水生产设施要更多布局在产业集聚区和江河中上游，从源头上破解长距离供水管网建设问题。

建立生态用水使用者付费制度，放松政府定价。生态补水也是资源消费，需要“谁使用、谁付费”。鼓励各级河道管理部门加大生态补水政府采购力度，畅通企业或个人购买景观环境用水的渠道，引导再生水厂和用户协商定价，用市场力量撬动再生水厂减价促销，释放制水潜能，力争生态补水“三年翻番”。强化生态补水保护，严格河网取水审批，严控取水增量，严打违规取水行为。

（三）有力推动再生水利用项目建设和技术创新

把握机遇加快实施一批再生水利用项目。一是新建水务数字化治理平台。动态监测泵站运行情况和管网压力，利用模型和算法优化供水调度方案，配套完善管网体系和泵阀设置，并轨推进城镇污水管网破损修复、老旧管网更新和混接错解改造，整体提高供水效率，降低运行能耗。二是加快推进集中式大工业供水和分布式定制供水互为补充的再生水工业供输体系建设。高标准实施丁家山工业水厂、岚山净化水厂双膜扩建等工程，新建一批工业园区嵌入式再生水生产设施，用社会化、区域化的集中处理大循环代替企业内部自由再生水小循环。三是加快推进再生水输送环网系统建设。有序实施再生水输送、配置工程，依托城市综合管廊加快更新改造再生水输送管廊，加快建设一批工业水源专管、生态补水管道。四是谋划一批再生水利用储备项目。海西、鄞东两座污水处理厂可规划为再生水厂，宁波西枢纽开发和鄞东南生态补水要抓紧谋划。城市道路可配套建设再生水管网，推动再生水在市政杂用水领域的全面推广。

创新项目融资模式。依托再生水增值税地方留存部分，加大财政投入力度，积极争取中央财政专项资金。大力推进再生水利用项目的不动产投资信托基金（REITs）试点，择机发行地方专项债券。探索开展项目收益权、特许经营权等质押融资担保，或者以PPP模式实施项目。鼓励企业采用绿色债券、资产证券化等手段，依法合规拓宽融资渠道。

支持技术创新和引进。支持因地制宜学习借鉴国际国内新工艺、新技术和新装备，支持市水务环境集团、再生水厂与科研院所、高等院校等开展再生水利用技术合作，支持申报国家中长期科技发展规划、“十四五”生态环境科技创新专项规划等，着力打造一批再生水利用应用示范工程，加快复制推广。

冯　路　任　诚

现代经济

新形势下宁波平台经济提升发展的对策研究

平台经济是基于互联网、物联网和大数据等新一代信息技术，依托实体交易场所或虚拟交易空间，集聚商品、服务和要素资源并推动其高效融合的一系列新经济业态。随着技术进步，平台经济在产业经济、区域经济和城市功能提升中扮演着越来越重要的角色，全球上市企业市值前10名中有8家是平台企业，国内平台企业前20名中有19家在北上广深，中心城市建设更加离不开平台经济的有力支撑。相比，宁波平台经济虽然已形成一定规模和特色，但平台企业量级和能级还是偏小，平台经济对城市经济和城市功能的贡献度也很有限。新形势下，宁波必须大力抢抓机遇推动平台经济提升发展，坚定不移地走特色化发展道路，聚力发展工业互联网平台、外贸与跨境电商平台、物流与供应链管理平台、新零售电商平台、生活服务平台、数字内容平台等“六类平台”，扎实建设制造平台、贸易平台、生活平台“三大高地”，创新营造一流的平台经济生态，高水平实现平台经济的规范健康持续发展。

一、宁波平台经济提升发展迎来新机遇与新挑战

国家部委在两年多的大力度整治之后，于2022年初发布《关于推动平台经济规范健康持续发展的若干意见》(以下简称为“新意见”)，开启了平台经济发展新篇章。在新的发展阶段，平台经济发展将坚持规范健康持续的主基调，同时会变得更加包容开放、智慧便利、更深入扎根城市经济。对宁波平台经济而言，这既是提升发展的重大机遇，也是不进则退的严峻挑战。

(一) 国内平台经济正进入新发展阶段

从首个互联网企业出现至今，国内平台经济发展历程大致可分为四个阶段。第一阶段是萌芽期。伴随科技进步，互联网上陆续出现一些面向终端消

费者的销售平台，如 2003 年 6 月上线的淘宝网。第二阶段是规模扩张期，时间从 2008 年到 2015 年初。这一阶段，资本大量涌入，互联网企业数量迅猛增长，小巨头企业不断涌现。至 2015 年底，全国互联网企业约 3 万家，以销售平台为主，网络购物用户规模达到 4.13 亿。第三阶段是行业拓展和市场集中期，时间从 2015 年到 2019 年初。一方面，在自上而下的政策推动下，互联网企业数量和小巨头企业保持快速发展，更多领域涌现平台经济新业态、新模式。另一方面，成熟领域的市场日益饱和，资本转向推动行业并购与重组，“垄断市场、赢者通吃”成为新的竞争法则。据不完全统计，2015—2019 年间累计发生约 1900 起并购市场（宣布）交易，披露并购金额超过 1300 亿美元，一批横跨多个领域的“航母型”平台企业应运而生，越来越多的行业呈现寡头竞争格局。第四阶段是整治规范期，时间从 2019 年到目前。针对平台经济乱象，国务院出台了《关于促进平台经济规范健康发展的指导意见》，相关部委和重点省市快速跟进。阿里巴巴、美团、腾讯等大型平台企业先后受到反垄断调查，2021 年平台企业因违法违规行为被罚 230 亿元以上，一批区域性涉垄断、不正当竞争、违法实施经营者集中等行为得到追查、纠偏，一些可能造成垄断的并购行为被及时叫停。平台经济生态日渐清朗，不少大型平台企业大规模裁员，一些创新型平台企业顺势崛起。

2022 年初，国家九部委联合发布新意见。该意见全面系统地确立了未来一段时期建立健全我国平台经济治理体系的政策考虑，进一步明确了要从构筑国家竞争新优势的战略高度出发，坚持发展和规范并重，推动平台经济规范健康持续发展的总体思路。这意味着，国内平台经济正在迈入新发展阶段。

（二）新阶段的“变”与“不变”

在内在规律和外部动力的双重驱动下，新发展阶段的平台经济有望在延续短暂调整后重回高速发展跑道。

一方面，在新形势下，平台经济发展将保持规范健康、积极进取的主旋律不变。一是平台经济的发展规律没有变。平台经济的“互联网 +”特性不会改变，更多的现实场景将实现数字孪生，跨界合作会更加广泛。平台经济的网络外部性不会改变，平台价值与用户数和流量正相关，平台企业将长期保持扩张冲动。平台经济的棘轮效应不会改变，用户还会较长时间保持选择惯性，平台企业会继续抢夺先发优势。二是国家坚持平台经济发展和规范并重的策略没有变。新意见将更加有力推动平台经济在规范中发展、在发展中规范，更好兑现平台经济赋能经济社会的应有价值。三是国家坚持平台经济发展“两个毫不动摇”没有变。让政府平台、国企平台、民企平台、外资平台在规范健康的基本前提条件下，更加平等地参与竞争，让多种所有制经济各施所长、彼此促进。

另一方面，平台经济会在开放合作、数字赋能、区域融合等方面不断形成关键突破，形成更多发展新范式。一是平台经济会变得更加包容开放。更多的企业主体、专业组织、资本力量和其他要素会参与平台经济发展。同时，越来越多的全球巨头和国际服务会“涌进来”，国内平台企业也会更频繁更深入地“走出去”，国内国际平台加速打通，中国有望成为全球平台经济的新中心。二是平台经济会变得更加智慧便利。龙头企业将更加注重垂直发展、数字赋能，“精确计算、精准服务、沉浸式创新”成为新竞争法则，大数据集成开发水平和生成性学习水平成为平台企业保持核心竞争力的关键所在。三是平台经济与城市经济会变得更加融合。在培育竞争比较优势驱动下，龙头企业也需要深耕区域经济才能巩固行业地位，一些单单依靠概念创新、商业模式创新的平台企业很容易陷入生存危机，更多平台企业会与城市经济缔结战略协同。同时，城市经济更加需要平台经济赋能，缺少关键领域平台企业的城市，本地企业很可能出现产业链、供应链地位的下滑。

（三）宁波平台经济的“危”与“机”

新发展阶段，宁波平台企业将迎来更加公平竞争的市场环境、更加广袤的创新空间，也迎来其他城市更强劲的挑战。

一方面，相比同类城市，宁波开放的厚度、制造的广度和民营经济的敢打敢拼是抢抓机遇的根本优势。截至2021年底，宁波有实绩的外贸进出口企业超过2.3万家，在跨境电商独立站、海外仓等新型国际贸易发展中已先人一步，在高效集拼、国际物流多式联运等创新中也拥有先行先试的最大优势。制造方面门类齐全，企业众多，国家级单项冠军和小巨人企业数量走在全国前列，在发展工业互联网上具有先天的应用场景优势和规模优势，并已形成一定的技术储备。

另一方面，一些比较劣势会越发突出，削弱宁波平台经济综合竞争力。其一，大型平台（总部）缺失是宁波平台经济发展的最大危机。平台的帕累托分布使得头部平台拥有着后部平台无法比拟的资源集聚和辐射带动效用。目前，宁波缺少“航母型”综合平台和缺少“风向标型”行业龙头平台，相对优势领域难以形成“护城河效应”，很容易被超越。其二，社会资本和配套商业服务力量薄弱。宁波缺少VC、PE行业的头部企业，规模超过20亿元的PE也只有43家，投向本地项目的资金比例在10%左右，资本背后的商业服务水平难以满足大多数企业的需求。其三，同类城市纷纷出台“大手笔”产业政策，抢夺发展先机。2021年以来，山西、深圳、福州、重庆、黑龙江等多个省市先后出台促进平台经济发展新政。山西省将每年省级分成增量部分全部返还山西综改示范区管委会，支持其发展平台经济；深圳对本土电商平台企业给予最高1000万元的奖励；重庆启动制造业“一链一网一平台”试点示范，支持“链主”企业、重点企业建设工业互联网平台；北京、江苏、杭州等地出台平台经济地方条例和标准，帮助平台企业扔掉包袱再出发。相比之下，宁波平台经济政策的创新性和力度都有待提升。

二、精准推动平台经济扬长板补短板

平台经济提升发展的目标，应该是平台体系更丰富、垂直功能更强大，平台企业更有竞争力，更高水平实现平台经济的规范健康持续发展。这就要求宁波在推进方向上遵循市场规律，坚持“扎根制造、双向发展、务实创新”的特色化发展路径不动摇；要求强化问题导向，加快破解制约平台企业健康持续发展的难点堵点；要求发展与规范并重，持之以恒营造活力、清朗的平台经济生态。

（一）宁波平台经济的发展特色

宁波平台经济起步相对较晚，2015年开始提速发展，每年新设企业超过15家。至2020年底，全市在册平台企业已达到230家，浙江蓝卓、东华能源、世贸通、遨森电商、小遛共享、小6买菜等一批优秀平台企业快速崛起。这些平台企业大多源于实体经济，紧密结合城市产业链、供应链、创新链和消费市场，更多凭借自身力量探索创新，较少利用高融资、高补贴的手段来争抢市场，深刻表现出“扎根制造、双向发展、务实创新”的本质特征。

坚持扎根制造，制造数字化和数字化制造同步发展。在制造业试点示范城市重大改革和“制造业+互联网”行动、两化融合、工业互联网领军城市建设、“四上”行动[①]等系列行动的迭代策动下，宁波平台经济与制造业深化融

① “四上”为企业上规、上市、上云、上榜。

合。截至2021年底，全市互联网生产服务平台达到101家①，化工、模具、成型装备、离散制造等优势制造领域涌现出一批行业级工业互联网平台，市工业互联网平台应用创新推广中心入选工信部工业互联网创新发展工程，蓝卓supOS成为国家级跨行业跨领域工业互联网平台。规上企业电商渗透率超过80%，上云企业总数突破8万家，两化融合指数达到110.51②，全省第二。

坚持双向发展，平台经济与物流、商贸业协同创新。在跨境电子商务综试区、自贸片区、中国—中东欧国家经贸合作示范区重大改革和"互联网+流通"、贸易便利化等系列行动的策动下，数字物流、数字贸易迅猛发展，港口最大资源、开放最大优势更好发挥。数字物流方面，乐歌、天易通、零担豹、发现物流等优秀平台快速崛起，铁大大集散货能力领跑中欧班列，截至2021年底，62家企业在全球23个国家（地区）持有海外仓217个。数字贸易方面，世贸通、中基惠通分别入选国家级外贸综合服务平台和国家级跨境电商综合服务平台，塑料城网上交易市场成为国家电商服务标准化试点，还涌现出宁兴云、华艺、中塑在线、搜布网、找煤网等一大批专业化服务平台，各展所长地拓展贸易服务链条，深化垂直功能。

坚持务实创新，创新型中小企业多，大企业少。龙头企业方面，城市定位、产业惯性、资本活跃度等因素决定了宁波很难引育"航母型"平台企业和独角兽企业，甚至难以留住。2020年仅有美菜网（宁波）、抖音浙江、聚烯堂、世贸通③等4家平台企业交易额突破50亿元，过亿的也只有41家，与杭州28家独角兽平台企业形成鲜明反差。知名电商坚果品牌新农哥于2015年迁至杭州，"找煤网"也将运营中心搬至上海。创新型企业方面，在一系列政策支持下，小遛共享、遨森电商等一批企业快速成长为行业龙头，测库、小6买菜等一批新组织、新业态、新模式脱颖而出，平台经济发展活力不断激发。如，小遛共享凭借其自主研发的"GPS+北斗"双卫星精准定位规范停车技术，有效解决了乱停车难题，业务覆盖全国100多个城市。遨森电商独立站平台aosom.com已开通13个海外站点，是公认的海外独立站第一梯队企业。乐歌

① 工业互联网、贸易、货物运输、大宗商品交易平台分别有42家、24家、22家和13家。

② 2017年为87.25。

③ 宁波为美菜网北京总部之后的第二总部，运营商为宁波瓜瓜农业科技有限公司，2020年交易额206亿元。抖音浙江等字节系平台的运营商为浙江字节跳动科技有限公司，聚烯堂的运营商为东华能源宁波电子商务有限公司，世贸通一站式外贸综合服务平台的运营商为宁波世贸通国际贸易有限公司。此外，10亿～50亿元、1亿～10亿元、0.1亿～1亿元、1000万以下的分别有9家、28家、44家、145家。

公司已服务近300家中小企业“跨境出海”。浙江蓝卓以“supOS平台+APPs”模式打造新型智能工厂，业务覆盖石化、化工、建材、冶金、电力、汽配等30余个行业。

（二）宁波平台经济的突出瓶颈

迄今，已有市服务业局等多个部门出台了与平台经济相关的促进政策，但大多局限于部门管辖行业和领域，难以匹配平台企业跨行业、跨领域的发展特点，匹配平台经济新业态、新模式、新技术的发展需求，企业人才、资金瓶颈依然突出，一些难点痛点尚未得到有效解决。

其一，人才是宁波平台企业发展的最大瓶颈。平台经济主要需要四类人才，包括设计总监、创意总监、营销总监、财务总监、人事总监等高层次管理人才，强技术、懂管理的复合型人才，软件人才，以及运营人才。目前，宁波除了运营人才充沛外，其他三类人才都非常紧缺。工业互联网领域的操作系统、系统分析、项目架构、底层开发等岗位和消费互联网领域的运营、创意设计等岗位，都很难在本地找到匹配人才，缺口保守估计在1万人以上。软件人才短缺问题更为突出，受沪、杭、宁等城市虹吸效应影响，宁波高校软件专业毕业生的流失率超过90%，软件开发运维需求大量流向上海、杭州等城市。新农哥、“找煤网”等平台企业的搬迁，主要是因为人才短板。

其二，平台企业还普遍面临资金紧张问题。由于缺少可抵押资产和企业经营数据，平台企业快速扩张阶段，尤其是起步期，很难获得银行贷款和社会资本的足额支持，融资难问题较多存在，政策的引导、激励作用还有待强化。一方面，市电商产业引导基金多年来停留在5亿元额度，难以满足更多平台企业的发展需求；其他政府性产业基金也较少投向初创型平台企业。另一方面，财政奖补政策仍聚焦在硬件投入、场地租金、交易额、商标专利等传统领域，对企业开拓海外市场、健全物流体系、引育优秀人才、建设市外基地等软实力提升举措缺少必要支持，且拨款速度往往较大幅度滞后于企业项目资金需求。

其三，还有一些发展难点痛点亟待加快解决。一是跨境电商海关特殊监管代码注册申报步骤比一般贸易繁杂，企业自身缺乏主动切换动力，海关和商务部门对企业的辅导效果有待进一步提升。二是退税慢、收结汇难等问题仍深刻影响跨境电商企业发展，海关、税务、外管缺少针对性改革举措。不少企业不得不通过地下钱庄等手段来实现收结汇，费率高且安全没保障。三是海外直播、海外独立站平台运作所需直连境外的专用通信线路审批进展缓慢。四是工业互联网平台建设缺少统筹，重复投入、内耗高企问题日益突出。

（三）宁波平台经济的监管短板

从落实包容审慎监管要求、精准治理违法违规行为、因地制宜健全规则制度的要求看，当前还存在一些监管不足。

其一，对未落户宁波的平台还较难实施精准监管。目前，淘宝、拼多多等企业还没有在宁波注册落户。按照属地监管原则，监管部门需要通过协查函、线索交办单等方式联系平台注册地监管部门处理，处理效率和处理效果上都不尽理想。若遭遇地方保护主义，更难保护宁波企业的合法权益。

其二，现代化、协同化的监管机制有待健全。对平台企业的数字化、智能化监管才刚刚起步，跨业经营平台企业监管还存在协同难题，难以及时发现企业违法违规行为和经营风险。2020 年市级重点培育电商平台企业“阿拉家政”突然卷款跑路，严重破坏了宁波平台经济的整体形象。

其三，政策激励的精准性有待提升。调研发现，个别企业“数据在甬，业务在外”套取补贴，实质性贡献极小。

三、聚力发展“六类平台”扎实建设“三大高地”

结合城市目标定位和优势特色，未来几年宁波要以更大力度推动工业互联网平台、外贸与跨境电商平台、物流与供应链管理平台、新零售电商平台、生活服务平台、数字内容平台等六类平台发展，着力构建特色平台体系，高水平塑造“制造平台高地、贸易平台高地、生活平台高地”的平台经济整体形象。

（一）打造国内一流的工业互联网平台体系

目前，宁波虽未跻身国内城市工业互联网发展水平第一梯队[①]，但基础很好，正加速追赶。

大力培育行业领军企业。加快建设工业互联网平台应用创新推广中心，推动 supOS 关键技术研究，拓展其与重点行业、园区的合作和与其他平台的连接融通，把浙江蓝卓打造成为跨行业跨领域工业互联网龙头平台，把数益工联打造成工业软件领域真正的独角兽企业，支持企业参与国家级行业标准制定。

---

① 北京、上海、深圳列国内城市工业互联网发展水平第一梯队，广州、青岛、杭州、重庆等城市为第二梯队。数据来自36氪：2020年中国城市工业互联网发展指数。

加快培育优势领域企业梯队。推动模具、成型制造、汽配、家电等重点细分领域的专业化发展，支持创元、中之杰、极动云、智能成型、捷创等成为行业级工业互联网平台。面向汽车、石油化工、机械制造、家电、纺织、信息电子等特色行业开发更多工业场景APP。

壮大工业互联网企业集群。突出网络、装备、软件、平台、安全、应用等重点，创新企业引育政策，培育“未来工厂”，优化资源汇聚、开放共享、协同创新、安全保障的产业生态，争创特色型工业互联网国家示范区。

夯实科技创新根基。以平台和操作系统为核心，大力发展5G、边缘计算、区块链、人工智能等重点领域关键核心技术，加强工业互联网与新一代信息技术融合应用，创建“5G+工业互联网”融合应用先导区。

（二）打造全国领跑的外贸与跨境电商平台体系

大力建设独立站、海外仓和境外销售平台。支持遨森电商等跨境电商龙头高标准建设独立站和配套信息系统，加快上市步伐。支持赛尔、天齐、黑米等跨境电商大卖开发基于shopify的跨境独立站，拓展新的自主可控销售渠道。支持豪雅、美航等企业优化海外仓布局，稳健提升坪效和服务能力，全力以赴捍卫宁波海外仓“龙头”地位。

积极引育垂直外贸综合服务平台。融合创新国家物流与金融试点政策，引导支持中基汇通、世贸通、宁兴云、小树、华艺等外贸企业迭代升级综合服务平台，促进模式创新、规模提档。营造公平竞争市场环境，吸引更多功能平台落户宁波。

支持优秀外贸企业发展跨境电商。引导乐歌、派瑞特、威路越野等大中型工贸企业发展跨境全渠道销售，壮大海外服务团队，抢占海外新媒体营销平台、短视频直播销售平台先机，创新“本地设计制造+跨境电商零售”的工贸一体模式。

加快重点领域创新。着力探索对外投资、税收、收结汇、融资、保险、海事、通关便利化等重点领域关键创新，加快出台大宗商品跨境电商B2B、跨境进口市内免税店等专项促进政策，力争在外籍船舶“港口国监督远程复查”、中信保“易跨保”跨境电商专项保险产品等方面形成率先突破。

（三）打造链接全球的物流与供应链管理平台体系

高标准打造港航物流关键平台。重点支持宁波航交所、宁波舟山港、卡哥等船舶代理平台、舱位交易平台、货代物流平台、集卡车货运平台、港口管理平台、数字仓单平台等发展。

支持更多功能性物流平台提质发展。做强一批国际联运物流平台、专线物流平台和跨境电商专用物流平台，做精一批区域物流平台、零担物流平台和末端配送平台，支持发现物流、无忧达、天易通、铁大大、零担豹等企业向行业龙头靠拢。

培育技术导向的物流与供应链融资平台。重点支持外汇金管家、区块链数字仓单等平台发展，做大科技外汇业务与数字仓单质押融资业务。

（四）打造有特色的新零售电商平台集群

支持制造龙头企业发展新零售电商平台。促进得力集团（集拾商城）、中哲慕尚（GXG官方商城）、大朴家具（大朴网）、三生（蜂鸟部落）等企业更高水平打造自有销售平台和第三方开放平台，做大私域流量，拓展线上自营业务。

支持连锁型实体店铺和传统市场发展新零售电商平台。促进三江、爱默隆等连锁型实体店铺更高更快建设线上线下相结合的O2O平台，拓展新媒体合作与推广平台（渠道）。

（五）打造有温度的生活服务平台集群

大力发展全市生活服务的龙头平台。以龙头平台引育为统领，整合提升本土商业自媒体平台与细分领域生活服务平台，“一站式”提供全方位多层次生活服务，更好展现“东方滨海时尚之都”的独特魅力。

促进生活服务平台品质化发展。支持海上鲜、美莱商城、小6买菜等优质社区生活服务平台继续做大做强。高标准打造81890等家政O2O服务平台，聚力发展小遛共享等交通出行精品平台。加快建设互联网卫生健康平台和智慧养老服务平台，完善互联网医院与互联网居家养老服务中心。

支持“三农”电商平台创新发展。扶持一批优秀农村青创平台，优化农村电商供应链，推动瓜瓜农业、美丽四明山、益马当鲜等向乡村振兴综合型平台转型升级。

营造微商规范健康发展生态。壮大艾品科技等合规微商运营平台，升级天猫小店、京东便利店，激发社区电商、社群电商平台活力，开拓视频电商，创新更多服务交易类平台，拓展线下新物种平台。

（六）壮大数字内容平台和产品

目前，宁波数字内容产品数量不多，且大多数以“代工”形式流向抖音、新浪等大平台，对本土平台的贡献度不高。要通过壮大数字内容平台和产品，为宁波平台经济发展集聚人才、吸引流量、提高价值，更好彰显宁波城市和文化的独特魅力。

大力发展各类短视频直播服务平台及相关商业组织。重点支持亮剑互娱等合规MCN机构加快发展，创设短视频直播培训平台，合作孵化本土网红及网红团队。

壮大数字内容产业。健康有序发展网络新闻、网络文学、网络视频、自媒体等数字内容服务，完善数字内容产业链，加强数字内容版权保护。

培育更多知识型平台。打造社会化技能线上教育资源平台，推广规范云课堂、慕课、微课等教育培训新业态，开展教育、人才、项目众包业务，加大政府采购力度。

四、创新营造一流的平台经济生态

新形势下，城市的平台经济生态将更加深刻影响平台企业的发展活力与动力。要高度重视平台经济生态建设，通过强化工作协同、精准纾困解难、优化企业结构、发展高水平商业服务、执行包容审慎监管等关键举措，奋力营造“规范健康、开放包容，人无我有、人有我优，你追我赶、互学互促”的一流生态。

（一）完善顶层设计，构建群策群力的推进机制

明确平台经济工作领导。建议由市数字经济发展工作领导小组牵头，开展全市平台经济提升发展的顶层设计，明确各市级部门、区（县、市）和重点功能区分工，构建权责匹配、运转高效的工作推进机制，协调和督促重点、难点问题破解。

健全重点企业包联工作制度。聚焦龙头平台企业、高成长平台企业和“链主”企业，专注解决企业发展难题，支持“链主”企业牵头建设全链企业共赢发展的互联网平台。对宁波重点领域、核心产业的战略性平台实施深度帮扶。

开展平台经济调查统计。创新统计指标、调查方法和工具，逐步健全平台经济统计监测体系，有序探索平台经济发展的正向激励。对调查发现的高成长

企业，建立快速支持机制。

（二）强化政策支持，增强企业比学赶超的动力

加大高层次管理人才引进力度。进一步发挥企业人才开发主体作用，对于经龙头企业、行业协会、知名风投机构等举荐的企业人才，直接纳入政府相关人才工程评审。

加大复合型数字人才培育力度。支持重点高校、技术院校优化调整平台经济相关学科专业，鼓励有条件的学校建立平台经济二级学院，订单式、学徒制培养人才。支持相关产业园区、企业等建设平台经济人才实习实训基地。

加大平台企业金融支持力度。设立平台经济基金，整合电商产业引导基金，组建工业互联网产业投资子基金，引导带动社会资本支持优秀平台企业和优质项目，引导银行、保险等机构推出面向平台经济企业的创新型定制化产品和服务。对重点培育企业和项目，给予一定的贷款利率优惠或保费补贴。

进一步降低平台经济参与者经营成本。全面梳理和落实研发费用加计扣除、股权激励、创新创业、小微企业等各项税收优惠政策，有序加大税收调节力度。支持平台企业合理拆分平台建设（软件开发）业务，对长期建设第三方独立站点且取得较高交易额的平台企业，给予较高奖励或研发费用补贴。全面推广网上办税为主、自助办税为辅、实体办税兜底的征管方式，推行纳税缴费合并申报，实施普惠性优惠政策“免申即享”。探索为平台企业以及平台内经营的自由职业者提供代开增值税电子发票等税收服务，保障新业态新模式健康发展。

加大高成长平台企业激励力度。以“揭榜挂帅”的模式奖励增速快、增幅高的平台企业，奖励标准不低于同类城市。加大示范性企业的宣传力度。

争取更多国家级试点示范。不断开拓细分行业应用场景，积极对接国家“打造3～5家面向石化化工行业的特色专业型工业互联网平台”等重大政策，扶持更多省市级工业互联网平台、跨境电商平台、新零售电商平台上升为国家级示范试点，加快落实中央与地方配套资金。

（三）补齐产业短板，打造金字塔形企业梯队

开展多种形式的专业招商。引入国内外知名基金等专业力量作为战略合作者，共同搭建“基金+园区”“基金+产业”等新型招商平台，编制招商目录清单，因企制宜实施产业链招商、资本招商、PPP项目招商、会展招商和政校

企合作招商。

大力引进龙头平台企业和（准）独角兽企业。对综合总部、区域总部或功能性总部落户宁波并完成实际到位投资的平台企业，进一步加大对生产、科研、用地用房用电、投融资、人才引进、应用场景等方面的支持力度，按需实施“一事一议”“一企一策”。

加快发展配套服务业。更多培育引进VC、PE机构和优秀管理团队，以及与平台经济发展相配套的财务、审计、法律、知识产权、检验测评、系统安全、营销策划、商务咨询等专业化服务企业，打造示范带动性强的现代化服务集群。

更大力度创建特色型中国软件名城，全面落实相关实施细则。在政府平台项目招标过程中，优先选择本土企业和在宁波登记注册的市外企业。在市级软科学项目中，适当提高软件与信息产业类项目占比，加大对重点领域、关键项目的资金支持。更大力度支持企业参评高级别资质证书，支持个人考取高级别职业资格证书和专业认证证书。

（四）探索精准监管，高水平创建全国网络市场监管与服务示范区

执行包容审慎监管。分级、分类、分领域界定平台责任边界，在严守安全底线的前提下为新业态、新模式发展留足空间。加强反垄断和反不正当竞争执法，维护平台经济公平竞争环境。加大跨区域网络案件查办协调力度，加强信息互换、执法互助。

建设跨部门线上监管系统。打通相关职能部门政务数据和工作信息，分步健全网络交易平台的全时段、全链条和穿透式监管机制，积极探索对新业态、新模式的有效监管手段，努力实现线上线下一体化监管。

积极探索社会共治。探索组建平台经济产业联盟。鼓励行业协会和商会等社会组织出台行业服务规范和自律公约，开展纠纷处理和信用评价，构建多元共治的监管格局。有序推进行业监管部门监管平台与企业平台的双向联通，加强风险预警合作，共同探索基于数据与算法的安全监管。

黄建华　冯　路　何介强　杨　健

宁波抢占元宇宙未来赛道的对策研究

《2023年宁波市政府工作报告》提出“支持人工智能、区块链、元宇宙等新技术创新应用”。这是市委市政府层面首次明确提出“元宇宙”概念，彰显了市委市政府锐意创新、奋勇争先的发展理念。当前，虽然元宇宙产业仍处于理论构建和场景应用的探索阶段，但毫无疑问，元宇宙产业是未来产业的集大成，正处于技术密集爆发的前夜，可预见的未来就会是一片“蓝海”。我们认为，从产业发展和现实意义的角度考量，宁波战略上要保持理性的期待，战术上要抢抓机遇、抢占风口，坚持鼓励创新和加强监管并重、重点突破和全链布局并行、虚实融合和以虚强实并联、政府推动和市场驱动并进，抓好“抢利、蓄势、育苗、聚能、发声、破壁、扬优、防险”八方面举措，把元宇宙产业打造成宁波数字经济创新提质“一号发展工程”的标志性成果，为全市“打造一流城市、跻身第一方阵”厚积新动能。

一、元宇宙是充满想象、竞争尚不充分的未来赛道

元宇宙是以信息基础设施为载体、以虚拟现实为核心技术支撑、以数据为基础性战略资源构建而成的数字化时空域。作为多种前沿信息技术量变突破后的运用集成，元宇宙在可预见的不久就会全面改变现有虚拟世界的形态，在各技术条线中将不断出现新的突破和场景运用，产业资本和金融资本将深入融合、相互促进，涌现出一大批新的“蓝海”市场和“独角兽”企业。

（一）从全球来看，各大科技大国和科技巨头纷纷入局，部分领域优势已经构筑

美国作为元宇宙开拓者，底层技术领先，产业布局全面。以Meta、微软、Google、IBM等为代表的一大批科技巨头，牢牢占据了元宇宙的硬件、算

法、创造工具等关键卡口。韩国对元宇宙有强烈的紧迫感，2021 年 11 月，制定了全球第一个中长期元宇宙政策文件“元宇宙首尔基本计划”，宣布建立名为“元宇宙首尔”的元宇宙平台。日本也希望能占据全球虚拟空间行业主导地位，2021 年 7 月，发布了《关于虚拟空间行业未来可能性与课题的调查报告》，成立“一般社会法人日本元宇宙协会”，启动元宇宙市场构建。麦肯锡报告称，2022 年已有超过 1200 亿美元的投资流向元宇宙；79% 的活跃用户在元宇宙进行消费。花旗集团和毕马威报告称，2030 年元宇宙的潜在市场规模可达到 13 万亿美元；摩根士丹利公司预计，到 2026 年，全球 30% 的企业机构将拥有用于元宇宙的产品和服务。

需要指出的是，行业风向标 Meta 在 2022 年下半年，股价暴跌至 2016 年以来的最低水平。究其原因主要是相关核心技术尚未取得突破性进展，盈利能力不够强，引起人们“元宇宙凉了”的惊呼。但我们认为这是新事物发展的必然阶段，近期大火的 ChatGPT 使得元宇宙内容生产、虚拟人构建、智能交互等方面的瓶颈有望得到解决，未来 1～2 年随着 C 端智能交互设备爆发，更多的生态丰富，元宇宙发展前景大势不可逆，当前可能也是入局的最好时机、最后窗口。

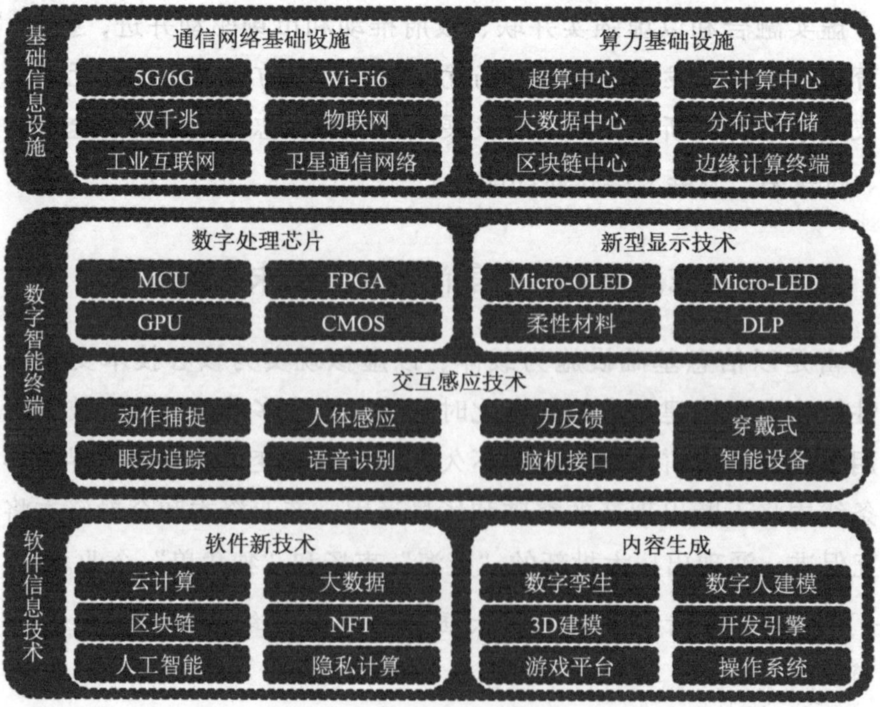

图 1　元宇宙产业生态全景

（二）从国家层面看，鼓励发展的共识已经形成，顶层设计开始布局

2022 年 1 月，工信部中小企业局负责人表示，支持发展数字经济，培育一批进军元宇宙、区块链等新兴领域的创新型中小企业，这也是国家部委层面首次提到“元宇宙”。5 月，中央党校出版了《元宇宙科技产业党政干部学习详解》。国务院《“十四五”数字经济发展规划》中，也明确强调发展互动视频、沉浸式视频、云游戏等新业态，这些大部分为元宇宙概念所包含的内容。10 月，工信部、教育部、文化和旅游部、国家广播电视总局、国家体育总局共同印发了《虚拟现实与行业应用融合发展行动计划（2022—2026 年）》，总体规划了今后几年元宇宙产业的发展方向。据不完全统计，国家部门涉及虚拟现实、人工智能、区块链等元宇宙支线技术的各类政策有 15 个。

国内各大科技巨头也加速布局元宇宙赛道，华为发布赛博（Cyberverse）元宇宙产品，腾讯提出“全真互联网”概念，网易推出沉浸式会议活动平台“瑶台”，百度打造“希壤”元宇宙平台，阿里达摩院增设操作系统实验室和 XR 实验室，字节跳动收购 VR 公司 Pico。根据数据测算，2021 年中国元宇宙市场规模为 340 亿元，2022 年市场规模预计能达到 480 亿元，到 2025 年至少突破 2000 亿元大关，年均增长率约 50%。

（三）从兄弟城市看，各地相继出台政策，全力抢占元宇宙先发优势

多地政府工作报告和产业规划中已出现元宇宙内容。据不完全统计，12 个省级部门出台了明确支持元宇宙产业发展的相关政策，总数达 22 项；其中上海、山东、浙江及黑龙江均出台 2 个及以上政策；全国共计 14 个市级部门出台相关规划或政策，总数达 23 项。如，杭州未来科技城发布 XR 产业发展计划，布局元宇宙；无锡发布了《太湖湾科创带引领区元宇宙生态产业发展规划》，打造国内元宇宙生态产业示范区；北京推动组建元宇宙新型创新联合体，建设元宇宙产业聚集区；成都布局构建交子大道元宇宙中心；等等。各地还建立官方背景的元宇宙产业联盟、产业协会、专业委员会等，主要由工信、大数据管理局、产业开发区等部门主导，由头部企业参与带动，推动形成核心产业链的集聚，整合资源、搭建平台、促进交流，为当地数字经济产业发展赋能，实现元宇宙产业发展“脱虚向实”。

二、宁波战略上高度重视元宇宙产业，发展水平尚处于跟跑阶段，2022 年进步明显

一是市委市政府高度重视。《2023 年宁波市政府工作报告》提出“支持人工智能、区块链、元宇宙等新技术创新应用”，这是市委市政府层面首次明确提出“元宇宙”概念。2022 年 12 月，宁波以两办名义发布《宁波市超常规高质量发展数字经济行动纲要（2022–2026 年）》，明确“超前布局以柔性电子、区块链、6G 通信、前沿新材料、元宇宙等为重点的未来产业”，打造数字经济“一号工程”升级版。

二是市场主体更多涉足。宁波搜布科技搭建时尚产业元宇宙并命名为“出品”，飞扬集团合资成立元宇宙科技公司进军旅游元宇宙，智加虚实科技推出元宇宙图书馆。据企查查数据，2019 年至 2022 年 12 月，宁波已有 21 家企业成立元宇宙公司或新增元宇宙相关的商标、企业名称等元素，相关联的行业包括新能源汽车研发与销售、商业、旅游、外贸、企业管理、人工智能、供应链等。

三是行业协会积极活跃。2022 年 5 月，“青媒·镇”网络联合体作为宁波首个元宇宙领域协作平台成立；9 月，宁波元宇宙学会在镇海成立，依托“青媒·镇”平台，联合 10 多家市级协会，共同推进元宇宙技术攻关、产业协作和工业元宇宙发展。12 月，在奉化召开的雪窦山全球智库论坛以未来经济与“元宇宙”创新发展为主题，并在奉化开展了系列活动。总的来看，宁波无论从战略规划上还是企业主体参与上，2022 年都有了较大幅度的追赶，说明无论是官方还是企业主体，都敏锐察觉到这一动向，积极布局、躬身入局。

但同元宇宙发展先行地区相比还有一定差距，主要体现在五个方面，有的也是行业发展存在的普遍问题。

一是顶层设计还不够完善。宁波尚未出台元宇宙产业专项规划，在部分涉及元宇宙的综合性方案中，对元宇宙产业发展的实质性支持内容也很少。同时，宁波尚未有专门的职能部门负责这块业务，多数相关企业表示不知道主管部门是谁，不知道向谁汇报，发改委、经信局、数字经济局、大数据管理局、服务业局等多头管理、交叉管理让企业莫衷一是。

二是基础设施和底层技术支撑尚不成熟。元宇宙作为新兴技术的应用集合，整体发展受制于各技术分支的发展水平，木桶效应明显。宁波在高端芯

片、5G 网络、区块链、人工智能、智能软件等关键核心技术领域仍属于“追赶者”，面临严重“卡脖子”风险，这也是浙江乃至国家整体要面临的风险。同时，面对元宇宙对网络资源、存储资源和算力资源的巨大消耗，宁波 5G 基站建设、大数据中心、超算 / 智算中心等数字基础设施建设水平离元宇宙对实时全息感知、全息通信、高精度呈现、多点实时交互等需求还存在一定差距。

三是场景落地“最后一公里”尚未有成熟样板。当前，包括宁波在内的国内元宇宙实际落地的应用场景和产品验证不足，场景培育多局限于对娱乐体验的升级，主要聚焦于社交、游戏、商务、NFT 艺术品等消费领域，企业和群众对其感知度和获得感还没有体现。需加快突破创新应用场景，发挥元宇宙对实体经济虚实融合、以虚强实的赋能带动作用。

四是创新要素还不够集聚。相对于杭州等互联网产业先行地来说，宁波元宇宙产业的储备人才、技术专利均有较大幅度的落后。互联网创新创业氛围不够浓厚，对于外部优秀创业人才和初创企业吸引力度不足。深入元宇宙领域的本地各类科研院所数量较少，元宇宙相关科研人才质量不高，缺少技术攻关的骨干力量。缺少大型园区和平台依托，各类相关企业和机构分散分布，缺乏资本、技术、市场上的联动。

五是潜在的风险隐患亟须重视。当前，国内外资本相继涌入，元宇宙炒作热度空前高涨，直接带来的影响是部分企业试图通过炒作概念和“割韭菜”的方式获利，行业泡沫风险持续上升。同时，也可能带来伦理、垄断、隐私、知识产权等方面的潜在风险，对现实世界中现存的社会规则、经济规则、商业规则、文化体系、治理体系等提出一系列挑战。

三、宁波元宇宙发展策略和重点选择的建议

建议宁波发展元宇宙应以推动技术发展、防控底线风险、降温概念炒作为基本原则，加强系统性谋划、前瞻性布局、创新性推进，总结起来就是八个方面 16 个字“抢利、蓄势、育苗、聚能、发声、破壁、扬优、防险”。

（一）抢机遇风口之利：加快谋划包容审慎的顶层设计和支持举措，尽快形成产业发展制度优势

1. 建议发改委牵头研究，以市政府的名义印发出台《宁波元宇宙产业发展专项行动计划（2023–2030）》，以“创新引领、应用牵引、系统推进、生态发

展”为核心思路，着力推动元宇宙技术创新、产业发展和生态构建。可分为两个时间段谋划，2023—2025年为近期，目标是加快布局一批全产业链企业、形成一批标志性典型应用成果、打造一个产业核心先导区；2025—2030年为中长期，目标是元宇宙产业影响力和核心竞争力位居全国一流。

2. 建议设立市元宇宙发展委员会或数字经济发展委员会，统筹推进包括元宇宙在内的数字经济创新工作，加强对重点问题研究、重要事项部署、重大项目建设的协调和推进。依托科研院校、龙头企业、产业联盟等力量组建元宇宙专家库，为产业发展提供智力支撑。

3. 建议市经信局和数字经济局尽快出台《宁波市加快培育发展未来产业的指导意见》等专项政策，把元宇宙作为专章专节予以体现。深入推进《宁波市超常规高质量发展数字经济行动纲要（2022—2026年）》，为元宇宙产业发展营造良好环境。

（二）蓄未来产业之势：前瞻性布局上下游全产业链，积极构建产业生态

1. 建议各区（县、市）围绕元宇宙未来发展方向，结合各地产业特色，找准优势错位发展，加快布局各类元宇宙上下游产业（见表1），促进软件、硬件、平台、服务、应用等生态链各个节点的企业协同发展，尽快形成宁波元宇宙的全产业链多点布局。鼓励有条件的区（县、市）和功能园区出台区域元宇宙发展扶持政策。

表1　各区（县、市）优先考虑发展的元宇宙相关产业[①]

区（县、市）	优势产业	元宇宙相关产业
海曙	工业软件	工业互联网、操作系统
江北	传感器	人体感知交互设备
镇海	新材料	柔性材料、力学材料
北仑	集成电路	数字处理芯片
鄞州	城市生活	医疗、直播电商、远程教育
余姚	光学、光电	VR、AR等光学显示器件和模组
慈溪	家电	智能穿戴设备
奉化、宁海、象山	文旅	旅游、文化、海洋
高新区	软件、算力基础设施	大数据、云计算、人工智能

2. 建议市投资促进署、大数据局依托全市数字经济大招商，绘制产业链企

① 资源来源：根据公开资料整理（同表1、表2、附表1、附表2、附表3）。

业图谱，创建目标企业名录库，重点招引集成电路、光学电子、智能传感、平台开发等元宇宙产业关键优势企业，挖掘新兴潜力企业。

3. 建议各重点产业园区、平台、产业集群向元宇宙产业拓展，进行积极探索，寻求新机遇、新业务、新增长。市发改委、国资要利用好宁波创投引导基金天使基金等政府出资产业投资基金，遵循政府引导、市场运作的原则，支持宁波元宇宙领域初创期、早中期创新型企业。

（三）育源头创新之苗：打造一个产业发展先导区，培育孵化一批元宇宙产业“种子”选手

1. 建议甬江科创区谋划建设一个元宇宙产业发展先导区，突出新概念、高品质，包含元宇宙产业基地、创新基地、孵化器等功能，对创新创业团队入驻配套指定场地租金减免，共享研究工具、算力资源、数据库资源等政策，引入各类专业机构提供人力资源、股权投资、战略咨询等增值服务，推动一批元宇宙主赛道的产业生态链企业落地、成长、壮大，助力宁波元宇宙产业集聚与孵化。

2. 建议数字经济局制定完善元宇宙新兴企业评价标准，遴选一批本地潜力足、技术优的元宇宙骨干企业，加大补贴扶持力度，力争培育一批元宇宙细分领域“专精特新”企业，形成宁波本地的产业龙头企业。

3. 建议宁波元宇宙协会等充分发挥龙头企业引领、行业协会带动作用，着力构建大中小企业梯队良性发展新格局，重点提升数字处理芯片、智能终端外设、数字内容生成等方面的产业化供给能力。

（四）聚人才技术之能：加快培育集聚创新要素，积极构建产业创新发展“护城河”

1. 建议市科技局设立元宇宙重大科技专项，借助中科院宁波材料所、宁波东方理工大学、甬江实验室、数字孪生研究院等科研院所力量以及相关企业研究院，进行元宇宙关键核心技术攻关，推动核心芯片、显示设备、传感器、环境建模、人工智能等重要方向的技术突破，并优先建立行业、地方技术标准，抢占产业制高点和先发优势。将元宇宙相关技术研发纳入宁波科技计划体系支持范围，推动宁波在部分重要技术领域的研发实力和技术积累达到国内领先水平。

2. 建议宁波大学、浙江大学软件学院、浙大宁波理工学院等院校积极创建

元宇宙、VR/AR、人工智能、区块链、非同质化货币等特色课程、专业，加大元宇宙相关专业人才培养。

3. 建议市委人才办对接国家、省市重点人才计划，深化市“顶尖人才计划”“甬江人才工程”等重大计划，按照重点产业人才相关规定实施人才奖励，加大外部高端人才的招引政策力度。加强国际交流，鼓励元宇宙相关的国际组织、产业联盟等机构落户。整合利用国际研发资源，引导元宇宙领军企业在宁波设立研发机构。

（五）发宁波品牌之声：实施“元宇宙宁波”品牌推广工程，提升宁波元宇宙“目光度”

1. 充分利用宁波举办的世界数字经济大会、中国机器人峰会等重大活动契机，强化元宇宙领域政策举措、创新企业、标志性产品、示范应用场景的宣传推介，提升宁波元宇宙品牌知名度。

2. 建议市经信局、数字经济局联合中国移动通信联合会元宇宙产业委员会、中国计算机行业协会元宇宙产业专委会、中国民协元宇宙工委等权威机构，举办全球元宇宙大会、中国元宇宙大会、元宇宙产业大会等行业“风向标”会议，发布元宇宙最具潜力企业、中国元宇宙白皮书、产业发展指数等报告，积极抢占元宇宙产业发展“话语权”。

3. 丰富元宇宙技术研讨、主题活动、峰会论坛、竞赛交流等活动形式，支持企业、行业协会积极筹办、参与国内外学术论坛和会议交流，营造浓厚的元宇宙创新创业创造氛围。对担任中国电子工业标准化技术协会元宇宙工委会等权威机构理事、副理事单位的本地企业，给予奖励。

（六）破应用落地之壁：加快打造一批“现象级”标志性应用场景，展现数字经济时代新生活范式

1. 建议市经信局、市委改革办牵头开展首批元宇宙场景需求“揭榜挂帅”，鼓励国内外重点企业、高等院校、科研院所对商业运营、课堂教育、文旅出游、行政服务等典型社会场景勇于揭榜，立项后给予专项资金支持，加快打造“杀手级”“现象级”标志性应用，助力虚拟经济、线上生活等新消费模式的推广，创建元宇宙生活示范区。

2. 建议市大数据局积极探索“元宇宙宁波”建设，通过数字孪生在元宇宙空间中实现整个宁波城市的数字化、网络化、虚拟化，搭建云上博物馆、云上

医院、云上政务大厅、云上课堂、云上图书馆、云上商场、云上气象站、云上公交站、电子生活地图、电子旅游地图等一系列云端设施，市民可以在其中享受更便捷、更高效、更舒适的生活服务和行政服务，构建数字经济时代新生活范式。

3. 建议市大数据局构筑“数字市场”，依托区块链、隐私计算、数据安全等技术，实现数据要素的资产化交易。

表 2　特色应用场景

特色应用	应用场景	
元宇宙宁波	云上博物馆	VR博物馆、数字博物馆，展品展示、周边购买等
	云上医院	远程诊断、医疗咨询、处方配药、服务预约等
	云上政务大厅	各类日常民生政府服务
	云上课堂	远程教育、培训、考试等
	云上图书馆	电子书籍、期刊借阅阅读
	云上商场	直播购物、网上购物
	云上气象站	当地天气、温湿度、环境质量
	云上公交站	实时公共交通线路、位置、人流量、票价等
	电子生活地图	查看购物、医疗、租赁、交通等服务场所位置、开放时间、人流量
	电了旅游地图	提供旅游景点订票、线路、人流量、住宿等服务
数字市场		数据要素的交易、估值、保险、投资等

（七）扬工业大市之优：争创全国工业元宇宙标杆，打造元宇宙细分赛道高地

1. 建议市经信局围绕宁波优势制造业，特别是重点（细分）行业，全力推进工业元宇宙发展。依托良好的产业大脑、未来工厂、企业上云基础，加快元宇宙技术与先进制造技术的融合应用，推进“设计—研发—制造—销售—管理”全生命周期和全要素虚实共生，构建可视、可管、可预测的数字孪生工厂。

2. 鄞州、北仑等工业强区要积极打造若干研发设计、生产优化、设备运维、产品测试、技能培训等工业元宇宙应用场景，构造全新的制造和服务体系，达到降低成本、优化效率、提高质量、加强协同、融合市场的效果，促进宁波工业的高质量发展，变革性升级，引领全国工业元宇宙发展。

3. 海曙区要充分发挥工业互联网、工业软件平台和企业优势，推动“元宇宙＋工业互联网”整体解决方案的输出，打造元宇宙宁波标杆示范。

（八）防潜伏之险：始终保持战略警醒，关注新秩序和新风险，确保产业健康平稳发展

1. 理性看待元宇宙的发展现状，引导公众正确认识元宇宙，鼓励技术研发创新，坚决遏制概念炒作和行业泡沫。坚决打击披着元宇宙外壳的套路骗局，避免为公众带来不必要的损失。

2. 建立包容审慎、灵活敏捷的监管机制，加强对新型网络安全、数据安全、金融安全监管，积极储备升级管理手段和技术，适时开展元宇宙发展负面清单制定等工作。尝试布局数字资产新金融服务，尽快建立数据要素交易市场秩序和规范，逐步形成可控、创新、活力的元宇宙新金融秩序。

3. 建议市人大、市司法局、市地方金融监管局提前开展元宇宙领域相关法规研究，探索法律、伦理、经济执法司法实践，提前规避信息安全、隐私泄露、知识产权侵犯、金融失控等潜在风险。

罗　松　周威锋　张　华　王　巍　鲍盛基　胡忠忠

附表1　　　　元宇宙产业链代表企业（包含宁波）

产业链环节		国外代表性企业	国内代表性企业	宁波代表性企业
基础信息设施	通信网络基础设施	Verizon、AT&T、T-Mobile、Sprint、三星、LG、KT、SK电讯、爱立信、亚马逊、谷歌	中国移动、中国联通、中国电信、华为、蓝卓、华三	宁波电信、宁波网通、宁波联通、宁波移动、宁波中兴
	算力基础设施	亚马逊、微软、戴尔、思科、谷歌、IBM、英特尔、微软、三星、SAP	全国一体化大数据中心、中国电信长三角国家一体化算力网络枢纽	宁波人工智能超算中心、一舟集团
数字智能终端	数字处理芯片	德州仪器、高通、英伟达、英特尔、赛灵思、恩智浦、三星	兆易创新、龙芯、复旦微电子、中微半导体、大唐微电子	摩根智芯、中芯集成电路（宁波）有限公司、得力微机电芯片、宁波芯健半导体、宁波群芯微电子、浙江芯科半导体、宁波泰睿思、宁波立芯科技股份、宁波芯速联广电、宁波希磁电子科技
	新型显示技术	索尼、三星、爱普生、梦境视觉、ODG、Wave Optics、Lumus	豪威科技、京东方、利亚德、欧菲光	大丰数艺、宁波维真显示、新文三维、舜宇智能光学、宁波视睿迪光电、绮耘科技
	交互感应技术	Nuance、Xsens、OptiTrack、AdHawk、OWO	歌尔股份、格科微、兆易创新、思特威	宁波柯力传感科技、宁波技冠智能、宁波中车时代传感技术有限公司、宁波阿尔卑斯电子
	穿戴式智能设备	微软、Meta、谷歌、Magic Leap	字节跳动、爱奇艺	新文三维、宁波鸿蚁光电、宁波未知数字
软件信息技术	区块链	OpenSea、微软、亚马逊、Etherium、IBM、Oracle	蚂蚁科技、腾讯云、中国平安、趣链科技、华为、万向区块链	诺丁汉(宁波保税区)区块链、象来科技、东华软件股份公司、浙江智加信息科技、宁波风链科技
	人工智能	谷歌、微软、Meta、亚马逊、IBM	百度、大疆创新、商汤科技、旷视科技、科大讯飞	浙江机器人产业集团、宁波工业互联网研究院、浙江时空智子大数据、格劳博智能工业、浙江飞扬国际、宁波均胜电子、全博科技创新（宁波）合伙企业
	内容开发	Unity Technology、Epic Games、Autodesk、罗布乐思	腾讯、抖音、百度、华为	宁波未知数字、象山影视城
	数字孪生	通用电气、IBM、PTC、西门子、达索	高德、百度	美象科技、宝略科技、宁波高数智能科技有限公司、宁波汇盒信息技术、东华软件

附表 2 各地发布的元宇宙产业发展政策

序号	地区	时间	政策名称	主要内容
1	北京	2022.2	关于加快北京城市副中心元宇宙创新引领发展的若干措施（通州区）	力争3年将城市副中心打造成为以文旅内容为特色的元宇宙应用示范区，培育、引进100家以上元宇宙生态链企业，落地建成30项以上“元宇宙+”典型应用场景项目，推动制定一批元宇宙相关标准，“1+N”产业空间体系初步形成，元宇宙与文化、旅游、商业、城市服务等各领域虚实融合发展模式有效形成
2	上海	2022.2	元宇宙产业发展行动计划	培育、引进和建设一批元宇宙场景应用优质企业，建设一批元宇宙产业经济空间，打造一批硬件技术创新中心，构建一个良好数字经济生态圈，打造一批场景应用示范标杆项目
3	上海	2022.7	上海市培育“元宇宙”新赛道行动方案（2022—2025年）	到2025年，相关产业规模达到3000亿元，带动软件和信息服务业营收超过15000亿元，电子信息制造业营收突破5000亿元；培育10家头部企业，打造100家专精特新和隐形冠军企业；打造50+创新示范应用，推出100+标杆性产品和服务；建设3到5个市级元宇宙产业创新园
4	浙江	2022.5	杭州钱塘区“元宇宙”产业政策	高层次人才来钱塘区创办元宇宙产业项目的，给予最高1000万元启动资金和研发费用补助、最高1000平方米3年租金补贴。产业发展紧缺、水平特别突出的创业项目，最高给予1亿元资助
5	浙江	2022.12	浙江省元宇宙产业发展行动计划（2023—2025年）	到2025年，实现3个“1050”：引育10个行业头部企业，打造50家“专精特新”企业；推广10个行业标杆产品，打造50个创新示范应用场景；建设10个产业平台，打造50个赋能创新中心
6	广东	2022.4	广州市黄埔区、广州开发区促进元宇宙创新发展办法	从建设具有黄埔特色的元宇宙标志性场景、元宇宙关键共性技术与通用能力的价值创新与公共服务平台、特定研究方向的元宇宙相关项目等三个层面进行奖励，最高补贴分别达 500 万元
7	福建	2022.3	厦门市元宇宙产业发展三年行动计划（2022—2024年）	力争到2024年，厦门的元宇宙产业生态初具雏形，引入培育一批掌握关键技术、营收上亿元的元宇宙企业
8	江苏	2022.1	太湖湾科创带引领区元宇宙生态产业发展规划（无锡市）	力争新增元宇宙领域高端人才2000名，建成5个元宇宙实验室公共服务平台、3个元宇宙细分领域协会联盟、10个元宇宙示范场景，主导或参与制定元宇宙领域国家、行业标准10项，新增授权专利500件，并培育200家领军企业和200家生态企业

续表

序号	地区	时间	政策名称	主要内容
9	江苏	2022.5	江宁高新区关于加快发展元宇宙产业的若干政策（南京市）	在鼓励集聚发展、加大项目招引、扶持建设数字化商业街区、鼓励企业在园区建设元宇宙体验区、加快布局新型数字基础设施建设、补贴元宇宙企业平台搭建费用、加大金融支撑、鼓励企业上市、支持大型活动落地等方面提供资金扶持及补贴
10	重庆	2022.4	渝北区元宇宙产业创新发展行动计划（2022—2024年）	力争到2024年，在工业、交通、文旅、商贸、教育、医疗、会展、政务等领域，构建形式多样的元宇宙新模式新服务新业态，元宇宙技术研发和应用推广取得明显进展。基本建成元宇宙产业创新生态体系，高端研发机构、专精特新“小巨人”企业高度集聚，推动“创新链、研发链、人才链、价值链、产业链”融合发展，元宇宙产业集群化发展效果显现
11	山东	2022.3	山东省推动虚拟现实产业高质量发展三年行动计划（2022—2024年）	用三年时间在全省培育推广百项应用场景及解决方案，打造国内一流、具有国际竞争力的千亿级虚拟现实产业高地。力争到2024年，全省虚拟现实领域累计新增申请国际、国内专利3000项以上，龙头企业研发投入强度达到6%以上，培育虚拟现实产业相关专业人才1万人以上
12	辽宁	2022.6	和平区元宇宙产业创新发展行动计划（沈阳市）	力争到2024年构建元宇宙产业发展的“产学研用政金”一体化新模式，搭建元宇宙产业创新生态体系，建设东北元宇宙创新发展第一区。组建一个产业联盟、开放一批商业应用场景、扶持一批优质企业、培养一批产业创新人才、制定一批行业标准，构建元宇宙治理与产业发展体系，建设东北元宇宙创新发展引领区

附表3　　各地成立元宇宙行业协会情况

序号	城市	时间	名称
1	北京	2021.10.15	中国移动通信联合会元宇宙产业委员会
2	成都	2021.12.21	四川天府新区元宇宙产业协会
3	无锡	2022.1.11	无锡元宇宙创新联盟
4	南京	2022.2.18	江北新区元宇宙生态创新联盟
5	上海	2022.2.19	元宇宙医学联盟
6	广州	2022.3.25	广州元宇宙创新联盟
7	重庆	2022.4.26	中国（重庆）元宇宙产业联盟
8	厦门	2022.5.31	厦门元宇宙产业联盟
9	杭州	2022.6.8	杭州市国际商会元宇宙专业委员会
10	武汉	2022.6.29	武汉元宇宙研究院
11	上海	2022.7.27	上海张江元宇宙创新发展联盟
12	郑州	2022.8.27	郑州元宇宙产业联盟
13	宁波	2022.9.1	宁波市元宇宙学会

加快提升宁波新经济先锋度的思路建议

《中国国民经济核算体系（2016）》将新经济定义为：以新产业、新业态、新商业模式为主体，由互联网和新技术革命推动的，以信息化和产业化深度融合、商业模式和体制机制创新、人力资本的高效投入和减少对物质要素依赖为标志的一种经济形态。新经济涵盖了信息经济、智能经济、分享经济、生物经济、绿色经济、创意经济、零工经济、体验经济等形态，且还在不断扩充。新经济作为世界范围内重要的经济现象，正在广泛而深刻地影响着人类的生产和生活，成为我国经济动能切换的主要力量，是城市间争先进位的主要赛道。

一、新经济的内涵特征

新经济是与传统经济相区别的经济形态。传统经济是以制造业为核心建立的工业经济形态，依托机械化、电气化的技术构成以及公司制的组织方式，将土地、资源、劳动力、资本、技术等生产要素投入到以生产为中心的经济活动中，通过标准化、模块化、规模化、效率化经营路径提高产能、扩占市场，实现经济主体的利润回报。传统工业经济的主要形态是加工制造硬件类产品，主力军是蓝领技术工人，实行按生产资料为主的分配方式，经济循环的重心在生产侧，生产在产消关系中处于主导地位，产业边界上存在较为清晰的一产、二产、三产区别，产业增长方式以资源投入的外延式扩展为主。与传统经济相比，新经济有下列六大内涵特征。

（一）知识和数据是新经济重要的要素禀赋

新经济是建立在知识的生产、分配和消费上的经济，是用新技术和人的创意创造为动力推动社会发展的经济，它体现着人类智慧的最新水平。人工智能、自动驾驶、细胞研究、再生能源、量子技术等未来产业都是新经济的典型。数据是知识创造、传播和使用的“质子加速器”。知识从实验室、创造者的头脑中转为经济实践，往往需要借助数据感知需求、加工信息、调配资源、突破时空、连接生态，数据是新经济的“石油”。例如，特斯拉推出的UBI车险模式，通过深度开采和加工数字化以后的用户驾驶行为，精准提供差异化保险产品。不管是知识创造本身，还是通过数字化手段将知识变现为经济价值，新经济每个环节都离不开人的创造力，新经济由此可视为人本经济、科学家经济、创意家经济。

（二）研发和创意是新经济主体的中心行为

新经济一方面通过新技术解决传统经济发展的技术壁垒、效益边际难题，另一方面通过创造性思维创造出新的经济活动内容和形式，其创造利润主要不是生产环节或者产品本身，而是附加在产品上的研发创造活动，创造型人力资源的高投入是新经济直接标志。研发和创意为主的经营路线，赋予新经济要素投入边际效益增长的内涵式扩展能力。新经济的研发活动也有别于传统，其研发设计、加工制造、产品销售、用户服务等各个环节可以实现数据实时传输、孪生可视、同步并联、自我学习、智能决策，极大提高了研发的效率，减少了试错成本。例如2015年，硅谷人工智能企业Atomwise只用1周时间就模拟出两种有希望用于埃博拉病毒治疗的化合物。

（三）跨界和融合是新经济显著的外在形态

新经济打破传统一产、二产、三产的界限，实现产业内部的垂直跨界融合和产业间的水平跨界融合，酝酿发育出第四产业的趋势。如农民从过去的卖产品转变为卖生态，通过对农业生产活动实施过程分解，塑造“过程+”价值变现模式，使消费者在体验作物种植、采摘、加工过程中，为收获知识、技能、快乐、经历买单，实现农业和服务业、生产和消费的跨界融合。新经济的跨界融合对制造业产生深刻影响，制造业服务化、服务业制造化、制造即服务、产品即服务、软件即服务等成为制造业和服务业的最新趋势。如未来汽车作为“移动之家”、大号手机，主要利润不再来源于车身制造，而来源于出行、金融、能源、娱乐等软件服务。跨界融合思维决定了新经济不再遵循传统线性增长、平庸滚动的成长路径，具有裂变式、指数式高成长的可能。

（四）美好和品质是新经济的底层价值逻辑

创造美好生活、开拓永续未来，是新经济的内容实质。电商平台在丰富消费体验、降低交易成本、合理配置资源、净化市场环境等方面切实起到变革性作用。农业新经济开辟了全环节智能种植采摘、病虫害科学监测应对、订单化溯源交易、灵活可信金融普惠等新场景。基因技术、靶向治疗、肿瘤药物研发、远程手术、便捷检测、意识识别、残疾康复、临床模拟等新场景都将在延续人类寿命、减轻人类病痛方面发挥积极作用。以解决经济社会发展痛点为出发点，决定了新经济是由消费牵引生产的反向资源配置模式，与人的高品质需求相脱节的产品和服务都将成为过剩性产能。例如阿里犀牛制造建立 C2B2M 生产链模型，意图缩短研发周期、减少库存。总之，人类有望在新经济中迎来产业更智能、城市更宜居、饮食更安全、出行更便捷、社交更可信、消费更绿色、休闲更充分、健康可计算、生命有质量、时空更深邃等的美好未来。

（五）平台和共享是新经济活跃的组织生态

平台不断打破产业内外部边界，促使产业间资源共享范围越来越大、程度越来越深，逐渐成为创新网络的组织中枢。平台企业通过放大关联力量、吸引力量、影响力量，将很多外部企业、机构、人群聚集起来，把大量的生产要素、金融资源、社会关注度凝聚起来，带动企业、客户形成共生共荣的产业生态圈。未来区域经济的竞争，不再表现为企业和企业的个体竞争，更多地表现为产业生态圈之间的竞争。多数企业不得不向平台化转型或者融入其他平台。诸如航天科工、中国商飞、海尔、徐工、三一重工、一汽、五菱、富士康、树根互联等国内制造业企业，都在向平台型企业转型。新经济的去中心和再中心两种趋势同步推进，企业内部组织形态也将面临重塑，以新个体经济为代表的合伙型用工方式将更加普遍。海尔从 2005 年就首次提出了“人单合一”的管理方式，将以往的内部垂直多层组织架构打散为数千个小微创业公司。

（六）包容和绿色是新经济基本的理念共识

新经济作为科技和思想引领型经济，必须要在全国、全球范围内寻求最佳的人才、技术和市场。数字化技术为全球高端要素的互联互通、协同创新提供了可能。只有最为前沿开放的体制机制，才能孕育出具有全球视野的伟大企业，形成产业链上中下、大中小企业协同的创新格局、跨区域的分工合作网络。新经济具有鲜明的创业引领、颠覆式创新、企业爆发式成长、产业跨界、场景驱动等特点，也需要政府监管服务上的审慎包容，给予新经济现象更多试错机会。与低成本、低技术、低价格、低利润、低端市场，高能耗、高物耗、高污染、高排放的“五低四高”传统工业经济不同，新经济追求低成本、低物耗、低能耗、低污染、低排放，高端、高效、高附加值、高价值链环节的新“五低四高”。新能源、新材料、碳循环、3D打印等绿色低碳技术不断取得突破，绿色物流、绿色消费、绿色生活也日渐成为新风尚。

表1　　新经济与传统经济的主要区别

主要特征	新经济	传统经济
生产要素	知识、数据	资源、资本
中心活动	研发、创意	制造、生产
主力军	科学家、创意家、工程师	技工、蓝领、白领
价值诉求	创造美好、注重精神	满足基本、物质为主
产业形态	跨界融合、三维产业、以软控硬	界限清晰、三次产业、由硬伸软
产品形态	个性化、差异化、美学化	标准化、层次化、效率化
产业生态	城市经济、平台经济	管委会经济、柜台经济
创新生态	创新生态圈	块状规模经济
供应链	短路经济、人以群分	牛鞭效应、物以类聚
生产力水平	数字化、智慧化	信息化、自动化
资本模式	创投、风投、众筹	固投、资本积累
循环模式	逆向创新、以销定产	正向创新、以产定销
就业趋势	新个体经济、数字牧民	单位雇佣、打工族
外在效应	新“五低四高”	“五低四高”
增长方式	指数爆发、边际递增	线性函数、边际递减
招商重点	产随人走、人城产、生态赋能	人随产走、产城人、政策招商
经济治理	容错试错、沙盒监管、即时监管	重审轻批、事后追溯、现场监管

二、宁波新经济发展的基本情况

本文从新经济内涵特征出发，结合数据的可代表性、可覆盖性、可获得性、可比较性程度，选择了40余个指标从实力、动力、活力、潜力四个维度立体评价宁波新经济发展的先锋度。如用信息、软件和科研从业人员占比、高校在校生数、平均从业人员工资等指标反映区域知识型人才的构成情况；用机器人企业、生活服务业新业态、快递业务量、中国品牌百强数等反映区域企业创造美好生活的能力。在此基础上，选择国内新经济第一城北京和计划单列市代表深圳作为新经济发展第一方阵作为参照，通过计算宁波与对标城市指标均值的百分比，根据加权系数得出各项指数（见表2，数据来源于各地统计年鉴、各类研究院公开数据）。

表 2　　宁波新经济先锋指数体系

维度	指标	权重	宁波	参照值	绝对指数	加权指数	备注
实力（30%）	全社会研发投入强度	8%	3%	6%	50	4.0	2021年
	三年GDP平均增速	3%	6.1%	5.39%	113	3.39	2021年
	三新经济增加值占比	4%	26.60%	36.10%	74	2.96	2019年
	战略新兴产业增加值占比	2%	9.30%	32.2%	29	0.58	2021年，占GDP总量
	信息软件和科研从业人员占比	3%	0.74%	9.65%	7.7	0.23	2021年年鉴
	数字经济核心产业增加值占比	3%	5.60%	25.80%	22	0.66	2020年
	高新技术企业数	2%	3919	24575	15.9	0.32	2021年
	工业互联网TOP100数	2%	1	23	4.3	0.09	2021年，《工业互联网世界》
	全国互联网百强企业数	3%	0	22	0	0	2020年，中国互联网协会
动力（30%）	国家级企业技术创新中心数	4%	32	66	48	1.92	2020年
	国家重点实验室数	4%	1	67.5	1.5	0.06	2021年
	省级以上孵化器数	2%	78	182	43	0.86	2020年
	5G基站数	2%	13500	46800	29	0.58	2021年9月
	技术合同成交额（亿元）	2%	258	8598	3	0.06	2020年
	在校高校学生人数	5%	17.7	55.5	32	1.6	2020年
	大专以上常住人口占比	4%	17.80%	35.40%	50	2	七普
	在岗人员年均工资（元）	2%	77758	145380	53	1.06	2021年年鉴
	万人发明专利拥有量	3%	41	149	28	0.84	2021年
	机器人企业TOP50数	2%	1	6.5	15	0.3	2020年，eNet研究院
活力（25%）	万人新增商事主体数	2%	202	195	104	2.08	2020年
	独角兽企业数	4%	4	62	6.5	0.26	2022年，胡润榜单
	私募基金管理规模（亿元）	2%	4841	27705	17	0.34	2020年，浙江金融研究院
	科创板上市企业数	2%	4	47	8.5	0.17	2022年

续表

维度	指标	权重	宁波	参照值	绝对指数	加权指数	备注
活力（25%）	智能工厂TOP200数	2%	6	10	60	1.2	2021年，《互联网周刊》
	国家服务型制造示范企业数	1%	6	8	75	0.75	三批次
	规上工业利润率	2%	7.40%	7.10%	104	2.08	2019年
	规上服务业利润率	2%	3.80%	16.8%	23	0.46	2019年（北京只计地方）
	三年平均实用外资（亿美元）	1%	27	119	23	0.23	2021年
	服务贸易占比	1%	10.5%	18.9%	56	0.56	2021年
	快递业务量（亿件）	2%	15.2	41	37	0.74	2021年
	网络零售额（亿元）	2%	2814	3801	74	1.48	2020年，北京、广州数据
	年接旅游人数（万人次）	1%	14076	23375	60	0.6	2019年
	生活服务业新业态TOP30得分	1%	7	28	25	0.25	2020年，美团研究院
潜力（15%）	三年社会零售品增速	2%	3.9%	34.1%	11	0.22	2021年
	60周岁以下人口占比	2%	81.9%	88.5%	92	1.84	七普
	住房收入比	2%	14.30%	33%	128	2.56	2020年，反向
	三年小学在校人数增速	2%	6.70%	8.05%	83	1.66	2021年
	中国品牌500强数	1%	7	70	10	0.1	2020年Asiabrand
	人均公园绿地面积（平方米）	1%	11.5	15.6	74	0.74	2019年
	三年人均消费支出增速	1%	19.2%	4.4%	436	4.36	2021年
	抖音粉丝百万以上热门账号数	1%	114	1930	5.9	0.06	2021年8月
	万人拥有文娱场所数	1%	2.52	3.62	70	0.7	2020年
	三年单位GDP用电量减幅	1%	4.58%	4.27%	107	1.07	2021年
	万元GDP用电量	1%	642	333	48	0.48	2021年，反向
综合指数	44.2						

1. 宁波新经济稳步发展，新经济实力登临山腰。三新经济增加值占比指数74、三年GDP平均增速指数113，表明三新经济占比与头部城市占比较为靠

近，城市新旧动能切换综合效果显现。但新经济实力总体薄弱，突出表现在三个落差：一是数字经济核心产业增加值占比指数（22）、信息软件和科研人员从业占比指数（7.7）与三新经济增加值指数落差大，表明社会各行业开采数据利润的能力不高，城市知识型就业岗位不多。二是高新技术企业指数（15.9）、战略新兴产业增加值占比指数（29）、R&D 指数（50）与 GDP 增速指数落差大。战略新兴产业代表着未来科技和产业发展新方向，宁波战略新兴产业对经济社会的引领功能弱。三是新经济门户指标与头部城市落差大。互联网百强企业指数（0）、工业互联网百强企业指数（4.3）垫底。两类企业是衡量城市资源掌控力的重要指标。作为工业互联网起步较早的城市，目前宁波仅有 supOS 工业操作系统入围百强。

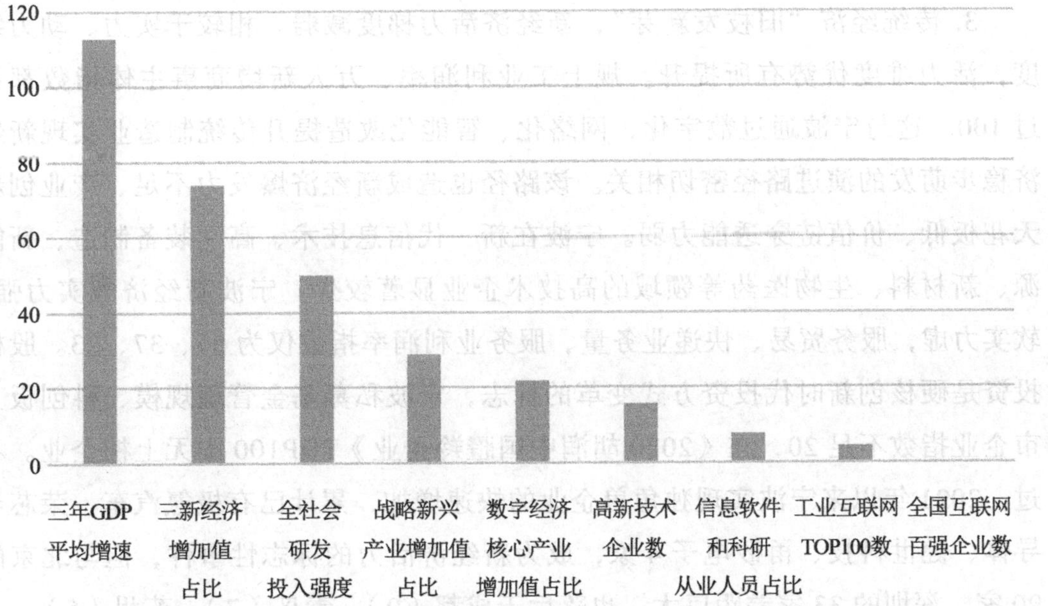

图 1　宁波新经济与北京、深圳对照情况：实力指数

2. 重大科技平台不足，新经济动力策源乏力。动力维度指数均在 60 以下。在大科学装置方面，宁波尚无国家实验室，仅有 1 家宁波大学省部共建国家重点实验室。在创新平台方面，国家级企业技术创新中心、省级以上孵化器数均不足北京、深圳均值的一半。高校数量不多、高校在校生少、高学历常住人口占比少等问题老生常谈，受制于科技供给端资源不足，城市高端岗位少，全市所有岗位平均工资指数仅为 53，城市万人发明专利拥有量、技术合同成交额指数仅为 28.3。

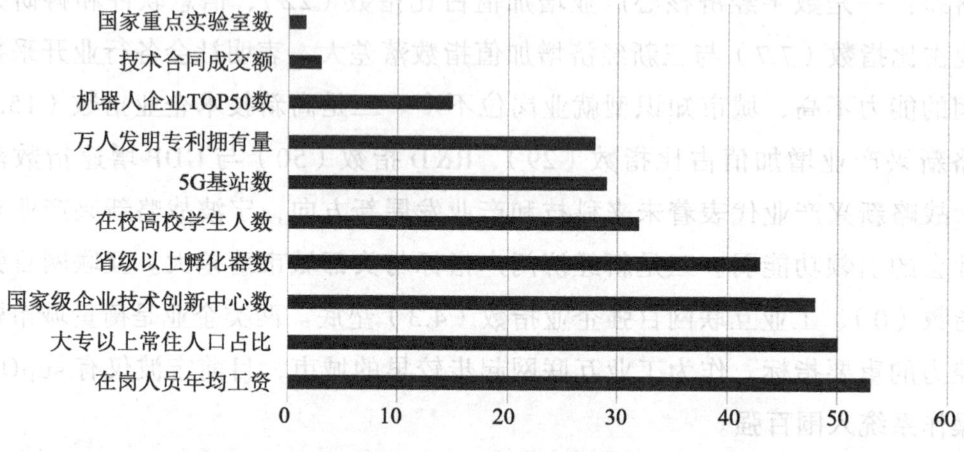

图 2　宁波新经济与北京、深圳对照情况：动力指数

3. 传统经济“旧枝发新芽”，新经济活力梯度减弱。相较于实力、动力维度，活力维度优势有所提升。规上工业利润率、万人新增商事主体指数都超过 100。这与宁波通过数字化、网络化、智能化改造提升传统制造业实现新经济稳步萌发的演进路径密切相关。该路径也造成新经济爆发力不足、产业创新天花板低、价值链穿透能力弱。宁波在新一代信息技术、高端装备制造、新能源、新材料、生物医药等领域的高技术企业显著较少。宁波新经济硬实力强、软实力虚，服务贸易、快递业务量、服务业利润率指数仅为 55、37、23。股权投资是硬核创新时代投资方式变革的标志，宁波私募基金管理规模、科创板上市企业指数不足 20，在《2020 胡润中国瞪羚企业》TOP100 中无上榜企业。不过，2021 年以来宁波实现独角兽企业的快速增加，累计已有极氪汽车、荣芯半导体、健世科技、甬矽电子 4 家，成为新经济活力的标志性事件，但与北京的 90 家、深圳的 33 家差距巨大，也落后于成都（9）、青岛（7）、苏州（5）。

4. 城市宜居品质改善，新经济潜力静水流深。在潜力维度的 10 个指数中，三年人均消费支出增速、住房收入比、三年单位 GDP 用电量减幅指数均超过 100。特别是 2019—2021 年，宁波人均消费支出由 33944 元增至 40478 元，增幅 19.2%，而同期北京、深圳增幅分别为 1.4%、7.4%，但社会零售品增速指数仅为北京、深圳均值的 11%，表明消费外流情况非常严重。新经济条件下产随人迁，哪里有人口，哪里就有消费，哪里就有创新试验空间。年轻人口、小学生数能反映城市人口结构潜力，宁波 60 周岁以下人口比例为 81.9%，优于北京

（80.4%），较深圳（94.6%）处于明显劣势，近三年在校小学生增幅低于北京、深圳。同时，宁波的酒吧、博物馆、电影院、书店、演出场所、咖啡馆等文娱设施数量少、活力低，网红打卡地不多，抖音粉丝百万账号数仅114个，与北京（2927）、深圳（932）差距过大，城市的时尚性、魅力度欠缺。中国品牌500强指数仅为10，高品质产品、企业过少，融入双循环、抢占国货潮机遇的能力不足。

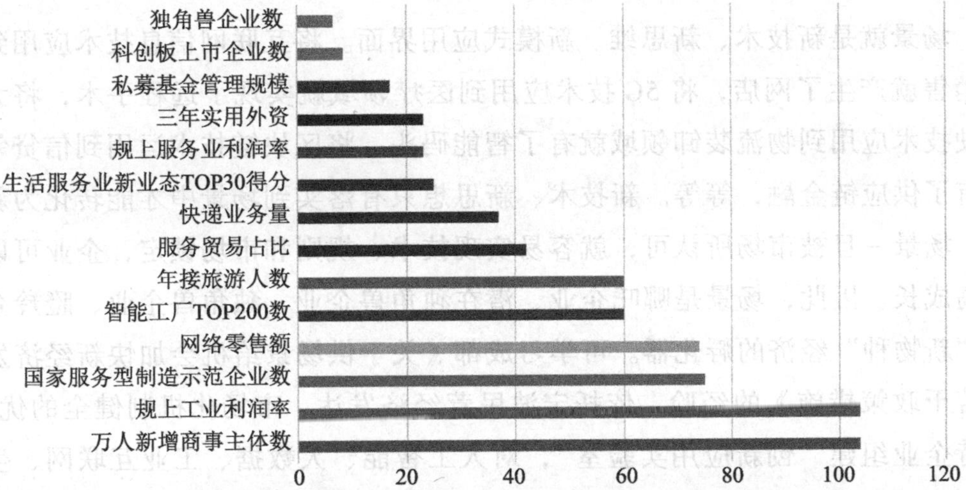

图3　宁波新经济与北京、深圳对照情况：活力指数

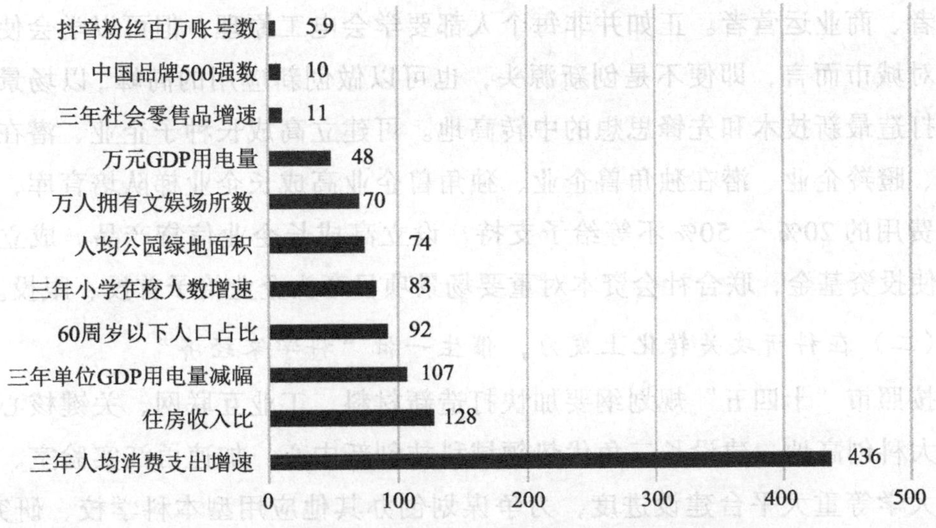

图4　宁波新经济与北京、深圳对照情况：潜力指数

三、加快宁波新经济发展的思路建议

当前，要破除把新经济等同于泡沫经济的肤浅认识，破除新经济是新瓶装旧酒的傲慢偏见，破除船大难掉头的畏难情绪。从塑造城市可持续竞争力、头部城市经济社会革命性重塑的角度，增强加快新经济发展的自觉性、紧迫性。

（一）在开发开放场景上发力，催生一批“新物种经济”

场景就是新技术、新思维、新模式应用界面。将互联网信息技术应用到购物销售就产生了网店，将5G技术应用到医疗领域就实现了远程手术，将无人驾驶技术应用到物流装卸领域就有了智能码头，将区块链技术运用到信贷领域就有了供应链金融，等等。新技术、新思想只有落实到场景中才能转化为新经济。场景一旦被市场所认可，就容易实现技术、规则和市场锁定，企业可以实现高成长。因此，场景是哪吒企业、潜在独角兽企业、独角兽企业、瞪羚企业等“新物种”经济的孵化器。可学习成都《关于供场景给机会加快新经济发展的若干政策措施》的经验，依托宁波民营经济发达、市场化机制健全的优势，支持企业组建“创新应用实验室”，对人工智能、大数据、工业互联网、生物技术、新材料等硬核技术开展市场化应用攻关。集成城市场景、产业场景、企业场景，定期发布场景建设需求清单和项目清单，向全国全球广募场景的技术支持者、商业运营者。正如并非每个人都要学会电工原理，但可以学会使用电器。对城市而言，即便不是创新源头，也可以做创新应用的高峰，以场景为切口，打造最新技术和先锋思想的中转高地。可建立高成长种子企业、潜在瞪羚企业、瞪羚企业、潜在独角兽企业、独角兽企业高成长企业梯队培育库，按照研发费用的20%～50%不等给予支持，设立高成长企业信贷产品。成立新经济天使投资基金，联合社会资本对重要场景项目牵头企业给予首投、跟投。

（二）在科研攻关转化上发力，催生一批“科学家经济”

按照市“十四五”规划纲要加快打造新材料、工业互联网、关键核心基础件三大科创高地，建设长三角优势领域科技创新中心。加速甬江实验室、东方理工大学等重大平台建设进度，力争谋划创办其他应用型本科学校、研究院，更新高校专业目录，尽早发挥科技对新经济的支撑作用。面向国产替代开展集中科研攻关，在相关产品设计、制备封装、性能测试、工艺开发、材料革命等方面争取突破技术封锁。力争重大成果在航空航天、深海极地、卫星通信、无线互联、微细工艺、芯片研制、健康制药等领域取得应用突破，打开宁波未来产业发展新局面。聚精会神推进工业互联网创新，丰富工业互联网试验场景，深度贯通制造业与服务业，提升制造业敏捷生产能力，带动商业模式创新。坚持需求导向，借鉴德国弗劳恩霍夫协会各研究所“合同科研”模式，实行多元化的研发经费来源及配置机制，探索院企交叉任职交流、交叉培养人才，促进科研院所与本土企业紧密协作，带动宁波汽车、石化、家电、通用设备等产业升级升值。实行鼓励成果商业化的绩效考核导向，各类高校、科研院所和技术研究院设立技术转化办公室、技术经理人队伍，优化薪酬分配办法，加快引育具有影响力的科技成果转化服务机构，推动政产学研金供需对接。没有纳斯达克，也许就没有硅谷。要加大创业投资机构招商力度，鼓励私募基金为科学家的创意和研究投资，吸引更多科学人才来甬潜心研究，营造科学与商业相互支撑的创业环境。

（三）在城市功能品质上发力，催生一批“硅巷经济”

发展新经济除了需要一批技术人才外，也需要一批具有独特思想、人文情怀的创业者、企业家。新经济浪潮要求城市加速从工业生产为主的功能安排回归到生活为主的本质上来。国际一流城市都出现了科技回归都市的趋势，城市功能更加混合、城市形象更加亮丽，出现了一批以城市街巷为创业空间的“硅巷经济”，极具先锋精神的年轻人奔涌到硅巷中碰撞创意火花。硅巷作为城市里正在生长的“新空间”，是一座城市孵化“新科技”与“新消费”的摇篮。如伦敦国王十字街区、鹿特丹马克赫尔市集、成都天府大道、南京秦淮硅巷、北京坊、上海黄浦江畔等经过城市更新后都成为城市核心活力区。在工业化后期，宁波要强化城市建设和社会事业建设对经济发展的牵引作用，大力实施港产城文融合，加快城市更新和风貌提升，从环境、文化、空间、活动、设施等方面营造有魅力、有特色、有活力的人性化空间场所。持续推进“精特亮”创建，提升“三江六塘河”水乡风貌，依托月湖、文创港等区块布局一批硅巷创意空间，嵌入一批文化标志设施、建设一批未来社会标志项目、补齐一批分钟圈功能设施、改造一批慢行友好通道、引进一批城市运营战略合作者、落户一批首店和体验店，丰富一批数字牧民、研发创意、共享办公、工业设计、商务谈判、会客休闲、美学融合、社交娱乐、演艺演出、电商直播、非遗工匠、兴趣养成、沉浸体验等新业态，赋予城市“有趣的灵魂”，焕发城市新活力、塑造城市新名片。

（四）在推进创新协同上发力，催生一批“生态圈经济”

创新的生态圈化是互联网兴起、数字经济全面渗透产业后的重要特征。如徐工等工程机械企业，利用物联网技术与用户连接，实时采集产品作业数据，不断改进产品和服务，创新盈利模式，形成了连接供应商、研究机构和用户的生态体系，转型迈向全球领先的机电行业电子商务综合服务平台。越来越多的企业开始构建自己的产业“生态圈”，一些小餐厅也通过私域流量构建自己的生态圈，一些大企业的生态圈已经延伸到全球。宁波在国际航运、跨境电商、网络货运、汽车、精细化工、卫星互联网、工业互联网、服装、家电、康养等领域仍有培育国际化大企业的机遇。放大宁波上市公司数量优势，激励一批龙头企业稳妥转型为“圈主”企业，从生产者、交付者转变为产业的组织者、连接者、整合者，从“改变自己”转向“反哺行业”。通过众包、开放技术标准、提供众创空间、提供孵化服务、战略投资等方式增加利益相关者数量，使生态圈本身变成圈主企业的“护城河”。放大宁波先进制造基础扎实优势，支持发展共享制造，支持龙头企业、第三方机构运用共享理念将分散、闲置的生产资源集聚起来，试验弹性匹配、动态共享的新模式新业态，逐渐打破时空边界限制，实现跨企业、跨领域、跨产业的广泛互联互通，打造国内重要影响力的先进智造枢纽平台。加大国有资本在新经济领域投资布局，发挥财政资金引导作用，支持企业设立技术研究院及开放服务、“两业”融合，鼓励大中小微企业联合政府采购，开展知识产权质押和供应链金融等创新。加快数字基础设施建设，规划布局一批人工智能、新能源等颠覆性技术试验场地和示范区，发挥政府产业公共服务作用。

汪志飞

宁波市场主体税源培植分析研究

税收是财政收入的重要来源。宁波是贡献中央财政收入的主要城市之一。当前，经济发展仍面临着需求收缩、供给冲击、预期转弱三重压力，必须从系统性战略、阶段性措施、制度性安排三方面共同发力，加强市场主体税源培植，确保宁波税收能够向中央“缴足”有贡献，为地方“留足”有空间。

一、基本概况

（一）涉税市场主体数量持续增长，税收收入迭创新高

截至2021年底，宁波市场主体总量达1207640户，涉税市场主体总量发展到960364户，同比增长11%，市场主体活跃度为80%。其中，涉税企业477495户，活跃度为95%，涉税个体工商户482869户，活跃度为69%。按照这个速度，预计2022年宁波涉税市场主体数量将突破百万户大关（见图1）。

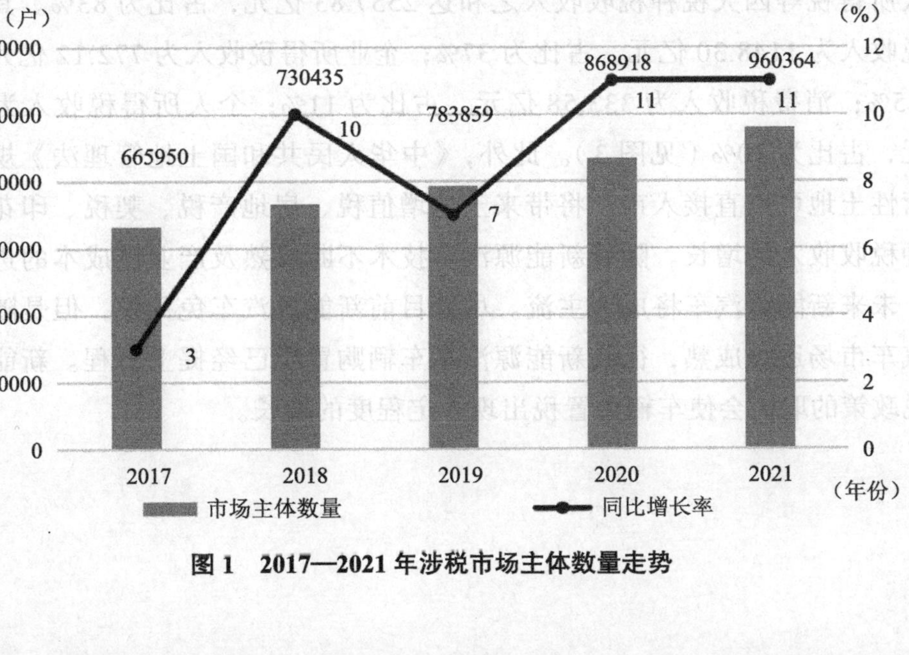

图1　2017—2021年涉税市场主体数量走势

与 2017 年相比，2021 年税收收入增长了 32%（见图 2）。受新型冠状病毒感染的疫情和国内外经济形势的影响，2019—2020 年连续两年出现小幅下滑。2021 年，在科学统筹疫情防控和经济社会发展，扎实做好“六保六稳”工作的情况下，宁波税收收入同比增长 19%，总额达到 3741.22 亿元。

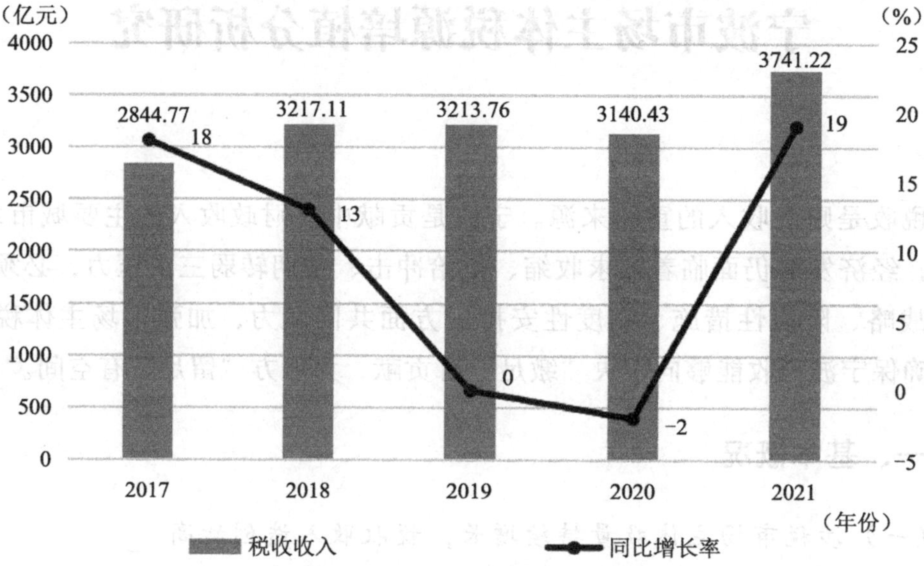

图 2　2017—2021 年税收收入走势

（二）四大税种地位比较突出，五种小税种存在增长空间

2021 年宁波税务部门组织的税收收入中，增值税、企业所得税、消费税、个人所得税等四大税种税收收入之和达 2557.83 亿元，占比为 83%。其中，增值税收入为 1148.30 亿元，占比为 37%；企业所得税收入为 772.12 亿元，占比为 25%；消费税收入为 333.58 亿元，占比为 11%；个人所得税收入为 303.83 亿元，占比为 10%（见图 3）。此外，《中华人民共和国土地管理法》规定集体经营性土地可以直接入市，将带来土地增值税、房地产税、契税、印花税等小税种税收收入的增长。随着新能源汽车技术不断成熟及产业链成本的进一步下降，未来新能源汽车将成为主流。尽管目前新能源汽车免征税，但是随着新能源汽车市场逐步成熟，征收新能源汽车车辆购置税已经提上日程。新能源汽车免税政策的取消会使车辆购置税出现一定程度的增长。

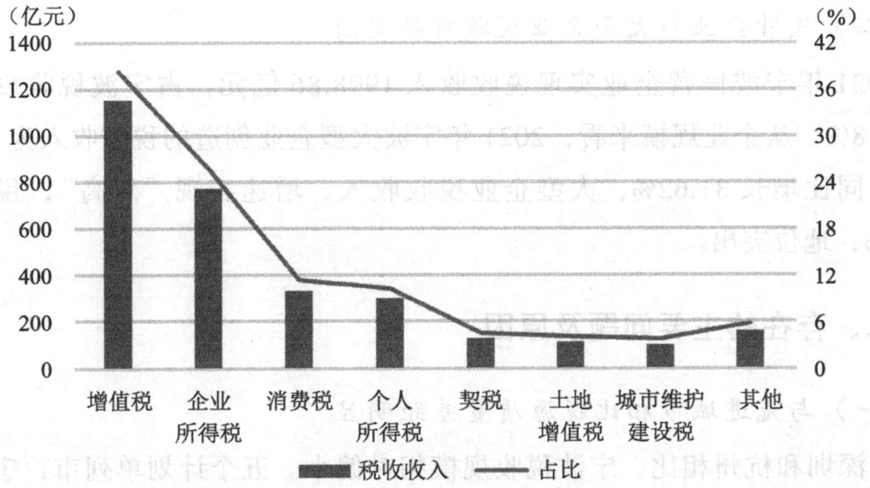

图 3　2021 年宁波税源结构

（三）产业税源结构持续优化，行业税源分布较为集中

2016—2020 年宁波产业税收结构持续优化，三产税收收入从 2016 年的 1154.25 亿元增加到 2020 年的 1866.22 亿元，所占比重从 2016 年的 47.83% 增加到 2020 年的 59.43%（见图 4）。制造业、房地产业、批发和零售业、租赁和商务服务业等行业是宁波税收收入的主要来源，上述四个行业税收收入之和为 2523.09 亿元，占比为 82.27%。其中，制造业税收收入占比为 42.38%，持续保持行业税收贡献度首位。随着数字经济“双万亿”工程的实施，专业设备制造业、计算机通信和其他电子设备制造业、科学研究和技术服务业、信息传输及软件信息技术服务业等数字经济相关产业税收收入将增加。

图 4　2016—2020 年宁波税源的产业结构

（四）民营企业与大型企业税收贡献突出

2021年宁波民营企业实现税收收入1998.86亿元，占宁波税收收入总额的65.18%。从企业规模来看，2021年宁波大型企业创造的税收收入为1346.45亿元，同比增长31.62%，大型企业税收收入、增速实现“双高”，税收贡献43.90%，地位突出。

二、存在的主要问题及原因

（一）与先进城市相比税源质量差距明显

与深圳和杭州相比，宁波税收规模相对偏小。五个计划单列市，宁波税收收入排第二位，但总量不及深圳的40%。省内宁波税收收入排第二位，与杭州相差1244.8亿元。宁波市场主体平均税收贡献为25.4万元/户，比杭州少2.8万元/户。主要原因在于：宁波市场主体总量落后于先进城市，主体增值能力不强。

（二）第三产业税收比重偏低

宁波第三产业税收收入占比为59%，在5个计划单列市中排在第三位，较排在第一位的深圳低25个百分点，较排在第二位的厦门低5个百分点。主要原因在于：宁波第三产业的比重相对偏低，在五个计划单列市中垫底，与深圳相差了11个百分点。

（三）新兴行业税收贡献尚未形成规模

制造业中，医药制造、计算机通信和其他电子设备制造、铁路船舶航空航天和其他运输设备制造、专用设备制造等新兴行业税收贡献仅占4.61%。第三产业中，信息传输、软件和信息技术服务业税收占比0.84%，科学研究和技术服务业占比1.38%，金融业占比6.21%，税收贡献规模偏小。主要原因在于：宁波以新一代信息技术为代表的高科技产业积淀不够，基础薄弱，明显落后于杭州、深圳等城市。

（四）税源增长仍属于要素驱动型

2021年，涉税市场主体受票购入货物共计73484.29亿元，其中，能源商品购入4566.27亿元，占6.21%；钢铁产品购入8214.40亿元，占12.04%；有色金属商品购入6951.42亿元，占9.46%。大宗商品的市场周期和价格上涨直接拉高了税基，引致税收收入提高。主要原因在于宁波市场主体创新驱动力不强。

三、若干建议

培植税源事关全局和长远发展，要深刻理解税源培植是推动高质量发展的关键支撑，深刻把握市场主体是税源培植的重要基础。市场主体税源培植必须坚持系统性战略、阶段性措施、制度性安排共同发力，做到既要拥有“体量优势”，又要体现“质量优势”。

（一）持续壮大市场主体规模，夯实税源基础

面对国内外大环境的不确定性，要把培育壮大市场主体规模放在更加突出的位置，为税源培植提供更多的源头活水。一是实施市场主体倍增计划培植税源。即到2026年宁波在册市场主体数量能够达到240万户，将主体数量增长纳入地区目标绩效考核，实现税源增量破局。二是实施市场主体发展集成改革提升涉税和纳税比。省外对标深圳，省内对标杭州，集成市场监管、发改、经信、科技、社保、税务、乡镇（街道）、各类园区、金融机构、中小企业公共服务平台等职能，优化从注册登记到税务办理的数字化路径，提高涉税市场主体的比例，提高实际纳税市场主体的比例。三是抓好招商引资做大优质税源增量。进一步增强培植税源的针对性和实效性，建立重大项目税收效益事前评价机制，大力招引一批实在度高、含金量高的大项目、好项目，在全市上下形成齐心协力上项目、培税源、增后劲的浓厚氛围。

（二）着力推进制造业提质增效，做大税源规模

制造业是宁波税源的主体，制造业的质量直接决定了税源的质量。一是聚焦减税降费涵养税源。坚持“放水养鱼”，落实组合式税费政策支持制造业发展，加大增值税留抵退税力度、延长制造业中小微企业缓税政策、加大支持科技创新税前扣除力度，让企业当期受益，为制造业未来发展蓄能。二是聚焦智能制造提高税源质量。加快实施智能制造提速创新行动，通过研发费用加计扣除、增值税期末留抵退税、固定资产加速折旧、首台（套）产品税收优惠等，鼓励传统制造企业加快设备更新、加大研发投入、增强技术创新能力，增强制造业税源增长的创新驱动力。三是聚焦龙头企业打造产业链税源。引导龙头制造企业开放场景应用、共享生产要素、搭建共性平台，吸纳中小企业进入龙头

企业供应链，打造以龙头企业为主体的产业链税源，确保制造业税源持续稳增向好。四是聚焦信息制造业打造税源增长极。对标深圳和杭州等先进城市，抓住 5G、人工智能、物联网等新一代信息技术发展的重大机遇，以数字化改革为契机，发挥宁波电子信息制造业产业集群优势，聚焦集成电路、光学电子、汽车电子、智能电子产品等四大重点领域，培育打造新一代信息技术制造业，增强制造业税源增长的后劲。

（三）加快发展现代服务业，做优税源结构

构建发展动能强劲、业态结构高端、区域特色鲜明、辐射功能强大的现代服务新体系，提高现代服务业的税收贡献度。一是做优重点服务业增加税源。主要是推动港航服务、现代贸易、现代金融三大主导产业释放发展新动能，支持航运企业培育、航运金融、航运信息等领域，发展航运服务、数字服务、国际商贸和专业服务等服务贸易和服务外包领域，发展科技金融、制造业金融、供应链金融和财富管理服务业，做大优势服务业体量，增加税源。二是做大新兴服务业增加税源。以新技术、新业态、新模式驱动软件信息、科技服务、专业服务、民生服务四大产业实现创新突破，做强工业软件、做优特色行业应用软件、培育现代信息服务业，发展研发设计、创业创新服务，发展法律、会计、税务、资产评估、工程咨询、人力资源等专业服务业，发展文创旅游、大健康和数字生活服务，做大新兴服务业增加值，增加税源。

何介强　张妩恺

宁波市深化“+服务”模式 助力稳经济政策直达快享

2022年以来，宁波市全面贯彻落实扎实稳住经济一揽子政策措施，通过强化数智赋能、强化流程重塑、强化助企纾困，深化“平台+服务”“改革+服务”“定制+服务”等“+服务”模式，助力稳经济政策直达快享，推动经济企稳回升、稳进提质。截至2022年8月底，宁波全市政府补贴补助类资金已兑付217.03亿元，数额居全省第二，兑付率100%，并列全省第一；减负目标完成率100%，并列全省第一。

一、强化数智赋能，“平台+服务”提升政策落地精准度

（一）精准识别政策对象

通过“甬易办”平台，打破数据壁垒，汇集各类政务数据、企业库和人员库数据，建立算法模型，形成“政策大脑”，精准测算政策对象名单。目前“政策大脑”已累计形成700项技术语言、170项业务规则、150类标签、30个算法和10个智能组件。例如，在“市本级新引进应届本科生和硕士研究生生活安居补助”政策兑现过程中，“政策大脑”从500多万社保人口中精准“锁定”政策对象，相关人员无须递交任何材料，只需在平台“一键确认”即可领到财政补助，目前已有328人兑付资金484万元。

（二）精准匡算所需资金

针对部分阶段性政策在实施后遇到资金不足或过剩的情况，平台通过数据模拟实验的方式，在政策出台前事先介入，精准匡算所需资金，确保政策对象“应享尽享”，提高财政资金效用。例如，市留工优工政策出台前，“甬易

办”平台匡算具有申报资格企业3万家，涉及资金3.8亿元，在平台精准推送政策信息后，审批通过企业2.85万家，兑付资金3.48亿元，对象测算精准率达95%。

（三）精准实现无感兑付

通过平台智能获取企业税务账户、个人社保卡银行账户信息，建立可精准直达企业、个人账户的“直通路”“快速路”，实现资金无感拨付。重点在引进人才、促进就业、推动创新方面，积极实践“政策免审即享·群众无感兑付”。例如，“青年人才租房补贴”“灵活用工补贴”等政策，2022年上半年3.8万户企业（个人）实现无感兑付，涉及金额9760万元。

二、强化流程重塑，“改革＋服务”提升政策落地加速度

（一）审批环节流程再造

通过简化补贴标准，打通人力社保、市场监管、公安等系统数据，自动校验企业、个人申报资质，实现申报材料削减、审批环节合并、流程周期缩短，在审批全过程中提升政策兑付效率。例如，2022年执行返岗交通补贴政策时，通过划定补贴标准（市外省内100元、华东地区300元、华东地区以外500元），依托平台实现政策对象自动审核、补贴金额精准计算，审核流程由4步缩减为2步，周期由1个月缩短到1周。

（二）拨付环节业务重塑

通过推行国库直接兑付模式，打通市县两级国库支付系统，实现财政系统与“甬易办”平台“直连”，改变以往财政拨付以指标形式层层下达部门、下达基层的模式，省去原先政策制定单位出纳申请、会计审核，财政国库收付中心初审、复审、大额审核等5个环节，让拨付资金无须过渡户中转，当天直达企业。

（三）“容缺预拨”先行先试

开展财政奖补资金“容缺式”预拨，对智能制造试点示范、智能化改造、一般技改等企业投入类项目补助，试行“按比例预拨付”。例如，该市鼓励对市级数字化车间、智能工厂等重点企业投入类项目，综合考虑项目投资强度、实际完成度，预兑现最高计划补助额的50%，企业实际得到补助时间提前3个月以上。

三、强化助企纾困，“定制+服务”提升政策落地实效度

（一）深入实施市领导挂联协调服务机制

实施市政府领导挂联协调服务机制，市政府主要领导带头，市政府班子成员每周至少1次到挂联区（县、市）、开发园区开展调研指导和协调服务，牵头解决重大项目开工建设、政策集成落地等方面存在的突出困难。自7月初实施以来，共开展挂联协调服务48次，已解决鄞州区重点开发区用地指标保障、北仑LNG三期项目土地农转用等67个困难问题，协调推进G228建设、中石化镇海基地重大石化项目、梅墟历史地段防汛防台等73个重大交通基础设施、重大产业项目和重要民生实事工程。

（二）全面开展“千名干部助企纾困”服务

组织开展面向工业企业的“千名干部助企纾困”精准服务，借助宁波企业综合服务大平台，形成全覆盖、闭环式纾困机制。2846名助企服务员“一对一”服务营收1亿元以上的工业企业和“大优强”企业，并对用电监测预警重点制造业企业和畅链保供“白名单”企业，进行重点帮扶，已累计走访企业17178家次，联系服务30933家次，协调处理问题8795件，办结8189件。

（三）创新落实中小企业降本减负专项政策

针对小微企业和个体工商户诉求，2022年4月、6月接续出台完善国有房屋租金减免政策，将减免范围扩至全行业小微企业和个体工商户，惠及租户2.89万户，减免租金6.97亿元。全面实施新的组合式税费支持政策，聚力打造红光税务工作室、玲玲e站、“零窗”智慧办税厅等特色服务品牌，2.91万户小微企业留抵退税138.53亿元，户均47.5万元。开展防范和化解拖欠中小企业账款专项行动，排查相关事件136件，化解率95%，无分歧欠款全部完成清偿。

徐　毅

宁波前湾新区推动组合式税费支持政策精准落地

宁波前湾新区围绕全省、全市经济稳进提质攻坚行动总体部署，按照“加大政策帮扶力度，加快政策兑付进度、提升政策兑现便捷度”的总体目标，牢固树立“硬任务”理念，推出“四精”举措，在企业负担上做减法，在税费服务上做加法，确保新的组合式税费支持政策落快落实落稳，政策红利精准直达市场主体。截至 2022 年 6 月 22 日，累计为 811 户企业成功办理增值税留抵退税 31.08 亿元。其中，中小微企业受惠显著，专项缓税达 4.3 亿元，覆盖 99.8% 以上企业；留抵退税规模大，达 15.46 亿元。“六税两费”减免受益主体多，超 6000 户企业享受减免金额 1653.95 万元。制造业企业退税缓税合计 15.79 亿元。

一、精诚共治聚合力

（一）强化领导，狠抓工作落实

党政班子高度重视，主要负责同志部署过问，分管委领导牵头建立政策落实小组。目前已累计召开协调会 5 次，听取税务部门专题汇报 7 次。建立月度例会、经济形势专题会、走访调研等工作制度，累计编发退税减税工作简报 14 期，定期交流进展情况，协调解决问题，推动组织式税费支持政策精准滴灌、直达快享。

（二）强化统筹，部门协同到位

建立财政、税务、人行三部门会商机制，开展多轮退税规模测算和税费信息共享，保障退税进度和财政资金动态平衡，推动退税业务“即来、即审、即办”，退税资金快速直达企业。2022 年 4 月以来，月均超 45000 笔税费实现快速平稳退付，退付业务笔数已高于2021年全年总和。

（三）强化党建，税企联合引领

在退税减税前线成立临时党支部，建立“支部+税企”模式，联合方太集团等企业党支部开展“党员先锋强担当·退税减税谱新篇”系列活动，以“组织联建、阵地联用、活动联办、工作联推”的“四联”机制为抓手，推动党建共建、政策落实。截至目前，累计开展联合党日活动5次。

二、精确识别提效率

（一）做好政策精准推送

依托税收大数据平台，用活纳税人缴费人标签体系，精确筛选符合留抵退税条件的企业名单，精准推送政策红利1.2万户次以上，实现“政策找企业”。按日统计退税减税情况，分类做好退税金额测算和退税安排统筹。

（二）优化税务系统建设

扎实做好系统升级等工作，累计配合升级系统10余次，处理数据维护单20余份，电子税务局端实现符合条件企业自动抓取、判断、提醒，符合条件的纳税人完成申报后系统自动提示享受政策，一次性提交后即刻办理，推动税费政策既快又好落实落地。截至目前，网报率保持在99%以上。

（三）推行分级分类审核

针对留抵退税资金体量大、覆盖主体多、工作链条长、办理时间紧等困难，根据企业退税规模、信用等级等信息进行分级分类审核，优化审核流程，提高工作效率，加快审核进度。审核完毕至退库最快仅1个工作日。

三、精细服务优体验

（一）面对面听意见

组织各行业企业代表召开纾困助企工作座谈会，详细了解当前企业经营存在的困难、各项税费政策享受情况，积极回应企业诉求。党政领导带队赴重点企业深入调研，一线掌握企业生产情况，推动难点、疑点问题精准辅导解决到位。推出“志愿者广吸纳、网格员广覆盖、服务队广走访”服务模式，集结20名网格员、4支服务队、130名志愿者对有需求的纳税人进行点单服务、上门辅导。

（二）设通道快受理

专门设立退税减税绿色通道，由税务局端批量集中审核，企业退税“一次不用跑”。健全诉求快速响应机制，特殊需求特殊对待，及时解决企业急难愁盼问题。新型冠状病毒感染的疫情期间宁波方特旅游景区停摆，加上税控盘出现硬件故障无法办理留抵退税业务，税务部门第一时间安排人员往返30多公里上门取磁盘，帮助企业成功办理留抵退税1290余万元，缓解企业现金流压力。

（三）进企业解疑惑

密集走访65户留抵退税金额300万元以上的重点企业，帮助企业熟悉政策，解答企业关心的问题，提示企业预防风险。通过云课堂、征纳沟通平台及12366纳税缴费服务热线等载体开展宣传辅导，利用“甬税助”平台与纳税人视频连线、屏幕共享、远程指导，全方位优化服务体验，保障纳税人缴费人正常流程能懂会办、疑难杂症在线解决。

四、精准监管防风险

（一）筑牢业务审核防线

成立3支审核团队，严格按照相关工作指引开展工作，进一步强化事前预审、事中审核、事后复核的业务规范，结合风险类型和企业特点进行分类管理，实现靶向精准监管。

（二）筑牢风险评估防线

梳理十类62项督察督办要点，完善内控风险指标体系，已开展各类督察5次，留抵退税分析验证和风险应对任务工作49户，查实风险企业34户，退税缴回2300余万元。

（三）筑牢部门协同防线

密切关注房地产等重点行业，由税务部门牵头，联合财政、住建、人民银行等部门组建税费支持政策风险防控工作小组，及时协调应对相关风险，确保税费既退得快、退得好，又退得准、退得稳。发挥税务、公安等部门力量，严打各类违法骗税行为，维护公平法治的市场秩序。

徐　毅

稳进提质攻坚需要把握的四方面关键变量

2022年以来，在新型冠状病毒感染的疫情多点散发、俄乌冲突加速世界经济“裂化”、全球大宗商品价格保持高位等多方面因素的影响下，国内经济实现年度预定目标压力陡升。全市经济稳进提质攻坚行动工作推进会提出，要以最硬担当、最硬举措、最硬作风推动经济运行全面回归正常轨道，坚决稳住发展大盘。稳进提质的当务之急是要消除新型冠状病毒感染的疫情造成的震荡性、萎缩性冲击，以宽领域、低时延、高密度的努力把耽误的时间抢回来、把受挫的信心提上来，同时知重负重、危中寻机、主动变革，减少传统发展方式中的不稳定因素，增强稳中向好的长期韧性。经济社会发展总量是多因素的乘积，稳进提质要在四大关键“乘量”上发力。

增强乐观预期的“心量”，激发市场主体闯劲。经济急速下行造成居民消费动力减弱、企业营收利润下降。稳进提质首先要稳预期，防止信心下挫长期化，把我国经济长期向好的大势转化为宁波120万户市场主体的发展事实。政策直达快享要“暖心”，强化用户思维、场景体验，推动助企纾困政策智能推送、一键兑付，发挥千名助企纾困干部“店小二”作用，协调解决急难问题。投资创业环境要“定心”，营造投资便利、本质公平、长期稳定的制度预期，创新民间资本参与重大项目的投融资模式，汇聚更多共克时艰、坚韧不拔的市场先锋。降本减负增效要“知心”，聚焦用地、物流、融资三大基础领域成本高位运行痛点，规范土地二级市场，整治物流隐性收费，强化供应链金融精准服务，探索风险共担机制，破解实体经济“无利可图”的底层难题。

提升资源畅通的“流量”，加速供应链条循环。资源要素是产业运转的血液，流动停滞会造成经济缺氧。要“疫断其路”，练就最快速度、最低成本防疫基本功，以“别人生病、自己吃药”的清醒复盘各地防疫经验教训，完善人、物方舱预案，扩容核酸检测备战队伍，不轻易实施片区停工停产。要“货畅其道”，聚焦防疫医疗、居民生活、农业生产、能源材料、战略产品，建立重点企业白名单和补链方案，确保城市基本功能正常运转。降低外贸企业特定时期订舱提箱、滞港仓储、查验监管等方面的综合成本，稳住宁波连通国内国际两个市场、两种资源的枢纽地位。要“人畅其行”，健全精密智控体系，运用电子哨兵等科技手段减轻基层负担，动态调整出行规则，推行多码集成，使955 万新老宁波市民休闲游玩更便捷、更有趣。

把握形势机遇的“动量”，开辟跨越赶超赛道。在“三重压力”（需求收缩、供给冲击、预期转弱）叠加“两大变量”（疫情和外部因素）的严峻形势下，国内企业分化态势也非常明显，创新型企业抗风险能力更胜一筹，传统业态企业面临更多内耗竞争。要统筹处理好稳与进的关系，实现短期除险保安与中长期优势重塑相衔接。要有“雨露均沾”的普惠政策，推进传统产业稳健发展，如确保增值税留抵退税应退尽退。要有“凤凰涅槃”的转型导向，如实施新一轮高新技术企业倍增计划、支持企业数字化、低碳化改造。要有“无中生有”的战术安排，抓住当前投资振市政策“窗口期”，围绕智能制造、产业互联网、区块链、高端装备等前沿赛道，策划生成更多符合战略导向的高质量项目，综合运用飞地招商、股权投资、合伙人计划等模式布局新的生产力。

扩大城市品质的“容量”，催化创新极核聚变。在进入创新驱动的高质量发展阶段，城市发展理念从“产人城”向“城人产”转变。国内国际头部城市都注重用优质公共服务和城市更新等“再城市化”手段筑巢引凤，为人才营造宜居宜业的生态。要在城市功能上扩容，谋划一批多年想干而没干成的重大项目，提速交通、能源、科教、水利、文化等项目进度，大力推进港产城文融合，为加快现代化滨海大都市建设筑景、提势、聚人、成业。要在美好生活上扩容，以共同富裕示范先行的历史主动，深化打造“浙里甬有”幸福民生品牌，通过零工市场、青年驿站、技能培训、稳岗补贴、社保配套等做实稳就业这项民心工程，做好关键时点、弱势群体的基本生活保障，彰显稳进提质组合拳的力度和温度。

汪志飞

产业提质

“十四五”宁波工业争先进位态势分析及对策思路

《宁波市制造业高质量发展“十四五”规划》提出，到2025年，要实现全市工业增加值规模在全国城市第一方阵中争先进位，工业增加值占GDP比重保持基本稳定。本研究通过梳理全国16个主要工业城市发展情况，发现近年来宁波工业发展总体较好，工业增加值排名提升至全国第7位，增幅位居前列，占比基本保持稳定。同时，基于产业结构和工业投资情况，对“十四五”期间与宁波存在较强竞争关系的9个城市工业发展态势进行分析，宁波工业增加值有望在“十四五”末保持现有排名或更进一位。为确保宁波工业争先进位，建议借鉴其他城市政策举措，进一步优化招商引资方向，针对新能源汽车、电子信息制造等领域加大招商引资力度，进一步优化企业主体培育，持续推动规下企业升规、中小企业“专精特新”发展、规上企业智能化改造，进一步完善政策体制，强化政策统筹、创新财政支持方式、加强土地整合利用。

一、全国工业增加值前16位城市工业发展概况

2016年至2021年间，宁波工业发展总体情况较好，工业增加值稳步提升至国内城市第7位，增幅在2021年工业增加值超过4500亿元的16座城市中列第2位，工业增加值占地区生产总值总体保持稳定，但规上工业增加值略低于东莞、无锡等同等规模城市[①]。

（一）工业增加值：宁波排名稳中有升，增幅居前列

从总量上来看，前4位上海、深圳、苏州、重庆排名相当稳定，广州、佛

① 2021年数据来自各城市统计公报，2016—2020年数据来自各城市统计年鉴，东莞2021年数据为二产增加值减去建筑业增加值。

山交替占据第 5、第 6 位，宁波在第 7 位至第 9 位之间波动[①]，与第 6 位的差距从 1000 多亿元缩小至 100 多亿元。但身后东莞、无锡等城市与宁波的差距也仅有 200 多亿元，宁波第 7 的位置并不稳固（见表 1）。从增幅上来看，这几年宁波工业规模增长态势良好，增幅居比较城市第 2 位，仅次于东莞（见图 1）。

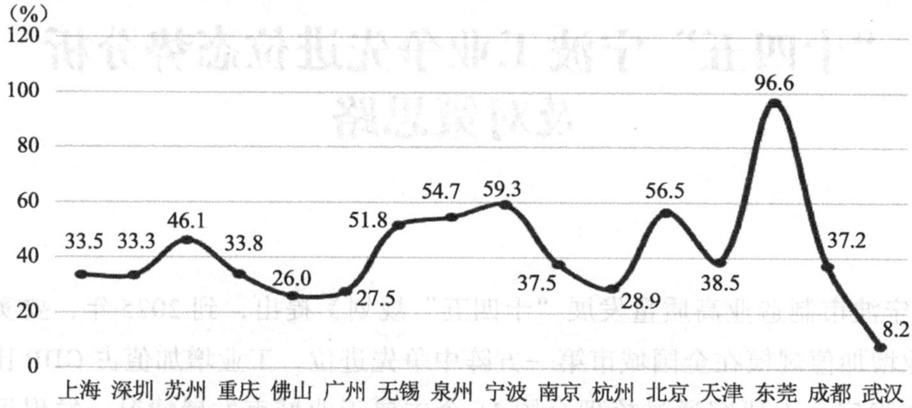

图 1　2016—2021 年主要工业城市工业增加值增幅情况

表 1　2016—2021 年主要工业城市全部工业增加值排名[②]

排名	2021年		2020年		2019年		2018年		2017年		2016年	
	城市	增加值（亿元）	城市	增加值（亿元）	城市	增加值（亿元）	城市	增加值（亿元）	城市	增加值（亿元）	城市	增加值（亿元）
1	上海	10739	上海	9656	上海	9565	上海	9763	上海	8977	上海	8046
2	深圳	10356	深圳	9528	深圳	9533	深圳	9209	深圳	8701	深圳	7770
3	苏州	9963	苏州	8514	苏州	8316	苏州	8168	苏州	7536	苏州	6819
4	重庆	7889	重庆	6991	重庆	6552	重庆	6268	重庆	6202	重庆	5896
5	广州	6717	广州	5841	佛山	5796	广州	5487	广州	5341	广州	5270
6	佛山	6414	佛山	5768	广州	5714	佛山	5390	佛山	5219	佛山	5091
7	宁波	6298	无锡	5126	东莞	5185	无锡	5009	宁波	4580	武汉	4239
8	东莞	6072	泉州	5121	泉州	5066	宁波	4899	无锡	4553	无锡	3978
9	无锡	6038	宁波	5046	宁波	5047	泉州	4691	泉州	4213	宁波	3954
10	泉州	5759	东莞	4975	无锡	5034	武汉	4278	武汉	3950	天津	3773
11	北京	5692	南京	4332	武汉	4539	天津	4277	天津	3942	杭州	3728
12	天津	5225	杭州	4221	天津	4372	北京	4140	杭州	3932	泉州	3722
13	南京	4990	北京	4217	杭州	4288	杭州	4133	北京	3886	北京	3636

① 根据2016年公报和2017年统计年鉴，2016年宁波工业增加值规模低于天津、北京，居全国第11位，但经第四次经济普查及后续年份统计年鉴相关数据调整，2016年宁波实际在为第9位。

② 资料来源：根据各地统计年鉴、统计公报整理。

续表

排名	2021年		2020年		2019年		2018年		2017年		2016年	
	城市	增加值（亿元）	城市	增加值（亿元）	城市	增加值（亿元）	城市	增加值（亿元）	城市	增加值（亿元）	城市	增加值（亿元）
14	杭州	4805	成都	4208	北京	4243	南京	4004	南京	3837	南京	3628
15	成都	4697	天津	4188	南京	4216	东莞	3911	成都	3606	成都	3423
16	武汉	4586	武汉	4085	成都	4056	成都	3731	东莞	3568	东莞	3089

（二）工业增加值占GDP比重：宁波名次靠前，相对稳定

在工业基础性作用越来越受到重视的当下，工业增加值占地区生产总值的比重也成为许多城市相当关注的一个重要指标。2021年宁波工业增加值占地区生产总值比重为43.2%，位列比较城市第5位，在东莞、佛山、泉州、苏州之后（见表2）。与2016年相比，下降不到1个百分点，增幅位列比较城市第6位，在东莞、天津、北京、无锡、苏州之后。

表2　2016—2021年主要工业城市工业增加值占地区生产总值比重变化①

城市	工业增加值占地区生产总值比重						变化幅度（百分点）
	2021（%）	2020（%）	2019（%）	2018（%）	2017（%）	2016（%）	
上海	24.9	24.9	25.2	27.1	27.3	26.9	-2.07
深圳	33.8	34.4	35.4	36.5	37.4	37.6	-3.79
苏州	43.9	42.2	43.2	44.7	44.3	44.2	-0.30
重庆	28.3	28.0	27.8	29.0	30.9	32.7	-4.43
广州	23.8	23.3	24.2	26.1	26.9	28.4	-4.60
佛山	52.8	53.3	54.0	54.0	55.6	58.1	-5.38
宁波	43.2	40.7	42.1	43.8	45.1	44.1	-0.91
东莞	55.9	51.6	54.7	44.4	44.2	42.5	13.51
无锡	43.1	41.4	42.7	44.7	44.1	42.6	0.53
泉州	50.9	50.4	51.2	52.0	53.1	53.8	-2.83
北京	14.1	11.7	12.0	12.5	13.0	13.4	0.69
天津	33.3	29.7	31.0	22.7	21.3	21.2	12.14
南京	30.5	29.2	30.0	33.7	35.5	36.3	-5.75
杭州	26.5	26.2	27.9	28.9	29.9	31.8	-5.30
成都	23.6	23.8	23.8	23.8	25.9	28.8	-5.24
武汉	25.9	26.2	28.0	28.7	30.2	36.8	-10.88

① 资料来源：根据各地统计年鉴、统计公报整理。

（三）规上工业增加值：宁波规模和比重偏小

2021年宁波规上工业增加值在9个公开该数值的城市中列第5位，规上工业增加值占工业增加值比重列第8位（见图2）。需要关注的是，宁波在工业增加值高于东莞、无锡的情况下，规上增加值却低于上述两个城市，领先泉州的幅度也显著缩小。可见，宁波“小升规”存在较大空间。

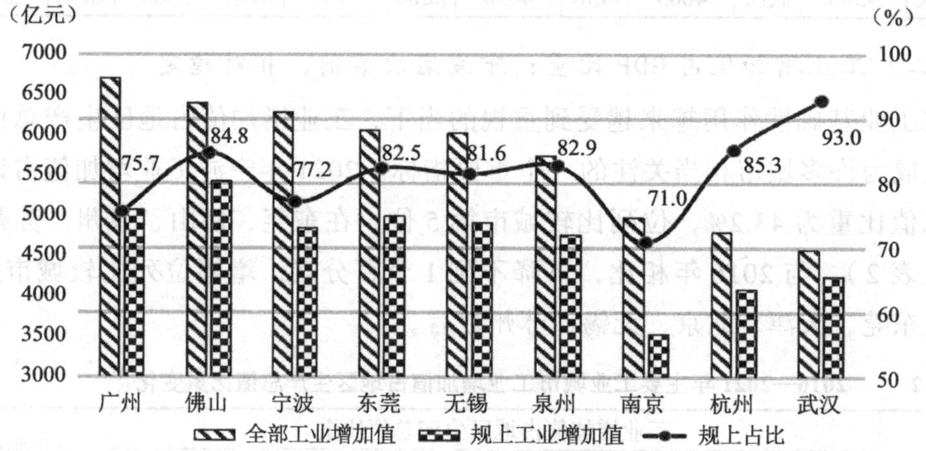

图2 部分城市2021年工业增加值、规上工业增加值及规上工业增加值占比对比

二、“十四五”宁波工业争先进位态势分析

因此，“十四五”宁波工业要争先进位，首要目标应争取超越佛山或广州。同时也要关注东莞、无锡、泉州、北京、天津、南京、杭州等7个差距较小的身后城市，防范反超风险。通过对上述9个城市和宁波的“十四五”工业发展目标、增长潜力进行分析，课题组认为，到“十四五”末宁波工业增加值排名有望保持稳定或更进一位。

（一）“十四五”工业增加值目标：宁波居第3，仅次于广州、北京

从“十四五”工业增加值预期目标看，广州、北京的目标略高于宁波，杭州、佛山、泉州、无锡、东莞略低于宁波，天津、南京与宁波差距相对较大[①]（见表3）。

---

① 佛山2025年GDP预期目标来自2022年佛山市政府工作报告，杭州规上工业增加值目标来自杭州市委市政府《关于实施“新制造业计划”推进高质量发展的若干意见》，其余目标来自各地“十四五”规划纲要或“十四五”制造业发展规划。

表3　　相关城市"十四五"工业增加值预期目标

城市	GDP目标（万亿元）	工业目标提法	工业增加值目标测算（亿元）	备注
广州	3.5		8400	按2021年工业增加值占GDP 24%的比例计算
佛山	1.5	制造业比重保持稳定	7950	按2021年工业增加值占GDP 53%的比例计算
宁波	2	工业增加值占GDP40.5%	8100	
东莞	1.3	制造业比重保持稳定	7300	按2021年工业增加值占GDP 56%的比例计算
无锡	1.77	制造业比重保持稳定	7600	按2021年工业增加值占GDP 43%的比例计算
泉州	1.5	制造业占GDP比重50%以上	7800	2020年制造业营业收入占规上工业96%，换算工业增加值占比为52%
北京	4.61	制造业占GDP13%～15%	7130～8230	2021年制造业增加值占规上工业比重为84%，换算工业增加值占比为15.5%～17.9%
天津	1.9	工业增加值年均增长6%	6600	
南京	2	制造业增加值占比30%	6200	2020年制造业主营业务收入占规上工业97%，换算工业增加值占比为31%
杭州	2.3	规上工业增加值达到6800亿	8000	按2021年规上工业增加值占全部增加值85.3%的比例换算

（二）产业政策：可分为综合类、产业类、路径类三大方向，各有侧重

9个城市都出台了一系列工业促进政策，可分为三大类：一是综合类政策，通过采取企业梯队培育、要素资源保障、体制机制优化等手段，推进制造业高质量发展；二是产业类政策，对于需要重点发展的产业予以专项政策支持；三是路径类政策，即重点选取某种模式、方法、路径推进工业转型升级或做大做强（见表4）。

综合类政策方面，东莞、无锡、泉州、杭州各有侧重。东莞重点关注新动能培育，通过产业全链升级、企业梯队培优、科技能级提升、投资提速提效、市场内外拓展、平台引领示范等六大举措打造新动能，通过强化空间拓展、强化资金投入、强化绩效激励等三方面支撑新动能；无锡重点通过加大财政投

入、优化财政支持方式、完善支出管理机制等财政手段支持产业发展，提出“十四五”期间全市投入现代产业发展资金不低于350亿元，将拨改投、拨改贷、拨改转等财政创新支持方式占比提高到50%，并由领导小组统筹重大支出和决策；泉州着力提升企业主体能级，从支持龙头企业做优做强、明星梯队企业兼并重组、企业技术改造、企业上云和服务型制造等方面入手，激发制造业活力和创造力；杭州推动数字经济与制造业双向融合，加快产业提档、企业提效、平台提能，通过大规模技术改造、绿色改造等手段，促进制造业向“高端化、智能化、绿色化、服务化”方向发展，形成数字经济与制造业“双引擎”。

产业类政策方面，集中在生物医药、装备制造、电子信息等领域，广州、北京、南京、杭州均提出要支持生物医药产业发展，广州明确加快汽车产业发展，北京支持发展仪器装备和传感器产业，南京提出打造五千亿级智能电网产业集群，杭州支持5G产业发展。

路径类政策方面，推动制造业智能化数字化转型是最为普遍的政策方向，广州、佛山、泉州、天津、南京、杭州等均出台相应政策，部分城市甚至连续出台同类政策；促进工业投资、支持中小企业“专精特新”发展，各有两个城市出台相关政策；东莞重点关注战略性新兴产业培育，一次性推出三个配套政策；南京还专门发文强化企业升规工作。

表4 相关城市推进工业发展的主要政策[①]

城市	综合类政策	产业类政策	路径类政策
广州		促进汽车产业加快发展（2020）、加快生物医药产业发展（2020）	推进制造业数字化转型（2021）
佛山		培育发展“2+2+4”产业集群（2020）	推动工业投资可持续发展（2019）；推进制造业数字化智能化转型（2021）；制造能力升级（2022）；产业协同升级（2022）；产品质量升级（2022）；产业结构优化（2022）；产业载体升级（2022）
东莞	加快打造新动能推动高质量发展（2021）		培育发展战略性新兴产业集群（2021）；战略性新兴产业基地规划建设（2021）；战略性新兴产业基地高质量发展（2021）

① 2019年以来以市委、市政府或市委、市政府办公厅名义发布的，并延续至“十四五”的工业领域扶持政策。

续表

城市	综合类政策	产业类政策	路径类政策
无锡	支持现代产业高质量发展（2021）		
泉州	支持制造业高质量发展（2021）		绿色数字技改（2021）
北京		加快医药健康协同创新（2021）；支持发展高端仪器装备和传感器产业（2021）	促进高精尖产业投资（2021）
天津			支持发展智能制造（2020）
南京		生物经济发展三年行动计划（2021）；打造五千亿级智能电网产业集群（2022）	规上工业企追赶三年行动计划（2020）；制造业数字化转型（2021）；推动专精特新中小企业高质量发展（2021）；制造业智能化改造和数字化转型（2022）
杭州	实施“新制造业计划”推进高质量发展（2019）	加快5G产业发展（2019）；加快生物医药产业发展（2021）	加快建设“未来工厂”（2021）；加快中小企业“专精特新”发展（2022）

（三）“十四五”工业增长潜力：东莞、北京、杭州发展预期较为乐观，广州、佛山、泉州、天津等达到预期有难度

由于各地各行业实际情况有所差异，需要对“十四五”相关城市工业增长潜力进行单独分析，进而研判各地实际工业规模是高于还是低于规划目标。重点看产业结构和工业投资情况，看主导产业、支柱产业未来是否有较大增长潜力，重点布局的战略性新兴产业是否符合当地实际、未来几年能否产生较多增量；看近两年是否有新增重大产业项目，工业投资规模和增速能否支撑产业稳步壮大。

1. 产业结构情况

结合“十三五”相关城市前五大工业行业规模以及占规上工业比重变化情况和各地“十四五”规划重点布局产业（见表5、表6），对各城市未来工业发展态势预判如下。

广州。汽车制造业为广州第一大工业行业，产值规模超规上总产值1/4以上，第二大行业计算机、通信设备制造业占比逐年下滑，第三大、第四大行业电力热力生产和供应业、化学原料和化工制品制造业属于增长幅度有限的传统

行业，因此，未来几年广州工业增长能否达到预期，主要取决于其汽车制造业能否顺应新能源化、智能化的发展态势，找到新的增长点。2021 年广州汽车制造业规上总产值仅增长 4.4%，而作为广州汽车产业龙头广汽集团的整体销量中，丰田、本田两大合资品牌占到 3/4，新能源品牌销量占比不足 5%，相比全国 13.4% 的新能源汽车销量比重明显偏低，2025 年广州汽车制造业要达到预期的万亿元产值目标有较大难度。

佛山。第一大行业为电气机械和器材制造业（主体是家用电器和照明器具），产值占规上总产值 1/4，排名第 2、3、5 位的金属制品业、非金属矿物制品业、橡胶和塑料制品业制造均属于泛家居领域，包括陶瓷、建材、家用五金件等，因此，其工业未来总量规模与中国城市化进程和房地产发展息息相关。2021 年佛山建材业、金属制品业、家用电器制造业规上增加值分别增长 11.6%、11.4%、7.6%，作为“十四五”规划纲要确定的两大重点发展产业，泛家居产业冲击万亿产值较有希望，以工业母机、工业机器人为主体的装备制造业要想达到万亿产值目标较有难度。

东莞。计算机、通信设备制造业占据工业规模近一半，其他行业比例变化不大。未来东莞工业发展态势很大程度上取决于华为、OPPO、vivo 等知名电子消费品牌能否在现有产品形态、现有使用场景的基础上，创造出更多更实用的新产品、新场景，挖掘出更多消费需求。考虑到东莞市“十四五”规划中规模最大的电子信息制造、装备制造 2021 年产值已分别超过 1 万亿元、4000 亿元，实现 2025 年 12000 亿元、5000 亿元目标较有希望。

无锡。前两大行业计算机、通信设备制造业及电气机械和器材制造业占比均在 15% 左右，第三到第五大行业占比均在 7% ~ 8%，产业结构相对均衡，防风险能力较强，且前两大行业中的主体部分物联网产业、集成电路产业 2021 年增速均在 25% 以上，产值分别达到 3100 亿元、1780 亿元，产业规模位列全国第一、第二位，并拥有长电科技、SK 海力士、华虹半导体等行业前景看好的龙头企业，“十四五”发展预期较为乐观。

泉州。产业结构比较传统，建材、陶瓷等非金属矿物制品业增长空间有限，晋江制鞋、石狮服装属于由块状经济成功转型而来的地方特色产业，虽然拥有不少在国内外具有相当影响力的知名品牌，但市场整体容量基本到达天花板，同时“十四五”也未规划发展高成长预期的战略性新兴产业，未来几年工业持续快速发展有一定难度。

北京。电力热力生产供应作为民生基础行业，预期未来规模变化不大。汽车制造业作为"十三五"期间第二大工业行业、第一大制造业行业，规模和占比逐年下滑，这与北汽集团在国内市场的整体颓势有密切联系。但新型冠状病毒感染的疫情背景下医药制造业发展势头迅猛，2021 年规上增加值增长 252.1%，拉动全部工业增加值增长 31.0%。虽然北京汽车制造业"十四五"要实现产值 7000 亿元目标有难度，但考虑到医药制造、信息技术等新兴产业基础好、势头猛，北京工业发展总体预期仍然较为乐观。

天津。整体产业结构较为传统，第一大行业黑色金属加工业受钢铁去产能影响，第二大行业汽车制造业主体是一汽大众、一汽丰田等传统合资品牌制造厂，"十三五"期间两大行业均未实现快速增长，未来发展前景不容乐观。计算机、通信设备制造业和医药制造业等虽然增速尚可，但总量规模不大、所占比重不高，相关产业"十四五"规划目标也相对谨慎、增量有限。

南京。产业结构相对均衡，"十三五"期间前四大行业主营业务收入占比均在 10%～20%，但化学原料和化工制品制造业、汽车制造业规模变化不大，增量主要来自计算机、通信设备制造业及电气机械和器材制造业，2021 年主要由上述两大行业构成的电子信息制造业产值达到 3000 亿元，完成"十四五"规划 4000 亿元产值目标较有希望，但石化产业、汽车制造要完成 3500 亿、2600 亿产值目标有难度。

杭州。第一大行业计算机、通信设备制造业态势良好，"十三五"产值占比逐年上升，第二大行业、第三大行业电气机械和器材制造业、通用设备制造业整体增长也较为稳定。2021 年上述三大行业规上增加值分别增长 18.0%、15.2%、12.3%，均超过规上工业平均增速，"十四五"发展预期总体较为乐观。

表 5 "十三五"期间相关城市前五大工业行业规模及占比变化情况[①]

城市 年份	规模 （亿元）	占比 （%）	规模 （亿元）	占比 （%）	规模 （亿元）	占比 （%）	规模 （亿元）	占比 （%）	规模 （亿元）	占比 （%）
广州	汽车制造		计算机、通信设备制造		电力、热力生产供应		化学原料化学制品制造		电气机械和器材制造	
2020	5849	28.8	2123	10.5	1623	8.0	1214	6.0	997	4.9
2019	5412	27.9	2092	10.8	1564	8.1	1168	6.0	943	4.9
2018	5498	30.2	2132	11.7	1445	7.9	1312	7.2	864	4.7

① 数据来自各城市统计年鉴，数据口径略有不同，泉州为规上工业营业收入，南京为规上工业主营业务收入，天津2018–2020年为规上工业营业收入，2016年、2017年为营业收入，其余为规上工业总产值。

续表

城市 年份	规模 （亿元）	占比 （%）	规模 （亿元）	占比 （%）	规模 （亿元）	占比 （%）	规模 （亿元）	占比 （%）	规模 （亿元）	占比 （%）
2017	5117	28.8	2167	12.2	1434	8.1	1433	8.1	835	4.7
2016	4434	23.5	2291	12.1	1404	7.4	1935	10.2	1147	6.1
佛山	电气机械和器材制造		金属制品		非金属矿物制品		汽车制造		橡胶和塑料制品	
2020	5608	24.3	2261	9.8	1439	6.2	1204	5.2	1153	5.0
2019	5308	22.9	2307	9.9	1366	5.9	1018	4.4	1135	4.9
2018	4798	22.2	2050	9.5	1275	5.9	930	4.3	1066	4.9
2017	4320	20.6	1919	9.1	1364	6.5	897	4.3	1026	4.9
2016	4727	22.3	1700	8.0	1394	6.6	774	3.7	1088	5.1
宁波	汽车制造		电气机械和器材制造		化学原料和化学制品制造		石油煤炭加工		计算机、通信设备制造	
2020	2507	13.8	2480	13.7	1596	8.8	1365	7.5	1365	7.5
2019	2542	14.2	2133	11.9	1777	10.0	1643	9.2	1150	6.4
2018	2512	14.8	2000	11.8	1838	10.8	1588	9.3	983	5.8
2017	2410	15.2	1894	11.9	1618	10.2	1380	8.7	927	5.8
2016	1964	13.5	1662	11.5	1375	9.5	1381	9.5	868	6.0
东莞	计算机、通信设备制造		电气机械和器材制造		橡胶和塑料制品		金属制品		造纸	
2020	9850	45.1	1817	8.3	1131	5.2	979	4.5	927	4.2
2019	10081	46.8	1589	7.4	1086	5.0	885	4.1	898	4.2
2018	9354	48.0	1449	7.4	881	4.5	698	3.6	896	4.6
2017	8200	46.5	1345	7.6	849	4.8	621	3.5	844	4.8
2016	6835	46.5	1033	7.0	677	4.6	445	3.0	617	4.2
无锡	计算机、通信设备制造		电气机械和器材制造		黑色金属加工		金属制品		通用设备制造	
2020	2713	15.2	2568	14.4	1457	8.2	1306	7.3	1288	7.2
2019	2315	13.5	2380	13.8	1356	7.9	899	5.2	1200	7.0
2018	2262	13.7	2223	13.5	1316	8.0	843	5.1	1152	7.0
2017	2283	14.8	2082	13.5	1135	7.3	833	5.4	1025	6.6
2016	1915	13.3	2053	14.3	1105	7.7	803	5.6	784	5.5
泉州	非金属矿物制品		皮革制品及制鞋		纺织服装		石油煤炭加工		纺织	
2020	2288	13.9	2285	13.9	1945	11.8	1245	7.6	1079	6.5
2019	2151	12.4	2630	15.2	2072	12.0	1396	8.1	1231	7.1
2018	1827	12.0	2321	15.2	1781	11.7	1328	8.7	1100	7.2
2017	1547	11.6	2154	16.1	1640	12.3	951	7.1	956	7.1

续表

城市 年份	规模（亿元）	占比（%）	规模（亿元）	占比（%）	规模（亿元）	占比（%）	规模（亿元）	占比（%）	规模（亿元）	占比（%）
2016	1373	11.7	1981	16.9	1436	12.2	784	6.7	835	7.1
北京	电力、热力生产供应		汽车制造		计算机、通信设备制造		医药制造		电气机械和器材制造	
2020	5586	26.8	4139	19.8	2882	13.8	1314	6.3	848	4.1
2019	5475	26.9	3965	19.4	2601	12.8	1222	6.0	686	3.4
2018	5032	26.2	3945	20.5	2492	13.0	1143	5.9	665	3.5
2017	4497	23.8	4493	23.8	2200	11.6	982	5.2	666	3.5
2016	4106	22.7	4772	26.4	2020	11.2	814	4.5	679	3.8
天津	黑色金属加工		汽车制造		计算机、通信设备制造		电气机械和器材制造		化学原料和化学制品制造	
2020	2724	14.3	2381	12.5	1890	9.9	1153	6.1	998	5.3
2019	2713	14.3	2435	12.8	1713	9.0	962	5.1	1107	5.8
2018	2627	14.5	2168	12.0	1776	9.8	863	4.8	1219	6.7
2017	2149	13.3	1762	10.9	1761	10.9	688	4.3	1179	7.3
2016	3606	13.9	2343	9.1	1933	7.5	1269	4.9	1233	4.8
南京	计算机、通信设备制造		化学原料和化学制品制造		电气机械和器材制造		汽车制造		黑色金属加工	
2020	1971	16.5	1571	13.2	1399	11.7	1210	10.1	1055	8.8
2019	1358	11.9	1765	15.5	1184	10.4	1376	12.1	985	8.7
2018	1339	11.0	2207	18.2	1106	9.1	1662	13.7	925	7.6
2017	1569	14.3	1813	16.6	823	7.5	1613	14.7	812	7.4
2016	2168	17.4	1773	14.3	919	7.4	1579	12.7	607	4.9
杭州	计算机、通信设备制造		电气机械和器材制造		通用设备制造		非金属矿物制品		化学原料和化学制品制造	
2020	2530	17.2	1418	9.6	1203	8.2	803	5.5	740	5.0
2019	2355	16.1	1257	8.6	1061	7.3	674	4.6	810	5.6
2018	2067	14.7	1147	8.2	1008	7.2	554	4.0	1090	7.8
2017	1750	13.5	1177	9.1	912	7.0	408	3.1	969	7.5
2016	1410	11.4	1137	9.2	854	6.9	395	3.2	932	7.5

表 6　　相关城市“十四五”重点发展产业及预期产值规模

城市	万亿元及以上	5000～10000亿元	2000～5000亿元
广州	汽车制造1万亿元	新一代信息技术增加值2400亿元，生物医药与健康增加值2100亿元①	
佛山	装备制造和泛家居2个超万亿元产业集群	汽车及新能源、军民融合及电子信息产业2个冲5000亿元产业集群	智能制造装备及机器人、新材料、食品饮料、生物医药及大健康等4个冲3000亿元产业集群
宁波	汽车及零部件1万亿元，绿色石化1万亿元	高端装备6500亿元，新材料5000亿元，新一代电子信息产业5000亿元	
东莞	新一代电子信息1.2万亿元	高端装备制造5000亿元	
无锡		物联网5000亿元	生物医药及医疗器械2500亿元，新材料2500亿元，汽车及零部件2500亿元，集成电路2000亿元，高端纺织服装2000亿元，
泉州		纺织鞋服7200亿元，建材家居7000亿元	石油化工4500亿元，机械装备3000亿元，健康食品2000亿元
北京	新一代信息技术2.5万亿元	汽车产业7000亿元	医药制造4000亿元，集成电路3000亿元，智能装备3000亿元
天津			电子信息3000亿元，汽车产业3000亿元，装备制造2800亿元，石油化工2600亿元，新材料2400亿元
南京			电子信息4000亿元，石化新材料3500亿元，汽车产业2600亿元
杭州		高端装备5500亿元	数字安防3000亿元，生物医药与健康3000亿元，现代纺织2500亿元，汽车产业2500亿元

2. 工业投资情况

从 2019—2021 年工业投资的三年平均增速看，东莞、北京增速最快，也一定程度上反映在两地快速扩大的工业规模和不断提升的工业增加值排名上。宁波平均增速同样超过两位数，达到 13.5%，位列 10 个城市第 3 位，但从投资额百亿元以上大项目来看，宁波项目结构较为单一，均为绿色石化项目，而其他城市以电子信息、新能源汽车为主，考虑到汽车产业、电子信息产业的巨大

① 2021年广州市计算机、通信设备制造业及医药制造业规上总产值与规上增加值比率分别为3.92：1、2.56：1。

体量以及新能源汽车、以集成电路为代表的电子信息制造业快速增长的态势，如果不能在这两大行业做提前布局，城市工业发展将会缺乏新兴动能和关键增量。佛山、泉州、无锡、广州等城市平均增速较低，均未超过5%，但考虑到佛山、无锡投资规模一直保持在较高基数，预计对其工业增长潜力不会造成显著负面影响。

表7　2018—2021年相关城市工业投资情况[①]

城市	2021年		2020年		2019年		2018年		2019—2021平均增速
	规模（亿元）	增速（%）	规模（亿元）	增速	规模（亿元）	增速（%）	规模（亿元）	增速（%）	
广州	1101	6.9	1030	–0.8	1038	9.1	952	29.2	5.0
佛山	*1541*	23.0	/	–10.3	/	–4.7	*1467*	–13.2	1.6
宁波	/	20.4	/	10.0	/	10.5	/	–0.3	13.5
东莞	*1020*	25.3	/	11.0	/	20.2	610	–5.7	18.7
无锡	1563	–9.9	1736	/	1532	/	1374	/	4.4
泉州	841	2.5	/	–2.9	/	9.1	775	/	2.8
北京	*815*	39.1	/	27.5	/	–8.2	/	–44.1	17.7
天津	/	7.6	/	1.8	/	17.9	/	–15.6	8.9
南京	1057	13.5	*890*	11.0	802	10.2	746	10.6	12.3
杭州	/	15.2	/	6.9	/	5.6	/	–11.3	9.2

表8　相关城市“十四五”投产的部分百亿级工业投资项目

城市	项目名称	建设时限（年）	行业领域	投资额（亿元）
广州	广州乐金显示OLED项目	2018—2025	电子信息	460
	维信诺第6代柔性AMOLED模组生产线项目	2020—2023	电子信息	112
	广州华星第8.6代氧化物半导体新型显示器件生产线项目	2021—2024	电子信息	350
	小鹏汽车智造产业园	2021—2025	新能源汽车	110
佛山	华南高能激光产业园（佛山光城）	2019—2025	电子信息	100
	佛山市信扬科技成像模组生产项目	2021—2025	电子信息	100

① 斜体字为根据增速推算数据。

续表

城市	项目名称	建设时限	行业领域	投资额（亿元）
宁波	中金石化有限公司改造提升项目	2020—2023	绿色石化	398.8
	中海石油宁波大榭石化有限公司馏分油五期项目（炼化项目）	2020—2023	绿色石化	291.1
	中海石油宁波大榭石化有限公司馏分油五期项目（炼化项目）	2020—2024	绿色石化	290.5
	宁波金发新材料有限公司120万吨/年聚丙烯热塑性弹性体（PTPE）及改性新材料一体化项目	2020—2026	绿色石化	105.6
	东华能源丙丁烷资源综合利用项目	2022—2025	绿色石化	109
东莞	大族科技研发制造项目	2021—2023	电子信息	100
无锡	华虹集成电路项目	2018—2021	电子信息	168
	海力士二工厂项目	2018—2021	电子信息	585
	闻泰科技智慧超级产业园	2020—2021	园区载体	100
	无锡先导电子装备及材料项目	2021—2025	电子信息	180
	吉利高性能电驱项目	2022—2025	新能源汽车	100
	超级陶瓷电容器与智能传感器制造	2022—2025	电子信息	103
泉州	天辰泉港新材料产业园	2020—2023	化工材料	150
	晋江市集成电路封装测试产业园	2021—2023	电子信息	120
天津	中科曙光国家先进计算产业创新中心	2019—2021	电子信息	141
	中国电信京津冀大数据基地项目	2020—2023	电子信息	102
南京	南京中兴5G通讯设备项目	2018—2023	电子信息	188
	LG锂电池项目	2018—2023	新能源汽车	221

续表

城市	项目名称	建设时限	行业领域	投资额（亿元）
南京	晶能新能源智能汽车制造	2018—2022	新能源汽车	136
	卡耐新能源电池包核心生产基地及研发中心	2018—2022	新能源汽车	105
	格力商用空调	2018—2023	智能装备	100
	欣旺达动力电池项目	2019—2023	新能源汽车	135
	腾讯华东云计算基地	2019—2022	信息技术	100
	荣盛盟固利动力电池项目	2020—2025	新能源汽车	120
	北京经开·南京产业园	2020—2026	园区载体	226
	芯片之城产业基地一期	2020—2025	园区载体	113
	云彩时代大型工业储能	2021—2025	智能装备	100
	龙潭产业园	2021—2026	园区载体	200
	浦口区主导产业项目	2021—2024	电子信息	227.5
	白云电气智慧科技园	2022—2025	园区载体	312
	中汽创智总部及产业化基地	2022—2025	园区载体	110
	扬子—扬巴轻烃综合利用及新材料	2022—2026	化工材料	272
	南京中兴通讯服务器和存储产品研发生产中心	2022—2026	电子信息	150
杭州	万向创新聚能城年产80G瓦时锂电池项目	2018—2023	新能源汽车	685.7
	杭州富芯12英寸模拟集成电路芯片生产线项目（一期）	2021—2025	电子信息	180

（四）"十四五"末工业增加值排位：宁波第6或第7位

综上分析，到"十四五"末，宁波工业增加值有望超越佛山、逼近广州，北京、杭州有概率超越宁波，东莞、无锡将保持紧追态势，宁波最终排位预计落在第6或者第7位（见表9）。

表9 相关城市“十四五”工业增加值预期目标及实现情况预判

城市	工业增加值预期目标	实现情况预判
广州	8400亿元	预计略低于目标
佛山	7950亿元	预计略低于目标
宁波	8100亿元	预计略高于目标
东莞	7300亿元	预计高于目标
无锡	7600亿元	预计略高于目标
泉州	7800亿元	预计低于目标
北京	7130亿～8230亿元	预计高于目标
天津	6600亿元	预计略低于目标
南京	6200亿元	预计略低于目标
杭州	8000亿元	预计高于目标

三、“十四五”宁波工业争先进位的对策思路

面对“十四五”时期各城市工业发展激烈竞逐的态势，宁波必须锚定“全球智造创新之都”目标，聚焦落后领域、薄弱环节、补足短板，学习借鉴其他城市的政策举措和经验做法，加快招商引资、企业梯队培育、体制机制保障等方面创新。

（一）进一步优化招商引资方向

瞄准新能源汽车、电子信息制造等市场空间大、发展势头猛、国产替代快的领域。参照其他城市重大工业投资项目的领域方向，加大对新能源汽车及电池配件、集成电路、液晶显示面板等行业的招商引资力度，从事关宁波工业未来长期稳定发展的高度出发，予以认真对待、强力推进。

瞄准相关行业国内领军企业、龙头企业。考虑到新能源汽车、芯片制造等行业国产化替代过程正在快速进行，国内领军企业会具有长期高速增长的巨大潜力，应将相关行业国内领军企业、龙头企业的引入作为招商工作的重中之重。

强化产业链集群招商。以国内龙头企业、链主企业的引入为切入点，开展产业集群招商，带动同一产业链、供应链、服务链的企业同步进驻，在区域内打造形成产业集群、产业生态，提高产业链韧性。

（二）进一步优化企业主体培育

加快推进“小升规”，壮大规上工业规模。针对宁波规上工业占比偏低的

现状，更新优化促进企业"小升规"的相关政策（甬政办发〔2014〕9号），加大对企业"小升规"的支持力度，给予土地、信贷等方面的优惠政策。

支持中小企业"专精特新"发展。参照南京、杭州等地政策举措，出台专项政策，鼓励中小企业向"专精特新"发展，对企业研发投入、人才引进、创新成果应用等给予大力支持。

持续推进规上企业智能化改造。本轮智能化技术改造行动年底到期之后，应针对不同规模企业、不同领域行业发展特点，出台新一轮智能化改造行动计划并细化扶持政策。大力发展工业互联网平台企业、智能制造服务机构，为企业智能化、数字化转型提供技术支撑。

（三）进一步优化体制机制

强化政策体系性、统筹性。本轮《关于加快推进制造业高质量发展的实施意见》到期后，重新梳理工业、制造业领域扶持政策，在促进制造业高质量发展这一统领性政策下，针对工业投资、企业梯队培育、智能化改造、重点发展产业领域等同期、同步出台分项政策，建立明晰的"1+X"政策体系，提升政策的统筹性、体系性、可获得性。

创新财政支持方式。逐步提高"拨改投、拨改贷、拨改转"等创新方式支出比例，通过股权投资基金、信保基金、贷款贴息等创新方式，支持不同类型企业发展，解决企业发展不同阶段的资金需求，逐步减少无偿拨款类扶持政策。

强化工业用地整合利用。持续做好园区平台整合的后半篇文章，重点整治镇村工业园等零散工业用地，借鉴东莞、佛山等做法，推动"工改工""集转国"，提高工业用地集中度，支持土地、厂房原地扩容，鼓励多元主体共享土地增值收益，拓展工业发展空间。加强工业用地、厂房使用动态监测，确保工业用地占比。

黄建华　陈　浩　韦风涛　杜铁奇　宋宇宇

新形势下宁波中心城区近郊乡镇工业提质发展研究

改革开放以来，得益于毗邻中心城区的优越区位和便利快捷的交通条件，近郊乡镇[①]成为宁波工业发展中不容忽视的重要板块，大量企业在此落地扎根。而随着城市化进程的启动和中心城区的扩张，近郊产业结构开始“退二进三”，工业发展空间受到挤压侵蚀，企业逐步梯次外迁。但近年来中国城市化进程越过增速拐点，城市扩张步伐开始放缓，与之对应，工业特别是低碳绿色、高附加值的新型制造业则愈加受到重视，而新型制造业的崛起离不开与中心城区各类高端要素的紧密互动，同时还能为中心城区导入大量就业和人口。因此，无论从推动制造业转型升级，还是从促进中心城区强核提能的角度，宁波都应加快推进近郊乡镇工业提质发展。

近期，市政府发展研究中心调研组赴近郊乡镇[②]开展调研，发现近郊乡镇工业存在集约发展水平较低、产业结构较为传统、优秀企业难有拓展空间等问题，背后原因在于增量空间有限、存量改造难度较大，而存量改造难度较大是由规划制约较多、改造成本较高、上级政策支撑较少等导致的，因此建议，在规划引导层面，结合开展国土空间综合整治试点契机，建立和落实工业用地管控保护机制，酌情推动现状存量工业用地调整用地性质，修订中心城生态带管

---

① 本研究将宁波中心城区的近郊乡镇区域界定为地处绕城高速以内、具有典型城乡结合特征的乡镇（街道），以及绕城以外、紧邻城市建成区的部分乡镇，地域范围大致包括海曙区的高桥镇、古林镇、集士港镇、石碶街道，江北区的甬江街道、庄桥街道、洪塘街道、前江街道，镇海区的庄市街道、骆驼街道、蛟川街道，鄞州区的下应街道、五乡镇、邱隘镇、云龙镇，合计共15个乡镇（街道）。考虑到近郊街道也普遍存在城乡结合特征，为更贴合传统表达方式，本文将近郊乡镇（街道）统一表述为近郊乡镇。

② 由于集士港、洪塘、前江、蛟川的工业区块基本由望春工业园区、前洋经济开发区、镇海经济开发区等省级开发园区归口管理，故不纳入近郊乡镇工业的研究范围，而聚焦研究除上述4个乡镇以外的其余11个乡镇。

理相关办法；在政策体系层面，健全市级工业用地提升改造和全周期监管政策体系，强化二级市场监管，支持提容改造，允许节余用地分割转让，鼓励优质企业收购收储低效用地，加快零星用地整合开发，完善低效用地退出机制；在产业发展层面，编制近郊乡镇产业发展方案，以实际举措留住和引入优质企业，提升近郊工业区块管理运营水平。

一、新形势下推动近郊乡镇工业提质发展具有重要意义

无论是从当下的作用地位出发，还是从产业转型和城市发展所需来看，推动中心城区近郊乡镇工业提质发展都有重要意义。

（一）从现实基础来看，近郊乡镇仍在宁波工业版图中发挥重要作用，近郊乡镇工业的提质发展是宁波整体工业高质量发展的必然前提

因城市建成区的逐步拓展，大量工业企业由近郊乡镇陆续外迁至远郊工业园区乃至周边县市，但论总体规模，近郊乡镇仍是重要工业板块，2021 年 11 个近郊乡镇（街道）规上企业数量合计超过 1000 家，占全市 1/10，石碶街道、古林镇、高桥镇规上工业增加值居海曙区第 1、第 4、第 5 位，骆驼街道居镇海区第 2 位，云龙镇、五乡镇居鄞州区第 3、第 4 位。同时，考虑到区位条件等多种因素，仍有不少优秀企业的总部和生产基地位于近郊，如雅戈尔、广博集团总部位于石碶街道，博威合金总部及主要生产基地在云龙镇，百隆东方、宁波水表、埃美柯等知名企业位于中心城区北部近郊。

（二）从产业演变趋势来看，近郊是适宜制造业转型升级的重要载体空间，推动近郊乡镇工业提质发展是紧跟产业发展动向的关键举措

当前制造业形态正发生深刻变化，大规模生产、低容积厂区等不再是必备条件，数字化、绿色化、融合化成为转型重点，而这一转型既需要充裕的产业拓展空间，又需要与城市紧密互动互融，汲取创新资源、高端人才，因此，中心城区近郊乡镇就是制造业转型升级的重要载体空间，适宜孵化培育科技含量高、产品附加值高、资源消耗少、污染排放少的新型制造业。在宁波这一转型趋向也初步显现，不少近郊乡镇在单项冠军培育、服务型制造示范、未来工厂建设等方面，就取得超出其自身体量规模的成效（见表 1）。

表1　　中心城区近郊乡镇工业基本情况

乡镇（街道）	地域面积（平方公里）	2021年规上工业增加值（亿元）	规上企业数量（家）	国家级制造业单项冠军（全市83家）	国家级服务型制造示范企业（全市5家）	省级未来工厂（全市6家）
古林镇	44.8	23	135			
高桥镇	52.4	18.6	125			
石碶街道	34	46.5	108	广博		雅戈尔
甬江街道	15.8	14.4	37	巨隆机械		
庄桥街道	35	25	74	康赛妮、宁波水表	康赛妮	康赛妮
骆驼街道	46.6	46.2	152	百隆东方、埃美柯、杜亚机电、达尔机械、夏厦精密		
庄市街道	25.1	11.2	45			
下应街道	22.2	9	15	德鹰精密机械	美康生物	
五乡镇	48	37.5	148			
邱隘镇	13.7	4.6	33			
云龙镇	32.8	39.3	156	博德高科		
合计	370.4	275.3	1028	11	2	2
全市占比	3.8%	5.7%	11.6%	13.2%	40%	33.3%

资料来源：根据市自然资源规划局和市经信局提供。

（三）从城市发展需求来看，近郊工业能为城区导入增长动能，推动近郊乡镇工业提质发展是中心城区强核提能的重要路径

当前中国人口增长态势已显著放缓，城市化进程也逐步越过增速拐点，过去数十年中心城区向周边蔓延扩张的发展模式正在发生转变，推动近郊工业区块“退二进三”的经济收益明显下降。相对地，制造业作为实体经济的主体和基石，其作用在历经多次重大危机冲击后，愈加受到认可和重视，而其中新型制造业在依托中心城区发展壮大的同时，还能源源不断地导入大量就业机会、消费需求、优质人口，强化中心城区的首位度、辐射力，避免城区产业“金融化”“空心化”。调研中也发现，近郊的博威合金、宁波水表等龙头企业以及星箭航天、中车时代传感、永久磁业等专精特新“小巨人”企业，在提供较多高

收入研发岗位的同时，还能为周边区域带来大量商务会议、住宿餐饮等消费需求，为城市发展注入活力。因此，中心城区极核能级不强、人口集聚度不高的宁波亟须把握这一趋势，加快推动近郊乡镇工业提质发展。

二、当前宁波中心城区近郊乡镇工业存在的问题及原因分析

目前近郊乡镇工业发展水平还难以满足未来产业转型升级和城市强核提能的需求，存在集约化程度较低、产业结构整体较为传统、优秀企业拓展受限等问题，追根溯源是由于近郊乡镇工业的空间增量极为有限、存量改造难度很大。

（一）当前宁波近郊乡镇工业存在的主要问题

土地利用方面，集约化程度较低、碎片化严重。由于历史原因，近郊乡镇普遍有多个工业区块，其中多数是小面积的村级工业区块，部分还是集体土地，未办理土地证。如鄞州区五乡镇，除中车产业基地和1个镇级工业区外，还有2个面积不足150亩的村级工业区块；江北区庄桥街道3个村级工业区中有土地证的工业用地仅占19%，入驻工业主体250家，平均占地不足1800平方米；镇海区庄市街道共有区级以下工业区块9个，其中6个村级工业区块面积均不足150亩；海曙区石碶街道、高桥镇、古林镇分别有村级工业区块11个、18个和13个，不足300亩的超过半数。

产业结构方面，多数乡镇较为传统，转型升级尚待加快。大部分近郊乡镇仍以五金汽配、纺织服装、建筑材料等传统行业为主导，高端装备、新材料、新能源等新兴行业占比较低。如五乡镇148家规上企业中，五金汽配、纺织服装、建筑材料等传统行业企业接近65%，高新技术企业占比不到25%，低于全市平均；古林镇135家规上企业中，纺织服装企业接近60家，高新技术企业仅占21%；石碶街道也以纺织服装行业为主导，企业数量占规上企业总数30%，产值占比超过60%；高桥镇、甬江街道则有较高比例的建材业，高桥镇29家上亿企业中混凝土建材企业占8家，甬江街道汽配和混凝土制造产值占比合计接近40%。受限于旧工业区改造难度较大、标准化厂房和研发用房欠缺、增量用地有限等原因，不少乡镇反映，很难吸引新兴产业企业、科技型企业落户，导致产业转型升级速度偏慢，整体产业结构相对传统。

企业发展方面，优秀企业有意扩产，但拓展空间受限。调研发现，近郊乡镇不少发展态势良好的优秀企业，都有就近购置土地、增资扩产的意愿，但因

新增工业用地极为有限、二手土地价格不断攀升等，无奈选择外迁。如甬江街道自2007年后再无新增工业用地出让，赛克思液压、中车时代传感、梦神床垫等一批企业将生产基地外迁；石碶街道新培育的上规企业展智科技因区域内二级土地市场价格较高，选择将制造板块搬到江西；五乡镇20余家企业有新增用地需求，亩均投入、产出、税收均能满足标准地出让标准，但镇域内两年无工业土地出让；庄桥街道、庄市街道、云龙镇等均有大量待拆工业企业缺少转移安置土地，存在产业和税收流失风险。

（二）宁波近郊乡镇工业存在问题的原因分析

无论是集约化水平较低、产业结构较为传统还是企业拓展空间有限，其背后都与增量空间极为有限、存量改造难度很大有密切关联。

增量空间有限，是因各区将本就少量的新增工业用地指标优先配置到省级以上开发区（园区），如2021年鄞州区本级仅出让工业用地131.5亩，绝大部分在鄞州经济开发区，镇海区新增工业用地主要位于石化经济技术开发区，江北区新出让工业用地全部在江北高新技术产业园（见表2）。作为对比，慈溪、余姚、宁海、象山2021年分别出让工业用地5153亩（264宗）、3904亩（69宗）、2270亩（43宗）、3024亩（54宗）。而近郊的各乡镇因为毗邻城区，或是全域被详规控制为三产和住宅用地，或是仍有大量镇级、村级工业区有待改造，导致近年来极少有新增工业用地指标投放落地。

表2　2021年近郊乡镇及各区工业用地出让情况①

区县（市）	乡镇（园区）	出让宗地数量（宗）	出让面积（亩）
海曙区合计		6	336.3
	古林镇	2	114.4
	望春工业园区（含集仕港镇）	4	221.9
江北区合计		3	271.5
	江北高新技术产业园	3	271.5
镇海区合计		14	789.3
	骆驼街道	1	0.7
	宁波石化经济技术开发区	6	596.9
	镇海经济开发区（含蛟川街道）	6	186.1
	九龙湖镇	1	5.6

① 数据来自市自然资源和规划局2021年建设项目供地备案表，数量含其他工业用地、标准厂房、新型工业用地M0。

续表

区县（市）	乡镇（园区）	出让宗地数量（宗）	出让面积（亩）
鄞州区合计		4	131.5
	邱隘镇	1	0.4
	鄞州经济开发区	2	112.6
	明州经济开发区	1	18.5
北仑区合计		26	2620.1
奉化区合计		67	1006
余姚市合计		69	3904.3
慈溪市合计		264	5152.6
宁海县合计		43	2269.5
象山县合计		54	3024.1

存量改造难度大，主要由三类原因造成。

一是规划制约较多。主要包括生态带管理、重大片区规划控制、土地使用性质变化等，导致存量工业地块的改造难以推进。如鄞州、镇海近郊乡镇大量现状工业地块被纳入宁波中心城生态带管理①，建筑高度和建设体量被严格控制，老旧厂房很难提容增建；海曙区相关乡镇因西枢纽规划尚未落地，片区内工业企业难以对厂房进行改造提升或者扩建增产；对用地性质已作调整但近期暂不实施的现状工业用地，各区虽有政策允许企业提高容积率进行改扩建，但根据不同规划条件，对容积率有上限要求。

二是改造成本较高。通过政府收储、国资平台或优质企业收购等方式，是存量工业用地改造的重要路径，但由于工业用地稀缺且区位条件较好，近郊工业用地二级市场价格普遍偏高，一般达到300万元/亩至600万元/亩，政府收储或国资平台收购土地资金压力较大；如果由优质企业进行土地收购，基础地价增幅较大，需要加收高额的土地增值税，企业负担较重；同时不少村级工业园区产权主体较多，且与居民住宅交错混杂，整片征收、统一改造难度较大，协调成本很高。

三是缺少相应政策支持。目前针对存量工业用地提升改造，各区结合实际，从不同路径出发采取多种扶持举措，包括：在特定规划条件下支持企业提高容积率，对工业用地二级市场转让进行监管和限制，支持国资平台和优质企业收购低效用地等（见表3）。但市级层面尚未出台统一政策，导致各区之间缺

① 《宁波市人民政府关于进一步加强中心城生态带管理的实施意见》（甬政发〔2016〕13号）

乏统一的执行标准，也影响到相关政策的知晓度和执行力，区级涉及土地监管的部分政策还存在缺乏法律依据的问题。

表3　　中心城区各区关于存量工业用地改造提升的主要政策

所在区	政策制定部门	文件名	主要创新内容
海曙区	区委办、区府办	关于推动村级工业园升级改造的实施意见	允许村工改项目进行土地置换；推动统租村级土地厂房。
	区制造业高质量发展领导小组办公室	海曙区提高工业用地利用效率支持制造业高质量发展的试行办法	允许规划用途已调整、近期暂不实施的存量工业用地，可根据不同规划条件进行改扩建。
	工业园区升级改造工作领导小组办公室	海曙区村级工业园升级改造政策扶持试点办法	对村级工业园拆旧、整理改造、新建等方面进行补助。
	工业园区升级改造工作领导小组办公室	海曙区工业园区升级改造用地操作指引	允许同一产权人相邻宗地整体进行低效用地再开发。
江北区	区经信局、区财政局、区资规局	江北区低效闲置工业用地提质增效实施方案	规划区外存量工业用地可根据不同规划条件，进行改扩建；鼓励优势企业租赁消化低效企业闲置厂房。
	区经信局、区财政局	关于鼓励江北区低效工业用地二次开发的实施办法（试行）	支持市场主体收购低效工业用地、股权并购低效用地企业。
镇海区	区委办、区府办	关于印发加快“低散乱”整治提升推进工业园区高质量发展的实施意见	建立2亿元以上的存量产业用地收储专项资金；鼓励村集体对村级工业集聚点进行改造提升，予以新增财政收入补助。
	区府办	镇海区深入推进低效用地（企业）再开发专项工作实施方案	支持国资平台和工业地产开发商收储低效用地；鼓励企业对低效用地进行改造提升，新增税收按比例奖励企业。
	区经信局	镇海区工业用地使用权转让二级市场管理办法（试行）	对工业用地使用权转让二级市场价格进行监测，低于标定地价20%的，由政府指定平台收购，高于50%的，限制交易。
鄞州区	区府办	鄞州区建设用地（工业用地）使用权转让二级市场管理办法（试行）	对工业用地使用权转让二级市场价格进行监测，低于标定地价20%的，由政府指定平台收购，高于50%的，限制交易；允许符合条件的受让方对工业用地分割转让。
	区制造业高质量发展领导小组办公室	鄞州区存量工业用地改扩建操作办法（试行）	允许规划用途已调整、近期暂不实施的存量工业用地，可根据不同规划条件进行改扩建。

三、相关城市推动存量工业用地提质增效的经验做法

考虑到工业集聚集约发展的导向和中心城区极高的开发强度，未来海曙、江北、鄞州等城区的新增工业用地将极为有限且主要投向省级以上开发区（园区），因此，近郊乡镇工业重点需要推进存量工业的提质发展。通过梳理上海、深圳、广州、南京、无锡、东莞、佛山等城市推动存量工业提质增效的相关经验做法，可以为宁波近郊乡镇工业发展提供借鉴。具体做法包括：

规划与土地性质调整方面，支持将用地性质为其他用途的村级工业园调整为工业用地；优先将村级工业园的集体用地征收为国有用地；允许存量工业用地调整为新型产业用地 M0；工业用地改扩建涉及零星用地的，无须进行详规调整；鼓励功能复合工业楼宇建设和产业用地混合利用。

土地连片改造方面，将税收市级留成部分补助给连片“工改工”项目开发主体；支持多主体对相邻多宗地块进行联合开发。

提容改造方面，支持对存量工业用地上的厂房进行改扩建、提高容积率，一般不征收土地价款差额；对规划用途已调整但近期暂不实施的零星工业用地，企业如承诺无条件服从政府实施规划时收回土地的，也允许进行改扩建。

转让与监管方面，建立工业用地二级市场平台，对低于标定地价一定幅度的，土地收储机构实施优先购买；实施全生命周期管理前出让的产业用地，在转让土地使用权时，需补签协议，明确产业绩效要求；允许符合规划分割条件的地块可通过土地交易市场进行分割转让；对工改项目入市交易和招商运营情况进行动态监测。

退出与闲置土地处置方面，以协议出让或租赁方式，为园区外零星工业用地的原土地使用权人安排产业园区内的工业用地；因使用权人自身原因造成土地闲置超过一定时限，或造成严重环境污染、重大安全事故的，可收回用地使用权。

收储方面，建立市、区两级产业用地收储专项资金；对区级收储二级市场工业用地，予以市级财政补助。

运营奖励方面，对运营的工业楼宇达到一定标准的运营机构，予以财政补贴；对村级工业园提质增效达到一定条件的，也予以奖励。

四、推动近郊乡镇工业提质发展的对策建议

基于近郊乡镇工业的发展现状和存在问题，应采取充分发挥规划引导作用、完善存量工业用地提升改造市级政策体系、合理谋划近郊产业发展方向等举措，以实现近郊乡镇工业的提质发展。

（一）充分发挥规划引导作用

一是建立并落实工业用地规划管控和保护机制。以全域国土空间综合整治试点和国土空间总体规划为总牵引、总抓手，加快《宁波市工业集聚区专项规划》及其行动方案编制，推动建立并落实“两区两线”工业空间管控体系，严格保护控制线内的工业用地不被转作其他用途，确保近郊乡镇在城市化进程中依然保有相当的工业发展空间。

二是酌情推动规划为其他用途的存量工业用地调整用地性质。考虑到人口增长态势放缓、城市扩张步伐减慢、商业商务用地过剩，建议对位于城镇开发边界内、工业控制线外、规划控制为住宅或商务商业用途的存量工业用地，经论证评估后适宜保留工业用地性质的，推动控规修订。部分靠近中心城区或人口集聚区的存量工业地块，不适宜规划为一类、二类工业用地的，可调整为新型产业用地M0用地，实现功能混合利用，支撑近郊乡镇发展后劲。

三是推动修订中心城生态带管理的相关文件。考虑到受《宁波市人民政府关于进一步加强中心城生态带管理的实施意见》（甬政发〔2016〕13号）这一文件影响的企业数量较多、规模巨大，短期内难以通过产权置换、异地迁建等方式迁出生态带，且其中不乏优质企业，文件在当前形势下难以有效执行和彻底落实，建议对其进行适度修订，缩小管控范围和管控强度，允许优质企业对厂房进行改扩建，以实现生态环境保护和经济社会发展的双重效益。

四是加快推动西枢纽片区空间规划落地。西枢纽片区受规划控制影响，地块闲置、企业拓展受限等现象较为突出。目前《宁波西枢纽片区规划》已进行批前公示，建议下一步应尽快编制控规并预留一定先进制造业发展空间，以满足当地优秀企业发展所需，丰富区域产业类型。

（二）加强存量工业用地提升改造和全生命周期监管

一是完善市级层面政策体系，必要时推动地方性立法。目前宁波市级层面

针对存量工业用地改造利用的相关政策意见分散在多个文件中[①]，政策统一度、集中度有待提升，建议参照上海、广州、南京、无锡等地经验，针对存量工业用地提质增效方面的各环节，出台市级层面专项文件，为各区的经验做法和有益探索提供政策支撑。考虑到工业用地转让补签投资协议、闲置土地回收处置等部分管理手段尚无上位法依据，可参照上海市做法，推动开展地方性立法，为存量工业用地管理提供法律法规依据。

二是成立专门机构，强化工业用地二级市场监管。市级层面成立工业用地合同监管中心，监管工业用地出让中承诺的各项指标履约情况，严格追究违约责任，对于恶意炒作、囤积工业用地的，依法予以处置。建立工业用地二级市场监测机制，定期发布工业土地、工业厂房转让、出租价格信息，提高市场透明度。支持土地二级市场线上交易平台完善功能、发挥作用，涉及转让、出租等，明确须经过线上交易平台方能完成交易，对于高于市场均价一定幅度的，限制交易，低于市场均价一定幅度的，由政府指定机构优先收购。转让地块未签订过投资建设协议的，需按一定投入产出标准补签协议。

三是支持企业提容改造。结合各区探索经验，建议明确支持符合规划用途要求的存量工业用地进行提容改造，不增收土地价款差额，对于不符合规划用途但短期内暂不实施的存量工业用地，经评估后符合标准的，也允许进行提容改造。

四是允许节余用地分割转让。允许企业在满足自身所需后节余的工业用地，经主管部门明确分割部分规划建设条件后，通过土地二级市场交易平台公开转让，受让企业需符合产业要求和投入产出标准。

五是支持国企、优质企业收储收购低效用地。市、区联动建立存量工业用地开发储备基金。鼓励市、区两级国企参与收储低效用地。支持优秀企业收购低效用地或低效用地企业股权，市级层面予以返还税收留存或奖励补助，充分调动优质企业参与土地再开发的积极性。

六是推动零星工业用地整合置换。探索“以地换地”“以房换地”“以股换地”等方式推进零星工业用地整合，支持国资平台、小微企业园运营机构等通

① 近年来出台的《宁波打造全球制造创新之都行动纲要（2022—2026）》《宁波市人民政府关于印发宁波市新一轮制造业“腾笼换鸟、凤凰涅槃”攻坚行动方案（2021—2025年）的通知》《宁波市人民政府办公厅关于加快推进制造业全域产业治理的指导意见》《宁波市人民政府办公厅关于深入推进建设用地使用权转让、出租、抵押二级市场建设的实施意见》等文件对于存量工业用地改造利用均有部分涉及。

过转让产业园区厂房、开发平台公司股权等多种方式，与零星用地使用权人置换土地。支持企业以入股、联营、组建新主体等方式对零星、低效用地进行连片、联合开发。

七是完善低效用地、闲置用地退出机制。通过地方立法方式，明确低效用地、闲置用地强制退出的各类情形和处理机制，强化政策刚性，提高工业用地使用效率。

（三）持续推动近郊产业转型增效

一是编制近郊乡镇产业发展行动方案。高度重视近郊乡镇在全市工业转型发展中的重要地位，跳出行政区划框架，以全局思维、长远眼光推动编制近郊乡镇产业转型发展行动方案，分区块明确近郊乡镇的产业发展方向，支撑中心城区更好打造宁波辐射周边区域的极核，推动近郊区域成为传统产业转型升级的重要阵地、新兴产业孵化壮大的优质载体。

二是留住和引入优质企业。以产城融合、业态融合为导向，积极引入电子信息、高端装备、节能环保、时尚创意等先进制造业以及研发中试、检验检测、工业设计等生产性服务业。引导城区周边待拆区块、符合产业导向的存量企业向近郊集聚，对于本地优质企业就地发展、增资扩产予以要素支持和空间保障，对于新落户近郊产业园区、小微企业园的优质企业予以税费奖励或房租补助。

三是加快近郊新型园区载体建设，提升近郊工业区块运营管理水平。全面落实开发区（园区）整合提升总体方案，积极探索政府主导下的市场化运作模式，不断完善管理体系架构，对于具有一定产业基础、一定体量规模的镇级工业区块，可考虑引入专业化园区运营机构进行单独管理，打造适宜新兴产业孵化、优质中小企业成长的新型园区载体。鼓励园区建设生产、研发、中试、展示、销售、配套等复合功能的工业楼宇。建立基于运营成效的市场化激励机制，推动园区运营团队不断提升管理服务水平。

黄建华　陈　浩　韦风涛　杜铁奇　宋宇宇　高一波

文化赋能乡村振兴的宁波路径与对策建议

浙江省委常委、宁波市委书记彭佳学在接受《浙江日报》采访时强调“奋力打造中国式现代化的市域样板”。文化赋能宁波乡村振兴，正是着眼实现中国式现代化的薄弱环节，通过推动文化振兴，赋能乡村全面振兴，打造乡村现代化市域样板。其主要实施路径，是以文化产业赋能乡村人文资源和自然资源保护利用，促进一、二、三产业融合发展，激发优秀传统乡土文化活力，丰富乡村群众精神文化供给，从而实现乡村物的全面丰富和人的全面发展，推动实现乡村全面现代化先行。

一、文化是推动乡村振兴最基本、最深沉、最持久的力量

党的二十大报告明确指出：中国式现代化是物质文明和精神文明相协调的现代化。文化赋能乡村，一头连着产业发展，一头连着文化生活，是推动物质文明和精神文明同向发展、同频共振的最佳结合点，是宁波进一步推动乡村现代化先行的关键抓手。

（一）文化赋能是推动乡村振兴的重要载体

2022年，文化和旅游部、教育部、自然资源部、农业农村部等联合印发了《关于推动文化产业赋能乡村振兴的意见》，提出到2025年，推动实施一批具有较强带动作用的文化产业赋能乡村振兴重点项目，形成一批具有市场竞争力的特色文化产业品牌，建成一批特色鲜明、优势突出的文化产业特色乡镇、特色村落，推出若干具有国际影响力的文化产业赋能乡村振兴典型范例。文化产业具有融合性、创意性特征，附加值高、吸纳就业广，挖掘乡村特色文化成就特色产业，能够成为推动经济发展的重要抓手。同时，将乡村潜在资源转化为市场接受的文化产品，能让优秀的传统乡村文化，得到更好的保护传承和创新

发展。

（二）文化赋能是推动乡村精神共同富裕的重要内容

市委市政府《高质量发展建设共同富裕先行市行动计划（2021—2025年）》提出，要充分发挥文化艺术在乡村振兴战略中的引领促进作用，进一步提高乡村群众艺术素养，更好地满足乡村群众日益增长的文化需求。文化赋能乡村，能带动乡村美学普及和教育，塑造乡村文明新风尚，丰富乡村精神文化生活，提升农民文化素养，让物质和精神生活都富起来。

（三）文化赋能是宁波乡村振兴的重要名片

2022年市委市政府印发《宁波市高水平推进新时代美丽乡村建设行动方案》提出“实施艺术赋能行动”，大力推广宁波艺术振兴乡村经验做法。市委农村工作领导小组联合市委宣传部、教育局等单位，出台《大力实施艺术赋能行动的指导意见》，致力于乡土文化的深耕转化、乡村资源的价值激化，差异化打造主题依托、产业导入等多类型艺术赋能村。文化赋能乡村是宁波美丽乡村建设的一大创举，特别是“艺术赋能振兴乡村”在全国已有一定知名度。2019年，从宁海葛家村开始，宁波探索艺术赋能激发村民内生动能，走出了一条既“富脑袋”又“富口袋”的艺术赋能振兴乡村之路。目前，全市已有30余所高校、专家团队与79个村结对，艺术赋能振兴乡村由点到面、精彩纷呈，2021年被评为浙江省乡村振兴十大模式之一，成为全省共同富裕最佳实践案例。

二、宁波文化赋能乡村振兴的七大基本路径

宁波文化赋能乡村基础扎实、成果丰硕，从推动赋能的资源禀赋来看，已经形成了七大基本路径。

（一）创意设计赋能型

突出“微创意、小创新”，把创意设计贯穿在乡村建设的各方面，建设各具特色的美丽乡村、美丽庭院、美丽村道。比如，很多村自发用竹子编织的“帽子”“酒瓶”成为村中新景观，废弃的猪舍变身咖啡馆、酒吧，不起眼的瓦缸变成溪畔灯箱，乡村多了一股“文艺范”，山水间增添了一份灵气。如奉化后畈村，在村口、路旁、湖边、房屋角落点缀缸瓦艺术小品，成为小有名气的“缸瓦艺术村”。

（二）手工艺赋能型

突出传统技艺与文化赋能结合，推动传统工艺实现创造性转化和创新性发展。比如，宁海龙宫村漆匠艺人陈杰荣参与村庄壁画修缮，木匠艺人陈永祥画制龙宫古建筑《九进十明堂》复原图，并带动20多位村民参与到文化振兴乡村中；宁海涨坑村开发10余种“涨坑功夫”IP系列文创产品，带动乡村传统文化价值转化，村集体经济增收100多万元。

（三）演出产业赋能型

依托演出团体、艺术院校等机构，充分挖掘地方特色资源，提升乡村文化品位。比如，象山县以乡村文旅周末剧场为载体，以“周末剧场点亮最美乡村”为主题，充实乡村文化服务，助推乡村旅游发展。目前，已在8个乡镇10个村建成乡村文旅周末剧场，演出近百场。其中，墩岙村2020年建成乡村文旅周末剧场后，年接待游客数提升20%。

（四）美术产业赋能型

发挥美术工作者引领带动作用，突出地方特色，推动更多美术元素、艺术元素应用到乡村建设中。比如，鄞州区围绕“书画”主题，挖掘特色优势资源，把沙孟海、沙耆、马友友等艺术名家故居串联起来，打造了“清奇嵩江·蓝色海湾”美丽乡村风景线；北仑杨岙村以3D彩绘墙描绘村史，传递杨家将后人的爱国主义精神和劳作不辍的创业精神。

（五）文旅融合赋能型

突出以文塑旅、以旅彰文，促进文化消费与旅游消费有机结合。比如，江北外漕村与重庆商会合作，以田园观光、农耕体验为主导，以巴蜀文化为核心，打造农文旅综合体，年吸引游客70万人次；鄞州区城杨村经过艺术化改造，吸引9家农文旅项目入驻经营，2021年带动村民增收5万元、村经营性收入增加20万元。

（六）数字文化赋能型

通过创作传播展现乡村特色文化、民间技艺、生活生产等方面的数字文化产品，带动相关体验。比如，海曙区将文化礼堂数字化平台与81890民生服务平台进行“线网融合”，与文明实践中心“云平台”进行“平台融通”等实践；骆家坑村积极推进乡村美学空间项目，发展多种旅游业态，让村子成为网红的大流量打卡地，取得了良好的生态效益和经济效益。

（七）其他文化产业赋能

结合本地文化资源禀赋和文化产业发展特点，培育打造特色鲜明、文化内涵突出的文化业态。比如，海曙茂新村以“御史家风，研学传承”为载体，以“未来游园、未来田园、未来故园”为场景，提升村庄内在美；余姚袁马村重现往昔“洪山汽配之乡”景象，打造“中国乡村小工业记忆”旅游村。

三、存在的主要短板和不足

从调研情况看，也还存在一些短板不足，需要在下一步工作中重点予以关注解决。

一是体制机制还不够高效顺畅。主要反映在宁波涉及农村和文化的政策政出多门，各项行政资源间存在相互掣肘，各项资源没有实现整合，没有实现高效率统筹。比如，各类乡村创建载体名目繁多，基层特别是村级莫衷一是。

二是文艺人才供需矛盾较为突出。乡村人口“空心化”、人才紧缺致使文化内生动力不足，驻村进村人才与当地实际需求之间存在供需不匹配。特别是乡村运营、特色家庭产业、民宿管家、研学导师等作为新职业的乡村人才较为紧缺。

三是同质化趋势较为明显。各地注重艺术设计、文化特色，但由于资源禀赋多数较为相似，建设模式创新不足，千村一面缺乏地域特色的情况目前还比较普遍，成果有同质化趋势。

四是持续性运营模式不够成熟。主要原因是社会力量投入不足，市场化运营机制不够健全，没有形成源源不断的“活水”。以宁海葛家村仙绒美术馆为例，已经是具有一定名气的农民美术馆，但是单纯的乡村家庭作业展览，缺少持续性的营业收入支撑，影响了村民长期参与的积极性。

四、几点对策建议

文化赋能乡村振兴这条路径，经过实践检验是切实可行的。进一步擦亮这张宁波名片，需要抢抓打造市域样板新机遇，通盘谋划、整体发力，形成加速深化提升的新局面。

（一）以“大统筹”为工作导向，推动体制机制更加完善

市县两级党委、政府要建立协调会议机制，通过统一部署、统筹保障、典

型引路，加快面上工作的推进。积极争取国家文化产业赋能乡村振兴工作试点县（市、区），充分发挥市县两级统筹规划、资源配置作用，探索体制机制创新，形成可复制、可推广的典型示范。

（二）以“艺术赋能村”为牵引抓手，带动文化振兴乡村整体提升

艺术赋能振兴乡村是宁波乡村振兴的一张亮丽名片。要推广“驻村艺术家”做法，吸引更多宁波籍和外来文化名人入驻乡村；加强与高等艺术院校的深度合作，为乡村建设提供创意设计支持；探索实施“乡创特派员”“农村职业经理人”“首席运营官”等制度，吸引和集聚社会人才投身乡村文化建设。实施“艺术提升品位”行动，将艺术设计融入美丽乡村建设全过程，建成一批艺术特色村、特色镇、特色风景线，点面结合、串珠成链。

（三）以“农耕文化”为灵魂底色，更加突出传统与现代相融合

农耕文化是中华传统文化的根和魂，也是乡村文化和现代都市文化最大的差异化优势。要挖掘“丰富多彩、特色鲜明、乡情浓郁、古色古香”的乡土文化遗产，加强传统产品资源保护与开发，挖掘文化内涵，让这些产品成为有“文化”的农产品。带动复兴一批农村传统手工艺，遴选具有较大产业开发价值的农村传统手工艺进行重点打造，鼓励设计企业、艺术院校等驻村设立传统手工艺工作站，提高农村传统工艺产品的品质和市场竞争力。推动农耕文化植入休闲农业和乡村旅游，挖掘农耕文化资源发展创意农业，建设集农事体验、文化展示、科普教育于一体的农耕文化园，破解乡村文化同质化问题。

（四）以“市场化”为关键路径，更加充分调动市场主体活力

“文化乡村”的作品最终要接受市场的考验和认可，围绕市场需求抓好乡村运营尤为关键。要突出“营运”环节在文化振兴乡村中的关键地位，积极采用“营运”前置的EPCO等模式。抓好县级以上层面的统筹，引导各类文化乡村项目的错位发展、协同发展，避免过度供给、减少同质化竞争，提升文化乡村投入效率。要吸引优质的市场主体组团投资文化振兴乡村项目，向乡村注入市场力量，形成多种业态有机体。建立评价机制，通过引入第三方专业评价机构对乡村营运主体进行考核，对投资乡村的市场主体优胜劣汰，动态提升乡村运营质量。

（五）以“数字化”为突破变量，推动乡村文化业态和模式升级

李子柒的抖音视频之所以如此火爆，正是数字化手段引爆了很多人的乡愁

情结。要探索“数字＋文化”的发展新路径，助力乡村文化产业的全方位、多元化发展。借助现代数字技术和创新手段，进一步丰富艺术载体，将乡风文明建设和乡村传统文化传承结合起来，开展丰富多彩、积极健康的乡村艺术活动，彰显乡村传统文化的展演性、体验性和观赏性。利用新媒体数字传播平台拓展艺术文化旅游的营销渠道，把乡村变成打卡胜地和旅游景点，促进乡村文化旅游产业发展。通过数字化平台内部应用子场景的新设和优化，积极拓展乡村文化产业上下游，推进当地乡村休闲、民宿经济、运动康养、农村电商等，以点带面培育休闲新业态。

罗 松 周威锋

宁波粮食生产功能区深层次问题对策研究

受新型冠状病毒感染、俄乌冲突加速演进等多因素叠加影响，全球粮食系统结构性问题再次凸显。我国粮食供应有充分保障，2022年夏粮增产丰收，但粮食安全仍面临诸多风险和挑战。耕地是粮食生产的命根子，粮食生产功能区（以下简称为“粮功区”）又是确保粮食产能的核心区域，是稳定口粮种植面积的重要基础。宁波“非粮化”“非农化”（以下简称为“两化”）整治后，粮功区将拥有80多万亩耕地，但也面临一些深层次问题，如种粮主体收益偏低、土地长期规模流转难、长效管护机制还不够健全等。为此，要坚持以人为本，以提高种粮积极性为核心，着力提高种粮专业化、规模化程度，提高种粮经营者收入，维护粮功区农民基本权益，提升粮功区的长期种粮、保粮功能，全力推进粮功区高质量发展，把粮食安全这一“国之大者”落实落细。

一、粮食生产功能区是宁波粮食稳定供给的重要保证

粮食生产功能区即稻谷、小麦、玉米三大谷物粮食生产功能区，是指围绕保障粮食安全，以改善粮食生产条件、建设吨粮田为核心，在标准农田上按照规划建设的农田设施完善、耕地质量良好、生产技术先进、服务体系健全、粮食稳产高产的集中连片粮食生产区域。2008年浙江省率先创新实施粮功区建设，2017年国务院出台相关指导意见，粮功区建设升级为国家工作部署。目前全国各地已划定9亿亩粮食生产功能区，其中，6亿亩用于稻麦口粮生产，可保障我国95%的口粮和90%以上的谷物需求。

宁波粮功区建设主要经历了三个阶段：第一阶段为2009—2011年，全市累计投入资金近3亿元，建成粮功区80.08万亩；第二阶段为2011—2015年，开展了市级粮功区标准化提升行动，投入资金超5亿元，完成45.42万亩的标

准化提升；第三阶段为2016—2020年，开展了县级粮功区标准化提升行动，再次投入超5亿元，完成34.66万亩的标准化提升。截至2021年，宁波粮功区面积83.55万亩，占全市耕地面积近40%。

宁波粮功区建设过程中，“两非”问题曾比较突出，根据宁波第三次国土调查（以下简称“三调”），“两非”面积约25.43万亩，占比30.4%。之后，宁波各级政府加强粮功区“两非”问题整治优化，并取得明显成效。截至2022年6月底，全市完成整治优化面积19.42万亩，粮功区优质耕地面积恢复高位水平。粮功区粮食综合生产能力显著提升，农田基础设施更加完善，粮食生产服务组织和机械化水平不断提高，粮食全程机械化率普遍超过95%，其中机耕、机收率达100%，明显高于全市平均水平。目前粮功区内单季晚稻最高亩产超过1000公斤、连作晚稻最高亩产超过800公斤，粮功区已成为保障粮食供给的“定海神针”，成为宁波优化种植结构、提高农民收益的“压舱石”。

表1　　全市粮功区耕地地类及种植情况

	非耕地	耕地				田坎	合计
		粮与非粮轮作	种植非粮食作物	种植粮食作物	未耕种		
面积（亩）	254285	111331	47483	409999	5477	6888	835463

数据来源：宁波市第三次国土调查数据。

二、宁波粮食生产功能区建设的主要问题

宁波粮功区“两非”问题整治取得明显成效，但从可持续发展来看，粮功区发展还面临着不少深层次问题，如种粮主体收益偏低、土地长期规模流转难、长效管护机制还不够健全等，具体包括以下几个问题。

（一）种粮收益仍较低

目前种粮的年亩均收益约400元（包括补贴收入），而种植红美人、葡萄等经济作物，年亩均收益可达4万～8万元，是种植普通水稻的100倍以上（见表2）。究其原因，主要是粮食收购价格较低。据不完全统计，全市约95%的粮食由国家收购进入粮库，仅5%左右的粮食加工后直接进入市场流通。而种粮比较收益低是导致近年来粮功区“两非”问题重要因素，也是防范“两非”问题反弹的主要挑战。

值得一提的是，种粮补贴是提高种粮收益的重要途径。美国种粮补贴占农民收入的40%，欧盟为50%，韩国日本则高达60%，目前宁波在20%以下。

规模种粮补贴方面，宁波经营面积50亩以上且全年稻麦播种面积50亩（含）以上每亩补助不低于150、170元，与杭州、温州等省内耕作环境相仿的城市相比，存在一定差距（见表3）。

表2　宁波主要粮食作物与其他经济作物、工业亩产收益比较

	超级稻甬优1540	普通水稻	红美人	葡萄
平均亩产量（公斤）	1100	600	/	/
年每亩收益（万元）	0.14	0.04	6～8	4～5

数据来源：根据网络公开资料整理。

表3　宁波与杭州、舟山规模种粮补贴比较

	宁波	杭州	温州
补助条件	经营面积50亩以上且全年稻麦播种面积50亩（含）以上	稻麦复种面积50亩（含）以上	稻麦复种面积50亩（含）以上
每亩补助标准	不低于150元、170元	250元	早稻310元、其他稻麦210元

数据来源：根据城市官网发布政策整理。

（二）集中连片地块规模有待提升

一是粮功区内地块划定还不够科学。部分乡镇（街道）将粮功区落实到相对集中的山地和不宜种植的塘地里。三调数据显示，园地、林地、坑塘水面面积占粮功区总面积比例超过20%（见表4）。二是地块划分相对分散。全市500亩以上连片地块占粮功区面积42.9%，不到50%（见表5）。地块集中连片区域不平衡，北仑、宁海、鄞州500亩以上连片地块占各自粮功区面积比例分别只有14.3%、33.6%、35.7%。

表4　粮功区内园地、林地、坑塘水面面积占粮功区面积比例

	园地（果园、茶园等）	林地（乔木、竹林等）	坑塘水面	总计
面积（万亩）	8.19	7.12	3.23	18.54
占粮功区面积比例	9.8%	8.5%	3.9%	22.2%

数据来源：宁波市第三次全国国土调查数据。

表5　宁波粮功能内不同规模耕地地块面积占总量的比例

	50亩以下	50～100亩	100～500亩	500亩以上	合计
数量（亩）	42800	45212	239742	246536	574290
占比（%）	7.5	7.9	41.7	42.9	100

数据来源：宁波市第三次全国国土调查数据。

（三）规模化稳定流转难度较大

一是规模化流转难。土地承包法规定，承包方享有依法自主决定承包经营权流转和流转方式。个人承包经营权确权登记又进一步强化了个体农户土地流转决定权分散问题，造成农村集体经济组织承包地所有权虚化，基层土地规模难统筹。二是超过5年的稳定流转难。承包地流转价格连年上涨，农户对土地流转收益期望上升，不少农户因此不愿意签订长期流转协议。截至2021年底，全市土地流转期限在5年以下的占土地流转总面积达47%。

（四）粮食生产专业化程度不够高

宁波粮功区内粮食生产经营主体以小规模种植为主，且大部分种植者年龄在55周岁以上，不是很好还是兼业户，专业化程度有待提高。截至2022年6月，全市种粮经营主体约15.2万户，其中经营面积50亩以上的2800多户，占比不足2%，1000亩以上只有66户，约万分之四。按照亩均收益400元的标准测算，要达到中等收入家庭20万元的最低门槛，单一家庭需要种植500亩以上。相比，日本水稻种植150亩以上就能实现20万元以上的收入，这类种植户占水稻种植经营主体的13%。

（五）相关政策法规有待完善

一是农业种植结构政策稳定性不够。21世纪初宁波积极调整种植业结构，种植业从传统粮食生产向具有比较优势的经济作物生产转型。之后为贯彻落实国家粮食主销区也要保证一定口粮自给率的政策，稳步推进粮功区建设，但具体执行中政策相对宽松，为提高农户经营收益，鼓励农户种植效益较高的经济作物，一定程度助推了粮功区“两非”问题。近年来实施“两非”整治，进一步收紧政策，强化粮食生产刚性要求，造成政策上的反复，一定程度挫伤了农户发展农业积极性。二是相关部门对“两非”整治后粮食产业化发展也缺乏有效指导和配套政策扶持。“两非”整治后相关生产经营主体对农业生产投资更加谨慎，影响粮功区农业现代化发展。

（六）后期管理维护压力较大

目前大部分粮食生产功能区按照“谁使用、谁受益、谁管理”原则制定了农田基础设施管护制度，主要由集体经济组织或经营主体承担。村集体经济组织不愿或无力承担管护职责、部分农户或种粮大户管护不到位等问题依然存在，导致部分农田沟渠、道路等基础设施出现了失管老化、损毁等问题，部分地块还出现抛荒现象。

三、粮食生产功能区高质量发展的政策建议

粮功区是保障粮食安全的主战场，宁波要以提高粮食自给率为目标，以破解粮功区深层问题为导向，坚持以人为本，以提高种粮积极性为核心，着力提高种粮专业化、规模化程度，提高种粮经营者收入，维护粮功区农民基本权益，提升粮功区的长期种粮、保粮功能，全力推进粮功能区高质量发展，为全市优化调整农业结构、增加农民收入、实现共同富裕奠定坚实基础。

（一）强化规划引领，建设高标准、集中连片良田，夯实粮食安全基础

明确粮功区种粮属性，确保每年至少种植一季以上粮食作物，鼓励种植双季稻。加快编制新一轮粮功区建设规划，明确 80.24 万亩粮功区建设目标，强化与国土空间规划、国土空间综合整治及高标准农田建设等规划相衔接。加强粮功区、永久基本农田、高标准农田等图层叠加比对分析，研究出台粮功区内涉三调恢复地类但部分纳入林业管理土地的保障政策，将坡度 15 度以上地块分散、土质薄的山地调出粮功区，补划足量平原地区集中连片优质耕地，确保粮功区全部划入永久基本农田。优先选择粮功区建设高标准农田，推进粮功区绿色农田建设，力争粮功区粮食产量达到 80 万吨以上。

（二）加大政策激励，完善种粮生态补偿、承包权换社保等政策，确保农户增收共富

实施水稻田生态补偿机制，将粮功区纳入生态湿地保护补偿，对使用绿色防控技术、施用有机肥等方式种植的水稻经营主体，按不同种植规模分档次给予每亩 300 ～ 500 元不等的生态补偿补贴。严格落实省种粮补贴动态调整实施办法，建立完善化肥、农药成本变化与种粮补贴联动调整机制。积极探索粮功区内农户土地承包经营权退出试点，推出土地承包经营权补助标准参照征地补助标准，享有集体经济土地经营分红收益，并享受失地农民养老保险待遇。

（三）推进土地连片统筹，实施土地规模流转、农业“标准地”改革，促进粮食规模化、专业化生产

优先在粮功区安排实施“百亩方、千亩方、万亩方”基本农田集中连片整治项目，提高粮功区耕地集中连片度。强化集体经济组织土地流转统筹管理，支持指导集体经济组织依法依规履行对承包地发包、调整、监督、收回等

权能，积极推广粮功区土地整村整镇委托流转、土地定量不定位及土地入股等流转方式，促进连片土地规范统一流转、统一管控。加快落实农业“标准地”改革，研究制定粮功区农业“标准地”招商引资项目标准清单，招引优质种粮经营主体，加大对500亩及以上种粮经营主体的政策支持力度，促进粮食规模化、专业化生产。

（四）创新经营模式，推动产业链融合、生态综合种养，提升种粮综合收益

建议由农发集团、商贸集团、种业公司等企业联合出资成立粮食产销龙头企业，以土地托管农户利益共享模式，重点推进甬优水稻产业化发展，整合水稻研发、生产、加工、储存、销售等环节，延伸粮食深加工产业链，做大做强宁波好稻米品牌。依托农科院、种业公司等，研发品质优、抗倒伏、抗病虫“稻虾共作、稻渔种养”模式优质专用稻品种，制定稻田综合种养技术集成与示范技术规程，因地制宜推广粮经轮作、稻鱼（虾）共养等经营模式。积极推进粮功区青创农场建设，鼓励大学生创业就业，支持生态高效粮食生产经营项目、创新经营项目，积极推广粮食生产新业态、新模式。

（五）探索设立粮功区保障基金，推进涉农资金统筹整合，强化粮功区建设管护资金保障

按照“责任共担、市域统筹、成本分摊、各区（县、市）分担”原则，探索设立粮功区保障基金，主要用于粮功区基础设施建设和维护、社会服务等基本保障需求。推动粮功区内扶持发展粮油生产项目资金、标准农田地力提升、小型农田水利建设、永久基本农田管护补助等市县两级建设管护补助资金分类整合。创新农田基础设施管护资金使用模式，提高资金使用效率和可持续性。

（六）深化农田数字化治理，全面推广“人防+技防”管护模式

及时将整治优化粮功区地块上图入库，以全面推开粮功区粮食种植属性监测为突破口，依托“耕地智保”场景建设，整合集成粮功区地块数量、质量和种植经营主体、种植品种等不同部门信息数据，形成粮功区全要素信息“一张图”。推进“耕地智保”场景应用建设，全面赋能正在推广实行的“田长制”，建立健全监测预警和执法联动机制，打造“人防+技防”线上线下相结合的智能化、精准化协同管护体系。

此外，加大粮食科技研发投入，产学研用结合，推进粮食种子“育繁推”

一体化发展。积极开展粮功区建设与保护地方人大立法研究。将粮功区建设列入对各区（县、市）年度乡村振兴实绩考核，加强对粮功区建设的联合督查评估和绩效评价。

张立央　农贵新　傅叶挺　唐平原　张小兰　葛振峰
市自然资源和规划调查监测中心

推动现代服务业跨越发展的对策研究

市十四次党代会提出，今后五年要全力推动现代服务业跨越发展。从国内服务经济变革趋势看，当前是宁波实现现代服务业跨越发展的重大机遇，也面临着不进则退的严峻挑战。为此建议，从更高站位、更宽视野来定义跨越发展的目标与内涵，着力打造高满意度、高辨识度、高美誉度的区域性现代服务业中心城市和“双循环”枢纽城市，拥有能高水平满足进阶型生产生活需求的服务供给结构和规模，拥有一批在国内服务体系中具有强话语权的龙头企业和产业集群，拥有全球供应链枢纽城市地位和具有全球影响力的资源配置功能，拥有被创业创新者、国内外投资者和广大消费者充分认可的一流营商环境。围绕这一目标，以更大魄力、更多投入、更实举措推动稳发展、促活力、强龙头，在探索市场更开放、竞争更充分、保障更有力的服务业发展体制机制和政策体系中奋力先行，更好发挥服务经济在推动区域经济高质量发展、提升城市功能、扩大对外开放等方面的“压舱石”和“主引擎”作用。

一、准确把握国内服务经济变革新趋势

近年来，国际局势复杂多变、新型冠状病毒感染反复多发等因素给国内服务业发展带来巨大挑战，部分服务行业陷入发展困境。但从服务经济发展规律和强大内需、积极政策的激励作用看，国内服务业持续向好的趋势不会改变，“四新经济”会更加活跃、更加深刻，逐步撬动服务经济的颠覆式变革。宁波要重点关注以下三个方面的变革趋势。

一是平台企业广泛集聚和整合提升服务功能，服务体系加速重构。在平台经济网络外部性、棘轮效应、边际成本递减等规律驱动下，龙头服务商积极转型平台企业，创新提供一站式、个性化服务，努力成为市场需求的集中入口和

新规则的制定者，主导服务体系从扁平式向立体式的重构。大多数服务企业转型专业化、品牌化发展，努力成为新服务体系中的优势功能节点。很大一批市场主体因为转型不够快、不够好，以致难以嵌入新服务体系，陷入发展危机。

二是消费者体验促进工业商品与增值服务结合，跨产业深度融合。为提高产品吸引力和附加值，制造业、建筑业、农林牧渔业等企业会积极引入服务理念，在产品中植入服务功能，衍生出服务型制造、建筑业总承包商、服务型农业[①]等新业态和新商业模式。

三是关键政策和体制机制迭代创新，撬动“四新经济”爆发式增长。国家重大战略的先行先试变得极为重要。北京服务业扩大开放、海南自贸港、上海国际化税率等政策都已经转化为现代服务业跨越发展的强劲引擎；取消船舶登记主体外资股比限制这样的“一句话政策”，也帮助海南省开启千亿级市场。城市的体制机制创新也能起到催化剂的作用。深圳大力发展创意设计产业、合肥“基金引资”等体制机制创新，都成功培育出城市服务业新增长极。放眼未来，元宇宙、城市更新、未来乡村、文化复兴、环境治理、大健康、无人驾驶等都蕴含着巨大的服务市场，既考验关键技术和商业模式，又考验体制机制上能不能放、敢不敢放、会不会放，两者缺一不可。

二、精准定义跨越发展的目标内涵与突破路径

2021年，宁波实现服务业增加值7241.6亿元，增长7.1%，占地区生产总值比重达到49.6%；规上服务业企业营业收入同比增长28.4%，营业利润同比增长32.7%；服务业税收收入、实际利用外资、新设企业数量分别占全市总数的52.2%、68.4%、79.7%；东部新城、“三江六岸”等片区现代服务要素加速集聚；宁波舟山跻身全球航运中心城市综合实力十强。尽管如此，与计划单列市地位相比、与制造业竞争力相比、与人民群众日益增长的美好生活需要相比，宁波服务业的体量和质量还存在着不小的差距，一些问题和不足已经非常突出，而且会越来越成为宁波现代服务业跨越发展的突出瓶颈。特别是：服务经济内部结构和内容偏传统，难以满足产业转型升级中的进阶型需求和群众日益增长的物质文化生活需求。领军企业偏少，在服务体系重构机遇中争取优势地位需要付出更大努力，且这种机遇往往失不再来。金融、文化、科技活力偏

① 如，休闲农业、会展农业、景观农业、创意农业、露地农业等。

弱，“四新经济”成长容易受限。管理上仍主导条线模式，统筹不足，政策碎片化，难以适应跨行业、跨区域协同发展的新形势。国家服务业重大战略先行先试机会欠缺，与北京、上海、海南等省市相比，政策红利落差显著。

因此，宁波推动现代服务业跨越发展必须解放思想、创新谋划，在完成5000亿增量的过程中，更加专注于提升现代服务业的核心竞争力。要创新定义现代服务业跨越发展的目标和内涵，着力打造高满意度、高辨识度、高美誉度的区域性现代服务业中心城市和“双循环”枢纽城市，高水平实现“四个拥有”。要创新强化服务业跨越发展的工作支撑，围绕提升机遇发现和把握能力，有力实施“稳发展、促活力、强龙头、抢先行”四大行动，强化顶层设计，强化要素投入，强化人才引育，强化改革创新，持之以恒营造市场更开放、竞争更充分、方向更聚焦、保障更有力的发展环境。

“稳发展”是前提。坚持稳字当头，强化问题导向，着力稳住资金链，畅通供应链，有力促进消费，持续激励创业，全面推进服务链补链强链。

“促活力”是基础。多措并举营造“四新经济”理想的发展环境，引领带动更多企业转型升级，有力支撑服务经济整体式提升、集群化创新、立体化突破。以“金融+”“科技+”“文化+”“生活+”等要素赋能来促进市场创新活力；以管理、法律、会展、咨询等细分领域专业化转型来促进市场竞争活力；以激励先行先试来促进商业变革活力，更多培育城市更新、数字经济、健康服务、环境治理等领域的总承包服务商和专业服务商。

“强龙头”是关键。全力以赴培强扶优，尽快让一批有核心竞争力的企业爬到产业链、创新链、价值链的高端，牵头构建产业“金字塔”，兑现“雁阵效应”，更好实现城市功能建设与产业发展的战略共赢。要聚力发展平台经济，加快培育航运物流、供应链、跨境电商等领域龙头平台；聚力深化两业协同，加快培育服务型制造、工业互联网、工贸一体等领域龙头企业；聚力“建筑+服务”“三农+服务”“政务+服务”“民生事业+服务”产业链、服务链贯通，引育更多龙头平台和企业。值得指出的是，现有统计方法下，“强龙头”的成绩未必体现在服务业，但一定会对宁波服务经济发展带来深远影响。

“抢先行”是事半功倍推动现代服务业跨越发展的催化剂。既要外争动力，全力抢抓国家服务业扩大开放先行先试的重大机遇；又要内挖潜力，主动探索行业治理的新机制和新政策，精准创新以企业为主体的服务业人才“引育留用”政策。

三、奋力夯实跨越发展的工作支撑

按照“稳发展、促活力、强龙头、抢先行”四措并举的突破路径，宁波需要在“六个之都”项目部署基础上，提升一批、优化一批、补充一批、储备一批，奋力夯实现代服务业跨越发展的“四梁八柱”。

（一）聚焦稳发展，着力破解难点堵点

一是切实解决企业资金难题。①强化重点行业纾困。全面落实纾困政策，因时制宜实施消费券、以旧换新、汽车下乡等消费刺激政策。鼓励有条件的区（县、市）和乡镇（街道），牵头组织文旅节庆活动，建好月光经济集聚区。②补齐供应链金融短板。更好发挥平台企业、链主企业、产业园区作用，通过供应链增信破解中小微企业融资难题，快速做大数字仓单质押融资、科技外汇等业务。③新设贷款服务中心。借鉴北京做法，组织相关主体入驻服务中心，为企业提供首贷、续贷、确权融资、知识产权质押融资等服务，“一站式”解决融资难题。

二是推动消费供给创新提质。①推动商圈特色化、品质化发展。把东部新城商圈、天一—和义商圈、老外滩打造为精品化、国际范的消费集聚区，大力发展首店经济、时尚经济，整体提升商业业态。把“泛三江口”商圈和商业综合体、步行街、文旅小镇、社区商业打造为个性化、具有烟火味的都市活力单元，复兴宁波老字号，配套完善城乡配送供应链，融合建设便民生活圈。②加快发展消费电商。大力发展直播电商、社区团购、体验定制等消费业态，积极引育国内优秀企业和团队，支持本地青年人创业创新，鼓励本土产品带货和本土企业代加工，引导以小卖家联盟议价的形式降低物流费用，探索将消费券政策引入电商经济。③积极探索新型消费。建设宁波邮轮访问港，力争列入中国邮轮旅游发展实验区。扩大机场免税店规模，积极争取市内免税店项目（见表1）。谋划实施文化消费、时尚消费的中长期促进政策。

表1　相关省市发展免退税经济的政策创新

省市	政策创新
北京	增设口岸免税店，扩大机场免税店规模；支持机场免税店销售国货精品；加强全市免税消费设施布局规划等。
上海	大力发展免退税经济。支持本市企业申请免税品经营资质，鼓励免税店设立国产商品销售赚取。扩大境外旅游购物离境退税“即买即退”实施范围，优化退税流程。

续表

省市	政策创新
天津	争取市内免税店项目落地，多点打造新消费场景。
海南	借数字人民币提振离岛免税消费市场，以消费满减券形式发放数字人民币。

三是大力拓展海外市场。①双向扩大跨境贸易。以自贸片区、综保区为重点，加强国际贸易供应链企业聚集，增强国际中转、国际采购、国际配送、转口（离岸）贸易等功能。扩大大宗商品和中高端商品进口规模，促进商品贸易服务全链条协同。深化二手车出口试点等建设。②做大服务贸易。更好发挥服务贸易创新发展引导基金作用。支持工程技术服务企业承接海外外包业务，提质发展工业设计、软件研发、工程技术、供应链管理等服务外贸，培育世界级综合服务集团。争创国家服务贸易创新发展示范区。探索跨境服务贸易负面清单管理，放宽跨境交付、商业存在、自然人移动等模式下的服务贸易市场准入限制。③推动企业有序“走出去”。重点支持龙头企业以对外投资、对外援助等重大项目为依托，引领服务企业“抱团出海”。鼓励创设境外常年展，支持企业参与建设国际营销公共服务平台。

（二）聚焦活力源泉，强化重点功能建设

一是强化“金融+”赋能。①着力提升金融招商育商功能。更大力度促进头部VC/PE集聚。组建科创母基金，优化天使投资、创业投资、制造业高质量发展等政府基金的运营机制，吸引更多社会资本参与。引导金融机构设立科技支行、科技金融事业部，培育一批专注服务科创企业的专营机构。②着力提升资产管理功能。大力发展资管行业，抢先探索从卖方代销向买方投顾转型，加速建设特色鲜明的全球财富管理中心（见表2）。③着力提升保险保障功能。扩大政保企合作，进一步加大出口信用保险扶持力度，加快发展贷款保证保险、保单质押、创客保等资金融通功能保险。

二是强化“科技+”赋能。①着力提升专业技术服务功能。聚焦质检技术、环境与生态监测检测、工程技术与设计、工业与专业设计等重点服务领域，大力引育龙头企业和有品牌效应的特色企业，政策促进供需对接，加快补齐产业质量与规模短板。②着力提升科技招商引智功能。更好调动科技部门、科技企业、科技咨询机构等主体积极性，合力引育优秀科技企业和团队，高水平建设产业技术研究院和国际创新合作平台。支持有条件的龙头企业建设产业驱动型

孵化器。③着力提升科技中介功能。鼓励高校院所、科技型龙头企业牵头建设技术集成、共性技术研发、工程化开发、技术推广与示范等转化服务平台，支持高水平技术经理人聘用。开放建设科技大市场3.0版，探索建设对技术类资产进行管理的知识产权运营公司。奋力开拓军民融合的创新转移转化新路径。

表2　相关省市发展资管行业的政策创新

省市	定位	主要配套政策
北京	全球财富管理中心（国家批复）	《中国（北京）自由贸易试验区总体方案》（2020） 《关于在城市副中心打造国际财富管理中心的工作方案》（2020） 《关于在城市副中心打造国际财富管理中心的实施方案》（2020） 《外资资管机构北京发展指南》（2020） 《北京城市副中心促进金融业发展措施》（2021）
上海	全球资产管理中心（国家批复）	《上海国际金融中心建设三年行动计划》（2019） 《中国（上海）自由贸易试验区临港新片区总体方案》（2019） 《中国（上海）自由贸易试验区临港新片区支持金融业创新发展的若干措施》（2019） 《关于加快推进上海全球资产管理建设的若干意见》（2021） 《中国（上海）自由贸易试验区临港新片区支持金融业创业发展的若干措施》（2021）
青岛	面向国际的财富管理中心城市（国家批复）	《青岛市财富管理金融综合改革试验区总体方案》（2014） 《关于促进青岛市财富管理金融综合改革试验区发展政策措施的通知》（2015） 《关于青岛市金融人才队伍建设“十百千万”工程的实施意见》（2016） 《青岛市金融业加快对外开放实施方案（2018-2022年）》 《青岛市金融业招商引荐人奖励办法》（2020）
杭州	全省财富管理产业的核心集聚区和具有全国影响力的、国内一流财富管理中心	《杭州市财富管理中心打造2014—2018年实施纲要》 《杭州市人民政府关于加快宁波私募金融服务业发展的实施意见》（2015） 《杭州市人民政府关于支持金融服务机构加快集聚的实施意见》（2015） 《杭州市金融业发展“十三五”规划》 《杭州市金融业发展“十四五”规划》
广州	立足粤港澳大湾区、面向全球的跨境理财和资管中心	《粤港澳大湾区发展规划纲要》（2019） 《关于金融支持粤港澳大湾区建设的意见》（2019） 《粤港澳大湾区“跨境理财通”业务试点实施细则》（2021） 《广州市建设粤港澳大湾区理财和资管中心实施方案》（2022）

三是强化“文化+”赋能。①着力提升文化产业功能。高品质建设“国家级—省级—市级示范—市级”文化产业园区，实施文化名企创优计划，积极推

动优秀文化企业上市，支持发行文化产业专项债、双创债等。促进文化制造和文化服务企业融合发展，争创国家文化产业创新实验区。②着力提升文化创意功能。实施文化产业“新势力”成长计划，大力发展创意文化、数字文化、时尚经济等新经济，整体打造一批以IP产品、音乐、演艺、艺术品等文化为核心的发布、设计、展示、消费空间。③着力提升文化传播功能。建设智慧广电，广泛应用4K/8K、AR/VR/XR、AI等技术，打造以超高清、云化、IP化、智能化为特征的广电网络传播体系。推动新媒体健康发展，支持文化内容创作、传播方式和表现手段创新。④着力提升文化聚智聚财聚力功能。开放实施非物质文化遗产活化利用、历史文化街区保护更新、东钱湖宋韵文化圈、老旧厂房保护开发等项目，让企业家充分展现文化情怀。大力支持优秀文化企业和产品“走出去”和“走进来”，吸引优秀海外团队和人才，争取北京服务业扩大开放和上海外资文化公司税率[①]政策复制。

四是强化专业化转型赋能。聚焦管理服务、法律服务、咨询与调查、人力资源服务、会展业等细分行业，更好发挥行业协会作用，建设服务联合体，加快完善地方服务标准和规范。鼓励骨干企业对标国际一线标准创新突破[②]，支持人才自主认定，支持以新设、并购、合作等方式开拓国内外市场。放宽专业服务市场准入，探索实施重点服务领域国际执业资格认可，发布境外职业资格来甬服务目录，支持具有境外高水平职业资格的外籍人员来甬服务。

五是强化政府采购赋能。聚焦全域空间综合整治、数据要素市场化配置、排污权市场化交易等重大改革，用“整体解决方案采购”代替“分块式、分段式项目招标”，大力支持商业革命和技术创新，支持地方融资平台市场化转型，力争在城市更新、数字经济、环境治理、健康服务等领域抢先形成总集成、总承包服务商和整体解决方案（见表3），打造新经济的总部基地。

表3　　全市可用于支持四类主体培育的相关项目部署

培育主体	相关重大项目
城市更新综合服务商	150个已建（在建）+400个已报（拟报）“精特亮”项目；城中村、城乡接合部、老旧小区整治改造工程，到2026年累计改造1000万平方米；未来社区建设工程等。

---

① 上海外资文化公司税率在现行增值税17%标准税率和13%低税率基础上，新增11%和6%两档低税率。

② 以会展业为例，要引导优秀企业努力成为国际展览联盟（UFI）的认证会员。

续表

培育主体	相关重大项目
数字经济综合服务商	健全“5G+千兆光网+智慧专网+卫星网+物联网”的通信网络基础设施体系，到2026年建成5G基站4万个以上，城乡宽带接入能力分别达到2000Mbps、1500Mbps；建设全面感知体系；建成市大数据中心，构建“边缘计算+智算+超算”多元协同算力体系；建设全国首个“5G+影视制作示范基地”等。
环境治理综合服务商	多层面减污降碳协同增效试点示范；深入实施节能技术改造和淘汰落后产能，能源领域碳强度及煤炭消费总量控制指标达到国家、省要求；开展pM2.5和O_3协同治理，到2026年pM2.5年平均浓度保持在25毫克/立方米以下；深化水环境修复和水污染治理，到2026年地表水市控及以上断面达到或优于Ⅲ类水质比例达到95%以上；加强象山港区域沿岸生态环境治理和修复；加强土壤污染“防、控、治”；强化工业固体废物、农业废弃物、生活垃圾等废物源头减量和资源利用等。
健康产业综合服务商	构建全生命周期医疗健康服务链；到2026年建成市级以上健康产业园区（基地）5家、幸福产业园1～2家、市级以上体育产业园区（基地）5家，推进养老服务、康养旅游、运动休闲等行业融合发展，培育消费新业态；大力培育“银发经济”等。

（三）聚焦龙头地位，大力发展平台经济和工程总承包

一是全力打造全球供应链枢纽城市，加快提升连接全球的物流与供应链管理平台体系。①大力培育港航物流龙头平台。重点支持宁波舟山港、宁波航交所、卡哥等企业协同发展船舶代理平台、仓位交易平台、货代物流平台、集卡车货运平台、港口管理平台、数字舱单平台。②精准扶持专业化特色物流平台。做强一批国际联运物流平台、专线物流平台和跨境电商专用物流平台，做精一批区域物流平台、零担物流平台和末端配送平台，支持发现物流、无忧达、天易通、铁大大、零担豹等平台（企业）向行业龙头靠拢。③加快突破油气资源供应链平台。迭代升级油气资源和大宗商品配置中心，做强中化能源“66 云链”、大宗易行等数字化服务平台，建设百地年 200 万方丙烷地下洞窟等项目，支持油气资源等大宗商品进口、储运、交易制度和国内供应链模式创新（见表 4）。④锻造港口硬核力量。打造国际一流的港口服务能力。建成梅山 6 ～ 10# 集装箱码头等工程，集约化开发利用货主码头，建设原油、LNG、滚装汽车等一批专业化泊位，提升港口智慧管理体系。打造国际一流的集疏运能力。拓展全球航线网络和长江沿线枢纽物流节点布局，加快建设西枢纽、北仑铁路支线复线、梅山铁路支线和甬金铁路“双高”试验线，做强梅山冷链国际供应链、“中欧班列 + 海铁联运”等新模式。打造国际一流的商务环境。进一步提高通关和装卸速度，规范港口收费，严查涉港航、涉仓储的违法违规收

费行为。⑤完善航运中心重大功能配套。高水平建设东部新城国际航运服务中心和梅山—穿山特色港航服务集聚区，大力引进国际知名船舶管理公司、世界500强航运物流企业和国际知名的船级社、船舶经纪公司，加快发展航运金融，迭代升级海事服务功能，推动浙江宁波船籍港登记。

表4 国内六大期货交易所概况

名称（成立日期）	交易品种	期货交易情况（2021年）
郑州商品交易所（1990.10）	普通小麦、优质强筋小麦、早籼稻、晚籼稻、粳稻、棉花、棉纱、油菜籽、菜籽油、菜籽粕、白糖、苹果、红枣、动力煤、甲醇、精对苯二甲酸（PTA）、玻璃、硅铁、锰硅、尿素、纯碱、短纤、花生等23个期货品种和白糖、棉花、PTA、甲醇、菜粕、动力煤等6个期权工具	成交量25.81亿手，成交额107.99万亿元
上海期货交易所（1990.11）	铜、铝、锌、铅、镍、锡、黄金、白银、螺纹钢、线材、热轧卷板、原油、燃料油、石油沥青、天然橡胶、纸浆、20号胶、不锈钢、低硫燃料油、国际铜20个期货品种和铜、天然橡胶、黄金、铝、锌、原油6个期权工具	成交量24.45亿手，成交额214.57万亿元
大连商品交易所（1993.2）	玉米、玉米淀粉、粳米、黄大豆1号、黄大豆2号、豆粕、豆油、棕榈油、鸡蛋、生猪、纤维板、胶合板、线型低密度聚乙烯、聚氯乙烯、聚丙烯、乙二醇、苯乙烯、焦炭、焦煤、铁矿石、液化石油气等21个期货品种和豆粕、玉米、棕榈油、铁矿石、液化石油气、聚丙烯、聚氯乙烯、线型低密度聚乙烯等8个期权工具	成交量23.64亿手，成交额140.45万亿元
中国金融期货交易所（2006.9）	沪深300股指期货、中证500股指期货、上证50股指期货、沪深300股指期货、2年期国债期货、5年期国债期货、10年期国债期货等7个期货品种和沪深300股指期权1个期权工具	成交量1.22亿手，成交额118.16万亿元
上海国际能源交易中心（2013.11）	原油、低硫燃料油、20号胶、国际铜等4个期货品种和原油期权1个期权工具	成交量7367.06万手，成交额21.46万亿元
广州期货交易所（2021.1）	碳排放权、电力、中证商品指数、能源化工、饲料养殖、钢厂利润、工业硅、多晶硅、锂、稀土、铂、钯、咖啡、高粱、籼米等16个期货品种将研发上市	

二是深入建设中国（宁波）跨境电子商务综合试验区，加快打造全国领跑的外贸与跨境电商平台体系。①大力培育境外销售龙头平台。大力支持遨森电商等跨境电商龙头，赛尔、天齐、黑米等跨境电商大卖，以及雅豪、美航等外贸平台合作建设独立站、海外仓，加快打造覆盖全球主要贸易体的跨境销售和仓储物流体系，稳健提升坪效和服务能力，巩固拓展自主可控销售渠道，抢抓海外新媒体营销、直播销售等发展先机。支持乐歌、派瑞特、威路越野等大中

型工贸企业发展跨境全渠道销售，积极推动“本地设计制造+跨境电商零售”的工贸一体模式。办好中国（宁波）出口跨境电商博览会。②大力引育垂直外贸综合服务龙头平台。支持中基汇通、世贸通、宁兴云、小树、华艺、易豹等外贸综合服务平台（企业）进一步扩张规模、创新模式，引导平台规范并购、重组，不断提升平台核心竞争力。③做大跨境电商进口规模。加快发展“跨境电商+保税加工”“保税分装+跨境电商”等新模式和保税仓直播、DTC品牌等新业态，拓展国内重点城市直销中心网络。加快出台大宗商品跨境电商B2B专项促进政策。④创新发展数字贸易。着力引进数字贸易链主型企业，加快构建数字贸易产业、平台、生态、制度、监管体系，建设数字贸易国际贸易供应链数字化服务平台和各类应用场景。以高新区软件园为核心争创国家数字服务出口基地。⑤有力推动贸易重点领域创新。创新升级梅山、北仑港、前湾综保区和宁波保税区，打造国内领先的加工制造中心、研发设计中心、物流分拨中心、检测维修中心、销售服务中心。争创国家级离岸贸易中心城市，对新型离岸国际贸易企业给予相应支持和实施差异化管理措施。积极探索内外贸一体化、通关便利化、保险业开放等创新，力争在外籍船舶“港口国监督远程复查”、中信保“易跨保”跨境电商专项保险产品等方面形成率先突破。

三是深入建设工业互联网领军城市，加快打造全国一流的工业互联网平台生态体系。①大力培育工业互联网领军平台与领军企业。积极应对国内省市的激烈竞争（见表5），高标准建设高新区、江北区等“万亩千亿”工业互联网产业园，打造国家级工业互联网平台应用创新推广中心和工业互联网标识解析二级节点，推广以supOS为重点的工业操作系统，积极推动关键技术攻关和国家级行业标准制定，把浙江蓝卓打造成跨行业跨领域工业互联网龙头平台，把数益工联打造成工业软件领域真正的独角兽企业。②壮大工业互联网企业集群。积极引育网络、装备、软件、平台、安全、应用等重点领域的平台企业，引导模具、成型制造、汽配、家电等细分领域专业化发展，支持创元、中之杰、极动云、智能成型、捷创等成为行业级工业互联网平台。不断拓展以重点行业级、龙头企业级和特色园区级等功能性平台为支撑的“1+N+X”工业互联网平台体系。③构建“产业大脑+未来工厂”的数字经济系统支撑体系。以平台和操作系统为核心，鼓励工业5G芯片、模组、网关、边缘操作系统等基础软硬件研发，加强研发设计模型、工业机理模型、先进算法的突破与融合，推进工业软件、工业自动化等关键核心技术产业化，促进更多工业APP发展。

表5 相关省市打造工业互联网示范区的目标定位

省市/地区	目标定位
上海	工信部与上海市政府于2017年12月签署《关于共同推进工业互联网创新发展促进制造业转型升级的战略合作框架协议》。全力争创国家级工业互联网创新示范城市。着力建设长三角工业互联网、智能网联汽车等一体化示范区
长三角	工信部支持创建的工业互联网示范区。浙江：《长三角区域一体化发展信息化专题组三年行动计划（2021—2023年）》；江苏：《江苏工业互联网平台“强链拓市”专项行动方案》；安徽：《省工业互联网创新发展行动计划（2021—2023年）》《支持工业互联网发展若干政策》
山东	工信部支持创建的工业互联网示范区。到2025年，全面建成区域开放协同、网络设施完备、平台建设领先、融合应用引领、支撑保障有力的工业互联网示范区
广东	工信部支持创建的工业互联网示范区。到2023年，初步形成辐射带动效应突出、示范引领作用明显的国家工业互联网示范区
成渝地区	工信部支持创建的工业互联网示范区。推动共建成渝工业互联网一体化发展示范区、区域协同公共服务平台和服务体系，构建全国领先的“5G+工业互联网”生态
北京	到2023年，建设成引领全国、影响世界的工业软件创新高地、工业互联网平台赋能高地、工业互联网安全服务高地和工业互联网产业发展高地
广西	加快推动广西工业互联网发展，支持柳州市打造工业互联网示范城市
江西	到2025年，力争建成全国工业互联网示范区
合肥	到2025年，全市工业互联网发展水平进入全国第一梯队，争创国家级工业互联网示范区

四是深化建设国家级服务型制造示范城市，加快培育十大标志性产业链链主企业和工贸一体标杆企业。从制造侧出发，积极实施两业融合试点区域（企业）和产教融合“五个一批”重点工程，支持企业建设自主品牌，促进智能装备、先进仪器仪表和大型复杂精密模具等整体设备出口，鼓励企业开展境内外并购重组，有力促进产业链上下游缔结共同体。从服务侧出发，以订单为引导，构建生产端、贸易端、消费端、科技侧“三端一侧”大贯通格局。

（四）聚焦关键先行，深化体制机制改革和政策攻坚

一是健全现代服务业治理体制机制。围绕强化统筹协调、把握关键机遇、发挥非政府力量，不断深化重点领域改革。①强化组织领导。进一步明确市服务业发展领导小组牵头、市服务业局具体负责的服务业领导和统筹协调机制，系统谋划、部署、监督、评估服务业重大政策和改革。完善服务业发展联席会议制度，加强各市级部门、区（县、市）、重点功能区的工作会商与协同联动，着力破解难点堵点问题。②强化重大改革试点和政策突破机遇的落实落

地机制。紧盯国家部委和浙江省正在谋划的重大战略和政策，宁波有条件的全力争取先行先试，暂时上不了的确保尽快借鉴复制。实施清单化推进、项目化管理、精细化落实，明确牵头部门，压实工作责任，创新保障机制，在绩效考核中给予必要的奖励。③强化公共服务领域的简政放权。放宽非基本公共服务的市场准入，加大政府采购力度，促进社会力量和社会资本参与，合作提供更丰富、更专业、更贴心的普惠性非基本公共服务。配套推进新一轮事业单位改革，激发公益一类事业单位的创新活力，推动更多公益二类事业单位向市场化转型。④强化服务行业共建共治共享。引入行业协会、园区（楼宇）运营商、平台企业、行业龙头企业等非政府力量，借鉴深圳等城市经验①，创新关键制度，合力开展招商引资、项目服务、政策传达、企情反映、第三方评估等工作，共同破解“四新经济”起步难、全球供应链堵点多等突出难题，高水平实现共赢发展。

二是迭代升级服务业产业政策。完善现代服务业“1+N”的政策体系，更好发挥财政资金的引导和杠杆作用，聚焦突破重点领域和关键环节。①打造全市统一的服务业政策工具箱。结合数字化改革，实现全市服务业政策的全面展示、动态更新和精准推送，调整优化一批过时和有违公平竞争的政策，实现传统领域“全市一盘棋”，重点领域“集中财力办大事”。②加大财政投入，优化资金分配。探索建立与城市战略相匹配的服务业投入增长机制，缩小与制造业的巨大差距（见图1）。新增财政资金主要用于支持未来产业、服务型制造等国家服务业改革发展部署、龙头企业和高成长企业、功能性项目、公益性项目，以及加大政府服务购买力度等。③创新招大商育强商的“非常之策”。积极探索资本招商、基金招商、产业链招商新路径，持续扩大服务业外资利用，引进跨国公司地区总部和国际组织。迭代升级总部经济政策，大力度支持有条件的本土企业向区域总部、平台型企业、跨国企业转型，培育更多服务业上市企业。④大幅提升枢纽型、平台型、基础型行业扶持力度。优化用地供给，打造一批专业服务业产业园、商务楼，探索建立功能区企业注册地与经营地分离的统筹机制。有力实施软件业补短板，着力提升适应平台化、网络化和智能化趋势的软件工程方法、工具和环境支撑。更好发挥政府基金作用，撬动社会资本

① 近期，深圳市工业与信息化局牵头，组织多方力量共同成立独角兽企业评价委员会，合作构建科技独角兽评价指标体系，完善科技独角兽遴选工作机制，建立优质独角兽和潜在独角兽企业库，制定符合深圳独角兽企业发展的培育政策。

投入。健全有利于服务业人才的“引育用留”政策机制及工作体系。

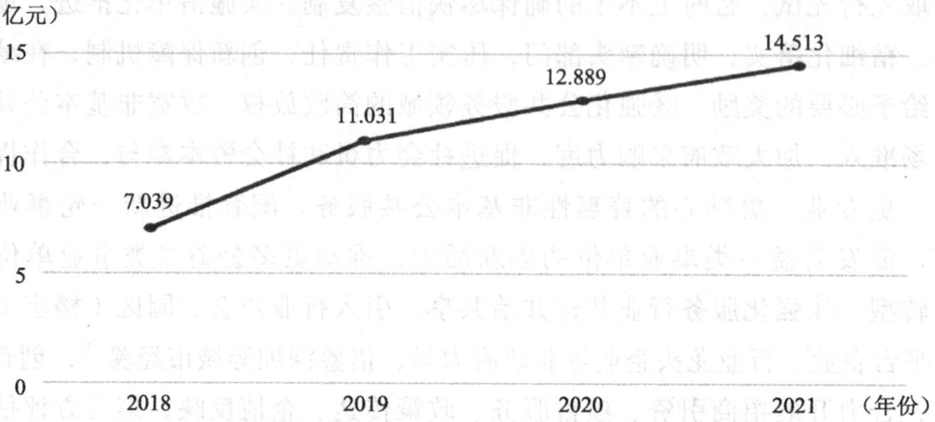

图1　2018—2021年全市服务业财政资金支出情况

三是突破人才政策和双创政策。创新发挥企业主体作用，共同破解重点领域人才缺、专业管理人才和新型人才认定难、新经济人才政策缺失、青年英才欠多、人才引进扎堆高校等突出问题。①引入企业人才发现机制。支持龙头企业、行业协会、产业联盟、风投机构等成为人才发现主体，经这些组织举荐的优秀企业人才，应直接纳入政府相关人才工程评审。②引入以薪酬为导向的企业人才评价机制。在政府人才工程评选中，更多采用“企业评价+政府奖励”模式，赋予企业更大人才自主评价权。可将薪酬收入、缴纳个税、技术成果转化等作为重要认定标准，对符合评价标准的企业人才，比照现行宁波人才分类相应标准予以支持。③积极探索新经济人才评价和激励机制。加快健全新经济领域的职业伤害、养老、医疗等保障制度，率先突破网络零售、网络约车、网络直播等行业职称评定办法，完善配套人才政策。④实施更积极的“双创”促进政策。深入落实减税降费、科技创新券、中小企业服务券等普惠性政策，进一步降低个人创业担保贷款利息、创业补贴门槛等，建好用好青年人才驿站，探索更符合服务业创新方向的“四新经济”评价与激励机制，积极争取创业投资税收与投资年限反向挂钩试点政策。

四是举全市之力争取扩大开放的关键政策突破。①全力争取第三批国家服务业扩大开放综合试点。紧盯北京、上海等服务业扩大开放综合试点省市的创新举措（见表6），能复制的抓紧复制，尚不具备条件的借试点机遇全面复制，借鉴青岛做法邀请商务部研究机构共同谋划更多创新政策①。②争取自贸片区的关键政策突破。积极推进资本项目和经常项目便利化改革，推进高端服务双向投资升级。紧盯 RCEP 等经贸合作协定，聚焦有过渡期、有软性约束的条款，确保贸易、投资、资金、运输、人员从业“五自由”方面的先行先试。对接国际新理念、新规则，全力争取成为 RCEP 经贸合作示范区和更多领域的服务业扩大开放；争取具有国际竞争力的税收政策试点；争取人民币跨境结算的税收优惠政策，大力推动与东南亚国家贸易的人民币结算；争取央行和外汇局支持离岸金融业务创新。③争取中国—中东欧国家经贸合作的关键政策突破。全力以赴把中国—中东欧国家博览会建设成中国与中东欧各国双边贸易的首选平台，争取承办中国—中东欧国家领导人峰会，争取扩大小麦、玉米等农产品进口配额，争取撬动双向扩大开放、贸易互认、关税互惠、税收相互饶让、外汇结算提量和便利化等关键试点。更高水平建设中东欧国际产业合作园，谋划打造一批有国际影响力的国别产业园，争取双向合作的国家级重大项目落户，争取中国—中东欧国家的港口联盟、中欧班列、飞行航线、常驻代表处、海外公共仓和前置仓、学生交流等方面的更大政策支持。

表 6　第一批和第二批国家服务业扩大开放综合试点情况

批次	省市	重点领域
第一批 2019.1	北京	全方位对外开放（来自：《深化北京市新一轮服务业扩大开放综合试点建设国家服务业扩大开放综合示范区工作方案》2020.8）。科技服务、数字经济、数字贸易、金融服务、互联网信息服务、商贸服务、文旅体育服务、教育服务、健康医疗服务、专业服务、航空服务等（来自：《北京市人民代表大会常务委员会关于促进国家服务业扩大开放综合示范区建设的决定》2022.5）
第二批 2021.4	天津	航运物流服务、科学技术服务、互联网和信息服务、金融服务、新业态服务等
	上海	电信、互联网、医疗、交通运输、文化、教育等
	海南	旅游、交通运输、金融、商务服务、技术服务、医疗健康、教育、文化娱乐等
	重庆	科技服务、租赁和商业服务、教育、金融、卫生和社会工作、电力电信等

黄建华　冯　路　何介强　张　磊

① 2022年5—6月，青岛市商务局牵头，委托商务部国际贸易经济合作研究院实施《促进服务业发展项目——青岛市服务扩大开放课题课题研究》，项目经费180万元。

新形势下激发宁波金融活力的对策研究

金融活力是金融业发展水平的主要表现，也是金融服务实体经济和社会民生能力的直接体现。进入新发展阶段，随着数字经济的快速发展，经济运行方式正发生深刻变革，金融业发展面临着新形势新任务新要求。近年来，宁波金融业发展取得了显著成绩，但与国内金融强市相比，金融活力还明显不足，金融业发展已越来越难以适应产业链供应链升级需要，亟须以改革创新激发金融活力，增强金融服务实体经济和社会民生的能力与水平，推动宁波金融业跨越式发展。

一、充分认识激发金融活力的重要性和紧迫性

改革创新是活力的源泉。习近平总书记指出，深化金融供给侧结构性改革必须贯彻落实新发展理念，强化金融服务功能，找准金融服务重点，以服务实体经济、服务人民生活为本。金融活，经济活；金融稳，经济稳。这就要求金融回归本源，服从服务于经济社会发展，特别是要把服务实体经济和人民生活作为出发点和落脚点。从这个角度出发，激发金融活力就是要以改革创新为抓手，推动金融创新转型，增强金融服务实体经济和社会民生的能力与水平。

（一）当前经济社会形势对金融业发展提出了更高要求

在数字化改革的大背景下，人工智能、区块链、云计算、大数据等新技术的快速发展与应用，正在重塑产业生态，不断丰富金融业务场景，推动金融业朝着数字化转型的方向发展。一是金融服务更加智能化。人工智能在金融领域应用的不断深化，推动金融业务、产品创新以及服务流程的改变，以智能客服、智能投顾、智能投研、智能营销和智能风控等为代表的应用场景将呈爆发式增长态势。二是金融服务更加精准化。跨行业数据融合催生出更多跨行业应

用，设计出更多基于场景的金融产品，将更加准确地匹配企业和个人的金融服务需求，促进金融服务与实体经济更紧密地融合发展，如消费金融、供应链金融等。三是金融服务更加个性化。受互联网金融的冲击，金融机构采用的标准化、大批量、低成本运营的传统经营模式将难以为继，亟须提供差异化、个性化、创新性产品和服务的模式。

（二）宁波金融活力不足已经成为制约产业转型升级的重要因素

金融与产业相互渗透、共生共荣，金融是保障产业发展的重要因素，金融体系越有活力、市场功能越完善，对产业转型升级的推动作用就越大。近年来，宁波金融规模不断壮大，2021 年金融业增加值达到 1062.7 亿元，截至 2021 年底全市本外币存款、贷款余额分别为 2.72 万亿元、2.90 万亿元，其中制造业贷款余额达到 5112.6 亿元，同比增速 18.3%，位居全国城市第一；拥有境内外上市公司 126 家，其中境内 A 股上市公司 107 家，位居全国主要城市第 7 位。但与国内金融强市相比，宁波金融活力不足问题较为突出，融资模式仍然以银行贷款的间接融资为主，直接融资相对不足，无法满足以“轻资产”为特点的科技、文创企业融资需求，股权投资、风险投资等新兴资本市场不够活跃，区块链金融、科技金融等产融结合还不够紧密，一定程度上制约了宁波产业转型升级。今后一段时期，必须加快激发金融活力，加大直接融资力度，创新金融产品，通过金融改革创新推动产业转型升级。

（三）新形势下要用新思路、新方法激发宁波金融活力

面对新形势新要求，要进一步解放思想，转变思路，以全球化视野、国际化高度，对标国际国内先进城市，不断优化产业生态，推动金融业加快转型。一是金融业态要从培育传统金融向新金融业态转变。重点发展三类新金融业态：以科技金融、消费金融、金融科技、供应链金融、绿色金融、文化金融等为代表的新兴金融业态；以各类股权投资、风险投资、产业基金以及金融衍生市场为代表的非银行金融机构；以资金交易中心、票据中心、银行卡中心、私人银行等为代表的各类营运中心。二是金融服务要从聚焦重点环节向全生命周期精准服务转变。针对服务企业在招引期、初创期、发展期、成熟期、衰退期的特点和需求，围绕政府招引项目、企业购地建厂、设备材料采购、扩大产能、提质增效、股改上市、盘活解困等环节，为企业量身定制全周期的金融服务，满足企业在各环节的金融需求。三是金融监管要从碎片化被动防范向系统

性主动防范转变。充分利用大数据、人工智能、区块链等技术赋能金融监管，强化实时数据集成、关键信息披露、风险主动鉴别、预警核查处置、监督考核评价等数字化监管功能，实现风险“监测、研判、预警、处置”的有效联动，坚决守住不发生系统性、区域性金融风险的底线。

二、激发宁波金融活力的主要目标与发展思路

（一）主要目标

结合当前形势和发展需要，“十四五”时期，宁波要紧紧围绕现代化滨海大都市建设目标，贯彻新发展理念，构建新发展格局，强化改革创新，增强金融服务实体经济和社会民生的能力，着力打造体系完善、投资活跃、场景丰富、与实体经济深度融合的全国金融活力之城。具体如下。

——金融机构体系更加完善，地方金融力量进一步增强，形成各类金融机构集聚、金融功能完善的金融机构体系。

——多层次资本市场更加活跃，私募股权市场、区域性股权市场等投融资体系进一步完善，直接融资比例进一步提升。

——金融应用场景更加广泛，金融机构数字化水平进一步提高，推动金融服务向实体经济、社会民生等多领域跨场景拓展提升。

——金融生态环境更加优良，区域性金融扶持政策、金融监管、金融风险防范等体制机制进一步健全完善。

（二）发展思路

要实现上述目标，今后宁波金融业发展要重点抓好四个方面。

抓好主体引育，加快构建全产业链的金融生态圈。做强做优一批法人金融机构，推动法人机构深化混合所有制改革，积极引进央企等战略投资者，通过增资扩股、公开发行上市、发行债券等方式，快速补充资本金；整合优化存量金融资源，进一步做大做强金控平台。突破新设一批持牌金融机构，完善支持政策和配套服务，大力引进国内外金融机构来甬设立分支机构、地区总部、管理总部和各类营运中心，积极推动符合条件的金融资本、社会资本和产业资本发起设立法人金融机构总部。培育发展一批地方金融组织，加大扶持力度，研究出台地方金融组织各行业发展指引，明确准入退出门槛、风险防控、合规行为等规范经营要求。引进壮大一批金融中介机构，大力引进培育会计、审计、

法律咨询、信用评级、资产评估、保险、税务等金融中介服务机构，构建种类齐全、发展规范、与国际接轨的专业化金融中介服务体系。

抓好产融结合，加快发展多层次资本市场。推动产业与金融深度融合，大力发展供应链金融、科技金融、绿色金融、文化金融等创新业态，满足企业多样化需求。加快发展创业投资、股权投资、股权交易中心、直接融资等多层次资本市场，更好服务实体经济。加快完善政府引导基金体系，充分撬动更多社会资本进入天使投资领域，有效提高对小微型创新创业企业的支持力度。畅通产业资本对接渠道，大力开展“专精特新”企业培育行动，不断壮大创新型企业集群，提升项目与资本对接效率。

抓好场景搭建，推动金融服务网络化、移动化、便捷化、生活化。重点围绕现代化滨海大都市建设，加快数字化改革，创新金融应用场景，全面提升金融服务的覆盖率、可得性和满意度，推动金融更好服务高质量发展、高品质生活和高效能治理。加强金融机构与互联网企业、数据公司以及工商、税务、信用评分等外部数据的整合共享，为客户精准画像提供大数据支撑。鼓励金融机构拓展金融科技应用场景，利用数字化手段创新金融服务，加大智能营销、智能客服、智能风控、智能投顾等场景开发。围绕衣、食、住、行、游、娱、医、教等高频生活消费场景，推动便民缴费、智慧商圈、智慧出行、智慧物业、智慧医疗、智慧校园、智慧政务等核心场景建设，构建高频消费金融场景体系。

抓好环境营造，构建更有吸引力、更加规范透明的金融生态环境。加大政策扶持力度，深化金融领域“最多跑一次”改革，简化金融业务办事流程、减少中间环节，切实让市场主体获得便利、降低成本，营造诚信合规的营商环境。加强新兴金融业务和业态监管，充分运用现代科技创新监管手段，提升跨行业、跨市场、跨境交叉性金融风险的识别、防控和化解能力，提升穿透式监管效能。强化底线意识，加强重点领域风险管控，严厉打击非法金融活动，加强问责和处罚信息披露力度，维护良好的金融市场环境。强化金融合作交流，进一步加强央地、市区金融联动，在招商引资、人才培育、金融生态构建等方面深化合作。

三、以一批改革创新试点激发宁波金融活力重点突破

充分发挥宁波资本市场改革、自贸区金融改革、保险创新、普惠金融改

革等领域改革创新试点作用，以点带面，重点突破，通过政策创新、服务创新、模式创新，破解当前金融服务实体经济过程中的瓶颈制约，从而激发金融活力。

（一）以抢抓资本市场改革机遇激发宁波资本市场活力

抢抓国家设立北交所、股票发行全面实行注册制、区域性股权市场创新试点等资本市场改革发展机遇，优化融资结构，提高直接融资比重，健全多层次资本市场体系。

加快推进企业上市。深入实施新一轮“凤凰行动”宁波计划，开展企业家资本市场培训专项行动，提升企业利用资本市场的意识和能力。建立精准、动态、分层的拟上市公司后备资源库，加强对入库企业的培训辅导，支持企业通过股改规范对接多层次资本市场。加强上交所、深交所、北交所宁波服务基地力量，提升服务针对性和有效性，形成金融服务、上市融资、企业辅导、政府对接、专业服务等全方位企业服务体系。鼓励上市公司通过资产重组、资产收购整合产业资源，推动上市公司做优做强。深化国企国资改革，稳妥推进混合所有制改革，加快推进国企上市。

扩大债券融资规模。聚焦宁波产业发展特点和多元化融资需求，扩大专项债、项目收益债、可续期债等创新型债券融资规模。引导金融机构加大对石化、汽车、高端装备、生物医药等重点产业的债券融资支持力度。支持金融机构和企业通过银行间市场、交易所市场发行公司债、企业债、可转债等各类直接融资工具。重点支持发行小微企业和科技企业债券。鼓励社会资本参与基础设施领域不动产投资信托基金（REITs）试点，提高基础设施证券化率。

大力推进股权投资健康发展。研究制定股权投资基金风险补偿政策，引导天使投资、风险投资、创业投资基金积极投资种子期、初创期、成长期企业，构筑活跃的创新创业投资体系。积极发挥政府产业基金作用，按照市场化引导原则，引导创投机构专注投早投小投新。参照合肥“以投带引”招商引资模式，支持符合条件的国有企业，通过直接投资或组建参与符合宁波未来产业方向的各类投资基金，带动社会资本服务于地方招商引资，形成产业培育合力。

加快区域性股权市场创新试点。健全完善“三大基础板 + 六大特色板 +N个专板”的多元化培育服务体系，畅通宁波优质中小企业成长快捷渠道。整合全市中小企业政策，利用宁波股权交易中心打造小微企业综合服务平台，提供一站式政策服务。不断集聚专业服务资源，打造全市科技企业和中小企业培育基地，为本土优质中小企业提供规范辅导、企业改制、并购重组等专业服务。加快推进区块链建设试点，强化科技赋能，不断拓展区块链应用场景。

（二）以发挥自贸区创新优势激发宁波金融创新活力

充分利用宁波自贸区制度创新优势，鼓励金融机构创新金融产品和服务模式，形成一批金融创新成果，以自贸区金融创新辐射带动全市域金融创新。

加快复制推广自贸区金融政策。及时梳理国家支持自贸区金融改革创新的若干举措，对于推广范围为“所有自贸区”的，加快在宁波片区全面复制推广；对于推广范围为“特定自贸区”的，根据区内企业实际需求积极向上汇报争取。

深化金融改革创新。加快推进以油气全产业链为核心的大宗商品投资便利化、贸易自由化，支持优质可信企业探索开展以能源、化工、铁矿石等大宗商品为标的的转口贸易跨境人民币结算等业务创新。提高跨境资金流动便利，争取本外币合一银行结算账户体系试点早日落地，探索开展资本项下人民币可自由兑换试点。聚焦“智慧亚运”“数智产业”“金融惠民”等，加快数字人民币创新场景建设，推动数字人民币在港航物流、商务、民生、公共服务、政务、金融等领域的全面应用。

推动金融业更高水平对外开放。加大“引进来”力度，积极引进符合条件的外资金融机构、合格境外有限合伙人（QFLP）、战略投资者；支持外资金融机构与宁波金融机构加强合作；推进更高层次的资本账户、证券市场、债券市场对外开放，拓宽与香港、纽约等地的境内外资本市场联动渠道。加快“走出去”步伐，顺应“一带一路”和“区域全面经济伙伴关系”（RCEP）发展趋势，支持宁波金融机构跨国发展，参与国际竞争合作，提升金融国际化水平。

（三）以深化拓展保险创新试点激发宁波保险运营活力

深化保险创新综合试验区建设，充分发挥保险创新优势，加快补齐民生保障短板，全方位推动保险创新与经济社会发展深度融合。

加快完善保险市场体系。大力引进责任保险、科技保险、信用保证保险、健康保险、养老保险等专业性保险公司，支持东海航运保险做大做强。鼓励互联网保险、自保、相互制保险等创新型保险机构发展。积极培育再保险市场，加快推动汉唐再保险公司获批筹建。加强与保险总部机构的联系，支持在甬举办重要会议，组织召开全国性创新论坛，提升宁波保险创新的影响力。

支持保险产品扩面提质。一方面，围绕“人”的保险创新，做好扩面文章。加快发展商业健康保险，支持开发更多针对大病的保险产品，做好与基本医保等的衔接补充，提高城乡居民大病保险保障能力。将商业养老保险纳入养老保障第三支柱加快建设，强化商业养老保险保障功能。另一方面，围绕“物”的保险创新，做好提质文章。积极发展企业财产保险、家庭财产保险及产品责任保险，发挥保险的经济补偿功能。重点发展科技保险，大力推广高新技术企业知识产权专利保险、产品研发责任保险、关键研发设备保险、首台（套）重大技术装备保险和新材料首批次应用保险等创新型保险品种。

引导保险资金服务实体经济。根据宁波产业发展方向，鼓励引导保险机构围绕重大项目、重要产业、重点企业，扩大保险资金投资规模，创新投资方式，畅通投资渠道，切实加大在甬保险资金投资比例。鼓励保险资金积极参与地方债券融资和股权融资。引导保险资金参与国有企业改革和地方重大资产重组，服务政府投融资体制改革，优化地方债权结构。

加强保险宣传教育。充分利用疫情期间公众保险意识增强的契机，扩大对保险行业的正向宣传，引导公众树立正确的保险观念。针对疫情防控常态化下保险销售和服务向线上转移的需求，引导保险机构加快线上营销渠道和服务能力建设，提升线上服务质效。

（四）以加快普惠金融改革激发宁波银行信贷活力

加快推进普惠金融改革试验区建设，放大银行信贷服务实体经济的优势，形成一批服务品牌。

持续优化信贷市场结构。以服务实体经济和社会民生为本，保持信贷投放健康稳定增长。优化信贷投向和结构，积极运用再贷款、再贴现等金融支持政策，充分发挥结构性货币政策工具导向作用，促进低成本央行资金更多流向中小微企业。深化政银战略合作，鼓励金融机构加大对战略性新兴产业和科技、环保、旅游等产业的资金支持，持续扩大对小微企业、“三农”等普惠金融领域信贷投放。

持续提升普惠金融服务水平。鼓励银行机构在风险可控范围内，大力推广小额、手续简便、放款快速、期限灵活的信用类产品。根据小微企业发展阶段、经营周期、资金需求特点合理设置贷款期限和还款方式，创设期限灵活、本金偿还方式多样的贷款产品，大力推广“一次审批、长期使用、随借随还”类型的贷款。进一步加强续贷产品和服务的创新，合理降低准入门槛，支持正常经营的小微企业融资周转“无缝衔接”。发挥政策性融资担保机构的引领带动作用，健全完善银行、政府、担保公司、保险公司四方风险分担机制。

加大金融科技投入和运用。鼓励有条件的银行机构将人工智能、大数据、区块链等新技术融入金融业务的各个环节，对信贷过程中的风控逻辑和风控手段进行革新，增强风险识别能力，摆脱对抵押担保方式的长期依赖，实现信用贷款占比和风险控制水平的“双提升”。鼓励银行机构整合积累的技术、业务、资源和经验，推广线上标准化产品，简化审批流程，提高贷款审批效率。

进一步完善小微金融服务监管机制。严格落实商业银行小微企业金融服务监管评价，将考核结果与监管评级、机构准入、现场检查、再贷款、再贴现、高管履职评价等挂钩，对表现优异的金融机构给予政策倾斜。

何介强

助企纾困

加快宁波中小企业北交所上市的对策建议

中小企业是宁波民营经济的主要载体，是宁波经济发展的特色和活力所在。2021年，宁波中小企业约占全市企业数量的97%，中小微企业贡献了全市60%以上GDP，52%企业营收和吸纳了75%就业人口。2021年9月2日，习近平总书记在2021年中国国际服务贸易交易会全球服务贸易峰会致辞中宣布，继续支持中小企业创新发展，深化新三板改革，设立北京证券交易所（以下简称北交所），打造服务创新型中小企业主阵地。因此，做好全市中小企业北交所上市的对标分析，对助力全市中小企业上市融资，加快全市中小企业高质量发展意义重大。

一、北交所基本情况

北交所改革是新三板深化改革的延续和提升。新三板原有三层结构：基础层、创新层和精选层，转变为基础层、创新层和北交所。北交所的制度基础在精选层改革时已经基本成形，北交所基本平移了精选层制度。短期来看，北交所相关制度基本上和精选层保持一致，后续将陆续进行一系列改革和完善。北交所上市要求相对宽松、投资者门槛降低，对境内金融市场融资结构将产生长远及深刻影响。

北交所重点服务“专精特新”中小企业。北交所拟上市企业主要面向已完成新三板创新层挂牌的中小企业。因此，新三板基础层和创新层是北交所拟上市企业的前提条件。根据北交所政策制度，北交所拟上市企业，先需要登录新三板并进入创新层，之后完成公开发行股票（注册制）即可进入北交所上市。

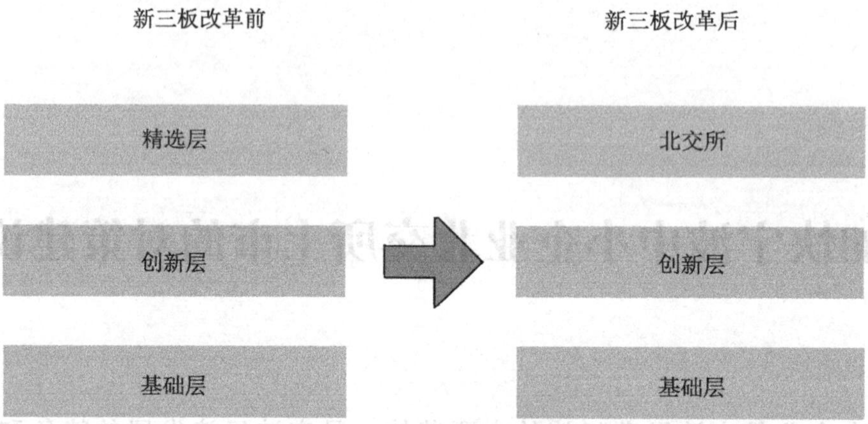

图1　北交所架构示意图

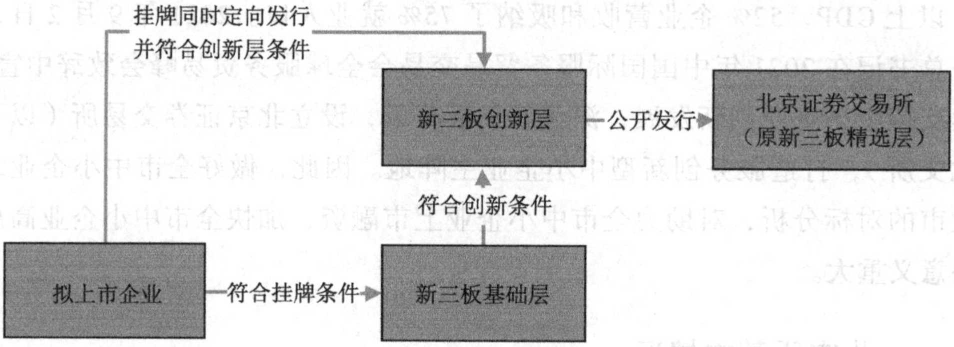

图2　北交所上市流程图

北交所是沪深交易所和区域证券市场板块之间的纽带。北交所补足了多层次资本市场发展的普惠金融的短板，促进了中小企业直接融资成长路径的互联互通。其不同之处在于对上市企业对象、上市要求、指数涨跌幅等方面有差异（见表1）。

表1　　深交所、上交所和北交所区别

序号	比对类别	深交所	上交所	北交所
1	上市企业不同	主板企业主要是一些成熟的企业；而在深交所创业板上市企业是创新成长型企业。	主板企业主要是一些成熟的企业；上交所科创板上市企业是一些战略新兴企业。	新三板的企业主要是一些中小型科技企业。
2	上市要求不同	深交所创业板最低市值要求：≥10亿元。	上交所科创板最低市值要求：≥10亿元。	北交所最低市值要求≥2亿元。

续表

序号	比对类别	深交所	上交所	北交所
3	最低利润标准不同	深交所最低2年的利润标准为正数，且累计净利润≥5000万元。	上交所最低2年的利润标准为正数，且累计净利润≥5000万元。	北交所近两年的净利润平均大于1500万元就能上市。
4	涨跌幅限制不同	深交所主板上市首日实施44%涨跌幅限制，次日起实施10%涨跌幅限制；创业板前五个交易日不设置涨跌幅限制，次日实施20%涨跌幅限制。	上交所主板上市首日实施44%涨跌幅限制，次日起实施10%涨跌幅限制；科创板前五个交易日不设置涨跌幅限制，次日实施20%涨跌幅限制。	北交所的企业上市首日不设置涨跌幅限制，次日起实施30%涨跌幅限制。

资料来源：根据相关政策整理。

二、宁波中小企业上市情况分析

目前北交所上市118家企业近九成属于制造业与软件信息技术服务业，宁波中小企业对标北交所上市条件也主要针对全市中小微工业企业。

（一）宁波中小微工业企业基本情况

1. 从全市中小微工业企业规模来看

据不完全统计，2020年全市中小微工业企业约5.8万家（不含个体工商户），资产总计约1.5万亿元，容纳就业186.1万人，实现工业总产值1.3万亿元，利润总额900.8亿元，纳税贡献465.1亿元，对全市制造业和全市经济社会支撑作用明显（见表2）。

表2 2020年宁波中小微工业企业发展情况

类型	企业数（家）	就业人数（万人）	工业总产值（亿元）	主营业收入（亿元）	税金总额（亿元）	利润总额（亿元）	资产总计（亿元）
中型	882	44.1	4804.4	4919.2	165	385.9	5395.5
	平均	0.0500	5.4472	5.5773	0.1871	0.4375	6.1173
小型	7203	74.7	6042	6203.7	217.7	452.7	6928.2
	平均	0.0104	0.8388	0.8613	0.0302	0.0628	0.9618
微型	49596	67.3	2299.9	2085.9	82.4	62.1	2409
	平均	0.0014	0.0464	0.0421	0.0017	0.0013	0.0486
合计	57681	186.1	13146.3	13208.9	465.1	900.8	14732.7
	平均	0.0032	0.2279	0.2290	0.0081	0.0156	0.2554

注：平均内容是指就业人数、工业总产值、主营收入等指标与企业总数相比之值。

数据来源：根据官方公开发布数据整理。

2. 从中小微工业企业发展质量来看

“十三五”期间，宁波中小微工业企业营业收入年均增长4.7%，营业利润与利润总额年均分别增长6.1%和16.4%，全市中小微工业企业实现主营业务和利润总额逐年增长。同时，全市积极引导中小微企业做精做专细分市场，目前宁波拥有国家级专精特新“小巨人”企业283家、国家单项冠军企业83家，中小微工业企业向专业化、精细化、特色化发展趋势越发明朗。

3. 从中小微工业企业产业分类来看

宁波制造业大类35个，中类146个，小类456个，覆盖面较广。虽然工业基础比较扎实，但整体产业还是偏向传统产业和“零、散”型企业。受益于宁波装备制造行业基础优势以及中科院宁波材料所、兵科院宁波分院等重量级科研机构的技术辐射作用，宁波中小微企业逐步向高端装备和新材料领域集聚。同时，受新型冠状病毒感染的影响及随着以5G、大数据、工业互联网、云计算、人工智能等为代表的新兴技术的推动，宁波中小微企业在新一代信息技术及生物医药产业的布局也逐渐增加。

4. 从中小微工业企业创新能力来看

2020年，宁波规上中小微工业企业研发人员8.9万人，较2015年增长1.45万人；研发经费投入205.3亿元，研发经费占营业收入比重为1.55%，同比增长9.1%。专精特新“小巨人”企业研发经费占营业收入占比更高，目前283家国家级专精特新“小巨人”企业平均研发经费占营业收入比重约6.35%，间接证明“专精特新”企业更加重视创新能力建设。

（二）宁波市中小微工业企业对标北交所上市条件分析

1. 符合新三板（基础层）挂牌条件企业分析

根据新三板基础层挂牌条件（见表3），对标宁波中小工业企业现状，从中小工业企业年度平均值来看，理论上宁波中小工业企业基本符合新三板基础层挂牌要求。49596家微型企业因平均产值在464万元/家，此类企业估计也有40%具备新三板基础层挂牌资格，所以全市中小微工业企业中有较多可作为上市培育的对象。但需提早关注企业的股份制改造内容。

2. 符合新三板（创新层）准入条件企业分析

根据新三板创新层挂牌条件（见表4），对标宁波中小工业企业发展现状条件，理论上微型企业基本上不符合创新层挂牌条件，对标全市中小型工业企业，连续两年实现盈利且净利润超过 1000 万元的企业 2300 家；近两年平均营业收入超过 6000 万元、复合增长率超过 50% 的企业只有 206 家。

表 3　新三板（基础层）挂牌条件

序号	类别	标　准
1	行业要求	除了房地产开发、类金融、殡葬、债务催收等行业外基本没有行业限制，亦没有盈利与市值的强制性要求。
2	公司要求	要求依法设立且存续满两年、业务明确，具有持续经营能力、公司治理机制健全，最近24个月合法规范经营、股权明晰，股票发行和转让行为合法合规。
3	财务要求	最近两个完整会计年度的营业收入累计不低于1000万元；因研发周期较长导致营业收入少于1000万元，但最近一期末净资产不少于3000万元的除外。

资料来源：根据官方公开资料整理。

表 4　新三板（创新层）准入条件

序号	标准	财务指标	共同满足	共同限制
1	盈利	近两年均盈利，且利润都≥1000万元且ROE≥8%	1.挂牌以来发行股票融资≥1000万元且合格投资者≥50名； 2.净资产≥0； 3.治理结构健全，董秘作为高管且取得资格。	1.公司、控股股东、实控人、董监高最近12个月刑事犯罪、重大违法，被列入失信人、被股转公司纪律处分、被证监会及证监局行政处罚或正在被立案调查； 2.未如期披露年报或半年报； 3.最近两年非标准意见审计报告（成长性标准要求三年）。
2	成长	近两年平均营收≥6000万元，复合增长率≥50%，2000万元股本		
3	市值	有成交的近60个做市转让日不低于6亿市值，5000万股本，6家做市商，合格投资者不少于50人		

资料来源：根据官方公开资料整理。

3. 符合北交所（精选层）上市条件分析

根据北交所（精选层）挂牌条件（见表 5），对标宁波中小型工业企业的发展现状条件，忽略新三板创新层需挂牌满一年等硬性要求，仅从净利润每年大于 2500 万元、增长率大于 30%、两年研发投入大于 8% 或两年投入大于 5000 万元等几个营收指标筛选，符合条件的企业仅余 71 家。

4. 全市中小工业企业对标北交所上市条件企业分析

全市中小微工业企业约 23000 家满足基础层财务条件，约占中小微工业企业比例为 40%；满足创新层挂牌条件企业 206 家，占比 2.5%；不考虑创新层挂牌一年等因素，符合财务指标、研发投入等要求的企业仅 71 家。

同时，我们对全市 283 家国家级专精特新“小巨人”企业进行北交所上市条件对标（仅考虑财务指标的符合性），符合基础层挂牌条件企业 74 家（完成股改），占比 26.15%；符合创新层挂牌条件企业 13 家，占比 4.59%；符合北交所精选层上市条件企业 3 家，占比 1.06%。由此可见，全市中小企业满足北交所财务指标要求还比较困难，企业储备较少（见表 6）。

表 5　　公开发行股票并进入北交所上市条件

序号	市值	财务指标	共同满足	共同限制
1	≥2亿元	近两年净利润都≥1500万元且ROE≥8%	1.健全且运行良好的组织机构； 2.持续经营能力，财务状况良好； 3.近三年无保留意见审计报告； 4.新三板创新层挂牌满一年； 5.完成公开发行股票； 6.净资产≥5000万元； 7.公开发行对象≥100人； 8.发行后股东≥200人； 9.发行后公众股≥25%（≥4亿股本）或10%（<4亿股本）。	1.公司、控股股东实控人、董监高近3年内刑事犯罪、重大违法，12个月内被股转公司纪律处分、被证监会及证监局行政处罚或正在被立案调查或被列入失信人； 2.未如期披露年报或半年报； 3.对经营稳定性、直接面向市场独立持续经营能力具有重大不利影响，或存在利益受到损害等情形。
		近一年净利润≥2500万元且ROE≥8%		
2	≥4亿元	近两年平均营收≥1亿元且增长率≥30%，近一年经营现金流净额大于0		
3	≥8亿元	近一年营收≥2亿元，近两年研发投入≥营收的8%		
4	≥15亿元	近两年研发投入合计≥5000万元		

资料来源：根据官方公开资料整理。

表 6　　全市中小微工业企业对标北交所上市条件分析表

序号	条件类别	国家级专精特新"小巨人"企业对标统计通过数量（家）	对标后通过率（%）	中小微工业企业对标统计通过数量（家）	对标后通过率（%）
1	新三板基础层挂牌条件	74	26.15	23000	40
2	新三板创新层准入条件	13	4.59	206	2.5
3	北交所精选层上市条件	3	1.06	71	0.87

注：满足基础层挂牌条件，国家级"小巨人"企业主要是指已完成股改企业；中小微企业主要是指满足基础层财务要求企业，股改企业未统计。

资料来源：根据相关资料分析整理。

（三）宁波中小微工业企业对接北交所上市情况分析

北交所坚持服务创新型中小企业，在高质量扩容背景下，近期新股发行上市速度正在加快。截至目前，北交所累计上市企业数量已达118家，上市企业覆盖全国23个省份。其中，江苏省囊括20家北交所公司而高居榜首；广东以14家紧随其后，北京则有12家位列第3，宁波上市2家（球冠电缆、新芝生物）。

从行业分布看，全国北交所上市118家企业中，共覆盖了8个赛道，信息技术、工业、原材料排在前三，近九成企业属于制造业与软件信息技术服务业。除四大直辖市外其余城市的99家北交所上市企业中，有41家企业属于国家级专精特新“小巨人”企业，占比超四成，未来“专精特新”企业占比还将会进一步提升。

从新三板挂牌创新层储备城市分布上看，除北京、上海、重庆、天津四大直辖市分别有178家、123家、16家、29家企业在新三板创新层挂牌外，其余1231家新三板创新层企业覆盖在203个城市，占比74%（见表7）。新三板创新层企业挂牌总数排在前10位的城市分别是深圳、苏州、广州、杭州、武汉、无锡、成都、南京、西安和宁波。

表7　　截至目前新三板创新层挂牌企业全国城市前10排名

排名	城市	数量（家）	占比（%）
1	深圳	83	6.70
2	苏州	68	5.50
3	广州	59	4.80
4	杭州	53	4.31
5	武汉	38	3.09
6	无锡	35	2.84
7	成都	34	2.76
8	南京	33	2.68
9	西安	32	2.60
10	宁波	26	2.11

注：数据来源东财Choice，截至2022年10月18日；四大直辖市除外。

资料来源：根据官方公开资料整理。

三、存在的主要问题

（一）中小企业整体产业结构偏中低端

一是宁波中小企业大多聚焦在传统产业，以中低端产品为主，多数企业仍处于产业链低端环节或价值链附属地位，“高”“精”“尖”产品相对较少；二是宁波中小企业“零、散”现象仍比较严重，大多集中在基础零部件、元器件和基础材料等“四基”领域，虽然符合国家扶持的“专精特新”发展方向，但缺乏“整机”配套，严重影响了中小企业的影响力。同时，新兴产业和未来产业发展缓慢，而深圳、上海等其他城市则是在新一代信息技术、生物医药等新兴产业方面优势比较明显。

（二）中小企业创新效益对标上市有较大差距

在创新方面，宁波中小企业长期以来依赖以出口为导向的传统代工发展模式，实践中不够注重积累研发设计能力，更多依赖进口国外技术和设备，导致宁波中小微企业以模仿创新为主，自主创新意识和能力不强。且核心零部件、核心软件、关键材料、关键检测设备等对外依存度高，参与制修订国际、国家、行业标准较少，成为制约宁波中小微企业和宁波经济创新发展的短板；在企业效益方面，正因为很多企业采取跟从策略，在整个产业链中的不可替代的作用不突出，核心竞争能力不强，产品附加值不高，导致中小企业效益规模不大和增长速度不快，距离上市要求偏差较大。

（三）中小企业股份制改造相对滞后

全市中小企业大部分未进行股改，分析原因主要有以下几点：一是企业主体的上市意愿不强，民营企业家对企业上市的基本情况不清楚，缺乏企业上市条件和内容知识的了解和学习，不清楚企业上市的流程和环节，认为企业上市过程繁杂，并且上市成本过高；二是民营企业家担心上市后对企业的控制力下降；三是企业股份改制过程中存在这么多历史遗留问题，导致改制过程中合法合规性证明无法出具，企业改制无法完成等。

（四）中小企业上市渠道还不够畅通

中小企业在对接北交所资本市场的顶层设计方面还不够完善。一是本地拟上市中小企业在对接北交所上市过程中，缺少有效的信息衔接通道，如上市企业财务制度、管理制度、股权分配等如何规范，如何做好企业改制资产审计等等问题；二是在上市过程中缺乏专业性第三方中介机构和专业性人才的辅导；三是拟上市企业上市审查的过程过于繁杂，审查过程中相关部门联动性尚未充分体现，部门间协同机制尚未形成。

四、加快上市的对策建议

（一）做好中小企业的“提质扩量”

一是加快战新产业和未来产业等新动能的储备。积极顺应全球技术革命和产业变革趋势，聚焦新一代信息技术、高端装备、5G、航空航天、生物医药等战略性新兴产业、未来产业以及科技服务业、管理咨询等生产性服务业，积极培育一批优质中小企业，形成中小微企业梯度培育体系。

二是加快传统产业和“零件”产业等旧动能的提升。积极实施产业基础再造工程，持续深化“宁波市科技创新 2025”重大专项，滚动实施一批工业强基项目，开展关键核心技术协同攻关，支持企业牵头组建共性技术平台，解决跨行业、跨领域关键共性技术问题，推进关键零部件与整机产品技术协同突破，开发一批国产化替代的适用性技术和产品。

三是做大做强中小企业市场规模。抓住“两个市场”，立足当前形势，深耕国内市场，开拓海外新市场，融入区域价值链和供应链。畅通“两条路径”，鼓励中小微企业通过平台分销、新零售等方式畅通线上线下销售渠道。同时，鼓励行业龙头企业或平台企业牵头，联合众多中小微企业组建专业细分市场拓展联盟或区域市场拓展联盟，以集聚资源、降低风险。

（二）加强中小企业创新能力提升“附加值”

一是实施中小企业技术创新“破零倍增”计划。加快完善以企业为主体、市场为导向、产学研深度融合的中小企业技术创新体系，促进创新资源向中小企业聚集，不断提升中小企业技术创新能力和核心竞争力。

二是支持高校、企业、园区等合作共建“专业＋研发＋孵化”功能叠加、“技术＋管理＋资本”一体运作的产业开放式创新平台。支持中小企业更便捷、更高效、更低成本获得技术创新服务。同时，支持产业链龙头企业设立独立注册的共性研发平台，为上下游企业和相关创业创新者提供研发制造服务。

三是深入实施首台（套）、首批次、首版次产品的保险补偿机制。促进整机（系统）和基础技术互动发展，推动中小微企业加快融入良性循环的新技术创新应用体系。

（三）提升中小企业在产业链中的"议价权"

一是积极引导中小企业分层级推进企业智能化改造提升扩面。鼓励支持量大面广的规下工业企业积极开展"机器换人"，推动规上中小企业参与智能化基础设施改造、数字车间、智能工厂、未来工厂等建设，全面推动中小微企业智能化转型。

二是鼓励优势产业的领航型企业组建创新联合体。以技术入股、参股上下游产业链中小企业等方式，带动一批高成长、富有创新力的中小微企业实现化蛹成蝶。

三是积极支持中小企业与产业链上下游协同创新、协作配套。推动大中小企业融通发展，增强企业全球资源配置能力，打造一批全球单项冠军企业、产业链核心企业。

（四）倾力打造中小企业上市的生态服务体系

一是积极建立中小企业上市困难解决通道。通过机构设立，综合协调解决中小企业在上市挂牌审核阶段遇到的环评手续补办、不动产权证补办等各种问题，以及涉及规划、土地等历史遗留问题。

二是构建平台、主体和机构等互为纽带和桥梁的立体式生态体系。建立政府审批部门、证券法人机构、律师和会计师事务所的联动机制，加强辅导、问询、咨询等上市准备工作协同能力，为拟上市企业提供切实有效的生态体系。

三是引育本地资本市场服务机构。打造一支专业强、服务优、素养高的第三方中介机构队伍，发挥甬兴证券等本土证券期货机构的主力军作用，同时，吸引具有独立法人资格的证券公司、期货公司、公募基金公司等资本市场相关金融机构落户宁波，充实宁波本地资本市场服务机构实力，夯实人才引培基础。

农贵新　傅叶挺　王　刚　缪　林　戎　燕

培育壮大模具产业龙头企业的对策建议

模具被誉为“工业之母”，是制造业高质量发展的重要基石。2021年，宁波模具产业总产值达640亿元，占全国总产值的21%，拥有“国家级重点骨干模具企业”37家、“中国模具出口重点企业”8家，分别占全国总数的17.7%、12.5%。龙头企业具有较强的资源配置力和发展带动力，对于牵引模具产业高质量发展具有重要作用。当前，宁波正加快培育模具产业龙头企业，方正模具、合力模具两家企业入选全市首批十大产业链标志性企业培育名单，但部分龙头企业在培育壮大过程中还存在一定的困难制约，需要采取针对性的措施加以解决。

一、宁波培育壮大模具产业龙头企业面临的主要问题

（一）龙头企业研发创新能力有待提升

模具产业龙头企业在高端模具钢研发、模具设计加工检测和行业标准制修订等方面，还有待进一步提升研发能力。如高端模具钢仍需从国外进口，依赖于德国葛利兹、日本大同等国外生产企业；模具设计加工检测基础软件设备不足，大量依赖于AutoCAD、Unigraphics NX等国外制图设计软件，有被国外技术封锁的风险；标准认可度不高，目前仅有模具产业米高热流道标准，标准认可度低于国际国家标准，与美国DEM标准、德国HASCO标准等有较大差距，导致龙头企业难以大量承接国际高标准产品订单。

（二）数智化进程滞后影响龙头企业培育壮大

模具行业整体数字化、网络化、智能化水平不高，仅有少数龙头企业建成了数智化生产线，但中小模具企业普遍存在信息化、数字化水平低，设计、检测软件普及程度低，软件应用设置与龙头企业的数智化体系框架冲突等问题，

难以满足配套生产要求。数智化公共平台作用发挥也很有限，模具产业大脑尚处于调试阶段，对龙头企业支撑有限；不少模具云平台作用未有效发挥，对龙头企业设计软件二次开发赋能不足，非标模具产品全流程智能化生产难度仍然较大。

（三）龙头企业对产业链贯通带动能力不够

宁波模具产业龙头企业年产值均不足10亿元，缺乏“航母型”龙头企业，单个企业对整体产业链带动能力偏弱。产品方面，多以自配或为下游汽车、家电、医疗器械等行业配套，以非标单件为主，缺乏类似国家模具产品质监检测中心、德国无损检测协会等检测公共服务机构，难以对产业链中小企业提供订单分配、技术共享、供应链融资、综合维修检测等服务，产业带动辐射能力不强。

（四）龙头企业研发人才招引困难

受到传统产业块状布局等影响，宁波模具产业龙头企业大多位于偏远县城，调研发现象山的合力模具、宁海的方正模具等企业，在研发创新人才招引方面存在较大困难。合力模具反映，近十年来优质研发人才和大学应届毕业生招聘难度逐年增大，设计人员多数未经过系统培训，模具结构设计基础知识薄弱，工程绘图能力较差。

二、加快培育壮大模具产业龙头企业的对策建议

（一）有力提高龙头企业核心技术研发水平

支持龙头企业开展应用型研发。围绕提升模具钢热处理及精加工技术、精密压铸技术优化改造、面向新能源汽车模具生产线等重点技术攻关领域，按照技术研发需求，支持龙头企业发布“揭榜挂帅”技术攻关项目，集聚国内外高端研发资源。加大企业技改升级倾斜力度，对龙头企业实施技术改造升级给予重点支持。支持企业在中心城区设立技术研发中心，在浙江创新中心等平台为龙头企业提供研发空间。

提升龙头企业软件应用水平。引导龙头企业多元化应用CATIA、EMoldDM等国际模具设计软件，拓展使用Surfcam、PowerMILL等专用制造软件，有效规避可能存在的技术封锁风险。支持龙头企业联合国内一流高校和软件龙头企业，合作开发具有自主知识产权的模具设计软件、产业数据库，提高行业软件

自主化水平和标准认可度。

发挥高能级平台研发支撑作用。发挥宁波（北仑）中科海西产业技术创新中心、宁波弗兰采维奇材料研究所等研发平台作用，加强关键核心技术研发与协同攻关，重点为宁波龙头企业提供基于异形水路的阵列式型腔光学模具、汽车车身零件热冲压成型、智能化压铸模具控制等关键产品和技术研发服务。支持开展金属改性材料、工模具钢材料等方面的基础应用研究。探索引进国家模具产品质监检测中心等公共服务平台。

（二）大力提升龙头企业产业带动能力

支持龙头企业组建产业创新联合体。鼓励支持方正、合力等企业牵头组建产业链创新联合体，推动大中小型企业协同创新、融通发展，以创新链协同牵引产业链协同发展。注重对上下游中小企业模具标准化、材料先进性等领域的协同研发，开展联合体内企业产能共享、制造协同、创新合作，支持同类产品定向委托生产。

打造数智化平台类龙头企业。以中模云等工业互联网平台为重点，加快培育数智化平台类龙头企业。支持平台类龙头企业运用5G和工业物联网等技术，提供国际市场开拓、信息集成发布、生产资料交易、行业企业评价、供应链金融等全产业链公共服务，增强对上下游中小企业的黏性。加快推动模具产业大脑开发建设，争取尽快在宁波数字经济系统工业分区上线运行。

推动更多中小模具企业数智化转型。着力解决中小模具企业数字化应用普及率低、兼容性差等问题。加快落实模具行业数字化转型三年行动计划，推动中小企业开展数字化车间/智能工厂建设项目，支持其列入省级以上项目计划。对列入市级试点的“5G+工业互联网”、共享制造等新模式新技术推广应用项目，给予重点支持。

（三）合力强化龙头企业发展要素保障

梳理一批龙头企业培育名单。整体评估37家国家重点模具骨干企业规模能级、技术能力，以及对模具产业发展的影响力、带动力。根据模具产业链不同环节、不同领域，进一步梳理一批具有培养潜力、能够发挥带动作用的龙头企业，给予专项政策支持，鼓励企业发展壮大。

推动龙头企业牵头打造模具专题产业园。加快龙头企业主导专题产业园建设，支持模具产业集聚化发展。重点建设北仑大碶模具产业园、宁海模具城等模具产业集聚园区，积极引进一批上下游企业配套项目，对入园的模具上下游企业给予政策倾斜支持。支持中瑞（宁海）生产技术中心等国际产业合作园开展模具技术交流和产品服务。

统筹实施一揽子政策支持。全面梳理龙头企业在技术改造升级、企业增资扩产、研发人才招引等方面的核心需求，给予精准扶持。如，对龙头企业并购重组中涉及的资产评估增值、债务重组收益等，根据所形成的综合贡献，由属地政府给予一定额度奖励；对龙头企业采购高精度数控机床，并对同类企业共享的，给予专项采购补贴；对龙头企业重点技术改造和重大投资新建项目，优先列入市级专项计划，并在用地、资金、能耗等指标安排方面予以重点保障。

徐毅 王瑞

宁波企业经营面临收缩风险亟须加大纾困力度

宁波市政府发展研究中心协助国务院发展研究中心完成2022年一季度在甬企业运行情况连续监测。监测显示，受国内新型冠状病毒感染疫情及国际形势动荡等多方面因素影响，宁波企业在经营饱和度、用工指数、现金流、经营信心等方面出现收缩风险，亟待加大助企纾困力度，出台与企业共克时艰的务实举措，推动企业渡过疫情考验、跨越周期波动、抓住发展机遇。

一是企业产能利用水平下降。企业订单量同比增长0.13%，为近六个季度以来最低，其中，制造业订单增速由上年末的6.37%直降为0.47%。工农业平均产能利用率约为68.5%，近六个季度总体呈现微弱下降趋势，产能较上季度下降的企业达26.8%，占比扩大7.2个百分点。近90%的工农业企业原材料、产成品库存同比都处于持平或增加状态，均为近六个季度最高水平。满负荷运行的服务业企业仅占50%，为近一年最低值。企业用能保障水平显著改善，受限电影响的企业由上年末的29.2%减少到6.2%，影响程度普遍在20%以下。

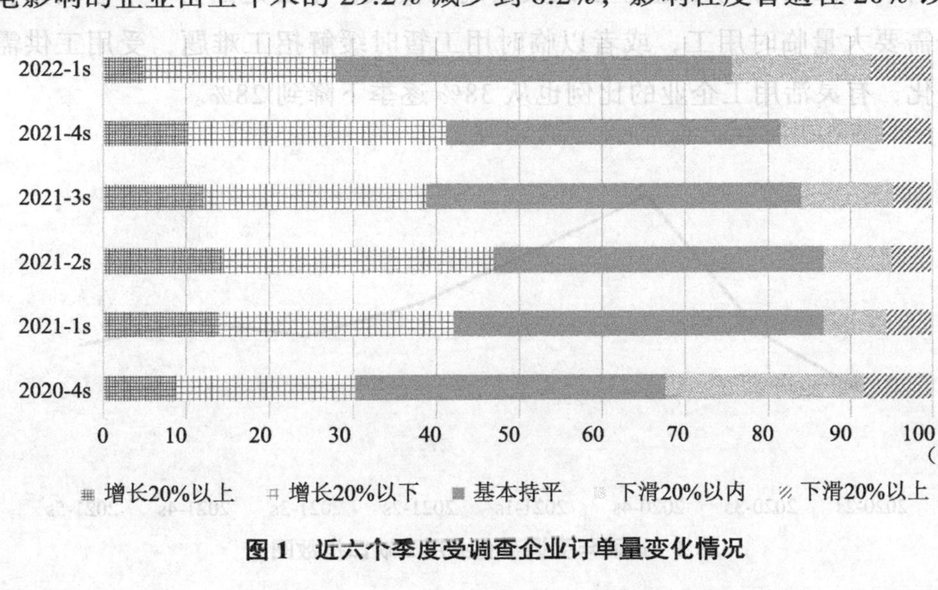

图1　近六个季度受调查企业订单量变化情况

二是企业盈利水平明显转折。工农业原材料价格“高烧”得到明显遏制，10%的企业反映原材料价格同比涨幅高于20%，与上年3季度、4季度的44%、20%企业比例相比，国家对大宗商品价格的监管调控和供应干预政策作用显现。但总体而言，大宗商品价格仍处于上涨通道，七成以上工农业企业仍面临价格承压。受工业基础件和中间品为主的产业结构影响，企业原材料价格向下游传导的比例仅为21%。企业产品服务售价平均涨幅仅为0.85%，1季度企业营收增速从上年末的6.89%直降到0.62%，利润由正转负，加权平均减幅为1.15%。

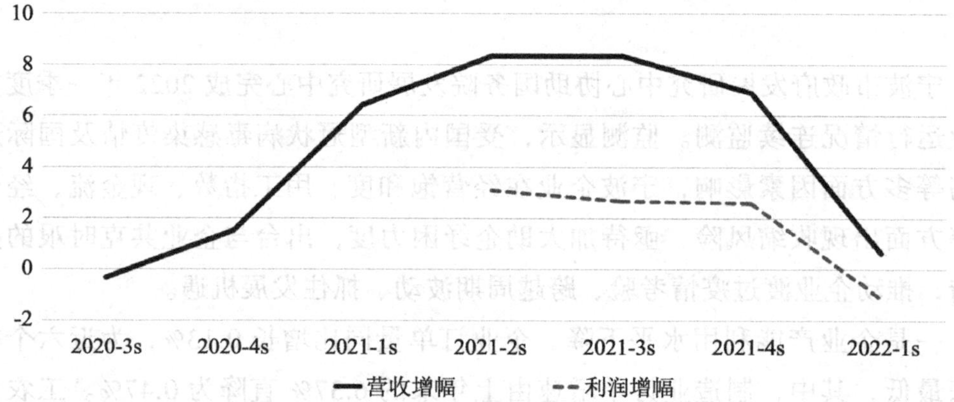

图2 近六个季度受调查企业营收和利润走势情况（利润调查从2021年2季度开始）

三是用工紧张呈现缓解走势。本季度有增加用工计划的企业占比为24%，低于近六个季度平均值2个百分点。从用工缺口指数看，近六个季度宁波人力资源市场供给端持续改善，缺口指数从40%逐季回落到19.5%，用工难度指数从37%下降到28%。不少企业尝试灵活用工模式，主要是因为季节性因素在经营旺季需要大量临时用工，或者以临时用工暂时缓解招工难题，受用工供需市场的变化，有灵活用工企业的比例也从38%逐季下降到28%。

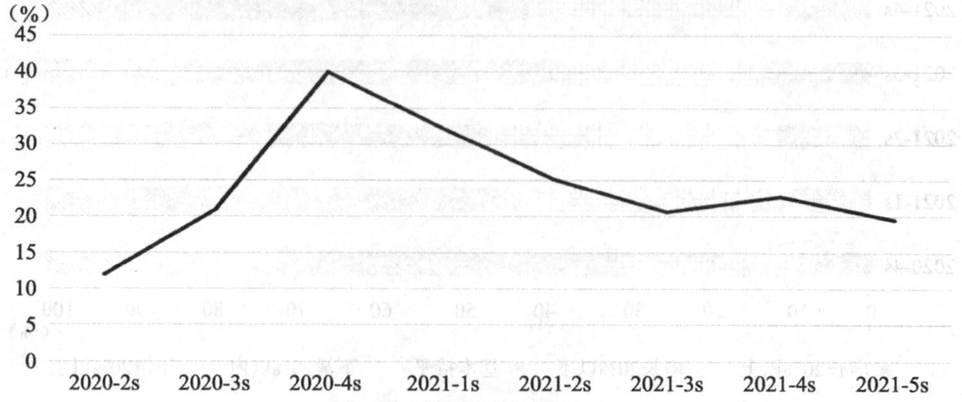

图3 近两年受调查企业用工缺口指数图

四是企业资金成本有所提高。较2021年同期相比，企业现金流趋于紧张，本季度1/2企业现金流能维持3个月以上，1/10企业仅能维持在1个月以内。有融资需求企业中，从银行获得贷款的满足率在80%以上的占1/3，满足率在20%以下的占1/10，一半企业除了银行贷款没有其他任何融资渠道。企业最近一次从银行贷款的平均合同利率为5%，实际贷款资金成本为5.79%，较上季度末分别提高0.16、0.34个百分点。

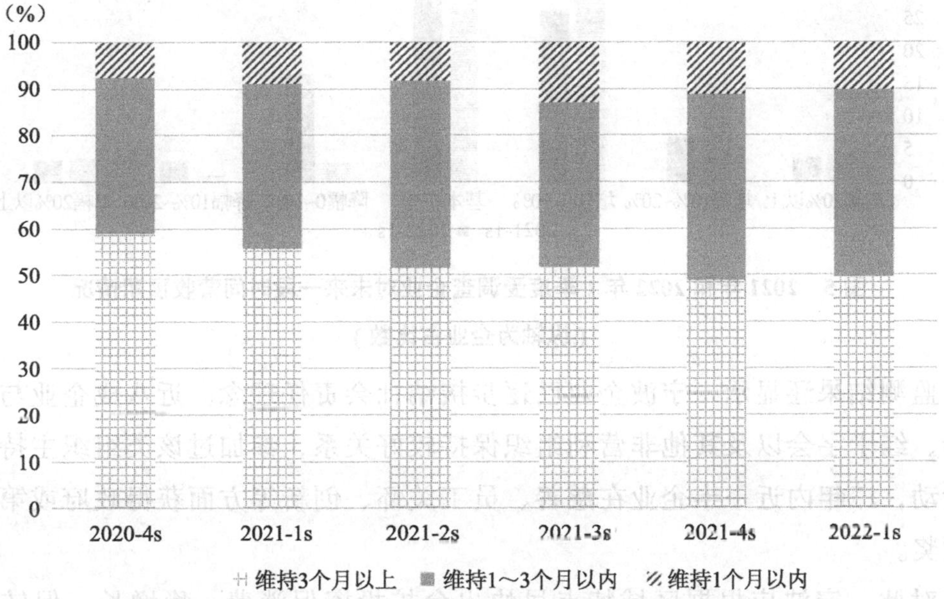

图4 近六个季度受调查企业现金流充裕度（纵轴为企业占比数）

五是疫情加深影响供应链。与2021年同期相比，当前企业出口订单数量有所增长的企业占比31%，与上季度的55%相比明显收窄；订单数量下滑的企业占比19%，较上季度扩大5个百分点。出口订单减少的主要原因是国外市场需求降低，运输成本和原材料价格持续高位运行。本季度反映出口量增长、基本持平和下滑的企业占比分别为31%、26%、43%，出口增长的主要市场在北美和欧洲。疫情对企业供应链影响程度加深，反映近一年所处行业供应链受疫情影响较大的比例由27%逐季提高到39%，没有影响的由23%收窄到19%。

六是经营信心和预期趋弱。对未来一段时间发展前景持乐观态度的企业占比由一年前的72%高位下降到60%，持悲观态度的则从16%扩大至21%。相应地，对营收预期增长的企业比例从49%下降到38%，预期下滑的从11%扩大至24%。目前，影响企业发展信心最主要的因素来自疫情变化的不确定性，需求收缩、供给冲击、预期转弱的外部压力感受度更加显现。33% 的企业仍有增加经营投入的计划，60% 的企业保持观望，7% 的企业计划缩减投入、退出市场。

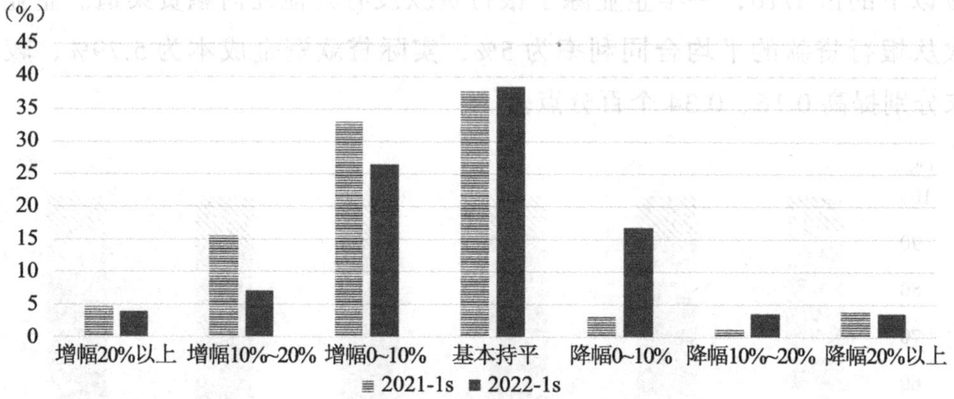

图 5　2021 年和 2022 年 1 季度受调查企业对未来一段时间营收预期情况

（纵轴为企业占比数）

监测结果还显示，宁波企业已逐步接纳社会责任理念。近八成企业与慈善总会、红十字会以及其他非营利组织保持较好关系，参加过该类组织主持的公益活动，三年内近一半企业在慈善、员工关怀、创新等方面获得政府或第三方的颁奖。

对此，宁波应根据区域特点尽快出台扩投资促消费、稳增长、促转型组合拳。

普惠性纾困方面，扩大资源税等地方性“六税两费”减征范围，降低企业用水用电用气成本。加大对中小企业的政府采购力度，进一步优化招投标前置条件。支持金融机构实施无还本续贷信贷政策，推动金融机构利用商业交易数据提升风险定价能力。加强企业征信服务平台赋能，根据信用评分分类分级给予企业政府性融资担保服务，做好疫情期间企业信用修复。

困难行业复苏方面，落实国务院关于对餐饮、零售、旅游、民航、公路、水路、铁路运输等特困行业在 2022 年 2 季度暂缓缴纳养老保险费、扩大阶段性缓缴失业和工伤保险费范围等应急纾困政策。对宁波受疫情冲击最直接的行业实施“一业一策”，如支持餐饮企业开拓线上市场、发展团餐业务，提升餐饮消费券使用友好度；落实高速公路差异化收费政策，统筹用好中央转移支付的城乡交通奖补资金等。

制造业增资扩产技改方面，对新开工先进制造业重大项目分类分阶段给予奖补，大力支持企业设立技术研究中心等创新平台。支持将较大面积的连片土地出让给链主企业，鼓励其对产业空间进行统一规划管理。引导链主企业扩大排产生产，通过聚集孵化、分工协作、开放应用场景等方式，将中小企业纳入供应链体系。鼓励企业实施对外兼并，壮大企业总部、增强供应链韧性。结合小微园区新改扩建工作，探索设立工业保障房制度。

重点行业绿色转型方面，未雨绸缪抢抓碳达峰、碳中和应对的主动权，抓紧测算全市石油化工、汽车制造、交通运输、电力生产等重点行业的碳排放底数、用能结构、节能空间、新能源替代空间、减排降碳路径，培育一批低碳环保产业，建设一批循环经济产业园，研究试点碳足迹认证制度。

加快培育新兴产业方面，引导企业坚定在困难时期做正确事的决心，在外部环境压力测试中调适企业经营战略和策略。支持中小企业聚焦专精特新定位，围绕疫情防控、高端装备、深海深空、智能终端等新场景应用，选准靶点、持续攻坚，推出面向经济主战场和美好生活的高品质产品。引导服务业企业围绕智慧康养、教育培训、在线办公、懒人经济、兴趣体验等新消费需求实施商业模式和内容重塑。引导大型企业在反哺产业中壮大自身，争做资源的整合者、产业的组织者、价值的配置者，加大服务要素投入、增加服务增值收入，向国际国内一流企业迈进。引导企业家运用商业逻辑解决社会痛点、增进社会福祉，打造共享型企业，提升企业美誉度和人才引力度。

汪志飞

铸造宁波民营企业研发硬实力的对策建议

建设高水平创新型城市必须发挥民营企业创新生力军的作用。据统计，宁波95%的上市公司和高新技术企业是民营企业，90%的研发经费来自民营企业，95%的市级以上企业技术中心设在民营企业，82%的发明专利由民营企业申报和拥有。研发是创新驱动的主引擎，而内部研发机构则是集聚创新资源的重要载体，是民营企业技术创新的核心和骨干力量。因此，有必要推进民营企业内部研发机构建设，铸造提升宁波民营企业研发硬实力。

一、基本情况

根据市科技大脑数据，宁波民营企业内部研发机构共2707家，其中，国家企业技术中心25家，高新技术企业研究开发中心439家，企业工程（技术）中心2098家，企业研究院140家，企业技术中心5家。总的来看，主要有三大特征。

一是制造业领域密度高。从行业分布来看，民营企业内部研发机构涵盖了三次产业所有行业，其中，第一产业5家，占0.2%；第二产业2348家，占86.7%；第三产业354家，占13.1%。从第二产业看，主要集中在制造业领域31个行业，其中有8个行业内部研发机构数量超百家，分别是：电气机械和器材制造业440家，专用设备制造业338家，通用设备制造业289家，汽车制造业287家，计算机、通信和其他电子设备制造业168家，橡胶和塑料制品业118家，金属制品业105家，仪器仪表制造业105家，这8个行业内部研发机构数量合计占总量的68.3%（见本文附件）。

二是与民营经济发展程度强关联。民营企业内部研发机构分布不仅与产业结构正相关，而且与民营经济发展程度关系紧密。从区域分布来看，民营企业内部研发机构数量排在前三的分别是余姚（605家）、鄞州（465家）和慈溪（436家），这三个地方的民营企业内部研发机构数量占全市总量的55.6%。从类型来看，余姚市的企业工程（技术）中心数量最多（545家），余姚市和慈溪市的企业研究院数量并列第一（均为22家），鄞州区的高新技术企业研究开发中心（101家）和国家企业技术中心（10家）数量最多（见表1）。

表1　民营企业内部研发机构区域分布

所属区域	高新技术企业研究开发中心（家）	国家企业技术中心（家）	企业工程（技术）中心（家）	企业技术中心（家）	企业研究院（家）	小计（家）
余姚	31	2	545	5	22	605
鄞州	101	10	339	0	15	465
慈溪	67	3	344	0	22	436
海曙	43	2	153	0	16	214
宁海	38	3	143	0	8	192
北仑	44	2	128	0	12	186
奉化	35	0	135	0	6	176
镇海	27	0	125	0	18	170
象山	21	2	101	0	8	132
江北	32	1	85	0	13	131
总计	439	25	2098	5	140	2707

三是研发产出保持高增长。从研发经费来看，民营企业内部研发机构研发经费逐年增长，2020年研发支出达158亿元，与2016年相比实现翻番，其中，内部支出占96.1%；研发人员数量为72112人，增长了68.4%（如表2）；专利申请数量和拥有的有效发明专利数量分别增长了近10倍和3倍多（见图1）。从研发经费用途看，人员劳务支出占44.8%，仪器设备支出占5.4%。从资金来源看，99.4%来自民营企业自筹，政府补助资金仅占0.6%。

表2　民营企业内部研发机构研发经费情况

年度	研发支出（万元）	内部支出（万元）	外部支出（万元）	研发人员数量（人）
2016	748932	739573	9359	42830
2017	937606	926901	10705	52355
2018	1077597	1065409	12188	61137
2019	1376254	1349743	26510	70915
2020	1581810	1520182	61628	72112

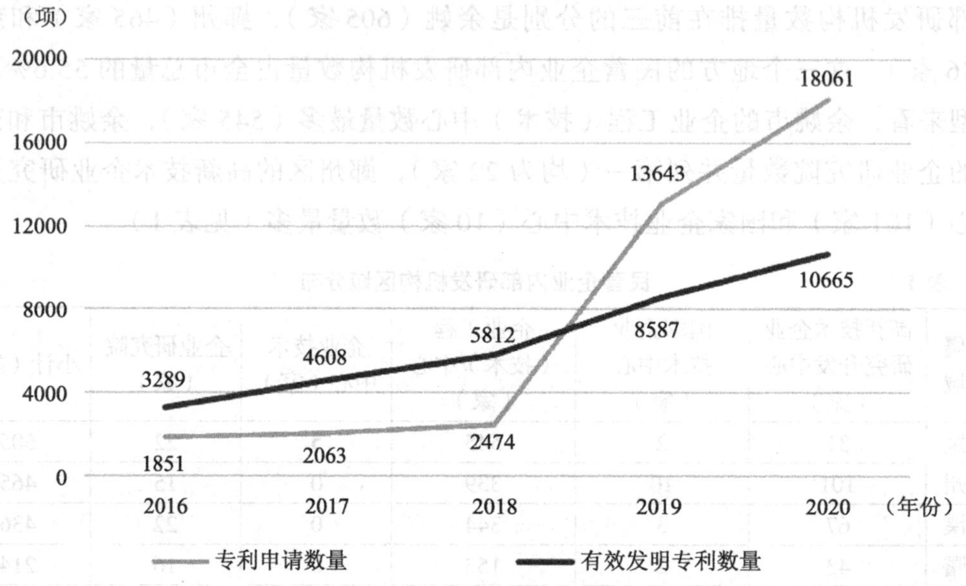

图1 民营企业内部研发机构专利情况

二、存在的主要问题

一是中小民营企业内部研发机构发育不足。大部分中小民营企业处于初创阶段，缺乏建立研发机构的能力和意愿。截至2021年底，宁波在册民营企业466808户，拥有内部研发机构的企业仅占0.58%，并且这些研发机构大部分由规模以上民营企业设立，中小民营企业内部研发机构数量明显偏少。

二是缺乏领军型头部研发机构。宁波民营企业内部研发机构以市级研发机构为主。目前市级研发机构达到1627家，占比60.0%，大多科技创新层级不高，缺乏像华为、阿里、腾讯、百度、京东、小米这样的领军型头部科技企业。拥有国家级研发机构仅35家，占1.3%；省级研发机构689家，占25.5%。根据全国工商联发布的“2021民营企业研发投入500家”“2021民营企业发明专利500家”榜单，研发投入方面，宁波上榜民营企业16家，在头部100家企业中仅有2家，且排名不高；发明专利方面，宁波上榜民营企业23家，在头部100家企业中仅有3家（见表3）。

三是基础性前沿领域研发存在短板。从研发经费投向看，基础研究投入为零，应用研究微乎其微，主要集中在试验发展上。从研发领域看，主要集中在电气机械和器材制造业、专用设备制造业、通用设备制造业、汽车制造业，以及计算机、通信和其他电子设备制造业等领域，而在互联网和相关服务、软件和信息技术、生物医药、机器人、芯片、绿色电源等前沿领域基本上是空白。

表 3　2021 年民营企业研发投入和发明专利 500 强宁波上榜企业名单

研发投入排名	公司名称	发明专利排名	公司名称
41	舜宇集团有限公司	31	奥克斯集团有限公司
48	宁波均胜电子股份有限公司	40	宁波方太厨具有限公司
140	东方日升新能源股份有限公司	63	舜宇集团有限公司
177	奥克斯集团有限公司	112	宁波江丰电子材料股份有限公司
181	华翔集团股份有限公司	179	宁波均胜电子股份有限公司
198	海天塑机集团有限公司	184	浙江大丰实业股份有限公司
240	宁波方太厨具有限公司	185	宁波富邦控股集团有限公司
309	公牛集团股份有限公司	215	宁波慈星股份有限公司
344	宁波拓普集团股份有限公司	225	宁波方正汽车模具股份有限公司
355	宁波吉润汽车部件有限公司	235	宁波金田投资控股有限公司
362	宏润建设集团股份有限公司	236	赛尔富电子有限公司
398	宁波富邦控股集团有限公司	242	公牛集团股份有限公司
415	得力集团有限公司	256	宁波美诺华药业股份有限公司
428	科元控股集团有限公司	315	博威集团有限公司
432	宁波申洲针织有限公司	366	雅戈尔集团股份有限公司
498	宁波合盛集团有限公司	383	乐歌人体工学科技股份有限公司
		386	海天塑机集团有限公司
		395	维科控股集团股份有限公司
		425	宁波申洲针织有限公司
		428	宁波激智科技股份有限公司
		433	东方日升新能源股份有限公司
		448	宁波欣达（集团）有限公司
		482	宁波大发化纤有限公司

四是人才生态不能满足研发机构发展需求。截至 2020 年底，宁波民营企业内部研发机构人员数量达 72112 人，平均每家企业 26 人，但专职从事研究工作的核心人员占比仅为 18.3%。实地调研中，很多民营企业反映技术人员招留难。现有人才生态尚不能有效满足民营企业内部研发机构培育和发展的需要。

五是民营企业研发机构建设政策驱动弱。宁波科技政策导向表现为“重技术研发，轻机构建设”。尽管宁波正在着力培育新型研发机构，但条件偏高，如产业技术研究院，要求研发人员不少于 50 人，研发投入不少于 1000 万元，且占年收入总额比例不低于 30%。这对于以中小规模为主的民营企业来说，只能望洋兴叹。并且很多民营企业受科技创新政策的影响，出于寻求研发激励补助而设立研发机构，基于战略目标和生产经营实际，内生性加大科研投入而设立研发机构的企业不多。

三、对策建议

锚定打造全球智造创新之都的战略目标，将内部研发机构建设作为推动民营企业高质量发展的核心和关键，一手抓机构数量的壮大，一手抓研发能力的提升，推动民营企业研发活跃度、研发强度、研发效度上一个新台阶。

（一）制定民营企业内部研发机构培育专项政策

一是设立民营企业研发机构专项补助。根据民营企业科技创新与市场拓展紧密度高的特点，制定民营企业研发机构建设引导目录，健全完善研发投入后补助机制，改变单纯以研发投入、研发人员数量为主要指标的评价方法，综合考虑年销售额、税收贡献等因素，增强研发与市场的结合度。

二是建立民营企业研发科技专项。以微科研、微技术和微创新为导向，每年留出科技专项用于支持民营企业开展实用性的试验发展，增加科技支持政策的普惠面，增强研发机构科技参与度。

三是给予研发机构研发生产产品采购奖励。购买使用民营企业内部研发机构研发的经认定的首台（套）重大技术装备成套设备、单台设备和关键部件的，对新型研发机构和市内购买使用单位按照销售价格一定比例分别给予奖励。

（二）建立民营企业内部研发机构分类培育机制

一是培育壮大“中小民营企业科创森林”。以高新技术企业和科技型中小企业培育为载体，支持有条件的中小民营企业建设工程（技术）中心、企业研究院等高水平内部研发机构，打造一批专精特新的“瞪羚型”民营企业研发机构。

二是支持行业龙头企业建立基础研究机构。聚焦绿色石化、新材料、高端装备、汽车及零部件、电子信息制造等优势产业，支持民营龙头企业建立专业化研究机构，开展前沿基础研究。

三是支持实力型民营企业创建高层级研发机构。瞄准省新型研发机构、省级企业研究院、省级重点企业研究院、省级高新技术企业研究开发中心等高阶研发机构，用好科技政策资源，推动研发机构提级增效。

四是支持大中小民营企业研发机构融通发展。以产业链为纽带，鼓励行业龙头骨干企业牵头，组建大中小企业研发机构融通发展联合体，按照产业链分工，分环节、分阶段承担技术攻关、技术产业化和应用研究，放大产业技术合作效能。

（三）推动科研资源向民营企业研发机构开放

一是强化公共科研资源供给。加快建设甬江实验室、微纳加工平台、极端条件材料大科学装置、工业互联网实验平台、人工智能先进算法和算力服务平台等重大科技基础设施，实施市级重点实验室提升行动，优化重点实验室建设方向和重点，加大先进实验仪器、装备和设施向民营企业研发机构的开放力度，实现地方创新资源的共享。

二是强化科研服务体系建设。健全研究开发、创业孵化、成果转移转化、检验检测等领域科技服务平台体系，优化提升产业创新服务综合体、众创空间、孵化器、加速器，加快发展科技服务业，推进科技大市场数字化升级，推动研发设计、科技文献、检验检测、技术交易、创业孵化、知识产权服务等科技服务机构做大做强。

（四）切实解决民营企业内部研发机构引才困难

一是支持民营企业研发机构培养和吸引创新人才。推进有实力的民营企业建立博士后科研工作站、院士工作站，吸引院士、优秀博士到企业研发机构从事科技成果转化和科技创新活动。制定和实施针对民营企业吸引国内优秀创新人才、优秀留学人才和海外科技人才的计划，采取团队引进、核心人才带动等多种方式引进国内外优秀人才参与民营企业研发机构的建设。

二是构建精准化的研发人才服务体系。以工业园区为重点，多渠道筹建研发人才安居专用房，推广青年研发人才驿站，推动租赁型研发人才房建设，满足研发人才住房需求。以研发人才子女入学为重点，通过企业预申请、园区集中提交等方式提前摸清需求，积极配置教育资源，留足义务教育阶段入学名额，解除研发人才子女入学的后顾之忧。以人才生态圈为重点，在工业园区、小微园区、众创空间等综合服务体，组建以技术研发、讨论交流、内测试验、成果共享等为内容的实体或虚拟社区，满足研发人才技术性社交需求。

何介强　倪永品

附表　宁波市民营企业内部研发机构行业分布

所属行业	高新技术企业研究开发中心（家）	国家企业技术中心（家）	企业工程（技术）中心（家）	企业技术中心（家）	企业研究院（家）	合计（家）
总计	439	25	2098	5	140	2707
电气机械和器材制造业	59	7	355	2	17	440
专用设备制造业	68	2	246	0	22	338
通用设备制造业	49	4	226	0	10	289
汽车制造业	58	1	196	1	31	287
计算机、通信和其他电子设备制造业	27	2	139	0	0	168
橡胶和塑料制品业	16	1	96	0	5	118
金属制品业	9	0	93	0	3	105
仪器仪表制造业	21	0	79	0	5	105
科技推广和应用服务业	11	0	88	0	3	102
化学原料和化学制品制造业	18	0	52	1	7	78
其他制造业	11	0	60	0	4	75
研究和试验发展	2	0	67	0	2	71
有色金属冶炼和压延加工业	17	3	43	0	8	71
软件和信息技术服务业	9	0	50	0	0	59
文教、工美、体育和娱乐用品制造业	6	1	39	0	3	49

续表

所属行业	高新技术企业研究开发中心（家）	国家企业技术中心（家）	企业工程（技术）中心（家）	企业技术中心（家）	企业研究院（家）	合计（家）
专业技术服务业	7	0	35	0	0	42
铁路、船舶、航空航天和其他运输设备制造业	7	0	19	0	4	30
医药制造业	6	0	18	0	2	26
批发和零售业	2	1	22	0	0	25
黑色金属冶炼和压延加工业	6	0	15	0	0	21
非金属矿物制品业	3	0	16	0	1	20
化学纤维制造业	5	0	14	0	1	20
纺织业	1	0	14	0	0	15
生态保护和环境治理业	1	0	12	0	0	13
互联网和相关服务	2	0	9	0	0	11
家具制造业	0	0	9	0	0	9
建筑安装业	3	0	5	0	1	9
电力、热力生产和供应业	2	1	3	0	2	8
机动车、电子产品和日用产品制造业	1	0	1	0	6	8
造纸和纸制品业	1	0	7	0	0	8
纺织服装、服饰业	1	1	5	0	0	7
商务服务业	2	0	4	1	0	7

续表

所属行业	高新技术企业研究开发中心（家）	国家企业技术中心（家）	企业工程（技术）中心（家）	企业技术中心（家）	企业研究院（家）	合计（家）
印刷和记录媒介复制业	0	0	7	0	0	7
房屋建筑业	0	0	6	0	0	6
废弃资源综合利用业	1	0	3	0	1	5
娱乐业	1	0	3	0	1	5
农副食品加工业	1	0	3	0	0	4
石油、煤炭及其他燃料加工业	1	0	3	0	0	4
土木工程建筑业	1	0	3	0	0	4
开采专业及辅助性活动	0	1	2	0	0	3
科学研究和技术服务业	1	0	2	0	0	3
木材加工和木、竹、藤、棕、草制品业	0	0	3	0	0	3
农业	0	0	3	0	0	3
食品及饲料添加剂制造	1	0	1	0	1	3
食品制造业	0	0	3	0	0	3
信息传输、软件和信息技术服务业	0	0	3	0	0	3
公共设施管理业	0	0	2	0	0	2
农、林、牧、渔专业及辅助性活动	1	0	1	0	0	2

续表

所属行业	高新技术企业研究开发中心（家）	国家企业技术中心（家）	企业工程（技术）中心（家）	企业技术中心（家）	企业研究院（家）	合计（家）
水利、环境和公共设施管理业	0	0	2	0	0	2
采矿业	0	0	1	0	0	1
道路运输业	0	0	1	0	0	1
广播、电视、电影和录音制作业	0	0	1	0	0	1
建筑业	0	0	1	0	0	1
金属制品、机械和设备修理业	0	0	1	0	0	1
酒、饮料和精制茶制造业	0	0	1	0	0	1
皮革、皮毛、羽毛及其制品和制鞋业	0	0	1	0	0	1
水的生产和供应业	0	0	1	0	0	1
水利管理业	0	0	1	0	0	1
文化艺术业	0	0	1	0	0	1
装卸搬运和仓储业	0	0	1	0	0	1

进一步助推宁波企业加大研发投入的对策建议

企业研发投入力度是衡量城市创新能力的重要指标，也是衡量企业应对外部变化能力的关键因素。当前，宁波正高效统筹新型冠状病毒感染的疫情防控和经济社会发展，深入实施稳进提质八大攻坚行动，激励企业加大研发投入、激发创新主体地位，有助于推动企业危中抢机、主动求变、超前布局，练好创业创新内功，为新一轮发展蓄力赋能，更好实现经济稳进提质。

一、宁波与相关城市企业研发投入情况比较分析

近年来，宁波高度重视扩大企业研发投入工作，严格落实企业研发费用加计扣除政策，创新采取科技创新券支持，加大企业研发费用补助等激励措施，全市规上工业企业研发经费支出近三年累计增长 33.4%，国家高新技术企业和科技型中小企业分别达到 3919 和 3729 家。我们选择 2020 年[①]工业增加值居宁波前三位的广州、无锡、泉州，以及后三位的东莞、南京、杭州等 6 大城市对比分析，发现宁波企业研发投入有亮点，也有不足，有进一步激发的潜力空间。

（一）宁波规上工业企业研发经费支出总量居中，占企业营收比重较高

从总量看，2020 年宁波规上工业企业研发经费支出 289 亿元，在对标城市中排名第 5；广州最多，达到 315.1 亿元。从研发经费支出占营业收入比重看，2020 年宁波占比为 1.57%，排名第三；杭州最高，达到 1.96%。说明宁波企业投入意愿较为强烈，愿意拿出更多的营收投入研发。

① 由于部分城市规上工业企业研发投入2021年数据未出，故以2020年数据为比较基数。

表 1　　2020 年相关城市规上工业企业研发经费支出比较[①]

城市	工业增加值（亿元）	研发经费支出（亿元）	研发经费支出占营业收入比重（%）
广州	5722.5	315.1	1.51
无锡	5126	345	1.8
泉州	5120	132.7	0.8
宁波	5045.6	289	1.57
东莞	4975	308	1.4
南京	4330	228.4	1.51
杭州	4221	307.3	1.96

（二）宁波规上工业企业企均研发投入偏低，但有研发活动企业占比较高

从规上工业企业均研发经费支出、研发人员看，2020 年宁波为 337.2 万元、13.7 人，均排名第 5；南京最高，达到 706.9 万元、20.1 人，分别是宁波的 2.1 倍和 1.5 倍。从有研发活动的企业数量看，宁波占比 44.7%，排名第 3，高于杭州 2.1 个百分点，说明宁波规上工业企业研发活动较为活跃。

表 2　　2020 年相关城市规上工业有研发活动数和企均研发投入比较

城市	规上工业企业数（家）	有研发活动企业数（家）	占比情况（%）	企均研发经费支出（万元）	企均研发人员数量（人）
广州	6203	2769	44.6	507.6	17
无锡	7002	3577	51.1	492.7	13.9
泉州	5105	—	—	247.7	7.7
宁波	8567	3832	44.7	337.2	13.7
东莞	11525	4058	35.2	308	11.8
南京	3233	1741	53.9	706.9	20.1
杭州	5992	2553	42.6	512.7	18

（三）宁波国家高新技术企业规模较小、增速有待加快

国家高新技术企业是企业研发投入的重要主体，城市高新技术企业越多，企业研发经费支出越多。截至 2021 年底，宁波高新技术企业达到 3919 家，列倒数第二；广州、杭州、南京列前 3，宁波差距偏大。从新增看，2021 年宁波新增 817 家，排名第 4，与杭州、南京、东莞等城市差距进一步拉大。总体来看，宁波需加大高新技术企业培育力度，进一步扩大规模。

① 资料来源：各地统计年鉴（同表2、表3）。

表3　2021年相关城市国家高新技术企业数量比较

城市	GDP总量（亿元）	全国排名	高新技术企业数量（家）	全国排名	年度新增（家）
广州	28231.97	4	11398	5	213
无锡	12370.48	14	4831	11	801
泉州	11304.17	21	1630	39	593
宁波	14594.92	12	3919	21	817
东莞	9650.19	23	7377	17	992
南京	16355.33	10	8443	9	1936
杭州	18109.42	8	10222	6	2478

二、相关城市激发企业研发投入积极性的主要举措

（一）加强研发后补助支持力度

研发后补助是对企业前期研发投入经费予以事后补助，能够精准有效降低企业研发费用，激发企业研发投入积极性。从支持方式看，一种是普惠式支持，按照企业研发投入经费，给予一定比例的补助。合肥对符合条件的入库国家科技型中小企业，按符合加计扣除条件的研发费用15%，给予最高100万元补贴。另外，各地也通过发放研发采购科技创新券，给予企业普惠式支持。另一种是递增式支持，按照研发投入年度递增额度给予补助。南京根据企业年度研发费用增长额、增长幅度因素，给予企业最高100万元奖励。东莞对研发投入年度增量超过100万元的企业按增量给予补助。宁波也对符合条件的企业按研发投入增量部分（含首次有研发投入的企业），给予一定补助。

（二）支持企业建立研发机构

从支持形式来看，一是支持企业建设自有实体研发机构，包括企业研究院、企业工程技术中心、企业实验室等。深圳每年认定资助20个以内的重点企业研究院，对经认定的重点企业研究院，按照依托企业投入研发经费的25%予以资助，最高资助金额为1000万元。二是支持企业建设联合研发平台。武汉推动建设企校联合创新中心，要求成立后三年内企业研发投入不少于100万元，并提出到2022年底，主营业务收入5亿元以上规上工业企业，实现企校联合创新中心全覆盖。三是支持企业建设线上研发中心。青岛支持暂不具备线下研发机构建设条件的企业打造“云上研发中心”，根据运营绩效，给予5万元一次性奖补。

（三）加大研发投入税费优惠落实力度

研发投入税前加计扣除等税费优惠是国家统一政策，但相关城市政策落实过程中，持续创新落实机制，让更多企业享受支持政策。青岛创新服务形式，提出做好“政策带货人”，深入规上工业企业、科技型企业宣传研发投入税费优惠政策。南京等地建立“研发投入统计明白人”制度，要求各纳统企业明确专职科技统计填报人员，对企业研发经费分段补助申报、研发专账设立等进行专项培训，规范企业研发费用归集，更大力度落实研发投入税费优惠政策。

（四）优化企业研发投入补助程序

按照尽早尽便原则发放企业研发投入补助资金，更加有效发挥财政科技经费的牵引作用。南京、合肥等地为切实减轻疫情期间企业负担，采取承诺制方式，近两年在一季度就提前启动了科技创新券兑现工作，并加快资金拨付进程。青岛开发应用全国首个科技与税务跨部门数据互通、业务互助、信息互认平台，企业研发投入经费补助申请实现全程网上办理。

三、宁波进一步助推企业加大研发投入的对策建议

（一）发挥财税政策引导作用，让企业更愿投入

加强财政科技经费投入。对企业研发投入建立“普惠+递增”的组合式财政支持政策，根据企业研发费用实际投入额度，按照一定比例给予企业研发补贴，范围可覆盖全市规上工业企业和科技型中小企业。落实宁波企业研发投入增量按比例补贴政策，适当提高补贴比例，力争突破100万元。梳理评估宁波现行企业内设研发机构建设补助政策，强化研发实绩导向。

加强研发投入税费优惠政策。借鉴相关城市经验，建立企业研发投入“政策带货人”“统计明白人”等制度，推动研发投入税费优惠政策进园区、进企业、进机构，提高优惠政策知晓度和利用率。

（二）加强政策兑现和产权保护，让企业更敢投入

从快从优兑现优惠政策。细化制定各类涉企研发投入优惠补贴申报指南，将兑现办理方式统一纳入甬易办政务服务平台，方便企业网上办理、一键兑现，以政策兑现高效率激发企业研发高投入。积极探索研发投入补贴“预拨+结算”方式，以超常规举措让企业早受益，推动惠企政策红利加速释放。

加大知识产权保护力度。充分发挥宁波知识产权综合体作用，培育一批在

知识产权许可、评估、维权、诉讼、商用化等方面能力突出、特色鲜明、商业模式成熟的知识产权运营服务机构，强化知识产权人才培养。

（三）强化专业研发服务机构支撑作用，让企业更善投入

尽快遴选认定一批。在全市会计师事务所、管理咨询机构、财务管理机构中遴选一批专业化程度高、服务能力强的机构，帮助各类企业规范研发活动、提高企业研发费用归集统计业务水平。定期公布认定的专业服务机构名单和重点服务领域，为企业提升研发投入、统计水平提供支撑。

给予专项倾斜扶持。对于受企业认可的专业服务机构，根据服务企业数量、提升企业研发投入规模等实绩，给予专项经费扶持，优先推荐申报甬江引才工程城市经济创业团队。

（四）培育壮大有研发投入企业队伍，让更多主体投入

提升规上工业企业研发活动参与率。强化政策配套和要素保障，进一步提升规上工业企业研发活跃度。到2025年，全市规上工业企业实现研发人员、研发机构和研发活动三个全覆盖，有力提升全社会研发投入强度。

培养更多科技型企业主体。大力培养高新技术企业，适当提高入选国家高新技术企业奖励力度，确保宁波高新技术企业年度净增1000家以上。壮大科技型中小企业队伍，加快创新创业载体建设，不断优化创新创业环境，为科技型中小企业培育孵化提供有力支撑。

积极引入建设相关研发投入主体。发挥新型研发机构作用，鼓励新型研发机构加大投入，提高机构研发投入在绩效考核中的比重。推动浙江自贸区宁波片区引进建设更多外资研发中心。

（五）支持开展多元联合研发，让企业有更多领域投入

支持开展产学研联合创新。发挥国家首批产教融合试点城市优势，支持企业将研发经费投向高校、新型研发机构等，建设企业产教（产研）联合研发中心。将企业产教（产研）联合研发中心作为企业加强技术改造、申报各类产业优惠政策的重要指标。力争到2025年，规上工业企业产教（产研）联合研发中心覆盖率达到50%以上。

支持企业建设联合研发中心。鼓励宁波产业链龙头企业、链主型企业，联合上下游企业和同类企业，建立联合研发中心。对于牵头建设企业，按照企业研发投入经费给予一定比例的奖励。

支持企业建设线上研发中心。对于建设线下研发机构有困难的企业，推动企业参与线上研发中心建设。企业可在线发布创新需求，通过在线研发中心与各创新主体开展线上互动交流，引导社会优质科技资源破解企业技术创新难题。

（六）加强企业研发融资支持，让企业有更多资金投入

建议市级财政统筹安排专项资金，各区（县、市）设立相应配套资金，用于补助宁波企业研发融资费用。对企业在银行机构、小额贷款公司进行研发融资，且实际投入研发项目经费达到一定额度的，按其融资利息支出，给予贴息支持。加快落地科技创新再贷款制度。

徐 毅　陆可晶

深化助企纾困行动助推宁波企业承压向上

宁波市发展研究中心协助国务院发展研究中心完成2022年二季度甬企运行情况的连续监测。242家监测甬企按资产规模分，1000万元以下、1000万～5000万元、5000万～1亿元、1亿元以上的分别占比24.4%、31%、12.8%、31.8%；按行业分，二产、三产分别占比57.4%和42%。监测结果分析显示：这些企业总体上稳中承压，订单量、营收、用工缺口指数、经营预期和经营计划等近10项数据为近两年新低，同时助企纾困政策作用逐渐显现，企业融资便捷性改善，创新研发投入强度有所提高。

一是企业经营饱和度总体稳中有降。企业订单量同比下降2.9%，为近24个月来首次负增长，订单减少的企业范围由上年末的18%增至38%。一产和二产企业产能利用率为68.1%，与2021年二季度相比收缩近5个百分点，资产规模1000万元以下的企业产能下降更显著。企业产成品库存同比略有提高，平均增幅为3.55%。服务业产能利用率明显下降，满负荷运行企业范围由上年末的57%下降至44%，为近两年来最低水平。

二是进、流、出三大环节挤压盈利空间。企业原材料和投入品价格超高位运行有所回落，反映价格同比上涨的企业范围由上年二季度的99%逐季收窄至61%，但企业上涨成本向下游传导的比例仅约1/5。企业产品或服务销售价格约以1.74%的涨幅温和上涨，与1—5月全国工业生产者购进价9.1%、出厂价8.1%的涨幅存在较大落差。疫情造成物流中断、延缓抬升企业成本，正常情况下企业物流配送平均周期为4.5天，但超两成企业表示近期所在区域仍然存在物流受阻的情况，配送周期延长0.5～2倍。季末企业累计营收较上年同期平均减少1.95%，为近24个月来首次由正转负，利润同比由上季度的–1.15%继续下滑至–2.27%。

三是多项指数显示企业招人意愿趋弱。受2022年人力资源市场供给较为充裕等因素影响，受调查企业招聘难度指数为25%，较上年同期回落5个百分点，出现用工缺口的企业占比为13.6%，14%的企业计划近期增加员工，13%的企业计划近期增加薪酬，但招聘难度指数、缺口指数、计划增员企业占比、计划增薪企业占比均为近21个月以来最低值。企业用工成本总体稳定在全部成本的1/3左右，但平均用工成本涨幅约2.56%，为近18个月来最低值。

四是企业融资难度有较明显改善。企业资产负债率和应收账款回款周期总体维持稳定。2021年上半年以来，资产负债率基本维持在52%左右，应收账款周期在100～108天之间。4月以来，国务院和省市各部门推出诸多特定时期融资畅通政策，企业融资成本明显下降，43%的有融资需求企业可以从银行获得八成以上的贷款支持，为近24个月以来最好水平。近期企业从银行获得贷款的加权合同利率约4.74%，从银行获得贷款综合成本约5.16%，均为近一年来最低利率（一季度分别为5%、5.79%）。

五是海外需求回落影响企业出口。反映2022年出口量有所增长的企业占比为23.3%，仅为上季度的一半，是近24个月以来最低；反映出口量有所下降的企业为21.9%，较2021年同期提高8个百分点。相较于运输困难和运输成本提高等因素，国外市场需求下降和订单不足是出口量下降的主要原因。本季度末企业接到出口订单数同比减少1.23%，是近18个月以来首次出现负增长，45%的企业出口订单为3个月内交付的短单，84%的订单需要6个月内完成交付，较高比例的短单现象凸显当前国际经贸复杂形势。

六是经营信心和预期继续下降。对全年发展持乐观预期的企业比例不及一半，为近24个月以来首次，35%的企业感受当前宏观经济偏冷。疫情是影响企业经营信心的主要变量，80%的企业担忧疫情走势不确定影响企业稳定经营，53%的企业反映当前稳增长的政策力度仍需加大，50%的企业希望政府对企业社保费实施进一步减免或缓缴，25%的企业希望能获得贷款展期或延期还本付息。企业对全年营收平均增幅预期为-0.41%，为近21个月以来首次。仅有27.3%的企业表示未来一段时间计划增加经营投入，为近24个月来最低。

七是创新投入增强但数字化不平衡。242家企业研发费用占营业收入的加权平均强度为1.44%，较上年同期的1.22%有明显增长。其中，53%的企业没有任何研发活动，基本维持上年同期的比例。在有研发活动的企业中，20%的企业研发费用占营收比例在0.5%以内，10%的企业研发强度在0.5%～1%。50%的企业研发强度在1%～5%，高于上年同期的46%。70%的企业研发人员岗位占比在5%以内，研发人员岗位占比30%以上的企业不到4%，与2021年相比没有明显变化。对研究生学历员工最有迫切需求的企业占比为13%，较2021年提高4个百分点。企业开展电商直播等活动不及预期，仍有83%的企业没有任何在线业务。12%的企业已有人工智能生产线、服务或者接入工业互联网，主要为大中型企业，其中资产规模5000万元、1亿元以上的企业分别占80%、63%。资产规模在5000万元以下的企业，仅6%的企业引入智能生产或服务，且多数中小企业短期内无数字化、智能化改造计划。

2022年以来，在疫情多点散发、俄乌冲突加速世界"裂化"、全球大宗商品价格保持高位、美欧通胀输入等多方面因素的影响下，国内经济实现年度预定目标压力陡升。当前，浙江省正在深入实施稳进提质攻坚行动，印发了助企纾困"38条"、促进服务业复苏"53条"，宁波出台稳链纾困助企"47条"、稳住经济"16方面"措施，力争实现中央"疫情要防住、经济要稳住、发展要安全"的目标要求。上述调查显示，一方面宁波企业经营面临的困难非常突出，特别是企业订单减少，产能利用不够充分，经营成本仍然高位运行；另一方面表明宁波纾困政策正在发挥作用，受调查企业对政府服务和政策落实表示满意，特别是融资难度和成本都有明显下降，有利于企业增强流动性，在克服市场困难的同时，专注于产品和工艺的创新，增强企业抗风险韧性。1—5月宁波地区生产总值、财政收入、外贸进出口额继续保持全国领先态势。随着全国局部地区疫情初步缓解，政府逆周期政策有了更广阔的推进空间，政策机理将渗入市场微观循环体系，有理由相信宁波广大企业将触底反弹、加速修复、拾级而上。下一阶段，深化助企纾困行动中要着重加大四方面工作力度。

一是把"稳住预期"作为头等大事。经济急速下行造成居民消费动力减弱，企业营收利润下降、信心受挫，当务之急是要防止信心暂时下落的长期化。聚焦疫情这个关键变量，在坚持动态清零政策前提下，科学调整防疫预案，优化隔离范围和方式，加快完善人和货的方舱基地，健全重点企业白名单和补链方案，防止出现区域性停工停产。聚焦"政策"这个工具箱，加强助企纾困政策的数字化集成和落地生效，用数字化技术梳理政策的时序时效关系、纵向容斥关系、横向并联关系，力争实现政策智能推送、一键兑现，提升中小微服务业企业直达快享体验。聚焦"制度"这个方向盘，以引领全国统一大市场为导向，加快完善先进技术、投融资、文化事业、立体空域等领域的市场准入机制，破除生产要素自由流动和高效配置的制度性障碍，增强市场主体寻求和创造机遇的内生动力。

二是要深化基础领域的降本减负。原材料、物流、用地和金融四大领域的成本水平是塑造区域竞争力的基础性因素，成本波动对国民经济的影响面最宽、最深。加快推进宁波舟山港大宗商品储运基地建设，早日发挥价格调节优势，支持行业性集体采购原材料。成立制造业产业治理基金，推进工业企业入园发展，明确工业上楼标准，向立体空间要土地，改善制造业生产和就业环境，规范土地二级市场，打击工业用地投机市场。加强物流领域数字化、标准化改造，有效促进物流资源智能匹配，减少空驶运输和资源闲置，引导仓储企业“上网”，减少仓储隐性收费，降低特定时期滞港费用。聚焦企业无还本续贷这个突出需求点，支持金融机构创新供应链融资业务，提高无还本续贷比例要求。

三是要加快服务业回暖稳就业。本次监测数据反映出来的用工难阶段性缓解走势，也凸显了宁波保就业面临的压力加大。要更好发挥服务业吸纳就业和保住市场主体的关键性作用。当前服务业享受助企纾困政策的获得感不强，主要是大量服务业企业在疫情期间没有营业活动，税收减免政策对其意义不大。要以激发消费为依托，形成服务业与消费良性循环、稳进与提质相统筹。升级商圈和景点精密智控体系，推广电子哨兵，集成简化出行扫码，让人流加快动起来、商流加快火起来。率先推动旅游业、文化业复苏，利用暑期时间窗口，推出一批研学游产品，以严密的防疫预案和深厚的人文关怀打响宁波旅游名片，集聚更多新增消费力量。动态调减核销率低、撬动比例低的行业消费券发放力度。用好数字人民币红包、盲盒零付款等奖励措施，激发社会各群体消费动力。支持职业技能培训机构逆势发展，围绕全市智能制造创新开展新业态、新岗位就业技能培训，提高劳动者就业能力。

四是要持续引导企业数字化升级。数字化是第四次工业革命的重要基石，数字化与产业结合将重塑企业形态、供应链和产业链。数字化转型本身也是提高企业抗风险能力的重要举措，在车间层面可以提高生产的柔性化程度，在价值链层面可以实现制造与研发、营销的同步，在区域层面可以形成虚拟的产业集群。受调查企业的数字化转型进程不及预期。当下关键是要解决企业数字化转型初始成本过高的难题，大力支持企业生产流程智能化改造和接入工业互联网。推出智能化改造分类标准体系，对于达标企业分阶段给予资金支持，力争通过几年时间实现规上工业企业全覆盖。扶持头部企业牵头建设工业互联网平台，培育工业互联网服务商，通过政府购买服务等方式降低中小企业联网难度，推动更多的中小企业享受云化产品和服务。支持外贸企业运用独立站、自主品牌、境外APP开发等模式更好适应海外零售市场需求特征，提升海外市场份额和价值占比。

汪志飞

着力培育宁波自己的世界500强企业

由宁波市企业联合会、宁波市企业家协会、宁波市工业经济联合会共同推出的2022宁波综合百强、制造业百强、服务业百强和竞争力百强企业排行榜正式揭晓。在这市场风云快速变换的一年，尽管受到新型冠状病毒感染疫情的反复冲击和产业链供应链不断被迫重组的影响，总体而言，宁波的龙头企业还是经受住了考验，取得不少令人振奋的成绩。本年度榜单主要呈现以下四方面特征。

一是规模维度，头尾企业双双提升。榜首企业的营收从1048亿元增至1439亿元，增幅达到37.3%（上年度则为下降7.6%），入围门槛也显著提升，从27亿元提升至33亿元，增幅达20.9%（上年度增幅4.3%），反映到百强企业总营收上，更是首次突破2万亿大关。制造业和服务业百强榜单也呈现同样态势，证明宁波广大企业特别是龙头企业，面对复杂多变的市场环境，具有强大的生命力、竞争力。

二是效益维度，马太效应显现，制造业优于服务业。百强企业整体净利润呈稳步增长态势，但企业间分化加剧，净利润10亿元以上的企业从21家增至26家，净利润5亿元以上的38家企业占百强企业净利润总额比重从87.3%提升至93.0%，剩余62家企业仅占总额的7%，净利润不足1亿元的仍有29家。产业间的效益分化也较为明显，综合百强中有32家制造业企业净利润在5亿元以上，服务业仅有5家，同时制造业百强净利润达到713亿元，增长15.7%，而服务业百强净利润仅为116亿元，比上年度下降13.8%，显示在疫情持续影响下，服务业企业更亟须得到政策关注和多方支持。

三是结构维度，民营企业发展承压，国企外企势头良好。宁波作为民营经济大市，民营企业一向是百强榜单中的主体，但受困于疫情背景下的市场大环境，此次榜单入围民企无论是数量还是营收、净利润，都呈下滑状态，而国企在数量略微减少的情况下，营收和净利润的占比都实现提升，特别是净利润占比从20.8%大幅增至27.4%，一年增加6.6个百分点，外企则凸显出独特的抗压能力，2019年以来，无论是入围企业数量还是营业收入、净利润的占比，均实现持续上升。

四是潜力维度，新生力量、技术研发、海外发展等方面亮点频出。2021年笔者点评百强企业榜单时，曾寄望宁波企业加快产业和赛道创新、模式和业态创新。2022年笔者欣喜地发现，已经有锦浪科技等一批新兴产业领域的代表性企业入围，同时还有爱柯迪、大丰实业、乐歌股份等在模式和业态创新方面颇有建树的企业距离百强门槛仅有一步之遥，这些宁波经济的新生力量，将为宁波未来的可持续发展注入源源不断的增长动能。技术创新、海外发展也是当前和今后一段时期宁波企业寻求增长新动能的重要路径，在这两方面宁波百强企业也有显著进展，2021年制造业百强企业中国家级技术中心、省级技术中心的数量分别从26家、50家增至30家、59家，发明专利数量增长30%以上，而百强企业的海外收入、海外资产分别增长49.0%、12.0%，进一步实现了对内外两个市场、两种资源的统筹布局和有效挖掘。

在宁波百强企业榜单揭晓前不久，《财富》杂志也发布了本年度的世界500强企业榜单，较为遗憾的是，2022年仍未有宁波企业入围，而其他副省级城市，如深圳、杭州、广州分别有10家、8家、4家入围，成都、济南、厦门均有3家，西安、青岛、武汉、长春等也各有企业入围，宁波在龙头企业培育方面，已落在同类城市的队列之后。但值得欣慰的是，2022年宁波企业与500强门槛更为接近，500强入围门槛从240亿美元升至286亿美元，但宁波头部企业与其差距（分别按2020年、2021年平均汇率计算）也从600多亿元人民币缩小至400亿元左右，若能持续保持这样的上升势头，有望在几年内实现零的突破。因此，今后一段时期，在全面推进企业梯队建设、挖掘更多单项冠军和“小巨人”企业的同时，宁波也要着力加强对龙头企业的培育扶持，尽早摆脱宁波经济版图中缺“旗舰”型企业、缺“航母”型企业的痼疾。

一是对现有领军企业要做好要素支撑。目前位居百强榜前列、营收在500亿元以上的近十家领军企业，是宁波企业冲击世界500强的“主力军”和“排头兵”，当前制约其在宁波本地做大做强的突出障碍是要素供给不足，包括产能扩张所需的土地资源、优化升级所需的高端人才、并购重组所需的资金支持等，要以“一企一策”等方式予以重点保障，在本地确实难以满足需求的情况下，在企业将总部、营销中心、结算中心等留在宁波的前提下，支持其在境内外广泛建立和并购生产基地、研发机构、营销网络，并在资金、技术、品牌等方面反哺宁波总部。

二是对裂变式成长企业要予以重点关注。在市场形势飞速变幻、新兴领域迅猛崛起的当下，打造世界500强企业，不仅要支持成熟行业的龙头企业发展壮大，也应重视新产业领域的高成长企业，如力勤股份在动力电池所必需的金属镍领域进行全产业链布局，2021年营收暴增60.7%，如光伏逆变器领域的国内龙头锦浪科技随着“双碳”战略下光伏产业规模的急速膨胀，一年内营收增长近60%，若力勤、锦浪这样的企业能伴随所在行业同步快速成长，其未来发展空间不可小觑，因此，宁波应高度关注相关企业的发展动向，作为未来世界500强的重要“候补选手”，在助力企业快速发展的同时，争取将其总部长期留在宁波。

三是对新兴产业领域要强化引进培育。本次百强榜单，宁波虽有不少新兴领域的企业进入，但相比深圳、杭州等同类城市，“新面孔”的数量仍然较少，因此，宁波要放眼整个国内，重点关注新能源汽车、可再生能源、集成电路等领域的“种子型”“瞪羚型”企业，对于本地成长起来的，要舍得通过多种形式予以扶持壮大，对于在外地孵化成熟的，符合未来产业发展导向、适配宁波产业基础的，要竭力争取以适当方式引入宁波并定制配套政策，为宁波这座城市在今后日趋激烈的产业竞争、区域竞争中埋下更多发展“火种”、留下更大想象空间。

陈　浩

改革开放

支持本土跨国企业更好“走出去”的对策建议

支持更多本土企业“走出去”全球布局、参与全球产业链重构、掌握国际话语权是宁波深度融入内外双循环、增创开放发展新优势的必然路径，也是落实市党代会精神、打造国际开放枢纽之都的重要举措。当前，不少企业已成功“走出去”，但在境外投资经营中仍面临自身竞争力不足、服务体系不完善、宏观环境风险较多等问题和困难，需要通过提升企业综合竞争力、完善“走出去”服务体系、强化要素保障等手段和举措加以克服解决。同时，要引导本土跨国企业更大力度反哺家乡发展，实现高水平“走出去”与高质量“引回来”的互促共进。

一、宁波企业境外投资经营的基本特征

“十三五”时期以来，宁波企业在境外投资经营的规模、领域、区域、模式以及反哺本土发展等方面，都呈现出一定的新趋势、新特征。

总量持续扩大，小项目仍占主导。2016—2020 年，全市累计核准（备案）境外投资项目 709 个，中方投资额 157.5 亿美元，较“十二五”时期分别增长 40%、90% 以上。2021 年增速依然不减，全年新批境外企业数量 186 家，境外投资项目 189 个，同比分别增长 14.8%、6.0%。从项目大小看，投资额在 1000 万美元以下小项目占绝对主导，近几年占比均在 80%，2021 年为 81.5%。

能级不断提升，贸易投资向研发生产投资升级。宁波企业境外投资已实现从贸易投资向生产、研发投资升级，本土企业利用境外优质资源要素的步伐加快。2016—2021 年，制造业投资额占比从 32.1% 提升至 50.5%，批发零售业投资占比从 20.0% 下降至 15.6%，科研和技术服务、软件和信息服务的投资占比分别从 1.3%、0.4% 提升至 3.1%、2.9%。

区域日趋广泛，亚洲仍是主体、欧洲增长较快。宁波企业境外投资遍及六个大洲123个国家（地区），较2015年增加7个国家。按投资区域分，亚洲长期居首位，2021年占比达到64.9%，高于第二位的欧洲39.6个百分点。其中，中国香港、马来西亚、新加坡为主要投资目的地，2021年占比分别达到24.6%、14.4%、10.5%。从投资增速看，欧洲增长最快，2021年较2016年增长58%，北美洲、大洋洲则较2016年有显著下降。

模式间分化加剧，新建投资占比过半。企业境外投资有新建投资、跨国并购、增资等模式。“十三五”时期以来，各类模式占比呈现波浪式动态演变特征。近三年，新建投资占主导，2021年占比达到53.2%；跨国并购模式则呈下滑趋势，2021年占比为12.1%，同比下滑5.9个百分点。

回归效应显著，形成多种反哺路径。反哺家乡发展是宁波本土跨国企业经营发展的重要特征，目前已探索出渠道反哺、技术反哺、投资反哺、资源反哺、制度反哺等多种路径，为宁波经济发展创造了新增量。如，乐歌股份依托自有海外仓带动中小企业出海实现渠道反哺，圣龙集团以跨国并购消化吸收先进技术实现技术反哺，均胜电子经跨国并购壮大后投资宁波总部实现投资反哺，宁波力勤投资境外镍矿资源满足国内需求实现资源反哺，博威集团并购德国企业后学习德式管理实现制度反哺。

二、宁波企业境外投资经营面临的主要问题

宁波企业境外投资经营主要面临企业自身竞争力不足、境外投资经营服务跟不上、外部环境有风险等三个层面问题。

（一）微观层面：企业自身竞争力存在“三缺”

一是缺认可度高的自主品牌。本土跨国企业在国际市场特别是欧美高端市场，缺乏具有较高认可度、知名度的自主品牌。如，奥克斯集团在东盟国家以销售自主AUX品牌空调为主，而在欧洲、北美市场，则是LG、松下等国际品牌的OEM商；广博集团在东南亚以自有品牌销售，而出口到欧洲、美国的产品则以贴牌为主，两者的毛利率差达到3～5个百分点。

二是缺自主关键核心技术。本土跨国企业自主创新能力总体还不强，一些核心部件、原材料仍然依赖进口或国外技术生产。如美康生物用于提高检测试剂灵敏度的核心原材料“磁性微球”长期依赖进口，成本很高且存在“卡脖

子”风险。

三是缺国际化经营人才。本土跨国企业国际化发展较快，但既通外语又懂经营的国际化人才储备不足，导致后续经营运作受到制约。如，福尔达科技2021年在罗马尼亚建立生产基地时，因总部缺乏懂外语、懂管理、懂技术的人才，只得高价在海外挖人；继峰股份反映企业扩大海外投资的瓶颈之一就是缺乏了解当地市场的跨国经营人才。

（二）中观层面：境外投资经营服务存在“三个跟不上”

一是市场信息服务跟不上。企业跨国投资前期，往往对东道国政策、文化习俗、行业竞争等市场信息掌握得不够全面细致，而国内政府部门、机构提供的信息量少且不够精准，给企业带来不少困扰。如，慈星集团反映，国家“走出去”服务平台提供的信息往往难以满足企业需求，缺少各国税收政策等关键内容，导致宁波总部对德国税收政策了解不足，斯图加特分公司办理税务时遇到很多麻烦。

二是金融服务跟不上。一方面，由于境外投融资限制较多等原因，宁波企业开展新建投资、跨国并购时的融资需求还不能得到较好保障；另一方面，境外投资保险服务尚待提升，存在信保机构单一、险种不足、保费过高等问题。如，继峰股份反映，企业难以以境外的土地、固定资产等作为抵押获得境内银行贷款，企业融资能力受到影响；乐歌股份反映，企业依托海外仓带动中小企业出海时，为规避有关风险，乐歌要求中小企业在入驻海外仓前需缴纳一定比例保证金，给中小企业造成资金压力，亟须保险公司开发相关险种予以支持。

三是专业中介服务跟不上。宁波在管理咨询、资产评估、法律服务、财务审计等领域缺少具有国际化服务能力的本土中介机构，企业不得不向价格高昂的国际中介机构寻求服务，造成不小负担。如，雅戈尔在并购美国新马集团时遇到政策、法律等方面的诸多障碍，只得付出巨大的时间和财务成本，聘请美国、中国香港等地的相关咨询机构。

（三）宏观层面：海外市场存在“三类风险”

一是政治风险。当前国际政治格局加速演变，国别政治风险增多，特别是宁波投资较多的“一带一路”沿线地区政治风险升高，给投资带来较大不确定性。如，俄乌军事冲突导致东方日升在乌克兰的光伏项目停工，金田铜业的乌克兰客户已失去联系。

二是经济风险。在国际贸易风险方面，宁波重要的境外投资地越南近年来连续受到美国反倾销、反补贴调查，给部分在越南加工贸易企业造成影响；在产业配套方面，由于部分东南亚国家的原材料、生产设备、零部件等配套较落后，当地工厂的各类配件均需从国内运输，导致生产环节增多、不可控因素增多。

三是文化风险。海外部分国家风俗习惯与国内有显著差异，企业管理当地员工难度较高。有企业反映，在东南亚选址建厂时，发现某国虽然要素价格较低，但工人每天必须祈祷五次，影响生产经营，决定不在当地建厂；奥克斯集团反映，国内推行的计件制工资制度在泰国工厂并不适用，对当地员工不能形成激励效果，如果强行执行计件制还涉嫌违法。

三、支持本土企业更好“走出去”的对策建议

针对宁波企业境外投资经营面临的问题，重点要推动企业持续提升自身竞争力，健全“走出去”综合服务体系，持续强化要素支撑保障，不断畅通反哺本土的渠道路径，引导本土跨国企业在更好经营海外市场的同时助推国内产业优化升级，形成内外联动、互促共赢的新局面。

（一）加快提升企业自身竞争力

一是培育一批有实力的本土跨国企业。高度重视本土跨国企业培育工作，排摸一批行业头部企业、单项冠军企业、高成长企业、独角兽企业等，建立本土跨国企业培育库。研究制定分类培育政策，对跨国经营指数明显提升，境外资产、收入和人员等发展较快的中小型入库企业实施“增速型”成长激励政策，对跨国经营指数全省靠前、销售收入规模较大的企业实施“规模型”激励政策，争取培育出若干家掌握国际话语权、控制全球产业链的本土跨国企业。

二是推动企业提升技术竞争力。建立由跨国企业牵头，高校、科研院所等多元主体协同的高能级创新联合体，依托市“关键核心技术登峰”“前沿引领技术2035”等重大科技攻关计划，突破一批“卡脖子”关键核心技术。支持技术成果转移转化，鼓励科研院所向本土跨国企业转移技术创新成果，加快新技术和先进适用技术的推广应用。鼓励企业申报PCT国际专利，开展专利海外布局。

三是推动企业打造国际化品牌。支持企业建立品牌管理中心、工业设计中

心，加快从OEM、ODM向OBM转变。支持企业开展国际品牌跨国并购，将自主品牌纳入并购品牌营销渠道，实现自主品牌跨越提升。支持企业自建境外营销网络，收购带有销售渠道的境外企业，加快本土品牌产品开拓国际市场步伐。

（二）健全企业“走出去”综合服务体系

一是政企合作建设“走出去”综合服务平台，提升企业服务和风险防控水平。由主管部门牵头，联合各类专业服务机构、行业协会等，探索成立市场化运作的宁波跨国经营促进中心，为企业境外投资经营提供市场信息、法律、风险管理、人力资源管理、跨国经营培训等各类公共服务或定制服务。建立境外投资“红绿灯”制度，推进与驻外使领馆、协会（商会）等交流合作，发挥跨国经营促进中心作用，收集整理、评估分析各类境外安全风险信息可能对宁波境外投资合作造成的影响，及时向企业发布预警通报。提升企业“危地不往、险地不去”意识，加大企业风险防控培训教育，鼓励企业设立独立的境外投资风险防控部门，完善风险控制体系。

二是引育一批国际化本土中介机构。培育服务境外投资经营的本土会计师事务所、律师事务所、资产评估公司、投资顾问公司、财务咨询公司等社会化中介服务机构。支持本十中介机构“走出去”，在重点国家（地区）设立分支机构，为企业境外投资经营提供尽职调查、法律、会计、税务、投资、风评等事前事中事后全链条服务。加快引进一批具有国际水准的专业中介服务机构。

三是引导企业开展境外互助合作。引导本土跨国企业在境外投资地组建行业协会（商会），构建企业互助服务网络。支持有实力的本土跨国企业牵头新建一批兼具东道国和家乡产业发展特色的境外经贸合作园区，带动供应链配套企业入园集聚发展，破解东道国产业配套不足难题。

（三）强化企业“走出去”要素保障

一是加强国际化经营人才引进培育。市级层面实施专题培训计划，加大对企业专业人才在国外法律、环境保护、财务制度、税收制度、知识产权等领域专业培训。依托“甬江引才工程”等高层次人才引进计划，加快引进一批高层次国际化经营管理人才。鼓励企业开展内部国际化人才培养，定期派遣高潜力人才到境外重要市场挂职锻炼。鼓励企业吸纳当地优秀人才到经营管理队伍中，定期组织境外子公司管理团队到宁波总部开展企业文化制度、生产技能等培训。

二是拓宽融资渠道。鼓励本土商业银行“走出去”，在宁波境外投资集中地设立分支机构，加大境外资产抵押、境外产业链融资等信贷产品创新，扩大企业境外信贷规模。与进出口银行、国开行等金融机构、机构投资者开展合作，探索设立市境外投资产业基金，引导社会资本共同参与本土跨国企业境外投资项目。探索设立以政策性融资担保公司牵头、企银担多方联动的境外投资担保资金，为企业境外投资项目提供融资担保。

三是创新保险支撑。支持中国出口信用保险公司等政策性保险机构及商业保险机构，创新仓储贸易、政治风险、外汇风险等领域险种，适当扩大保险赔付范围，降低本土跨国企业经营风险。

（四）鼓励本土跨国企业更大力度反哺本土

一是制定回归反哺促进政策。研究制定支持“走出去”企业反哺本土发展的政策意见，加大对企业在投资反哺、技术反哺、资源反哺、渠道反哺等方面的支持力度，不断畅通“走出去”企业回归渠道。

二是打造优质回归发展平台。依托各类国家级和省级开发区、海关特殊监管区等，搭建企业回归平台，促进拥有国际品牌、掌握核心技术的本土跨国企业回归投资，在用地、资金和人才等要素保障上予以重点支持。

三是加强回归反哺绩效评估。参照浙江省企业跨国经营绩效评估监测平台机制，建立市企业跨国经营绩效评估监测系统，并增加技术反哺、投资反哺、共享反哺、人才反哺等回归发展指标。及时开展企业回归的跟踪检测和绩效评价，为推进企业回归工作提供数据支撑，推动“走出去”和回归反哺动态平衡发展。

陈　浩　程沅孜

从政府视角看世行宜商环境评估改革及宁波启示

2023年1月，世界银行将正式实施宜商环境（Business Enabling Environment, BEE）评估项目，取代运行了17年的营商环境（Doing Business,DB）项目，并将于第四季度发布第一版《世行宜商环境报告》。较营商环境，宜商环境的评估更加强调效率、公平、可持续的价值观，可能会凸显国内营商环境的部分问题和矛盾，拉低我国排名（2020年第31位）；与此同时，也带给我国深化营商环境改革的更清晰目标和更强劲动力。宁波要加快行动，对标对表、因地制宜地推动先行先试，为企业更高水平参与全球产业链合作、城市更高水平打造开放门户奠定坚实基础。

一、从"营商环境"到"宜商环境"的相关背景

2001年，世行成立全球营商环境评估项目组织。

2003年，首份世行营商环境报告发布。

2019年10月24日，世行正式发布《全球营商环境报告2020》。我国营商环境总体得分77.9分（即中国达到全球最佳水平的77.9%），居全球191个经济体的第31位，较《全球营商环境报告2015》的第90位有显著进步。17年的探索实践，让世行营商环境报告成为影响力极强的全球性公益产品，对改善国际投资贸易和各国营商环境起到积极作用，各国累计实施营商环境制度改革超过3000项。

2020年8月27日，世行发表声明，确认营商环境报告发生数据违规行为，将暂停发布营商环境报告。

2021年9月16日，世行决定停止营商环境报告和数据运营，探索新方法。

一方面是因为数据违规行为。外媒报道，世行审查报告指出，关于中国、沙特、阿联酋和阿塞拜疆的数据存在违规问题；世行在多个国家提供了有偿咨询服务，包括一些卷入数据操纵调查的国家。另一方面是因为指标的合理性、调查的严谨性存在不少问题。2022年3月，世行独立评估小组发布评估报告指出，营商环境2010—2020年的评估指标过于狭隘，没有充分考虑国家间经济实力、商业文化、发展导向等方面的巨大差异。不少组织和学者还指出，营商环境调查偏重于法律法规和政策文件的文本，较少关注改革是否真正付诸实施。

2022年2月24日，世行发布宜商环境评估体系的说明。2—3月，项目公开协商征集意见。4—5月，对项目进行全面审查，并决策。6—12月，项目投入试行。

2023年1月，将正式实施宜商环境评估项目。

2023年第四季度，将发布第一版《世行宜商环境报告》。

二、“宜商环境”的评估导向和方法

从整体看，宜商环境的评估更加突出效率、公平、可持续的价值观，强调市场环境的法治化、透明化、国际化，强调政府监管和服务的均衡化、协同化（互操作性）、专业化，强调市场整体获得感，而非个别城市、个别企业。宜商环境的三级指标设计和调查、测算方法方面，都要比营商环境更全面、更合理，更不容易造假和篡改。

（一）关于一级指标

根据企业全生命周期，宜商环境评估也设置了10个一级指标（见表1）。相比营商环境，宜商环境评估的一级指标有六个方面的变化。

一是新增“获得经营场所”指标，包含但不限于原“办理建筑许可”“登记财产”等指标内容。

二是新增“雇佣劳工”指标，包含但不限于原“劳动力市场监管（观察指标）”指标内容。

三是新增“促进市场竞争”指标，同时考量政府能否用法律法规、公共服务和执法保障市场竞争秩序，以及是否过度干预、限制、扭曲市场竞争，甚至行政性垄断。包含原“政府采购（观察指标）”内容，但只是极小一部分。

四是取消原“保护中小投资者”指标。

五是除“纳税”和“办理破产”名称不变外，所有一级指标从名称到内容都有不同程度的改变。

六是新增“数字技术”“环境可持续”两项跨越指标，在每个一级指标下均有体现，如电子政务、在线服务、环境许可、绿色税收等。

表 1　宜商环境与营商环境评估的一级指标对比表

	宜商环境BEE	营商环境DB（顺序有调整）
一级指标	企业准入	开办企业
	获得经营场所	办理建筑许可 登记财产
	公共服务连接	获得电力
	雇佣劳工	
	金融服务	获得信贷
	国际贸易	跨境交易
	纳税	纳税
	争端解决	执行合同
	促进市场竞争	
	办理破产	办理破产
		保护中小投资者
其他指标	数字技术（跨越指标） 环境可持续（跨越指标）	劳动力市场监管（观察指标） 政府采购（观察指标）

（二）关于二级指标

宜商环境每个一级指标下，按照监管制度、公共服务、整体效率的分类，都有三个二级指标（见表2）。

监管制度主要衡量相关法律法规、政策体系、执行标准等。如“税收—税收法规的质量”，主要包括四个方面：①衡量税收规定的确定性、清晰性，以及绿色税收的实施。②衡量税收法规和税收结构的稳定性，突出所得税、增值税及环境税等的调整频率。③衡量税务记录保存和归档要求，突出难易度和灵活度。④衡量新税收法规的透明度，突出影响评估、意见征询等环节执行。

公共服务主要衡量政府直接或者通过私营机构提供对市场运作至关重要的公共服务的机构设置、基础设施和实施方案。如“公用服务连接—公用服务表现及透明度”，主要包括三个方面：①公共事业供应质量，可靠性和可持续性。电、水、互联网等相关标准。②收费和连接的透明度，可预见的成本。③公共事业服务的互操作性，审批流程，机构之间的合作，协调与企业之间的互动。

整体效率主要衡量企业获得感。如“获得经营场所—获得经营地点的效率”，主要包括三个方面：①购买房产的时间和成本。②获得建筑许可证的时间和成本。③获得环境相关许可的时间和成本。

表2　　宜商环境一级、二级指标表

一级指标	二级指标
企业准入	企业准入的监管质量 开办企业的数字服务及信息透明度 开办企业的效率
获得经营场所	不动产租赁、不动产买卖以及城市规划的监管质量 公共服务质量和信息透明度 获得经营地点的效率
公用服务连接	公用服务监管质量 公用服务表现及透明度 公用服务监管和服务的效率
雇佣劳工	劳动法规质量 劳动力市场公共服务的充足性 雇佣劳动力的便利性
金融服务	担保交易、电子支付及绿色金融的监管质量 信用报告框架的质量 金融服务便利性
国际贸易	国际货物贸易和电子商务法规的质量 促进国际货物贸易的公共服务质量 进出口商品和电子商务的效率
纳税	税务法规质量 税务服务质量 税收负担及税务系统效率
争端解决	商业争端解决机制的质量 商业诉讼中公共服务的充分性 解决商业争端的便利性
促进市场竞争	促进市场竞争的法规质量 促进市场竞争的公共服务充分性 促进市场竞争的关键服务效率
办理破产	破产程序规则的质量 破产程序体制及机制的质量 破产司法程序的便利性

（三）关于调查和测算方法

宜商环境评估项目由世界银行集团副行长兼首席经济学家——卡门·赖因哈特负责。与营商环境相比，宜商环境的调查和测算方法有五个方面的改进。

一是不仅从单个公司开展业务便利性的角度，而且从整个私营部门发展的角度来评估。如，“市场准入”指标（见表3）。

表3 宜商环境“市场准入”与营商环境“开办企业”的对比

宜商环境BEE市场准入		营商环境DB开办企业	
二级指标	指标构成	二级指标	指标构成
企业准入的监管质量	企业注册的良好监管做法对国内外私营企业的市场准入限制	程序	企业与外部人员之间的任何互动（个数）
开办企业的数字服务及信息透明度	企业开办和经营的线上可办理程度 企业开办和经营的信息互通性 企业信息的在线获得性和透明度	时间	完成一项程序所需时间（日历天数）
开办企业的效率	开办企业并开始经营的时间、成本	费用	官方费用，以及法律所要求的法律或专业人士的服务费（经济体人均收入百分比）
		最低实缴资本	企业在登记成立阶段需存入银行或交给第三方的款数（经济体人均收入百分比）

二是不仅关注政府监管，而且关注公共服务。在平衡中使宜商环境进一步优化。

三是不仅收集法律法规、政策体系、执行标准的信息，而且反映实际执行情况的事实信息和测量结果。评估重点放在微观层面。

表4 宜商环境“雇佣劳工”与营商环境“雇佣员工”的对比

	宜商环境BEE雇佣劳工	营商环境DB雇佣员工
重视程度	参评指标	观察指标
调查方法	专家问卷调查、企业调查	专家问卷调查
评估对象	评估不同类型企业、不同聘用合同的员工	仅正式员工
评估内容	劳动法规质量 劳动力市场公共服务的充足性 雇佣劳动力的便利性	劳动力市场灵活性

四是通过专家咨询和企业调查相结合的方法收集数据，并设置通用企业规模、行业、类型、所有权等参数指导数据收集，以实现专家咨询的可比性或企

业抽样调查的代表性。通过上述方法，促进各国数据可比性和特定经济体的数据代表性之间的平衡。以平衡法克服指标单一的局限性。如，“雇佣劳工”指标（见表4）。

五是执行高标准的数据收集和报告规范。健全数据标准和收集流程，强调精细数据的透明度、公开可用性和结果的可复制性。尽可能采信透明度、清晰度、可测性和相关的最佳实践，以及国际公认的细分指标的最佳实践。设置咨询团队、核验团队、打分团队三个团队，彼此相对独立，以保证评估的客观公正性。

三、对我国的影响及对宁波的启示

从短期看，国内营商环境改革中一些政策和举措可能会表现出与“效率、公平、可持续价值观”的不匹配，局部领域、局部地区的问题可能会被发现并放大，造成“获得经营场所”“公共服务连接”“国际贸易”“促进市场竞争”等指标的更多失分，进而降低我国宜商环境评估得分，拉低国际排名。

从长期看，我国打造世界一流营商环境的步伐只会越来越大、越来越快。2022年以来，就先后出台了《中共中央 国务院关于加快建设全国统一大市场的意见》《国务院关于加强数字政府建设的指导意见》等重磅举措。营商环境存在的问题和矛盾，将伴随着改革深化而不断削弱甚至消灭，各界对中国营商环境的质疑会随之不断击破。

对于宁波而言，无论是打造全球智造创新之都，还是国际开放枢纽之都，都离不开一流营商环境的有力支撑。世行研究也表明，良好的商业环境会使投资率增长0.3%，GDP增速提高0.36个百分点。当前，应积极借鉴效率、公平、可持续的价值观，对照世行宜商环境十大领域，有序推进监管制度、公共服务和整体效率的补短板行动。

对标监管制度要求，着力推进数字化改革。更高标准建设城市大数据，打破数据壁垒，加快推行“在线综合受理、后台分类审批、统一系统发证”的一站式政务服务。全面推进政策数字化，把更多产业政策转化为计算机语言，强化产业大脑的整体指挥、精准推送、实时服务等功能。有序推进监管数字化，引入更多数字化方法和工具来优化监管流程，促进跨部门协同，不断提升监管的规范性和科学性。

对标公共服务要求，着力推进标准化、专业化改革。大力发展认证认可、检验检测、资产评估、律师、会计、保险、金融、公共设施维保、环境保护等专业服务业，政企合作提升水电气、交通、物流、平台、网络等基础设施及服务质量。有序探索部门服务的执行标准，实现更可靠和更具可持续性的公共服务。加快补齐宜商环境评估体系下暴露出的公共服务短板，如工人社会保护、公共就业服务、税务纠纷解决机制等；对一些自上而下的改革项目要及时贯彻落实。

对标整体效率，着力推进以企业获得感为导向的营商环境改革。畅通政企联系渠道，及时回应企业诉求，解决企业实际困难。加强中小企业调研，更多听取企业的意见建议，更多采用定量的调查问卷，寻找破解一批共性问题。扩大产业政策制定和中期评估环节的企业参与，探索推出更贴合企业语境的优化营商环境 6.0 政策体系。

冯　路

提升宁波在全球供应链体系中的枢纽地位

全球供应链是以链主企业为主导，基于全球要素比较优势、市场消纳能力和规则交互空间，以销售网络为纽带将供应商、制造商、服务商、贸易商、零售商和消费者连成一个整体的功能网链结构，实现资源要素高效配置和产供销全过程协同的组织形态。20 世纪 90 年代以来，我国凭借低廉的劳动力、土地、环保等成本，成为跨国公司布局生产制造环节、选择制造供应商的重要区域。宁波借助港口贸易促进临港制造业发展，形成出口导向型工业体系，并逐渐向高水平创新开放大市迈进。2021 年全市货物进出口总额达 1.19 万亿元，在全国占比达 3.05%，工业增加值近 6300 亿元，占全国 1.7%，工业出口交货值 4075 亿元，占全国 3%，68 家境外世界 500 强企业在甬投资兴办 150 余个项目，已有一批在全球细分市场掌握话语权的制造业单项冠军企业，成为我国利用两种资源、统筹两个市场、辐射两个扇面的重要节点。宁波市委提出打造国际开放枢纽之都，就是要以高水平的全方位内外放开，建成全球链接力强、要素配置力强、辐射带动力强、示范引领力强的开放强市，巩固提升宁波在全球供应链创新中的节点地位。从全球供应链格局演变趋势看，重点是要统筹处理好四大关系。

一、统筹自立自强与开放协同的关系

宁波产业总体上仍以于中低端为主，高新技术产品出口占比不高，必须加快推进产业从价值链中低端跃向中高端，坚持把自主创新作为避免低端锁定的“杀手锏”。要加快高能级创新策源平台建设，积极争取国家重大科学装置布局，改革研发组织机制，推进一批原创性重大科技攻关，培育一批高精尖特、技术冠军企业，在供应链交易中具备反制实力。同时创新要素本身也会在区域比较优势基础上形成跨国协同网络，要通过全球“揭榜挂帅”、招引研发中心、离岸飞地、技术贸易、职业资格互认、签证便利等方式集聚国际技术、人才、资本，嵌入全球创新协同网络，引进和利用海内外先进技术，强化消化吸收再创新。

二、统筹国际市场与国内市场的关系

全球化的根本动力是科技革命和生产力发展，从长期看全球化符合人类互惠互利的需要，现阶段的全球化与其说是收缩不如说是重组，国际资本正在重新布线，以便在新秩序中占据先发地位。要坚持多边主义立场，锻强宁波与海外市场紧密联系的长板，主动对标 RCEP、CPTPP、DEPA、CAI 等经贸规则，吸引更多绿地投资，加快海外仓、独立站、前置仓、境外 APP 布局，为跨境电商、离岸贸易业务创新定制服务模式，支持企业靠近原材料、消费市场合理布局部分制造环节。更高水平的开放是以我为主的主场开放，将形成以本土超大规模市场为底盘的、多方共赢命运共同体的新型国际供应链体系。要更加注重开拓国内市场，推动宁波与内陆腹地的交通联系先行，加快建设国际消费中心城市和旅游目的地，鼓励企业以终端消费市场为核心创建自有品牌，加大电商直播支持力度，努力培育内外贸一体化领跑企业，率先开展要素市场化改革，在全国统一大市场建设中赢得主动。

三、统筹链主企业和产业生态的关系

全球供应链是非常复杂、精妙的分工协作体系，只有链主企业通过市场微观机制才能高效协调要素和产品的纵横流动，链主企业更是价值分配的主导者。如空客公司的供应商有包括 49 家个国家的 3186 家企业。苹果公司 2021 年的市值、净利润是大陆头部民企腾讯控股的 5.15 倍、2.72 倍。宁波尚无世界 500 强企业、国内民企 50 强，头部企业在供应链中参与的深度不足，是宁波提升供应链现代化面临的突出短板。要加快培育本土跨国公司，支持企业通过海外并购等方式获取战略资产，组建大型零部件集团公司，扶持一批境外资产、收入和人员高成长的微型跨国公司，提升宁波企业的全球影响力。抓住大数据、物联网、区块链、人工智能等科技革命带来产业重组的机遇，崛起一批数字港航、数字贸易、工业互联网、灯塔工厂等平台型、头部型链主企业。加快打造完善统一的数字港航服务平台，运用区块链、北斗、大数据等技术推动航运与物流、贸易的数字化协同，把港口流量转化为“留量”。链主企业的培育需要“众星捧月”，未来企业的竞争将表现为供应链的竞争。要秉持产业生态圈的理念，围绕链主企业规划建设高品质产业集聚区，吸引供应链上下游配套企业入驻，依托链主企业的功能平台开放为上下游全面赋能，形成“链主企业—主供应商—零配件商”的网络式组织形态，提升链主企业终端产品集成、柔性制造、复杂系统调控能力。

四、要统筹成本效率和安全韧性的关系

供应链竞争说到底是成本与效益的竞争。尽管我国的产业体系、超大规模市场、人才红利、数字化场景和制度优势短期内难以撼动，世界经济东升西降的大势不会变，但曾推动中国成为“世界工厂”和全球供应链中心的低成本优势有所弱化。2017 年我国劳动年龄人口达到峰值，越南、印度等国家制造业月均工资仅为我国的 1/3、1/5，工业地价均约为我国的 1/3。从发达国家经验看，土地和人力成本上升是迈向高收入国家的必经过程，当前重要的是要降低供应链创新的综合成本。如完善交通、数字、能源等基础设施，提升投资创业、住房保障、生育养育等公共服务水平，压缩工业土用地市场投机空间，为国际商务人员出入境及居停留提供便利。加强物流数字化改造，建设线上线下物流服务运营平台，发展航空货运，扶持本土班轮公司股权改造、航线开辟、业务拓展，培育全球端到端的一单制多式联运物流服务商、全球快递企业，创新仓储设施立体化用地，加强物流领域降费让利。同时，国际地缘政治博弈、国际航运爆仓、大宗商品高位震荡等因素都促使跨国公司把供应链的成本效率让位于安全韧性，大力推行“区域 +1”、PlanB 等备份计划。要支持企业开拓多元市场，扩大与主要贸易经济体“经认证的经营者（AEO）”互认范围，在海事、航运、邮政等领域寻求长效合作机制，共建区域性弹性供应链。大力改善双向贸易投资结构，做新做强 RCEP、中东欧国别商品交易平台，探索设立更多国别合作产业园，增进多边市场相互依存。发挥宁波舟山港的硬核力量，加快建设大宗商品储运交易基地，提升大宗商品特色自由贸易功能，探索人民币结算试点，更好服务我国供应链安全大局。

汪志飞

宁波应借鉴相关城市做法加力扶持跨境电商发展

2022年6月以来，外贸形势日益严峻，许多宁波企业订单渠道不畅，境外客商来电咨询产品次数也大幅减少。但与此同时，跨境电商却逆势增长，上半年全市实现跨境电商进出口额1077亿元，同比增长22.7%，海外仓规模居全国前列，企业经营者对未来发展充满信心。企业经营者也反映，与深圳、北京等城市相比，宁波跨境电商扶持政策存在局部比较劣势，影响企业市场竞争力，期待市委市政府加力扶持。

一、国内城市纷纷加力支持跨境电商，宁波扶持政策存在局部比较劣势

近两年，厦门、深圳、南京、沈阳、广州、北京、中山等城市出台政策扶持跨境电商发展，在培育跨境电商龙头企业、提供跨境电商出口补助，及支持企业建设海外仓、出口前置仓、线下体验店等方面推出了一系列有力举措。

表1　相关城市近两年出台的跨境电商扶持政策

城市	文件名	文件号
厦门	促进电子商务高质量发展若干措施	厦府规〔2020〕2号
深圳	深圳市关于推动电子商务加快发展的若干措施	深府办规〔2020〕9号
南京	关于促进江北新区跨境电子商务产业生态构建的若干政策（试行）	宁新区管规字〔2021〕1号
沈阳	沈阳市支持跨境电子商务发展的若干政策措施	沈商务发〔2021〕11号
广州	进一步促进广州市黄埔区 广州开发区跨境电子商务产业发展若干措施	穗埔府规〔2021〕17号
北京	北京市外经贸发展资金支持北京市跨境电子商务发展实施方案	京商财务字〔2022〕19号

续表

城市	文件名	文件号
中山	中山市支持跨境电商高质量发展二十四条	中府函〔2022〕40号

宁波也非常重视跨境电商发展，2015年就出台了跨境电子商务发展指导意见。2020年和2021年连续出台《宁波市跨境电子商务发展专项资金使用管理实施细则》(同名)。2022年“稳链纾困助企47条”还特别强调“加大跨境电商发展和海外仓支持力度”。但与上述城市相比，政策支持力度还有一定差距。

（一）单个企业的奖补上限低于部分城市

海外仓建设补助方面，《宁波市跨境电子商务发展专项资金使用管理细则》(2021版)第十一条明确：按照海外仓项目建设当年投资额的10%，给予一家企业每年不超过200万元的补助。相比，深圳市则给予海外仓项目每个最高200万元资助，每个企业每年可上报2个项目；沈阳市给予单个企业最高300万元补助；北京市对于企业发展海外仓、智能口岸仓、出口集货仓、跨境电商专用冷链库，早在2016年就给予每个项目最高400万元扶持资金。

销售贡献奖励方面，《宁波市跨境电子商务发展专项资金使用管理细则》(2021版)第十四条明确：根据申报年度内所服务的企业实现跨境电子商务经营实绩，给予平台企业最高不超过800万元的奖励。同样情况，深圳市和沈阳市的最高奖励额度则为1000万元。

（二）已有扶持和优惠政策门槛高，自建海外仓企业“可望而不可即”

《宁波市跨境电子商务发展专项资金使用管理细则》(2021年版)第十一条支持海外仓和海外运营中心等服务设施建设中要求：“服务企业数量不低于100家(服务宁波企业超过20家)，按海外仓项目建设当年投资额的10%，给予一家企业每年最高不超过100万元补助。”但该政策实际门槛过高，自建海外仓企业现实中很难享受到。

（三）基于形势发展的扶持政策跟进不够及时

对企业自建出口前置仓、线下体验店等，宁波未出台相关补助政策；对企业用于海外仓建设资金的银行融资，虽已有优惠的贴息政策，但对企业投入产品供应链的流动资金支出则没有相应的扶持政策，而企业在此方面的开支反而更大。

二、对照相关城市标准加力扶持跨境电商发展

（一）加大跨境电商龙头企业培育力度

建立或支持区（市、县）建立跨境电商扶持标准，对成绩突出的企业，每年或一次性给予相应资金扶持。相关城市方面，沈阳对在市内注册跨境电商企业，按年交易额，给予最高1000万元补助；广州黄埔区和广州开发区对区内相关企业每年给予最高240万元扶持；南京市江北新区对区内相关企业给予一次性最高600万元补助。

（二）提高跨境电商出口补助力度

相关城市方面，沈阳对企业以9610、1210模式产生的年交易额按照1%予以补助，以9710、9810模式产生的年交易额按照0.8%予以补助，最高不超过1000万元；深圳对零售额首次超过200亿元、100亿元、50亿元的，分别给予企业1000万元、800万元、300万元的一次性奖励，每上一个档位奖励一次。

（三）进一步支持企业建设并利用海外仓开展跨境出口

放宽并加大对企业投资海外仓建设补助。鉴于企业自建海外仓周期长、投入巨大，比照相关城市做法，一是对已经建成运营海外仓，根据建筑面积，按每平方米标准，给予一次性补助；二是对在建海外仓，可按所获专项贷款予以贴息补助，且覆盖整个贷款周期；三是支持海外仓企业贷款，对提供海外仓专项贷款银行等金融机构给予利息补贴，以此支持和保证海外仓企业能因此享受到低息贷款。相关城市方面，北京对于企业发展海外仓、智能口岸仓、出口集货仓、跨境电商专用冷链库建设，每个项目最高补助400万元；沈阳对企业投资建设公共海外仓，给予不超过总投资额30%的资金扶持，单个企业最高不超过300万元；深圳对符合设定条件海外仓项目每个最高200万元资助，每个企业每年可上报2个项目。

对利用公共海外仓开展跨境出口业务的企业给予资金支持。相关城市方面，北京对企业扩大海外仓业务规模，给予最高500万元奖励；深圳对从事海外仓运营企业，最高补贴300万元；沈阳、中山、南京对利用公共海外仓开展跨境出口业务的企业，按实际投入的30%给予资金扶持。

（四）支持企业在宁波建设进出口仓库及线下体验店

对企业在宁波建设的进出口仓库，给予一次性资金补助。相关城市方面，

沈阳对在该市综合保税区内建设保税仓库、查验仓库并投入运营的，一次性给予不超过总投资额50%的资金扶持。

扶持跨境电商企业兴建各类线下体验店。相关城市方面，沈阳对在沈阳建设的跨境电商O2O线下体验店，按装修、展示设施投资额50%给予扶持，当年新建的，按建设面积最高给予500万元资金扶持；北京对单店年度租金支持金额不超过200万元；郑州对在市域内及境外建立跨境电子商务O2O线下体验店，给予每家企业最高均为300万元一次性扶持资金。

（五）加强对跨境电商的金融支持

在已有企业海外仓建设贴息政策的基础上，复制推广宁波保税区推动跨境电商降本减负的做法，对企业在产品采购方面的银行融资的贷款利息，也给予一定的贴息支持。宁波保税区对跨境电商企业（平台）本年度跨境电商出口达1000万美元以上的企业，给予贷款利息支出30%的补贴，每家企业补贴最高不超过100万元。相关城市方面，深圳对企业在近3年内获得风险投资、战略投资或已在证券交易所上市融资额的1%给予奖励，单个企业年度资助总额不超过500万元，最长奖励时间5年；北京对企业开展跨境电子商务相关业务取得银行贷款给予贴息支持，其中人民币贷款贴息率，按照不超过资金申报截止日前中国人民银行公布的最近一期人民币一年期贷款市场报价利率计算，外币贷款贴息率，按照不超过3%计算，上述贴息率均不超过项目实际贷款利率。

设立保本非营利性海外仓建设专项基金，以缓解企业贷款压力。考虑大国博弈等因素，此项基金应为非公开基金。

韦风涛

奋力扩大中东欧商品进口的对策建议

党的二十大报告再次强调，推动共建“一带一路”高质量发展。在当前复杂多变的世界经济形势下，宁波必须心系国之大者，牢记责任使命，务实推动中东欧示范区建设，为巩固提升中国—中东欧国家合作机制和合作成效贡献“宁波力量”和“宁波智慧”。扩大商品进口，有助于快速提升中东欧国家深化经贸合作的积极性，应作为“牛鼻子”来抓。从现状看，宁波有着不错的合作基础，2022年中东欧国家进口额111.5亿元，同比增长47.5%；进口额占全国比重5.4%，同比提高1.9个百分点；“中东欧商品进口通关一件事”等改革举措形成较强影响力，为实现“5年累计进口中东欧商品100亿美元”奠定了扎实基础。另一方面，与上海、大连等城市相比，宁波在进口额和进口品类方面还有不小差距，大有潜力可挖。为此建议，紧盯国家“一带一路”倡议和中国—中东欧国家合作机制的新谋划新部署，更好发挥中东欧示范区和自贸试验区建设纽带作用，全力争取国家部委在扩大中东欧商品海关准入、与重点国家试点自贸合作等领域的“破冰”支持，创新探索互利共赢的开放新路径，奋力打造中东欧商品进口“第一城”。

一、宁波进口中东欧商品现状

（一）进口额增速快，总量还偏小

2016—2022年，宁波自中东欧国家进口额从12.4亿元提高至111.5亿元，增长799.2%，年均增长率44.2%，高出全市出口总额增速近30个百分点。另外，从全市进口贸易的国家结构看，2022年中东欧国家进口额仅占进口总额的2.5%。从全国中东欧进口的城市结构看，宁波占比5.4%，与上海的23.7%还有不小差距。

（二）进口来源广，国别贸易额呈三个档次分布

第一档次的国家有斯洛伐克和波兰，2022 年占中东欧国家进口额比重分别为 47.3% 和 27.9%，合计占比超过 3/4。斯洛伐克主要进口品类为汽车。2022 年汽车进口快速增长，斯洛伐克进口额同比增长 42%，汽车占比突破 97%。波兰则受到铜及制品进口大幅增长拉动，进口额同比增长 112.1%，铜及制品占比突破 82%。第二档次的国家有罗马尼亚、保加利亚、捷克、匈牙利，占比集中在 3% ～ 6% 区间，进口商品主要为木材及其制品、再生金属、肉类。塞尔维亚、克罗地亚、希腊、斯洛文尼亚等其余国家为第三档次，占比大多不足 1%。

（三）进口商品以汽车和资源类为主，高端装备偏少

宁波从中东欧国家进口商品有 20 余个品类。汽车占据“半壁江山”，2022 年进口额 51.9 亿元，同比增长 42.6%，占比 46.6%。资源类商品占比也超过 1/3，铜及制品、木材及制品、再生金属分别进口 28.3 亿元、6.6 亿元、6.7 亿元，合计占比 37.3%。在领导人峰会驱动下，农产品进口同比增长 62.5%，达到 2.9 亿元，其中肉类进口增长 106 倍，达到 7256 万元。机床、信息技术等装备进口额分别为 623 万元、2.2 万元，合计占比尚不到 1%。

（四）进口企业不少，中小企业居多

宁波现有中东欧商品进口额的贸易企业超过 1000 家，民营企业占比超过九成，中小贸易企业占比超过七成。前 30 头部企业，进口额占比已接近八成，平均不足 3 亿元。

二、面临的挑战与困难

（一）中国—中东欧国家合作前景尚不明朗，通过提高贸易依存度避免中东欧国家“脱钩”，已变得必要且紧迫

特别是 2022 年以来，在大国博弈加剧、美联储激进加息、欧洲能源危机蔓延等多重因素作用下，中国—中东欧国家合作机制正面临前所未有的严峻挑战。其中，贸易依存度偏低是中东欧国家敢“脱钩”的重要原因，中国—中东欧国家合作机制建立 10 年后，中东欧国家对华出口额仍仅占出口总额的 1.65%（2021 年）。

（二）运力波动，宁波—中东欧物流劣势凸显

过去几年，全球集运供应链长时间处于紧绷状态，物流交付周期和运价都大幅上涨，使得进出口企业成本高企、资金压力居高不下，对宁波产生强劲影响。海运方面，根据 Drewry 的 1 月最新数据，40 英尺集装箱的平均运价为 2098 美元，较 2022 年同期降低 78%，但仍比疫情前（2019 年）平均水平 1420 美元高出近五成。空运方面，宁波仅有 1 条直达中东欧（布达佩斯）的货运航线，往返货量不足，难以维持航班常规开行。中欧班列方面，乌克兰危机发生后，班列开行班次显著下降，这对宁波利弊参半。

（三）规则掣肘，中小企业难解关税、法律等难题

近些年，波兰等中东欧国家积极推进“向东开放”战略，有力推动了中国—中东欧国家贸易的增量提质。但受到欧盟内部零关税及地域辐射性影响，大多数中东欧国家（欧盟成员国）会优先选择与欧盟国家进行贸易，“中东欧国家八成产品出口西欧国家”的格局长期保持。不仅如此，由于规则、法律、文化、宗教等差异，中国—中东欧国家贸易很容易出现矛盾和冲突，制约中小企业参与。

（四）种类制约，扩大进口需增加海关准入品类

中东欧国家的食品农产品产量较大，但我国海关准入种类较少。新鲜水果获准入的只有波兰苹果和希腊猕猴桃，冷冻水果仅有波兰、塞尔维亚、罗马尼亚；水产品获准入的有希腊、波兰，及捷克和克罗地亚的个别品种（狭鳕）；波兰、罗马尼亚获得了鸡或猪产品准入，却因疫情暂停。

（五）价格偏高，中东欧商品竞争优势有待培育

相比同类商品，中东欧商品价格偏高，主要有两方面原因。一是中国与中东欧国家之间缺少自贸协定关税制度，与澳大利亚、新西兰、智利等国家相比，酒类、乳制品等主力消费品的税费负担要重很多。二是单种商品进口量有限，价格上缺乏规模效应，性价比不如国内商品。受到上述原因影响，经销商开拓市场的意愿不强，中东欧商品品牌在国内欠缺辨识度和知名度。

三、相关建议

（一）斗志上要鼓

党的二十大报告为推动共建“一带一路”高质量发展指明了方向。对于宁波而言，必须不忘初心使命，勇于担当作为，争当高水平对外开放的“先行者”“排头兵”。要把建好中东欧示范区、扩大中东欧商品进口、培育锻造中国—中东欧国家合作的先进典型，作为未来五年的城市战略和重要使命来抓。

（二）总量上要提

贯彻落实习近平主席在2021年中国—中东欧国家领导人峰会上提出“从中东欧国家进口累计价值1700亿美元以上商品”的要求，强化使命责任担当，力争中东欧国家进口额占全国比重走在同类城市前列。短期目标可重提“打造中东欧商品进入中国首选之地”，中长期目标应立足“中东欧商品进口‘第一城’”。

（三）路径上要拓

一是深挖口岸潜力。主动探索宁波舟山港与中东欧国家“五海六港”的战略合作，争取股权投资、管理输出和承揽港口建设项目，加密港口航运线路。积极参与中东欧陆海快线建设，发挥希腊比雷埃夫斯港口优势，贯通中东欧内陆国家。更好发挥宁波作为浙江省唯一整车进口口岸优势，与打造全国新能源汽车出口集散地同步建设汽车进口集散功能，大力引育汽车贸易进口大企业大平台，升级基础设施和配套服务，做大做强汽车及其零配件进口。完善冷链物流体系，打造中东欧冷链商品中国集散中心，争取成为国家级中东欧大宗物资进口渠道。二是深挖重点国别潜力。聚力拓展与波兰、匈牙利、罗马尼亚、塞尔维亚、希腊等国家的合作，鼓励实力企业“走出去”建设中东欧商品采购基地，通过并购等多种方式实现初级产品的当地加工，破解海关准入限制。三是深挖贸易链潜力。加快出台贸易链支持政策，更有力度地吸引大型商贸采购企业落户宁波或从宁波口岸进口，创新支持中东欧品牌在宁波设立全国性或区域性的品牌首店，以中东欧商品常年馆为支撑打造中东欧商品中国分销中心和电商中心。

（四）保障上要优

全力争取国家部委的支持，力争中东欧商品海关准入的率先突破，积极推动中国与中东欧国家之间的自贸协定。深化贸易便利化改革，围绕中东欧重点进口商品开展先行先试。强化金融支持，创新中东欧进口“两保一贷”产品，探索保费补贴政策。做强海铁联运网络，提高分拨能力，降低物流费用，不断做大商贸腹地。

风险上要防。加强中东欧国家跟踪研究，做好国别研判和风险预警工作。深化企业调研，掌握国际环境变化对企业的影响，即时响应和调整相关政策举措。更好发挥 8718 等企服平台作用，为企业提供国际贸易咨询和援助服务。

冯　路　翟伊美

社会民生

关于宁波增加外来人口育龄妇女、促进外二代留甬的调查报告

随着我国人口开始负增长，城市人口竞争愈加激烈。最新数据显示，宁波常住人口、户籍人口增速双双放缓，外来人口已成为扩大宁波人口规模的主要增长点，增加外来人口更显迫切。严峻的形势迫切要求宁波打破引进外来人口的惯性思维和常规做法，把工作重点前伸拓展到育龄妇女和外二代，从育龄妇女抓起、从娃娃抓起。

一、宁波外来人口育龄妇女和在甬外二代基本情况

从过去 5 年看，宁波 15 ～ 49 岁外来人口育龄妇女占比呈现下降态势，而 56 岁以上的老龄流动妇女占比则逐年升高。2022 年，宁波外来人口育龄妇女数量 146.05 万人，占女性流动人口总量的 66.45%，分别较 2018 年减少了 0.38 万人、降低了 3.04 个百分点。2022 年，老龄流动妇女人数 24.55 万人，占女性流动人口总量的 11.17%，较 2018 年的 5.26% 提高了 5.91 个百分点，年均提升 1.48 个百分点。究其原因，一方面，低年龄段外来人口育龄妇女流入量不足，导致育龄妇女占比有所下降；另一方面，随着流动人口举家迁移且长期居住的意愿同步增强，居住五年以上的流动人口占比由 2017 年的 7.03% 增加到 2022 年的 17.4%，且更多老龄妇女选择来甬帮助子女照看孙辈，导致老龄流动妇女占比上升。

从未来发展趋势看，若不采取有效措施，外来人口育龄妇女人数、占比还将“双降”。根据静态估算[①]，5 年后，宁波外来人口育龄妇女数量降为 132.68

① 不考虑外来育龄妇女动态流入、流出的数量差异。

万人，占外来女性总量的 60.37%，较当前还要分别减少 13.37 万人、下降 6.08 个百分点。这表明宁波在当前和今后一段时间加强外来人口育龄妇女引育用留既有必要性，又具紧迫性。

从性别比例看，外来人口女性占比逐年下降，对宁波人口性别合理结构带来影响。2022 年，宁波女性流动人口 221.93 万人，占流动人口总量的 41.59%，男女性别比约为 6∶4，而户籍人口女性占比为 50.85%，男女性别比约为 5∶5。究其原因，主要是宁波作为制造业强市，吸引集聚产业工人以男性为主，但更适宜女性就业的第三产业，尚未形成对外来女性劳动力的有效承接，导致外来女性占比逐年下降。

表 1　宁波流动人口女性数量、占比和年龄分布情况（2018—2022 年）

年份	女性流动人口数量（万人）	流动人口总量（万人）	女性流动人口占比（%）	育龄妇女占女性比重（%）	老龄妇女占女性比重（%）
2018	203.55	469.1	43.39	69.49	5.26
2019	207.45	480.38	43.19	68.44	7.55
2020	207.48	489.45	42.39	69.26	8.7
2021	211.93	504.68	42	67.25	10.15
2022	221.93	533.6	41.59	66.45	11.17

从生育意愿看，流动人口高于户籍人口。按照妇幼统计口径，2022 年，全市流动人口出生数 26522 人，户籍人口出生数 28008 人，流动户籍人口出生数比由 2018 年的 0.81∶1 上升至 0.95∶1，处于近 5 年的最高位，鉴于流动户籍人口比保持在 0.8∶1 左右，表明流动人口生育意愿虽呈逐年下降趋势，但仍持续高于本市户籍人口，加大生育支持力度对于增加流动人口出生数的政策效应更强，增加外来人口育龄妇女更显必要。

表 2　宁波流动人口和户籍人口出生数情况（2018—2022 年）

年份	流动人口出生数（人）	户籍人口出生数（人）	流动户籍人口出生数比	流动户籍人口比
2018	33809	41834	0.81∶1	0.8∶1
2019	32811	42207	0.78∶1	0.78∶1
2020	27995	33084	0.85∶1	0.8∶1
2021	27177	29715	0.91∶1	0.83∶1
2022	26522	28008	0.95∶1	0.84∶1

从数量、年龄段分布情况看，外来 16 岁以下儿童数量基本保持稳定，4～6 岁占比降幅明显，其他年龄段占比则均有提升。2022 年，宁波外来 16 岁以下

儿童47.76万人，占流动人口总量的9.09%，相较2020年的46.7万人、9.48%，基本保持稳定。2022年，4～6岁（幼儿园）年龄段儿童占比15.47%，低于其他年龄段外来儿童，且处于近3年的最低位，相较2021年的21.22%下降近7个百分点。而0～3岁和中小学年龄段儿童占比均稳步提升。2022年0～3岁（婴幼儿）、7～12岁（小学）、13～16岁（初中）年龄段儿童占外二代的比例分别为16.4%、45.46%和22.56%，均处于近3年的最高位，较2020年分别提升了1.78个、2.76个和2.67个百分点。究其原因，主要是大部分外来女性忙于工作无暇照顾子女，不少外来家庭选择将4～6岁幼儿园阶段儿童送回老家，由祖辈照料。到了读小学阶段，又考虑到宁波教育质量较好，以及孩子长大后管教问题，让孩子回甬就读。

表3　宁波外二代数量、占比及年龄分布情况（2018—2022年）①

年份	16岁以下儿童人数（万人）	占流动人口比重（%）	各年龄段占比分布			
			0～3岁占比（%）	4～6岁占比（%）	7～12岁占比（%）	13～16岁占比（%）
2018	78.05	16.02	15.60	21.22	42.21	20.97
2019	69.07	14.40	13.20	21.53	43.13	22.14
2020	46.70	9.48	14.62	22.80	42.70	19.89
2021	46.66	9.11	13.13	22.44	42.63	21.80
2022	47.76	9.09	16.40	15.47	45.46	22.56

二、存在的主要问题

调研发现，增加外来人口育龄妇女和促进外二代留在宁波是两个关联度很强的命题，部分存在问题也是相互交织，例如外二代养育教育和住房安居问题，既影响外来人口育龄妇女来甬，也影响外二代留甬。分析梳理后，主要存在以下突出问题。

（一）宁波缺乏家庭育儿补贴政策

随着生育意愿、人口生育率不断下降，面对相对较高的生育、养育、教育成本，各地相继推出专项支持政策，如深圳（拟）、济南等城市通过发放育儿补贴，吸引育龄妇女流入、提高生育意愿，但宁波仍以生育津贴为主，且只有

① 2019年前，在甬外二代登记时存在部分既随父登记也随母登记的情形，导致人数比实际偏高。2020年开始，宁波对在甬外二代统计方式有所调整，按照其个人居住证单独统计。

缴纳生育保险的才能享受，难以契合当下人口发展严峻形势。

（二）育龄妇女养育在甬共同生活子女存在困难

外来人口育龄妇女在家庭中承担了更重的子女养育责任。市统计局2022年牵头开展的流动妇女儿童专项调研报告显示，有3岁以下子女共同在甬生活的受访者中，六成以上面临子女无暇照料的困难；有孩子在甬接受学前段、义务段和高中段教育的受访者反映面临的主要困难，“家长无暇陪伴照顾辅导子女”始终排在前三位。子女养育与工作就业冲突较为突出，影响外来人口育龄妇女稳定留甬。

（三）外来人口育龄妇女相关权益保障还需提升

市统计局2022年牵头开展的流动妇女儿童专项调研报告显示，外来人口育龄妇女未能享有生育休假政策的占比达42%，既没有享受带薪年假也没有补偿的占47%，仅四成外来务工女性按规定享受带薪年假。在生育后职业发展需求方面，近八成的受访者希望能保障女职工的岗位需求，四成以上的外来女职工希望能提供平等的晋升机会，希望保障法定哺乳假的占比在三成以上。

（四）随迁子女义务段优质教育资源供给不足

当前宁波在随迁子女教育资源供给方面严格贯彻“两为主、两纳入”政策要求，全市随迁子女义务段公办学校就读率达到了95%。但是仍然存在三方面问题：一是无法接纳全部符合条件的随迁子女入读公办学校，如海曙、宁海未能实现应入尽入。另外由于部分外来务工人员来甬不足半年，未能办理居住证，导致随迁子女无法入学。部分随迁子女集中入读，且教育质量偏差的民办学校仍然存在；二是随迁子女转学政策尚需落地。2022年省教育厅印发施行《浙江省中小学校学生学籍管理办法》，指出对义务教育阶段转学，原则上父母工作和实际居住地变动，应予转学，不要求父母、子女户籍迁入，转入地应当依据学额空余情况，统筹安排、有序接纳。但目前，宁波尚未制订出台实施细则，导致部分未入户籍的随迁子女转学困难。三是随迁子女入读学校偏远。如，鄞州区的部分随迁子女由于中心城区优质教育资源紧缺，入读公办学校需调剂至横溪、瞻岐、咸祥等地中小学，父母居住地与子女入学地距离偏远。

（五）随迁子女在甬报考普高门槛依然较高

依照现行政策，随迁子女报考宁波普通高中，须同时满足具有本市初中连续完整的3年学习经历和学籍、父（母）在宁波有合法稳定住所与合法稳定职业、父（母）一方近3年内有1年及以上社会保险证明等条件，较高报考门槛使得部分流动人口随迁子女选择回户籍地上初中、参加中考，制约外二代长期留甬。据统计，2022年全市幼儿园、小学段非宁波户籍学生占比分别达40.9%、41.2%，但初中段、高中（职高）占比分别仅有36.3%和25.8%，报考门槛制约了部分外二代继续在宁波就读高中。

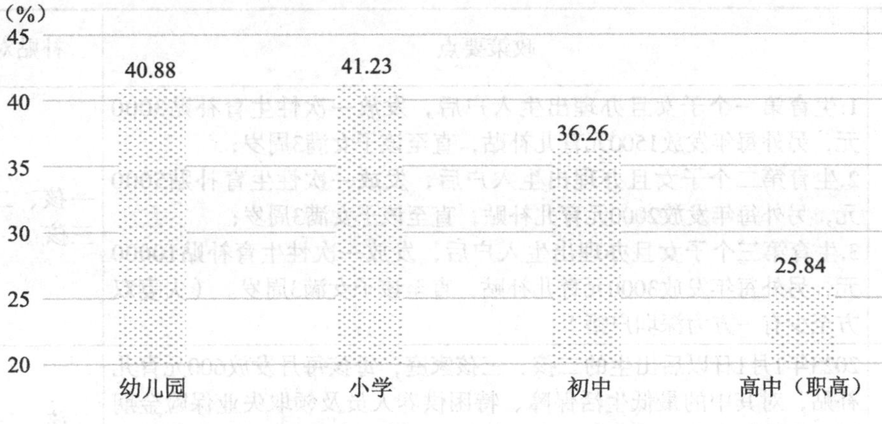

图1　不同教育阶段非本市户籍学生占比情况（2022年度）

（六）住房安居保障力度仍有不足

调研发现，宁波实施公租房、保障性租赁住房和共有产权住房等面向新市民的多层次住房保障制度，但是安居住房的供给与外来人口育龄妇女和外二代的需求远不能匹配。如鄞州区作为宁波流动人口大区，全区流动人口超80万，但每年仅能提供公租房300套左右，保障性租赁住房仍在建设中，远不能满足需要。并且提供的房型也以70平方米以下的小户型为主，无法适应流动人口家庭化居住、多子女共同生活的需求趋势。

三、各地经验做法

（一）加快制定出台有竞争力的生育支持措施

降低生育养育成本是吸引外来人口育龄妇女、提高生育意愿的关键举措。近阶段以来，各地纷纷出台家庭育儿补贴政策。攀枝花是全国首个发放育儿补贴金的城市，该市规定对按政策生育二孩、三孩的户籍家庭，每月每孩发放500元育儿补贴金，直至孩子3周岁；深圳拟对生育一孩、二孩、三孩的按照一次性和按月分别发放补贴，累计可分别享受7500元、11000元和19000元的育儿补贴；济南对2023年1月1日以后出生、落本市户籍的二孩、三孩家庭，每孩每月发放600元育儿补贴，直至孩子3周岁；云南对省内落户的新出生二孩、三孩，分别发放2000元、5000元的一次性生育补贴，按年度发放800元育儿补助，并为婴幼儿购买意外伤害险给予每人每年50元参保补贴。另外，长沙、荆门、黄冈等城市也有不同额度的育儿补贴。

表4 部分城市（省份）育儿补贴政策要点和补贴对象

城市（省份）	政策要点	补贴对象
深圳市	1.生育第一个子女且办理出生入户后，发放一次性生育补贴3000元，另外每年发放1500元育儿补贴，直至该子女满3周岁； 2.生育第二个子女且办理出生入户后，发放一次性生育补贴5000元，另外每年发放2000元育儿补贴，直至该子女满3周岁； 3.生育第三个子女且办理出生入户后，发放一次性生育补贴10000元，另外每年发放3000元育儿补贴，直至该子女满3周岁。（夫妻双方至少有一方为深圳户籍）	一孩、二孩、三孩
济南市	2023年1月1日以后出生的二孩、三孩家庭，每孩每月发放600元育儿补贴，对其中的最低生活保障、特困供养人员及领取失业保险金期间的生育妇女每月加发200元育儿生活补贴，直至孩子3周岁。（本市户籍）	二孩、三孩
长沙市	夫妻双方共同依法生育三个及以上子女的本地户籍家庭，三孩及以上每孩可享受一次性育儿补贴1万元。	三孩
荆门市	对夫妻双方中至少一方为本市户籍、在市内医疗机构生育三孩的家庭，每月发放500元育儿补贴，直至孩子满3周岁。	三孩
黄冈市	1.政策内二孩及以上孕妇在市内助产机构分娩的，自孩子出生至满三岁，每年享受育儿专项补助，二孩500元/年，三孩1000元/年。 2.政策内二孩及以上孕妇在市内助产机构住院分娩的，除落实基本医疗保险和生育保险规定的生育医疗费待遇外，二孩另外补助500元，三孩补助800元。 3.3～6岁二孩及以上幼儿在幼儿园接受学前教育，每学期减免10%保教费。	二孩、三孩
云南省	1.一次性生育补贴：对新出生并户口登记在云南的，二孩发放一次性生育补贴2000元，三孩发放一次性生育补贴5000元； 2.育儿补贴：按年发放800元育儿补助。（2023年1月1日至2025年12月31日）	二孩、三孩

（二）加大外来人口育龄妇女技能培训力度

为外来人口育龄妇女提供技能培训服务，能够让她们获得更高质量更稳定的就业岗位，有利长期留在当地。福州依托林文镜慈善基金会等发起“彩虹公益节”大型公益项目，让部分外来务工女性通过外在形象改变来展示自己，让她们得到更多的工作机会，为她们搭建平台，帮助她们获得技能培训、提高就业机会；厦门推行“分类培训”制度，重点面向外来育龄妇女等，组织开设婴幼儿照护、淘宝网店运营、抖音短视频制作培训班，提升技能培训针对性和实效性。

（三）加大流动人口随迁子女教育权益保障

提供随迁子女优质普惠的教育服务是吸引留住流动人口的重要举措，也是促进流动人口家庭化迁移的必经路径。深圳将户籍儿童和符合本市就读条件的非深户籍儿童统一纳入积分入学范围，根据招生计划和积分情况统一安排学位，并把公办学校在校在籍随迁子女纳入学校教职工编制、办学经费的配置基数；温州全面放宽企业外来用工子女转入学条件，优化义务教育段转学流程服务，推进转学“零门槛”“零次跑”；台州将随迁子女报考普通高中条件进行了优化调整，取消了领取浙江省居住证、缴纳社会保险的年限要求。

（四）加大外二代在当地生活关怀力度

各地通过一些暖心举措，让外二代感受到流入地的温暖，持续提升外二代留在当地的意愿。温州出台《关于进一步做好随迁子女在校关爱工作的指导意见》，有计划、有目的地组织开展调查走访、劳动体验、保护环境和参加其他公益活动等各类社会实践活动，培养随迁子女的社会适应能力；佛山组织力量慰问年度申请积分入学未能入围的部分申请人，为其后续报读给予关心与指引，通过给予精神上关怀方式，促进更多外二代留在佛山就读生活。

四、对策建议

增加外来人口育龄妇女和促进外二代留甬，必须在充分认识该项工作重要意义基础上，建立涵盖育龄妇女来甬生育养育、就业创业、住房安居，外二代在甬（来甬）生活、教育等全方位的政策支持体系。通过良好的就业创业前景，吸引外来人口育龄妇女来到宁波，有力的生、养、育政策支持，吸引外二代留在宁波，真切地获得感、幸福感，吸引流动人口稳心定神、安家宁波。

（一）充分认识增加外来人口育龄妇女和促进外二代留甬的重要意义

把增加外来人口育龄妇女和促进外二代留甬工作摆在更加突出位置，从提升宁波人口竞争力乃至城市竞争力的全局高度认识该项工作的重要意义，凝聚共识、合力推进。将该项工作作为有效应对当前宁波常住人口、户籍人口增速“双放缓”，人口自然增长率和生育率“双下降”的关键抓手，进一步理顺机制、配强力量、创新模式、加强要素保障，有效扩大人口规模，优化人口结构，提升人口竞争力，为宁波打造一流城市、跻身第一方阵贡献更大力量。

（二）提升外来人口育龄妇女在甬生育养育支持力度

一是加快出台有宁波辨识度的家庭育儿补贴政策。育儿补贴有利于促进生育、促进外来常住人口尽快落户宁波、减少外二代回流。与目前国内已出台育儿补贴政策的济南、黄冈等城市相比，宁波财力有条件给予更大力度的支持；与人口带来的发展红利相比，宁波也应该在财政上给予更多支持。为此，应尽快出台面向本市户籍幼儿家庭的育儿补贴政策，发放年龄上在全国率先延伸至6周岁，如0～3岁每孩每月发放600元，4～6岁每孩每月发放300元。条件允许时，将人群进一步覆盖到取得本市居住证的幼儿家庭。二是支持规范托育机构发展。落实宁波托育机构扶持政策，确保提供更多新增托位。对受财政支持的新建托位，适当延长托育时间，避免育龄妇女工作与子女照护的冲突。大力推进公办幼儿园托幼一体化发展，提前谋划建设一批幼儿托位，提升规范化高质量托位供给力度。三是支持祖辈来甬照护外二代。通过提供异地交通补贴、购买人身意外保险等举措，对来甬照护外二代的祖辈给予相应支持，引导更多祖辈来甬，从而有效减轻外来育龄妇女养育负担。同时，积极为祖辈提供在甬工作机会，推广北仑大碶街道为外来低龄老年人提供劳动机会的做法，达到既能照护孙辈又有收入的生活状态，提高留甬意愿。四是加大妇女生育权益保障力度。充分凝聚市人力社保局、市妇联、市总工会等部门合力，构建涵盖子女生育、劳动就业、工资福利等全链条的妇女生育权益保护体系，打造具有宁波标识度和影响力的育龄妇女权益保护品牌，让更多外来育龄妇女安心来甬（在甬）生育就业。督导企业按规定落实婚假、哺乳假和育儿假，加强执法监督力度，定期开展专项督查，将育龄妇女权益保障，尤其是女职工生育后重返工作岗位等纳入和谐劳动关系重点工作，加快开通生育妇女劳动争议仲裁绿色通道，消除育龄妇女生育顾虑。

（三）吸引更多外来人口育龄妇女来甬就业创业

一是创造更多适合育龄妇女就业岗位。大力发展各类生活性服务业以及时尚产业、直播产业等新兴业态，统筹推进宁波产业转型发展和外来人口引育，在提升优化宁波产业结构的同时，创造更多适合育龄妇女就业岗位，吸引更多育龄女性来宁波就业；加大对传统产业就业女性的技能培训，如对纺织服装行业从业人员，加大数字化智能化培训力度，在年度技能人才培训计划中予以倾斜安排，从而适应产业发展需要，提升女性从业者人岗适配性，防止外来女性回流。二是支持人力资源服务机构（平台）推介女性就业岗位。发挥宁波人力资源服务机构、大型网络招聘平台作用，积极对外推介适合育龄妇女的就业岗位，对于吸引较多市外年轻劳动力来宁波就业的人力资源服务机构（平台），给予适当的政策支持。三是支持组织召开“巾帼”专场招聘会。发挥市县两级妇联作用，会同人力社保部门召开各类“巾帼”专场招聘会，对于招聘成效突出，促进更多妇女成功实现就业的，给予招聘会举办补贴。引导支持相关社会公益基金会，发起外来人口育龄妇女专场就业沙龙，助其获得更多就业机会。四是为灵活就业女性提供灵活保投保服务。支持鼓励灵活就业女性投保灵活保，探索为首次来甬就业择业的育龄妇女提供免费灵活保投保服务，为其在甬择业期间的意外伤害提供保障。五是引导青年大学生留甬（来甬）就业创业。青年大学生是外来人口育龄妇女的高素质群体。深化宁波青年友好城建设，落实青年学子来甬的租房、购房补贴政策，加大赴市外高校招聘力度。大力实施“青年甬智回归”专项行动。支持在甬高校新建学科点、扩大办学规模，加强对宁波高校毕业生留甬率的考核力度，实现留甬率逐年提升。确保每年新引进大学生20万人以上。

（四）提升外来人口育龄妇女在甬安居幸福指数

一是加快提升安居住房供应量。深化新市民住房保障省级改革试点，以“产园区周边、轨道交通站点、重点片区、城乡接合部”为重点，加快公租房、保障性租赁住房等筹建进度，尽早形成批量化可租房源，更好保障流动人口住房需求。配租房源不足的，加大货币补贴保障资金额度，使更多外来人口享受政策红利，提高获得感。二是加大外来人口家庭化居住需求保障。适应外来人口育龄妇女照顾家庭和三孩放宽后多子女共同生活的趋势需求，加大两居室、三居室套型租赁房源供应比例。在全市公租房、保障性租赁住房申请资格审核时，向家庭化的流动人口群体倾斜。三是为外来育龄妇女提供临时性过渡住房。充分考虑从事家政、养老、餐饮行业的外来人口育龄妇女的从业特点和居住需求，对为宁波规模化引进上述行业育龄妇女的平台企业，加强对接服务，筹集供给一批短期、临时、过渡性房源。

（五）为外二代提供更优质的教育条件

一是尽快制定出台中小学校学生转学实施细则。加快落实省教育厅关于随迁子女转学文件精神，优化义务段转学流程服务，纳入“浙里办”服务系统，实现“零次跑”，满足随迁子女转学需求。二是改善随迁子女入就读学校办学条件。深化开展名校结对帮扶、城乡同步课堂、城乡教育共同体和教育集团化建设，确保随迁子女入就读学校也能享受优质教育资源。对无法就近入学、需调剂至较远学校就读的学生，鼓励所在学校提供寄宿服务，并对学校提供财政支持。三是优化调整随迁子女普高报考资格条件。适度放宽在宁波就学时长、父母职业住所、社保缴纳时长等要求限制，支持引导更多外二代在宁波参加中考、报考宁波普高。

（六）为外二代创造更优质的生活环境

一是大力推进儿童友好型城市建设。从社会政策、公共服务、权利保障、成长空间、社会环境、生育养育、产业发展等七大领域，深化推进儿童友好型城市建设。到2025年，确保宁波成功创建全国首批儿童友好型城市。二是为留守儿童来甬（留甬）创造便利条件。支持有条件的学校、用人单位、社区、群团组织开展留守儿童来甬寒暑假托管服务，并依托“彩虹课堂”等优质线上学习平台，丰富假期课程。对留守儿童假期来甬提供交通补贴、发放地铁卡体验卡等，让更多留守儿童亲近宁波、留在宁波。三是推进随迁子女集中区域友好基本单元建设。对随迁子女规模较大的社区（村）、学校、公园、文体场馆等公共空间加快实施适儿化改造，在图书馆、健身设施等布局方面有所倾斜，提供更为丰富的文化体育体验设施。

五、优化流动人口服务管理的若干建议

在调研座谈过程中，我们也发现了一些流动人口服务管理领域反映集中的问题，需要引起高度重视。为此，提出以下具体工作建议。

（一）加强流动人口服务管理的力量配置

目前宁波流动人口服务管理力量不足，尤其是基层流动人口服务管理人员身兼多职现象较为普遍，为此要充实基层流动人口服务管理力量，按规定配齐配强人员。注重充分发挥社会化服务管理力量作用，推广北仑区建设融合型服

务组织、鄞州区邱隘镇流动人口党支部等做法，实现党建引领、以外管外，提升流动人口自我组织、自我管理、自我教育能力。

（二）加大外来人口数字化服务管理力度

外来人口流动性大、服务管理难度大，必须依靠数字化手段提升服务管理效率。北仑区将申洲织造等重点企业人事系统与区公安部门流管系统打通，实现了对流动人口的精准定位，是值得推广的数字化服务管理优秀案例。同时，要推进市级各部门流动人口数据的互联互通力度，实现流动人口精准画像，提升服务管理科学性。

（三）建立面向新市民统一政策发布查询平台

随着各地微信公众号被清理，基层普遍反映缺乏统一的面向新市民的政策发布查询平台，许多外来人口甚至是外来人口集中的用人单位领导，对相关优惠政策、权益保障、办事渠道不了解，许多有温度的惠民政策未能充分发挥作用，新市民服务管理缺乏有力抓手。为此，建议探索建立面向新市民的统一政策发布查询平台，将分散在各职能部门的相关政策整合到统一的发布平台，一站式发布、一站式宣传、一站式答疑。同时派驻人员对外来人口集中的用人单位上门发放手册、宣讲政策、答疑解惑，将宁波的有力政策、暖心举措及时传递、广而告之，提高政策普惠度和获得感，打造新市民了解宁波、融入宁波的窗口。

（四）加大城市宣传营销力度

要在新市民群体中加强城市宣传营销力度，引导本地市民提升自我推广、自我宣传意识，推广"人人创作、人人展示、人人分享"的传播理念。调动政府、媒体、企业各方积极性，形成整体统筹、团队作战的局面，扩大宁波在主流媒体、短视频平台的曝光度和知名度。改变以往"低调""闷声发大财"等城市标签，积极宣传推广"温暖""高端又大气"的城市温度和城市气质，让更多外来人口认识宁波、了解宁波、奔赴宁波。

王　峪　王明荣　廖绍云　徐　毅

当前宁波未来乡村建设若干问题及建议

未来乡村建设是加快构建"百村未来、千村共富、全域和美"乡村振兴新格局的重要内容。近年来，宁波加快推进未来乡村建设试点，涌现出一批有亮点、有特色的示范村。但调研中课题组也发现存在村庄规划滞后、统筹开发机制不够健全、存量建设用地利用效率不高等突出问题。下一步，在未来乡村建设中应以问题导向推进扩面提质，以资源整合拓展发展空间，以产业融合促进共同富裕，着力增强内生动力，促成更多标志性成果，助力宁波打造全域和美乡村。

一、宁波推进未来乡村建设情况

2021 年 7 月，未来乡村建设上升为省级战略。从 2021 年 9 月起，宁波先后制定出台《共同富裕乡村建设行动方案（2021—2025 年）》《关于开展未来乡村建设的实施意见》等政策文件，全面启动、纵深开展未来乡村建设试点，创建中积累了一定的经验和实践成果。

（一）突出示范引领

未来乡村建设源于"千万工程"的生动实践与深厚积累，主要从全市最佳特色精品村中优选创建（见表 1），明确到 2025 年底，建成未来乡村 100 个以上，以示范引领和美乡村建设。2022 年 2 月，宁波 11 个村入选省首批未来乡村建设试点。4 月，30 个村入选省第二批未来乡村建设试点。截至 2022 年底，其中 38 个村创成省级未来乡村（见表 2），数量位居全省第一。

表 1　　宁波乡村建设基本情况　　单位：个

行政村	合格村	精品村	特色精品村	未来乡村试点村
2159	1830	830	193	41（创成38）

数据来源：市农业农村局提供。

表2　　宁波第一批、第二批省级未来乡村建设试点村及创成村　　单位：个

区（县、市）	第一批	第二批	总计
海曙区	古林镇茂新村（1）	集士港镇山下庄村，鄞江镇金陆村，章水镇李家坑村（3）	4
江北区	甬江街道外漕村（1）	慈城镇毛岙村（1）	2
镇海区	庄市街道永旺村（1）	澥浦镇十七房村，九龙镇九龙湖村*（2）	3
北仑区	大碶街道九峰山片区（青山村、清水村、城湾村、城东村、城联村、和鸽村）（1）	郭巨街道福民村，柴桥街道河头村（2）	3
鄞州区	下应街道湾底村（1）	姜山镇走马塘村*，东吴镇三塘村，东钱湖镇韩岭村，横溪镇周夹村，云龙镇陈黄村（5）	6
奉化区	萧王庙街道滕头村（1）	萧王庙街道青云村，西坞街道金峨村，溪口镇上白村（3）	4
余姚市	泗门镇谢家路村；梁弄镇横坎头片区（横坎头村、汪巷村、甘宣村）（2）	河姆渡镇芦山寺村，临山镇邵家丘村（2）	4
慈溪市	周巷镇万安庄村（1）	龙山镇徐福村，匡堰镇倡隆村，崇寿镇傅家路村，桥头镇五姓村，庵东镇富北村*（5）	6
宁海县	力洋镇海头村（1）	胡陈乡梅山村，茶院乡许民村，岔路镇湖头–下畈片区，深甽镇南溪村（4）	5
象山县	黄避岙乡高泥村（1）	泗洲头镇墩岙村，涂茨镇旭拱岙村，墙头镇方家岙村（3）	4
总　计	11	30	41

注：除标*试点村尚未创成验收，其他38个村已创成省级未来乡村。

数据来源：根据官网发布整理。

（二）突出财政支撑

市级通过下达新时代美丽乡村转移支付资金支持各区（县、市）未来乡村建设。各区（县、市）通过设立专项资金、强化资金整合或加大资金奖补力度等方式保障未来乡村建设项目资金需求，比如镇海区 2022 年安排 3100 万元未来乡村建设专项预算，保障每个试点村建成后财政补助不少于 1000 万元。同时，发挥财政资金支撑撬动作用，引导地方国有企业、民营文旅企业等社会资本与镇村集体经济进行合作开发。据统计，2022 年 41 个试点村实现投资超 15

亿元（见表 3）。

表 3　2022 年未来乡村建设试点村项目投资总体情况

试点村数量	开工项目	计划投资	完成投资
41个	355个	14.1亿元	15.05亿元

数据来源：市农业农村局提供。

（三）突出产业融合促共富

未来乡村创建中实施"一村一策"方案，重点抓好产业发展，因地制宜促进三产融合，吸引社会资本导入新产业、新业态，积极盘活利用闲置农房、闲置宅基地等空间资源，努力拓宽农民创业就业机会，产业融合促共富多点开花，农民收入明显增加（见表 4）。

表 4　宁波部分试点村产业融合促共富情况

试点村	类型	产业融合项目	促共富主要成效
镇海区永旺村	城郊融合类	发展特色民宿、共享办公、院落式办公等业态。	流转农房40户，农户平均每年租金收入达6万元以上。
鄞州区走马塘村	特色保护类	发展精品民宿、荷塘咖啡、文化体验馆等业态，并鼓励业态方与创业村民之间建立良性合作关系。	2022年带动村民参与创业150余人次，全年村集体经济收入增长约20%。
象山县高泥村	集聚提升类	打造黄鱼特色产业全产业链发展；培育海钓体验、渔排喂养等新业态；打造休闲渔旅综合体。	全村共有160户（占比超60%）村民从事网箱养殖，2022年全村海水养殖年总产值超过亿元，养殖户户均收入超过30万元。

资料来源：根据调研材料整理。

（四）突出"一老一小"优质共享

积极推广政府、社会、个人共同参与"一老一小"共建共享模式，鼓励社会力量提供专业化服务。截至 2022 年底，全市未来乡村建设中打造"一老"场所 105 处（村均 2.56）、"一小"场所 49 处（村均 1.19），社会参与投资建设项目占比达到 43%。以数字化、片区共享方式持续扩大养老托育服务优质供给，比如慈溪万安村打造具有辨识度的数字化场景应用，实现一键办理预约挂号等服务功能，覆盖周边 26 个村社 2300 多位老人；镇海十七房村打造片区共享托育，配备儿童游戏场所、婴幼儿照护驿站等服务设施。

二、存在的主要问题

未来乡村建设过程中，村庄规划、统筹开发、土地保障、组团发展、数字赋能等方面面临滞后发展的突出问题。

（一）村庄规划滞后、论证不足，影响了产业项目的落地运营

村庄规划前瞻性和预见性不足，招商引资项目受限于原有规划控制、土地用途管制等因素落地比较困难。比如鄞州区走马塘村谋划利用腾退的闲置宅基地导入民宿项目，由于用地不符合规划，退出的宅基地办不出集体建设用地使用权证，经营民宿无法办理消防许可，因而迟迟未能引进。村庄规划缺少对产业项目的策划和论证，与后期运营也存在脱节，部分项目缺乏个性化产品和服务，运营效果达不到预期，比如部分村庄旅游尚停留在一日游状态，对餐饮、民宿等消费拉动有限，与周边村产业联动力度也较弱。

（二）资金保障滞后、投入压力大，影响了试点经验的复制推广

未来乡村建设涉及数字场景打造、基础设施配套和新型业态培育，可持续发展资金投入压力较大，第一批、第二批试点村单村平均投资额分别达到5980万元、2825万元（见表5），大规模复制推广所需资金筹措比较困难。资金统筹开发平台机制不够健全，未来乡村建设以各试点村承接上级财政奖补资金和吸引社会资本分散投入为主，市、区（县、市）层面缺乏承担乡村产业开发的实体化投资主体。集体经济发展不平衡，目前41个试点村中集体经营性收入100万元以下的村占比超过30%，持续支撑未来乡村建设提质扩面的能力不足。

表5　2022年宁波未来乡村第一、二批试点村项目资金投入情况

批次	完成总投资额	平均每村完成投资额	投资量最大村
第一批	6.58亿元	5980万元	镇海永旺村（1.2亿元）
第二批	8.47亿元	2825万元	鄞州陈黄村（2.64亿元）
总计	15.05亿元	3671万元	/

数据来源：市农业农村局提供材料整理。

（三）用地保障滞后、供给不足，影响了产业项目的融合发展

农村新增建设用地指标还不能满足产业融合发展需要，新产业、新业态及其配套设施新增建设用地指标较难获取。比如，慈溪市徐福村已经投资2400万元的新型农业净菜超市（总建筑面积104000平方米），其配套停车场需16

亩左右建设用地，但至今指标仍未落实。闲置宅基地等存量建设用地盘活利用受到一定限制，主要是缺乏宅基地转变为集体经营性建设用地入市的制度性安排。部分村庄缺乏产业融合发展的空间资源储备。

（四）组团发展滞后、辐射不足，影响了区域共富的提质扩面

宁波未来乡村建设还是以单个村分散申报创建为主，片区组团创建的较少，与湖州等省内片区组团推进的先进地区相比，未来乡村建设的覆盖面差距较大（见表6）。总体上未来乡村分散建设对周边村庄的辐射带动作用比较有限，也不利于“一老一小”服务设施等配套设施的区域性布局，一定程度影响未来乡村建设提质扩面、强村带弱村的共富效果，也不利于全域和美乡村建设。

表6　宁波、湖州组团式未来乡村创建情况比较

城市	到2022年（累计创建）	计划每年创建	到2025年（累计创建）
宁波	41个创建点（3个片区组团）	/	/
	覆盖行政村49个		
湖州	31个片区组团式创建点	组团式创建10个左右	组团式创建60个左右
	覆盖133个行政村	覆盖行政村50个左右	覆盖行政村300个左右

资料来源：根据官方发布政策整理。

（五）数据共享滞后、支撑不足，影响参与数字场景建设的积极性

公共数据开放共享受限、数据格式标准不一等问题，影响了未来乡村数字场景建设。比如慈溪市万安庄村数字化场景应用功能拓展中，与各相关部门数据衔接、导入和共享难度仍较大。未来智慧农业建设中，全产业链数字化尚处于较低水平，对小农户、规模较小的家庭农场等农业经营主体的数字化服务支撑较弱，比如象山县高泥村应用的黄鱼渔场综合管理平台主要集中在水质监测、自动投喂等生产端，产供销一体化平台尚待开发，相关功能支撑不足。此外，实地调研中基层普遍反映，农村居民以老人小孩为主，数字化应用普及率和使用率提升有限，比如“浙里未来乡村在线”数字化场景应用日常活跃率较低。

三、对策建议

针对未来乡村建设存在的问题，下步应聚焦村庄规划、要素保障、组团发展、数字赋能等关键环节，创新推进未来乡村引领共同富裕示范先行。

（一）加快建立村庄规划管理新机制

顺应未来乡村建设新趋势，结合市县和乡镇国土空间规划逐步落地实施，及时编制新一轮新一批“多规合一”村庄规划，鼓励跨村连片编制规划。适应乡村多元复杂特点和产业融合发展新要求，探索建立村庄规划动态更新、动态维护、动态修编等调整机制。吸收投资乡村建设的企业参与村庄规划工作，引导专业化设计运营团队参与项目前期策划设计，一体推进项目整体策划、分步实施和商业化运营。

（二）谋划设立开发运营新主体

参照省国企改革模式，以市农业发展集团有限公司为基础，探索研究组建宁波振兴乡村建设投资发展集团有限公司，加快推进未来乡村产业项目开发投资。区（县、市）应积极组建以乡村产业开发为重点的国有投资平台，加强与村集体经济或强村公司的联动合作，强化设计建设一体化运营，提升区域统筹开发能力和水平。

（三）探索拓展土地要素保障新路径

切实抓好《中共中央国务院关于建立健全城乡融合发展体制机制和政策体系的意见》落地落实，探索允许村集体在农民自愿前提下，依法把有偿收回的闲置宅基地、废弃的集体公益性建设用地转变为集体经营性建设用地入市。北仑、余姚、象山三个地区应积极开展农村集体经营性建设用地入市试点，建立完善土地增值收益分配机制，保障农民公平分享土地增值收益。参照广东省河源市等地做法，探索建立乡村产业项目点状供地项目快速落地机制，项目业主单位制定点状供地项目实施方案，由多部门联合评估论证、开展联合审查，提升产业用地保障效率。落实村级留用地政策，充实村集体建设用地储备。

（四）推进实现片区组团发展新突破

推动强村带弱村片区化组团创建未来乡村，统筹使用政策资金，加强以奖代补，提高资金使用效率和创建质量。以党建联盟片区组团为基础，拓展强村公司实体化运作范围，实现片区内各村资源、资产和资金再整合、再利用。建立健全项目一体化运作、片区化共享等长效机制，在更大区域范围推进产业和公共服务布局优化，实现生态旅游、“一老一小”等联动建设。

（五）试点推广共赢共享新模式

因地制宜试点推广鄞州走马塘村创新打造“共富小院”等模式，利用闲置空间为运营方与村民搭建公共开放空间，运营方为村民提供技术培训、产品研发、包装设计、产品销售等创业支持，拓宽村民收入来源，提升村民参与未来乡村建设积极性。探索推行资源发包、生活服务、资产参股等多种模式发展新型农村集体经济，提高集体经济收入和服务带动能力。

（六）全力促进数字服务能力新提升

加快制定统一的数据标准，完善数字乡村数据库。采用“数据可用不可见”等不同类型交互方式，推动更大限度地开放公共数据资源。推广“浙里惠渔”政企合作开发数字化场景应用模式。持续升级“走在乡村”、黄鱼渔场综合管理平台等场景应用，探索实施数字化订单农业新模式，助力小农户、家庭农场等经营主体对接大市场。探索开发老年人常用的简便、实用的数字化功能模块，大力开展针对性培训，有效提升农村老年群体数字运用能力。

张立央　王　峪　农贵新　傅叶挺　唐平原　张小兰　葛振峰

强化宁波高校毕业生就业纾困的对策建议

2022年，宁波16所高校毕业生规模达到5.5万人。受到新型冠状病毒感染的疫情等多方面不利因素影响，目前高校毕业生就业形势不容乐观。截至5月底，全市高校毕业生就业去向落实率仅为46%，较2019年同期大幅下降8.1个百分点、约4500人，影响程度大大超过2020年。不仅如此，就业满意率也呈现下降趋势，就业焦虑问题不断凸显。高校毕业生就业纾困难题亟待更加重视、全力破解。

一、造成高校毕业生就业率下降的原因

就业岗位供给不足、供需难以精准匹配，以及学生创业活力、就业动力下降等原因叠加，使得当前宁波高校毕业生就业率显著下降。

（一）经济增长不确定性导致企业人才需求明显减弱，成为当前高校毕业生就业难问题的主要原因

智联招聘发布的就业景气指数报告显示，2021年第三季度以来全国就业形势持续下滑，就业景气指数从2.15跌至2022年一季度的1.56，下降0.59个百分点。宁波与全国趋势相同，同期就业景气指数从2.98跌至1.28，降幅达到全国水平的2.9倍。高校毕业生就业形势更不容乐观，2022年一季度就业景气指数仅有0.71，为2019年四季度以来的最低点。

（二）疫情防控措施对就业供需匹配产生较大影响

2022年以来，大多数线下招聘活动被叫停，不少学校实习实训活动也受到严重影响。2022年1—5月，市人才中心共举办线下高校招聘会14场，远低于2021年同期的25场，参与单位数、推出岗位数、进场人数、达成意向人数也都出现了断崖式下降。市人才中心、各高校和人力资源平台企业等虽然都在积

极推动线上招聘会，但实际情况不甚理想。一方面由于交流方式限制，企业难以对高校毕业生的职业态度和综合能力做出准确评估，又无法就薪资待遇深入讨论，最终签约比例不高；另一方面网上求职网站对企业把关不严，大学生涉世不深，合法权益容易受到侵害，这两年关于“实习期结束就莫名下岗”的投诉居高不下。

（三）大学生创业率和创业意愿下降

从对宁波大学、浙大宁波理工学院和宁波财经学院的调研结果看，三所高校学生的平均创业率已从2019年的1.13%逐年下降至2021年的1.07%；在校学生的创业意愿较前两年也出现了显著下降，2022年大学生创业率大概率跌破1%。一位大学生创业往往能带动多名毕业生就业，创业率和创业意愿下降带来的“蝴蝶效应”已经非常明显。

（四）大学生就业满意率下降，就业焦虑和“慢就业”现象显著上升

某高校的调研结果显示，截至2022年5月底，已落实就业去向的毕业生中只有28%对签约工作“非常满意”或“基本满意”。就业率下降、就业质量不高，加速高校毕业生焦虑情绪的蔓延，不少学生躲避就业竞争，部分学生出现心理焦虑症状甚至患上抑郁症。以某高校二级学院为例，2022年约1/5的毕业生选择“慢就业”，包括一定比例的消极就业；继续考研、考公人数较2019年增长约35%，确诊为焦虑症和抑郁症的人数达到126人，较2019年增长37%。许多学生迫切希望得到更有针对性的就业辅导和支持，以及相关心理疏导。

二、纾困建议

提升2022年高校毕业生就业数量和就业质量，时间紧，任务重，迫切需要人社、教育、财政、工商联等市级部门和各区（县、市）上下联动、齐抓共管，加快落实已有工作部署，谋划推进一批创新型工作和政策。

（一）强化平台建设，促进供求信息快发布、准投送

提高线下招聘会频次。在严格疫情防控前提下，鼓励市人才服务中心等主体更多组织开展线下招聘会，支持组织方和参与企业通过抖音、B站、微博等平台，同步开展网络招聘。通过摊位费、推广费减免等措施，吸引更多中小微企业参与。

常态化开展线上招聘，提高“云就业”服务水平。整合国家 24365 大学生就业服务平台、浙江省网上就业市场、宁波人才网等就业资源，建立面向全市高校毕业生的“一站式”就业服务门户，通过“云面试”“云签约”“云考察”等形式为大学生就业提供便利服务，实现“学生少跑腿、对接变精准、服务更高效”。

创新实施“企业需求进高校”。市工商联牵头，组织商（协）会和平台企业深入规上企业，收集整理并向全市高校即时发布人才需求信息，引导高校精准推荐和毕业生自荐。市人社局牵头，将《市产业紧缺人才导向目录报告》细化为具体企业、具体岗位的需求大数据，更好服务高校就业工作和学科专业创新。

（二）强化就业指导，为大学生就业增活力、强动力

配足配强就业指导教师队伍。严格落实教育部规定，按照不低于 1 ∶ 500 的比例配足专职就业指导教师。尽快发掘一批优秀职业指导师和就业指导好课程，扩大教学交流，以“传帮带学”的方式帮助更多教师提高就业指导技能。

高水平开展就业指导教学。鼓励各高校因校制宜、因系制宜地建设生涯规划与就业指导课程体系，引入专业的职业测评软件和方法，实施个性化就业辅导，定期开展“民营企业家进高校”等活动，帮助大学生树立正确的择业观、做好职业规划、不断提升求职能力。

压实产教融合的就业“直通车”作用。把提高就业人数和就业质量作为深化校企合作的重要目标和绩效指标，积极探索产业学院、人才定制班等产教融合的新模式、新路径。

深入落实高校就业工作“一把手”工程。把“书记校长访企拓岗”行动下沉到二级学院（系），组织更多力量和资源对接企业。完善高校就业工作绩效考评制度，强化就业实效的实时监测，通过引入“比学赶帮超”机制，更好调动高校的积极性和创造性。

（三）强化政策创新，激励企业多招人、大学生多创业

降低企业用人成本。在现有中小企业口径基础上，将更多企业纳入招用高校毕业生社会保险补贴范围，支持单项冠军企业、“专精特新”小巨人企业更多招录本地大学毕业生。放宽就业贷款贴息政策条件，将吸纳人数占用人单位职工总数 15% 以上下调至 10% 以上。吸纳就业社会保险补贴政策中可将

针对企业事业单位缴纳部分扩大为双向补贴，对个人缴纳部分也进行限期限额补贴。

优化大学生就业激励。放宽生活安居补贴政策条件，将缴纳社保满一年缩短为满三个月，将一次性发放改为按月平均发放。

提高大学生创业扶持力度。深入实施“大学生创业引领计划”，加大创业孵化基地建设，更好发挥青年人才驿站作用，为创业大学生提供场地、资金、登记注册、税务等“一站式”服务。探索将个人创业担保贷款利息由 LPR 上浮 100 个基点下调至上浮 50 个基点或更低。放宽大学生创业场租补贴、创业带动就业补贴政策条件，将实际经营满 1 年，下调至满半年或更少。

冯　路　李书彦　施和俊

提升宁波青少年心理健康服务水平的对策研究

与全国情况相似，近年来宁波青少年心理健康问题也呈高发态势。2021 年全市中小学生中有严重心理危机（二类）和重大心理危机（三类）的分别达到 2143 人、957 人，三甲医院心理门诊接诊 18 周岁以下患者比例接近 15%，青少年心理健康服务过程中难点和堵点还有不少。为此，必须加快落实落细《宁波市政府工作报告》提出的“做好青少年心理健康服务”。建议围绕“四个强化”完善顶层设计和制度配套，奋力推进青少年心理健康服务体系和能力现代化：一是强化政府的统领性作用，整体构建“政府 + 学校 + 家庭 + 医院 + 市场 + 社会”六位一体服务体系，明确家庭、社会的权利与义务；二是强化源头治理，跨越式提升学校和家庭的服务能力，促进家校联动、防治结合；三是强化贯通“育诊疗养固”服务链，巩固提升校医联动、医社联动机制，更多应用数字治理理念和方法；四是强化专业人才培养，畅通心理治疗师职称和心理咨询师职业技能等级晋升通道。

一、全市青少年心理健康服务体系和能力建设现状

近年来，宁波把握社会心理服务体系建设国家试点机遇，大力推进市学生心理诊疗与研究中心、就诊“绿色通道”“向阳花开”医教合作等重要平台和项目建设，基本构建起“政府引领，学校、医院、市场力量合力推进，更多力量参与”的青少年心理健康服务体系，心理教育培训、干预调适、治疗跟踪、帮扶助困、监测预警等服务能力持续提升。

（一）纵向贯通、全面覆盖的服务体系基本建成

市级层面，成立精神卫生综合管理试点工作领导小组，建立精神卫生联席会议制度，诊疗绿色通道、信息共享、综合研判、危机干预、筛查复核、进修

培养等领域医教合作不断深入。市康宁医院挂牌成立“市学生心理诊疗与研究中心”和“市未成年人心理健康指导中心”。截至 2021 年底，通过中小学生心理诊疗“绿色通道”送诊 245 人。全市中小学心理咨询热线 87368585 每年接听电话近万个。

区县层面，全面建成三级精神卫生管理网络。截至 2021 年底，社会心理服务指导中心实现县（市、区）全覆盖，154 个乡镇（街道）建成心理服务站，3063 个村（社区）和更多流动人口聚集地设立了心理咨询室。海曙区还成立了全省首个“基地中心 + 基础网络 + 基金援助”模式的青少年心理健康医教协作基地。

（二）学校教育培训和干预调适服务能力显著提升

心理健康教育工作队伍不断壮大。中小学全面成立心理健康教育工作领导小组，建立起以专职教师为骨干、兼职教师和班主任为辅助、更多教师和管理人员共同参与的心理健康教育工作队伍。所有学校按每班每月不少于 2 课时的标准开设心理辅导课。100% 的高中、50% 的初中和 20% 的小学已配备专职心理教师，200 余名专职心理教师参与过市康宁医院的跟岗培训。

学生心理监测预警和干预调适制度不断健全。校园心理辅导室已实现全覆盖。大多数学校每年组织新生心理健康筛查，建立“一生一档”的心理档案，实施定期维护、动态管理、个性化辅导。校园心理危机干预应急预案全面建立、定期演练，反应速度和处置能力迭代升级，近年来化解了多起青少年自残自杀、躁狂发作伤人等危机事件。

（三）青少年心理健康服务队伍不断壮大

心理治疗方面，全市现有心理治疗师 100 多人，有市级心理咨询与治疗中心 1 家、精神专科医院 8 家，34 家综合医院开设精神（心理）科，2021 年门诊量近 27 万人次。市康宁医院成为省儿童青少年心理健康服务联盟的盟主单位。

心理咨询方面，全市现有持证心理咨询师近 5000 人，有在册社会心理咨询服务机构近 3000 家，以企业和个体工商户为主。这些机构在识别和干预青少年心理健康问题、开展学生和家长心理调适等方面发挥了积极作用。

社会服务较快发展。市、区两级心理卫生协会组织的宣讲团已突破 200 人、志愿者突破万人次，持续推进“阳光心灵・快乐成长”未成年人心理健康专业知识宣讲、学术交流、业务培训、志愿者服务等活动，成为青少年心理健康服务的重要新生力量。市心理卫生协会还组建起35位高层次专家参加的专业团队，参与难点热点问题解决。

二、急需破解的突出问题与不足

从青少年心理健康问题现状与发展趋势看，宁波现有服务体系和服务能力尚存在不少短板，家庭责任未落实、学校和医院服务能力欠强、市场服务欠规范、村（社区）服务欠创新、“育诊疗养固”服务链欠贯通等突出问题亟待破解。

（一）从服务体系看，家庭和社会的责任有待明确

家庭责任方面，家长应该是拱卫子女心理健康的第一责任人，但现实中却存在较多的“缺位”“失位”问题。较少家长主动学习青少年心理健康知识，大多数家长对子女心理健康情况欠关注、欠了解、欠干预。当发现子女可能存在心理健康问题甚至是心理疾病时，大多数家长因种种原因不愿意去医院，耽误心理调适和治疗；还有一些家长将责任全部推给学校、医院，不能正视自身问题。

社会责任方面，社会参与的定位不清晰、参与渠道不通畅、保障机制不健全，制约社会参与形成固定阵地和长效机制，社会认可度也不高。尤为需要指出的是，由于病患信息不对称，以及缺少专业力量配备和社会力量参与，乡镇（街道）和村（社区）心理咨询站（室）的“花瓶化”现象较为突出，青少年心理健康问题极少能就近获得咨询、康复、矫正等服务。

（二）从服务能力看，学校和医院功能仍需进一步提升，市场化心理咨询服务亟待规范

学校能力方面，学生教育、队伍建设、病例处置等领域短板还比较明显。其一，学生心理健康教育水平有待提升。大多数学校的心理健康课程教育仍延续传统说教方式，初、高中还存在挤占课程等问题，教学效果欠理想。大多数学生对心理健康问题存在强烈的“病耻感”，排斥心理测评和心理健康辅导，也不愿踏足校园心理辅导室。其二，心理教师的业务水平有待提升。即便是专业心理教师，也普遍缺少专业系统的精神病学培训和临床经验，不能准确区分心理疾病和一般心理问题，干预调适工作也往往力不从心。其三，问题学生的处置水平有待提升。“两难”问题突出，一是因心理问题引发不当行为的学生

“难管理”，甚至影响到其他同学的正常学习和心理健康；二是病休学生“难返校”，回归正常的学习生活秩序更是难上加难。

医院能力方面，心理门诊特别是专家门诊供不应求的问题已非常突出。市康宁医院的未成年人心理门诊天天爆满，儿童青少年心理病区的40张病床时常处于满员状态。其他医院也是如此，专家门诊号“一票难求”，连普通门诊也需要提前一周以上抢号。“心理治疗师最高中级，没有高级职称”成为专家门诊供给不足的主要原因之一，既不利于激励心理医生锤炼技能、精益求精，也不利于帮助家长准确了解医生水平。

市场服务方面，由于缺少行业监管主体和配套制度，心理咨询服务存在不少乱象。其一，行业准入“零门槛”。从业者的服务态度和服务水平参差不齐，一些从业者甚至从未学习过心理学专业知识，服务效果难有保障，行业口碑不断下滑。其二，技能评价“无标准”。2017年人社部取消心理咨询师职业资格认定之后，业内就一直缺少公认的技能评价标准。“无标准”加剧乱收费，目前市场收费高的要4000元/小时，低的也要200元/小时，定价落差较大。其三，职业行为“无约束”。一些心理咨询服务机构存在明显的“医疗化倾向”，不能主动将需要心理治疗的客户送诊。一些服务机构还有恶意拖延时长、诱导过度消费等问题。

三、创新推动青少年心理健康服务体系和能力现代化

建议由卫健和教育部门联合牵头，加快构建“政府统领，学校、家庭、医院、市场、社会力量分工协作、合力推进”的青少年心理健康服务体系，聚焦“四个着力”深化体制机制改革和配套政策创新，持续提升“育诊疗养固”服务链各主体、各环节的服务能力。

（一）着力发挥政府统领性作用

强化顶层设计和整体统筹。在《关于加强中小学心理健康教育的实施意见》《关于加强青春期健康教育实施意见》等基础上，打破校园视野，全面谋划青少年心理健康服务体系和能力现代化的建设目标、工作思路、具体路径、重大项目、保障措施。按照《宁波市社会心理服务体系建设国家试点实施方案》，进一步厘清政法、宣传、公安、民政、司法、财政、信访、残联等部门职责，引入市场监管、共青团、妇联、人社等更多相关部门力量，齐心协力、

压茬推进。

组建市心理健康服务行业协会。依托市心理卫生协会，组建市心理健康服务行业协会。新协会旨在协助政府部门进行行业管理和协调，完善服务技术规范、工作规范和伦理道德规范，组织开展服务质量评价和监督，处理纠纷，惩戒失信，促进行业自律和服务提质；代表本行业机构及从业人员共同利益，团结和教育会员，提高会员职业素质，维护会员合法权益；提高公众心理健康水平，助推心理卫生事业发展。

完善心理健康服务行业管理制度。市卫健委和市场监管局共同研究制定《市心理卫生服务行业行规行约》《市心理咨询服务管理办法》，对心理卫生服务行业准入、监管、退出、收费等事项进行规范。探索建立心理健康服务机构的评级制度，选树一批先进典型，促进行业健康发展。

扎实建设基层心理咨询站（室）。压实乡镇（街道）和村（社区）责任，加大内部挖潜、第三方服务采购和志愿服务组织力度，更多开展心理健康宣讲活动和心理咨询服务，健全精神障碍社会康复服务功能，把基层心理咨询站（室）打造成为多元联动的支撑性平台，同时对困难家庭予以帮扶。积极探索数字治理的新路径、新方法，更好发挥基层网格作用。

完善地方性法规。借鉴近期出台的《江苏省精神卫生条例》《上海市未成年人保护条例》《广州市学校安全管理条例》等法律法规，固化政府、学校、家庭、医院、市场、社会等主体的权利与义务，推动相关数据精准、安全流转。

（二）着力提升家庭和学校的源头治理水平

压实学校和家庭责任，强化家校联动、防治结合，更好实现“早发现、早介入、早治疗”。

补齐心理健康家庭教育短板。结合宁波市家庭教育提质行动，更好发挥市、区两级心理卫生协会宣讲团作用，加大市场服务采购，定期开展面向家长的心理健康家庭教育讲座和分年龄段的专业授课，适时出台家庭心理健康教育的基础公共服务标准和市场服务标准。更好发挥党支部、工会、妇委会、村（居）委会、园区管委会、行业协会等组织作用，更多组织心理健康讲座和咨询服务，进一步提升家长对心理问题的识别和干预能力，引导家长和青少年及时就诊。深化家校联动，建立健全青少年心理健康情况的定期双向沟通机制。

力争通过5年努力，基本补齐心理健康家庭教育短板。

持续提升学校心理健康教育和干预调适水平。督促中小学建立健全全体学生的心理健康评估机制、易感人群的监测干预机制和问题学生的快速处置机制。督促所有学校配齐专职心理教师，壮大兼职心理教师队伍，将心理体检列入全体教师常规体检内容。督促学校实施更高水平的心理健康教育，强化心理素质教育和挫折教育，提高学生对心理健康问题"病耻感"的化解力度。更多组织专职心理教师跟岗培训，积极探索精神专业医生和专职心理教师"双向挂职"制度。更多组织优秀心理治疗师和心理咨询师进校讲学，共同提升心理咨询室实效。选择一批学校开展沉浸式心理健康教育试点，主动引入学生同伴互助力量，更加积极地防范舆情伤害和学生集体模仿。

（三）着力贯通"育诊疗养固"服务链

聚焦"育诊疗养固"服务链贯通的"中梗阻"，完善规章制度，健全协同机制。

健全"校医联动"三大关键机制。一是快速送诊机制。全面建立学校与医院间的心理健康"绿色通道"，确保每一位问题学生都能及时就医。二是回归保护机制。对治愈返校学生，医院建立跟踪随访机制，定时监测评估康复效果，学校加强日常监测、心理调适、补课等服务，共同帮助治愈学生更好回归，出现反复也能快速送诊。三是负性事件的复盘机制。健全教育、公安等政府部门和学校、家庭、医院共同对青少年负性事件进行复盘、反思和存档共享的工作机制，力争实现"应复尽复"。

建立"疗养固"联动机制。一是建立快速转介机制。医院将心理疾病患者信息通过合适的渠道告知患者所在乡镇（街道），与后者合作跟进；乡镇（街道）在跟进过程中，若发现复发迹象则需及时告知医院。二是建立多元合作的康养巩固机制。依托基层心理咨询站（室），建立健全村（社区）与精神卫生机构的合作机制，提升社区跟踪与矫正服务的专业水平。三是引入网上服务。借鉴上海经验，在线提供专业的复诊服务和"养固"指导。推广一些可穿戴的小型设备，方便患者在家进行心理监测，医生则获得更多可信数据。

（四）着力壮大专业技术人才队伍

打通心理治疗师中级到高级的职称晋升通道。该职称的管理权限在省卫建委。由市卫健委牵头，向省卫健委争取"将心理治疗师纳入'卫生技术'专业技术职称序列”的先行先试，与市心理卫生协会共同制定心理治疗师行业职称系列评价标准，完善评聘制度。

探索建立心理咨询师的地方性职业技能等级认定标准。由市卫健委牵头，联合市心理卫生协会、精神卫生机构、高校等共同研究制定市级心理咨询师职业技能等级认定标准。

加强高校心理专业学科建设。结合“医学高峰”计划，支持宁波大学、诺丁汉大学等学校增设临床心理学、儿童发展和教育心理学等专业，支持宁波卫生职业技术学院等学校增设应用心理学、心理咨询等专业。支持市心理卫生协会牵头，提高志愿者培训力度。

冯　路　周威锋　张　莉　应宇辰

关于加强新时期鄞州区智库建设的建议

中国特色新型智库建设是党和政府科学民主依法决策的重要支撑，是区域发展软实力的重要标识，是治理现代化的智力支持。习近平总书记就建设中国特色新型智库、健全决策咨询制度作出了一系列重要论述和指示，是新时代智库建设的根本遵循和行动指南。浙江省为深化智库建设，已经建立健全了大成集智工作机制。宁波市召开了新型智库建设会议，建立了智库建设工作例会制度，整合汇聚全市智库理论，服务党委政府中心工作和经济社会发展。近期，鄞州区政研室牵头，就2022年全区重点调研课题选题工作进行了座谈，就鄞州智库建设和调研工作机制进行了交流，智库工作建设已经成为服务党委政府科学决策的自觉。2021年，据统计，为区委区政府上报决策咨询稿的区级部门有政研室、社科院、党校、咨询委和发改局，区委主要领导批示共27篇，分研究报告、建议、他山之石等，涉及发展战略、产业经济、社会治理、党建纪检、社会民生、专题政策研究等，对鄞州高质量发展具有重要的决策参考价值，批示件均已转化落地应用。同时，浙江大学、宁波大学、浙大宁波理工学院等高校智库和研究团队也积极为鄞州经济社会发展建言献策，一批有质量的研究成果进入决策视野。虽然鄞州智库建设取得了一定的成绩，但对标现代化滨海大都市首善之区建设要求，智库建设软实力支撑不足，在经济社会发展快速蝶变的背景下，智库作用会更加突出，而鄞州智库建设相对滞后，亟须强化基层智库自身建设，发挥好智库智力资源优势，形成大成集智合力，对鄞州全局性、前瞻性、战略性开展研究、咨政建言，为鄞州经济社会领跑领先发展提供智力支持。为此，建议如下。

一、统一思想认识

坚持党的领导，以习近平新时代中国特色社会主义思想为指导，把握正确政治方向，建设党委领导下的鄞州智库；坚持科学精神，解放思想，实事求是，建设大胆独立探索的鄞州思想源；坚持围绕中心大局，紧密结合鄞州实际，深入调查研究，积极咨政建言，建设服务党委政府科学决策的鄞州智囊团；坚持改革创新，集聚社会各界智力资源，深化纵横联动合作，建设富有活力的鄞州人才库。

二、建立体系架构

根据鄞州智库建设基础，借鉴区域发展智库建设经验，建议鄞州智库建设以党委为统领，明确区委主要领导牵头，统筹推进政研室、发改局、社科院、党校、咨询委等部门和高校、社会智库、研究会等协调发展，明确各自功能和职责定位，建设“5+3+X”的鄞州地域特色智库智力体系。

“5”即政研室、发改局、社科院、党校、咨询委等五个部门为鄞州智库建设重点单位，政研室为全区发展政策研究制定，为党委政府提供急需的政策体系研究参考；发改局为全区中长期发展战略性研究，负责全区五年规划及专项规划制定；社科院为中期和短期社会科学研究；党校行政学院为即期性的咨政参阅；咨询委为阶段性研究。

“3”即高校、研究机构、研究会，利用宁波南高教园区资源，在甬高校、研究机构、美丽乡村研究会、宋韵文化研究会等学术资源，发挥不同研究机构专业研究领域优势，开展专题性研究。

“X”为区内外知名专家学者、社会智库、企业等社会领域有研究特长的智库专家，通过借力借智，开拓研究视野，凝聚人才资源。

三、健全工作机制

在现有调研合作互动的基础上，进一步健全智库联动机制。建议重点要健全智库联动机制，定期召开区智库联席工作会议，对全区工作重点方向、重点领域和课题研究进行研讨，交流智库建设工作。健全决策部门对接制度，决策部门制定重大政策与智库部门对接，形成意见征询、方案论证、政策解读等智库参与机制，积极吸纳智库研究成果，发挥智库外脑作用。健全科研人才激励机制，发掘机关企事业单位及企业智力智库人才，摸排一批有政策理论水平并能完成咨政研究的人才，对于在区委区政府科学决策中发挥作用的智库人才给予重用，形成科研人才良性循环激励导向。

四、深化调查研究

调查研究是智库研究的生命线，智库建设要大兴调查研究风气，既有先进经验做法的挖掘，又有基层一线实际状况的剖析，更有矛盾风险领域短板弱项的寻找。坚持决策需求导向，关注党委政府重点工作信息动态，精准把脉区委区政府重点决策方向，开展前瞻性调查研究，准确把握科学决策的目标方向和政策基础。积极应用互联网+调研，与大数据中心等部门积极互动，用好互联网大数据技术，创新调查研究方法和专业技术支撑，提高政策分析和对策研究的精准性。

五、加强组织保障

建议成立区智库建设工作委员会，由区委主要领导领衔，区相关重点部门和研究机构为成员单位，设立智库建设办公室，由区委政研室负责人兼任办公室主任，专人负责委员会工作事宜，定期召开工作会议，对全区智库建设工作进行总结部署。同时，结合“天南海北鄞州人”大会及全区人才工作会议召开，引进高端智力资源，并对全区智库建设人才进行表彰，夯实智库建设组织基础。

史 斌

关于加快完善宁波托育服务体系的对策建议

托育服务是生命全周期服务管理的重要内容，事关婴幼儿的健康成长，也事关千家万户最直接、最现实的利益。完善以家庭、社区、机构等为供给主体，包括家庭照护、社区统筹、社会兴办、单位自建、幼儿园办托等多元化的服务体系是促进民生幸福的重要内容，也是增强生育政策效能的基础工程。宁波尽管在探索发展托育服务体系方面取得不少成就，但还面临一些难题，需要采取措施加快完善。

一、宁波发展托育服务体系的初步探索

（一）出台扶持政策

主要政策文件有《关于促进3岁以下婴幼儿照护服务发展的实施意见》《宁波市国民经济和社会发展十四五规划和2035年远景目标纲要》和《宁波市公共服务发展“十四五”规划》。这些扶持政策的主要内容包括经济支持和专项补助两个方面。

经济支持方面，一是社区婴幼儿照护服务机构用电、用水、用气可享受居民价格政策；二是对提供社区婴幼儿照护服务的，收入免征增值税；三是对提供房产、土地用于社区婴幼儿照护服务的，免征契税、房产税、城镇土地使用税和城市基础设施配套费、不动产登记费等税费；四是用人单位举办婴幼儿照护服务机构或设置服务点，婴幼儿照护服务所发生的费用，作为单位职工福利费支出在税前扣除，其中属于提供社区婴幼儿照护服务取得的收入，可减按90%计入收入总额计算应纳税所得额。

专项补助方面，实施国家普惠托育服务专项行动，积极申报中央预算内投资项目，支持社会力量发展普惠性托育服务。截至2020年底，宁波共6家托

育机构争取到国家普惠托育服务专项资金补助360万元。

（二）强化服务供给

一是多措并举，在土地、规划、建设、消防、卫生等方面，千方百计支持增加托位数；二是健全社区婴幼儿照护服务功能，推动婴幼儿服务设施与邻里中心、文化礼堂、社区活动室等其他设施共建共享；三是加强幼儿园托班服务供给，构建托幼服务一体化新模式；四是支持用人单位和产业园区为职工提供福利性婴幼儿照护服务，条件具备的可向附近居民提供托育服务。截至2021年6月底，全市已完成新增托育机构33家，新增托位1346个，设立婴幼儿照护服务站点57个，改造升级公共场所母婴设施98个。截至2021年底，全市千人托位数已由2019年底的1.93个提高到2.63个，托位总数由1.65万个提高到2.5万个。

（三）试点管理创新

宁海作为宁波唯一入选0～3岁婴幼儿照护服务的省级试点县，率先在省内开展托育机构备案“一件事”改革，从托育行政管理、保育服务、健康安全三个维度打造托育机构运营管理系统，实现托育机构日常工作记录、托育服务、人员管理、晨检与全日观察、儿童健康检查、卫生消毒、传染病管理、营养膳食、托育安全和统计分析等数字化服务，构建托育机构运营服务子场景。

（四）加强人才培养

率先在全国、全省构建家庭养育指导队伍，组织专家编写家庭养育指导教材，强化分级培训，指导区域试点先行，先后得到国家和省上级部门的高度肯定，并在国家和省现场推进会进行典型经验介绍。截至2022年6月，全市共有婴幼儿照护保教人员4300人，其中备案托育机构从业人员843人，占比19.6%；幼儿园托班从业人员1400人，占比32.6%。

二、宁波发展托育服务体系面临三大难题

（一）托位缺

截至2021年底，宁波每千人托位数仅为2.63个、大约2.5万个托位，与市“十四五”规划提出每千人4.55个托位数、大约4.55万个托位指标相比，缺口达2万多个，且目前78%托位数不符合行业标准备案条件。主要原因是，虽然宁波已出台《关于促进3岁以下婴幼儿照护服务发展的实施意见》，但由于

缺乏相应配套政策和细化标准，如新建小区、土地招拍挂等没有体现托儿所配套，原来老旧小区大部分未规划建设托育场所等，托位配套设施改造和建设进展缓慢。同时，宁波对托幼备案的要求较高，明确房子楼层、通风设施、卫生状况和消防等条件都要达标，而一些社会办托机构因为盈利空间小、风险大，为控制成本，不愿在托位等硬件设施方面投入过多。

（二）动力乏

主要体现在：一是托育服务尚未列入基本公共服务清单，难以获得公共政策支持；二是育儿家庭不能享受育儿津贴和托育费用补助；三是社会资本考虑到场地设施、消防安全、注册登记、资金回报等因素，大多处于观望状态；四是已运营托育机构受成本高、盈利空间小等影响，大部分仅提供培训、晚托、暑托、寒托等，难以提供真正普惠性幼儿“日托”服务。

（三）人才少

预测到2025年，宁波托育服务人员需求量约为7800人，缺口达3500人。截至2021年底，全市已有4300名婴幼儿照护保教人员中，备案托育机构从业人员843名，占比19.6%；幼儿园托班从业人员1400名，占比32.6%；其他非备案机构从业人员2057人，占比47.8%。

三、进一步完善宁波托育服务体系的对策建议

（一）完善扶持政策

出台《宁波市普惠托育服务补助办法》，探索将普惠性托育服务纳入基本公共服务清单，使普惠性托育服务可享受与学前教育同等的补助待遇。依据普惠托育服务规范指导价格，制定婴幼儿家庭享受育儿津贴和托育费用补助政策标准，同时明确企事业单位购买非专业服务即委托赋闲在家的职工家属或全职太太从事托育服务，给予一定补贴。分析测算用人单位因提供托育服务而增加人员雇用产生的开支成本，据此完善提供普惠托育服务机构或用人单位的补助政策。鼓励各地依托城企合作，采取提供场地、减免租金、综合奖补制度和税收优惠等政策措施，支持社会力量发展普惠性托育服务。

（二）保障服务供给

以托幼一体为主，把每年新增普惠性托育点作为市政府实事项目。抓紧制定《关于促进3岁以下婴幼儿照护服务发展的实施意见》的配套政策，明确商

品房用地出让时的托位配置标准。实施“家门口入托”工程，推动活动场所和服务设施“适儿化”改造，建设嵌入式的普惠性社区托育服务机构。探索在职工需求集中且有条件的企业、园区、楼宇等单位开展职工子女托育服务，或与相关机构、驻地社区联合等方式举办托育服务机构。打造社区托育服务圈，在中心城区每个街镇至少开设1个普惠性托育点，非中心城区街镇提供“社区化、就近化”的托育服务。实施幼儿园改扩建等，撤并部分低等级、小规模幼儿园，转型开办托育机构。鼓励发展家庭育儿共享平台等托育服务新模式新业态，以生育友好城市建设为契机，鼓励开展家庭互助式服务模式。

（三）优化人力资源

丰富专业人才供给，依托现有教育资源，发展职业教育体系，成立宁波婴幼儿托育服务学院，鼓励符合条件的中职学校开设婴幼儿托育专业。提升人才培养质量，推动在甬相关高校积极承担教育部任务，牵头制定国家专业标准。加强技能培训，推进婴幼儿照护服务指导中心和实训基地标准化和规范化建设，将托育（幼）园(所)负责人及保健保育人员卫生保健纳入首批培训人员名单，同时将育婴员、保育员等托育从业人员纳入项目制培训范围。加大“以赛代训”力度，鼓励托育服务从业人员参加各类各级职业技能大赛，并按规定享受各项竞赛待遇。

（四）创新监管机制

实施“数字”监管，强化数智赋能，建设智慧托育服务平台，整合完善宁波市妇幼健康一体化平台和宁波市3岁以下幼儿托育服务信息管理平台。实施备案监管，推进卫健、市场监管、民政、教育和住建等部门间的托育机构登记备案信息互通，建立线上备案系统，对托育机构申办、备案等开展信息化管理。实施健康监管，推进托育服务和出生、婴幼儿保健等资源整合、信息互通，参与长三角婴幼儿照护服务标准规范体系建设，共同开展面向家庭的儿童早期发展指导、儿童保健、预防接种等服务。实施质量监管，探索托育机构星级化管理机制，通过托育服务指导中心视频监控系统与辖区内托育机构对接，及时了解托育机构的运营情况，对婴幼儿照护服务机构实施技术支撑下的日常动态监管。

王　巍　钟春洋

“双减”政策下宁波校外培训机构规范发展对策建议

2021年7月以来，宁波市委、市政府将落实“双减”政策作为重大民生工程，从严治理校外培训机构，取得阶段性成果。义务教育阶段学校提供课后服务和服务时间实现100%达标，义务教育阶段学生作业负担有效减轻；学科类培训机构大幅压减，从2021年8月的1949家减少到2022年5月的361家，压减幅度超过80%。校外培训机构治理过程中新旧问题交织叠加，治理难度依旧很大。所以，必须强化问题导向，以监管体制机制创新为突破口，持续推进校外培训机构规范发展，拓展巩固减负提质教育改革发展成果。

一、存在的主要问题

（一）学科类校外培训隐形变异形态依然存在，精准治理、有效管控难度较大

目前，学科类校外培训的市场需求依然旺盛，部分培训机构或教学人员转型私教化、游击化、家庭化，造成违规行为难发现、难认定，大大增加监管难度。2021年寒假，宁波一共查处转入“地下”等隐形变异学科培训机构（含个人）47起，包括个人违规开展学科类培训、非学科类培训机构以“素质拓展”思维训练等名义超范围开展学科类培训等隐形变异情形。

（二）学科类校外培训机构大幅度减少，从业人员再就业压力较大

学科类校外培训从业人员大幅减少，从2021年8月的17988人到2022年4月的3823人，8个月时间就有超过14000人面临再就业问题，就业压力陡增（见表1）。其中，教学、教研人员就有6688人，普遍面临就业渠道狭窄、

薪资落差大等问题，目前还有大量人员待业或处在过渡岗位，部分则违规转入“地下”。

表1　“双减”政策前后学科类校外培训机构从业人员变化情况

	从业人员（人）	教学、教研人员（人）	其他人员（人）
2021年8月	17988	8982	9006
2021年12月	7781	4590	3139
2022年4月	3823	2294*	1529*

注：*表示估计数。

数据来源：市教育局。

（三）非学科类校外培训机构快速扩张，分类监管制度还不够完善

非学科类培训机构数量从2021年8月的336家上涨到2022年5月的约1040家，类型各异、水平参差不齐。由于宁波尚未出台非学科类培训机构监管办法，行业监管还比较薄弱，经营乱象不同程度存在，如虚假宣传、提价不提质等不规范市场服务行为。

（四）校外培训机构监管力量薄弱，常态化协同机制有待创新

市教育局已增设校外教育培训监管处，但各区（县、市）教育局大多未设立相应科室、配备专职人员，基层执法力量不足、疲于应付，远郊乡镇（街道）和农村地区监管力量尤为薄弱。协同监管机制也有待创新，宁波市校外培训机构一站式服务平台“甬信培”尚未实现培训机构全覆盖，且只能对审批、预收费环节进行监管，与实际工作需求还有较大差距。

二、对策建议

（一）完善监管体制机制，强化常态化运营监管

建立校外培训机构负面清单制度。细化校外培训机构严禁事项和监管要求，尤其是对学科类校外培训隐性变异形态进行科学界定，完善企业承诺、部门监管和社会监督机制。

健全非学科分类管理制度。明确牵头部门，细化完善文化艺术、体育、科技等非学科类培训机构设置标准和经营要求，强化行业监管。

明确各层级执法职责。加快制定校外培训监管行政执法事项指导目录，实现体系化、标准化、动态化管理，把易发现、易处置、易承接事项下放到乡镇

（街道）。

增强执法力量配备。推动各区（县、市）教育局参照市教育局做法，设立校外教育培训监管科。强化乡镇（街道）专业化校外培训执法力量配备。

（二）深化监管数字化改革，推进协同治理模式创新

迭代升级"甬信培"平台。重点推进平台的数据归集、场景集成、效能提升，强化跨部门监管执法业务协同，构建常态化主动发现、违法线索互联、监管标准互通、处理结果互认、司法有效衔接的长效机制。

推动校外培训机构一站式服务平台部门监管功能模块向"141"基层治理四平台贯通应用。将学科类校外培训隐形变异等问题纳入网格化管理日常巡查内容，健全教育、政法、网信等部门合理推动的校外培训综合治理机制。

积极探索实施校外培训机构办学行为实时监控制度。探索建立培训机构违法违规行为联合惩戒机制，强化监管执法信息归集共享，推动失信联合惩戒。

（三）坚持疏导结合，巩固深化治理成果

支持非学科类教育培训机构或有资质个人参与课后服务。依法科学设定准入条件，遴选非学科类教育培训机构并动态形成"白名单"，整合吸纳青年科技人才、"非遗"传承人、学科类培训机构待转岗专业人员等社会资源形成课后服务导师库。支持学校购买课后服务。

促进学科类校外培训机构人员再就业。加强与民办教育协会、人力资源服务机构等主体的合作，摸清下岗人员底数和就业需求，建立健全信息台账，分类引导再就业。转岗就业人数比较集中的区（县、市），可借鉴湖州市吴兴区做法，面向学科类校外培训机构从业人员开展中小学教师"专项招聘"。

傅叶挺 余 薇

推动教育“双减”政策深化落地的建议

2021年7月，中共中央办公厅、国务院办公厅印发《关于进一步减轻义务教育阶段学生作业负担和校外培训负担的意见》，核心是要在中小学阶段坚持学校教育的主阵地，最大限度屏蔽学生参加课外培训的渠道，减少主动培训动机，减轻家庭和社会的教育额外负担。这份意见体现了以习近平同志为核心的党中央为人民办教育的坚定立场、为强国育人才的战略深思、为学生谋健康的亲切关怀、为社会降成本的决心担当。舆论普遍认为，这是中央和国家对全社会“受够了教育内卷”的回应，是遏制教育“剧场效应”的第一招。近20年来，教育改革措施叠床架屋、花色缭乱，但教育减负、教育公平、素质教育等改革目标仍路途迢迢。究其原因，有教改认识与理念的纠结，有改革目标与措施的脱轨，有上层与下层的不同步，有产业演进与教育供给的失时错置，有教育问题与社会问题的混淆，有改革愿景与利益代价的张弛，有短期与长远的矛盾等诸多方面因素。推动教育“双减”这项利国利民、民心所向的大好政策及其精神落地生效，需要统筹义务教育改革和中高考改革、统筹教育改革和社会改革、统筹顶层设计和地方首创，防范出现“拼培训”变“拼家教”、“出门拼”变“进门拼”、“地上训”变“地下训”等变相增负后果。本文拟就基础教育中的关键、实操环节及地方政府创新探索等谈几点思考和认识。

一、深化中考高考改革减轻义务教育的总体压力

（一）高等教育覆盖率低是义务教育压力高的重要原因

客观地说，近年来我国高等院校招生总体呈现快速增长态势。根据国民统计公报数据，2020年我国普通本科专科招收学生数为967.4万人，较2019年、2015年分别增加52.5万人、229.6万人。2019年全国本科、专科分别招

收431.2万人、483.6万人。从适龄人口覆盖率看，2001年统计公报显示，全国新出生人口1702万人，2019年本科专科入学率为53.7%，较2010年提高22.4%。我国高等教育入学率是把高职也统计在内的。按照全部人口受高等教育比例看，第七次全国人口普查数据显示，我国具有大专以上文化程度的人口比例约为15.5%，2019年全国本科学历人口比例不足5%。学研智库数据显示，2020年美国有6500余所高校，超过中国3005所高校数量的两倍，美国本科教育人口比例超35%。

和发达国家相比，我国高等教育入学率也仍较低，2017年美、德、日、韩分别达88.8%、68.3%、63.6%和93.8%。同时，各省市区的高等教育入学率也不平衡，如南师大陈玄玄研究结果显示2018年上海高等教育毛入学率约为70%、浙江约60%、山东约53%、河南约45%。目前高等教育入学率低的主要问题凸显在优质高校入学机会的紧缺。2019年全国本科入学率为25.3%，根据国金证券研究所数据，2020年全国211高校入学率仅为5%，其中北京为14%、上海为13.5%、天津12.8%、江苏5.2%、浙江4.4%、河南4.1%。随着人们对未来发展期待的提高，上本科难、上好大学难成为教育内卷的重要诱因。

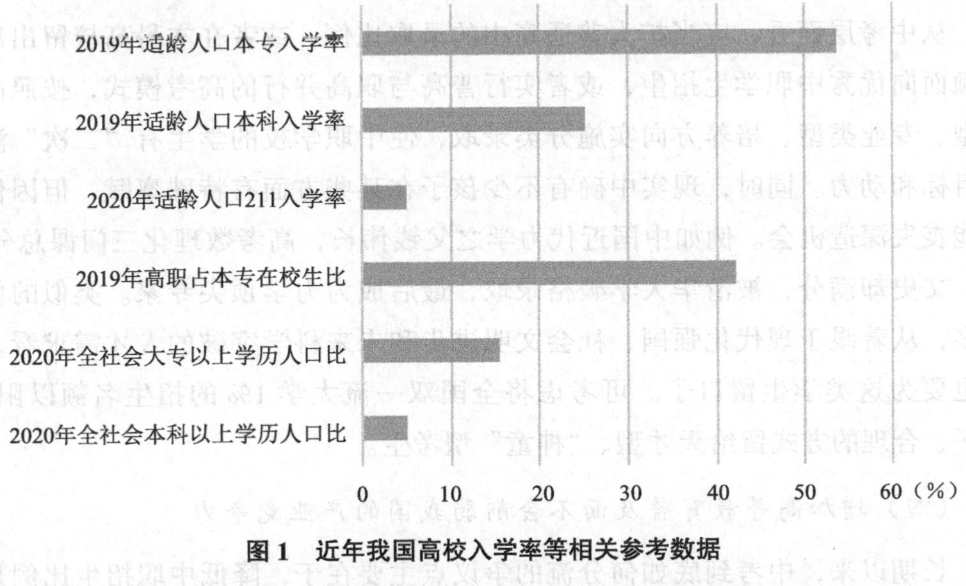

图1 近年我国高校入学率等相关参考数据

（二）中考分流是青少年被迫过早卷入焦虑的直接原因

全社会对教育内卷的疲惫，不是源自大学阶段的学业竞争，而是对青少年从学龄前就被迫卷入各类培训、竞赛但又未能收获应有的健康、智慧和发展的无奈。其中，中考过早分流是诟病多年的问题。多数地区按照普高、中职

5：5的比例对初中毕业生实施分流。初中阶段是青少年成长的关键时期，也是性格、心智塑造的主要时期，在这个时段对学生进行人生择业大分流为时过早。我国中职教育环境和出路确实存在不少短期内很难逆转的问题，全社会对职业教育的认同度还很低，青少年减负很难真正落实。为了能抢夺普高学位，青少年不得不进行大量的刷题和室内禁闭，这些都扼杀了孩子的创造力，与教育助力创新、教育培养新人的功能背道而驰。同时，这种低效而激烈的竞争，花费家长大量精力、耗费家庭大量资财，挤占社会创新的大量资源投入。

（三）中考高考改革核心是让更多孩子有更好成长机会

从政策设计上看，不可能让所有孩子免试上大学，但也没必要以过早的教育分流制造巨量的低效竞争和浪费，应当寻求公共投入的最优效率。

从高考层面看，可以继续增加本科教育招生数量。我国本科院校也有能力适当扩招，同时可按照宽进严出的制度设计保证教学质量，真正改变“中小学生通宵刷题、大学生通宵打游戏”的荒唐怪象。同时，高校的招生还应注重区域均衡问题，以中央财政为主建设的院校总体上应根据招考比均衡的原则分配地区名额，不宜有过大差距。

从中考层面看，应当扩大普通高中的录取比例，或者在本科高校留出部分名额面向优秀中职学生招生，或者实行普高与职高并行的高考模式，按照高校类型、专业类型、培养方向实施分类录取，使中职学校的学生有“二次”激励的目标和动力。同时，现实中确有不少孩子在某些方面有特殊禀赋，但因偏科可能丧失深造机会。例如中国近代力学之父钱伟长，高考数理化三门课总分25分，文史却满分，被清华大学破格录取，最后成为力学顶尖专家。类似的例子很多，从着眼于现代化强国、社会文明进步和未来科学突破的人才需求看，高考也要为这类学生留口子。可考虑将全国双一流大学1%的招生名额以阳光、公平、合理的方式留给天才型、“神童”型考生。

（四）增加高等教育普及面不会削弱我国的产业竞争力

长期以来，中考到底如何分流的争议点主要在于，降低中职招生比例是否会造成我国蓝领缺口过大？要辩证地看待当前蓝领工人缺口的问题，一方面有些劳动密集型企业把普工缺口当作蓝领缺口，放大了所谓蓝领缺口的严重性。如果问一个马夫有什么需求，他只会说需要一匹更肥壮的马，永远不可能说自己需要一台发动机。政府要做的基础性工作是建立完善的社保体系，为企业转型升级兜底。随着我国产业发展迈向价值链中高端，未来更缺的是有创造力的科学家、发明家、工程师、艺术家、思想家。我们在科学技术的基础研究领域还比较薄弱，创新型国家的生态土壤还不厚重，这些攻坚难点主要需要通过高等教育来完成。

另一方面，培养蓝领的途径和方式非常多，靠中职教育培养技术型人才是比较难的，至少从中国目前中职教育的生态来看是如此。很多中职学生无法学到企业和社会亟须的技术。其实，高等教育应用型学科也可以兼顾技术型工人和人才培养的职能。对于选择进入蓝领通道的毕业生，也可以通过社会化培训、企业培训等方式获得技术知识和经验。实际上，一些头部企业的研发、工艺创新能力已经走在大学的前面，由他们牵头承担职业教育的培养也不失为一种值得探索的路径。总之，合理增加高等教育普及面不仅不会削弱我国的产业竞争力，相反还是产业高质量、可持续发展的基础保证。

（五）加强职业教育的关键是拓宽出路、联动社会改革

人们对中职分流的焦虑，不是质疑是否应该培养孩子的奋斗精神，而是目前的职业教育制度还很难满足人们对努力与回报的合理期待。如果职业教育有更宽的出路，中考分流就会为更多人认同和理解。现在中职分流一个重要的支撑依据是德国的职业教育经验。但正如北大姚洋教授指出的那样，德国技校学生每周五天的时间，有三天是在普高上的，还有两天在工厂上，既可以学习普高知识也可以学到技术，最关键的是德国技术工人和大学生之间的通道是打通的，做了工人之后还可以去上技术大学，转变为社会地位较高和薪酬可观的高级蓝领。何况随着德国产业层次的演进，德国的职校制度在其国内也受到不少批判。

推动我国职业教育高质量发展，主要的是要让学生有良好的学业环境、有过硬的学业成果、有合理的奋斗空间，使中职分流成为“左右分流”而不是“上下分流”。例如通过特定技术考核、职称评定、工作经验、创造发明、基本知识考试，也可以进入本科院校深造；例如获取特定条件的，在参加党政机关、事业单位、国有企业录取时视同本科毕业生；等等。当然，拓宽职业教育出路，提升职业教育认同度，还需要推进社会领域深度改革，特别是收入分配制度改革创新，使劳动分配和资本、要素分配具有合理的对等地位，减少社会分层差距。

（六）尊重教育和成长规律，减少应试考试数量

1. 建议降低外语在高考中的分值比重。外语教育对我国培养广大具有国际视野的人才功不可没，在外交、外贸、科技人文交流等方面都发挥了重要作用。但国际关系的变化、跨语言交流技术的发展、人才培养重点的更新、外语日常应用场景的不足等因素，使得外语教学承担的功能可以通过其他更简易、更合理的方式完成，也促使我们根据形势调整外语教学。可以考虑将英（外）语降为80分，也可以考虑改为选修，作为外语院校和专业的录取条件。

2. 要减少考试中的变态类型。例如以大语文的名义，大幅度超出教学大纲，拔苗助长式地要求学生背诵过多诗文，大量出名著的内容记忆题，过早开启作文教学和考试，导致学生有看不完、读不完的书。数理化考试更有那些连教授也答不出的怪题。阅读、刷题毕竟只是学习成长的一方面，不能以看书压倒一切的方式挤占、填充孩子的全部时间。学期考试应该重点考原理、考灵活运用，减少记忆题、怪题的比重，要改变“勤奋=努力”的教条，引导学生更多思考。考试的题型和难度要与教学大纲相衔接，大纲可以动态调整，也可以在现行基础上增加难度，但一定要相对明确。通过稳定考试范围预期，解除悬在学生们头上的“达摩克利斯之剑”，还给孩子们几天“吹灭读书灯，一身都是月”的美好时光。

3. 还要改变重视什么就考什么的倾向。有些地方，重视体育健康，就考试各类竞技项目，把体育分值提到100分。一些地方有将美育、德育也纳入考试、提升分值的设想。从实践看，美育德育考试也是以记忆题为主。体育主要是让孩子健康、美育主要是让孩子有审美、德育主要是让孩子向善，应以合理的标准实行以达标过关或熏陶体验的方式结业，体育测评要以健康测评为主、技巧测评为辅。要避免动辄发一张试卷，组织一场考试、比赛的方式考评体美德，把素质教育简化为“做加法”，搞得孩子们枕戈待旦、时有忧色、寝食难安，造成“双减”后非文化课程负担加重的情况。

二、把办好教育作为城市塑造形象提升魅力的最好名片

（一）城市发展的竞争从单维竞争演变为多维竞争

我国社会主要矛盾已经转化为人民日益增长的美好生活需要和不平衡不充分发展之间的矛盾。站在两个百年的交汇点上，中国城市发展路径将发生三

个重大转变，即在发展动力上由资源驱动转向科技创新驱动，在发展模式上由空间扩展和土地融资为核心的快速城镇化转向以人为本和公共服务均等化为内涵的新型城镇化，在发展格局上由国际大循环转向国际国内双循环。由此，城市之间的竞争不再是单一的经济竞争，更是经济、社会、文化、生态的综合性竞争；城市间的资源争夺，从过去的招商引资为主转向招才引智为主；城市集聚要素的方式，由过去先引资引人再建设治理转向先建设治理再引人引资。总之，中国的城市发展将逐渐回归到它的本质上来，即城市是生活交往、创新集聚、思想交流、文明延续的地方。因而，由城市经济实力、建设品质、服务效能、文化底蕴等诸多因素集合而成的形象魅力成为城市竞争力的直观体现。

（二）办好教育是城市积聚创新要素的重要途径和机遇

加快优质教育资源充分而均等的供给是当前城市普遍面临的难题，也是当前影响国民美好生活质量最大的障碍，当然更是各城市增强吸引力的重大潜在机遇。谁在这个问题上敢于创新突破，谁就能成为名副其实、近悦远来的“网红”，谁就能吸引更多的人口和人才，谁就能更好解决企业留人难的问题，谁就能巩固扩大创新和消费的底盘，谁就可以更好创造传承新时代的城市文明。城市管理者应该把优质教育资源共享作为提升公共服务水平、塑造城市魅力形象的“牛鼻子”摆放到发展战略的优先项上来。

（三）办好公平优质教育是可行的也是划算的

长期以来，关于城市为全体常住人口提供优质基础教育公共服务的问题上，很多城市管理者认为这将产生巨额的财政负担，是根本没有可能做到的。这是一个很大的误区。中南财经政法大学李祥云教授等人通过函数法对优质义务教育的成本进行了研究测算，其调研所在县小学平均成绩为65.8分，生均教育成本为8629元，如果将学生成绩指标设定为80分，则生均成本为16767元，主要包括教师工资、生均公用经费、学生补助。教育成本目前实行的是中央和地方共担机制，如按浙政发〔2016〕16号文件精神，生均公用经费所需资金部分由中央财政补助剔除外来务工人员子女教育因素承担，余下部分由省与各市县财政按现行比例分担（两类六档：20%、40%、60%、80%、90%、100%）。

对于地方政府而言，教育均等化最大的成本是教师工资和教学设施建维费用。如果按照生均成本2万元，第一年增加一年级新生2万人、85%经费由教育所在政府承担，则第一年增加支出 3.4 亿元，12 年新增学生 24 万、新增费用 40.8 亿元。但实际上，突然新增这么多学生的可能性不大；教育公共服务也存在规模效益，新增 1 个班级时，既可以新保障 1 名学生，也可以保障 45 名学生；而且学校建筑是一次性投入为主；学生的新增也是逐年完成的，经费投入也是逐年到位的；中央、省、市还存在教育经费共担机制，部分费用还可能由家长承担，高中阶段尚未实行义务教育。建议合理评估现行各类产业补贴资金的效益，取消低效和无意义的奖补项目，将教育公共服务经费作为全市营商环境和产业政策经费的新类型。总的来说，如果下定决心要做好这件事，成本仍然是可控和可承担的。

实际上，不能光考虑教育经费的支出，也要考虑教育公共服务均等化带来的经济社会效益。随着定居人口的增加，城市的整体消费水平将会提高，服务业就会有"核聚变"的可能，催生出更多新型的服务需求和业态，对于推动地区产业升级、增加城市人气、稳定企业人力资源都具有重要意义。在工业经济时代，哪里有企业，哪里就有就业；在服务经济时代，哪里有人群，哪里就有产业。即便是全面放开城市公共教育，城市新增学生数量也不可能是无穷尽的，纯粹到城市中蹭教育资源的毕竟是极端少数。多数常住人口都是因工作而来，他们都为城市的发展作出了贡献。在城市生活的成本是多方面的，只要人口进一步集聚，生活要素价格就会上涨，市场机制将发挥城市总人口调节作用。有些观点甚至认为，为无户籍学生提供教育公共服务将会减损本土居民的利益。我们必须认识到，中心城市的发展得益于外来人口以公共服务差异化为代价的集聚效益，未来公共服务差异化又将反噬城市的可持续发展，更多的常住人口将用脚选择城市。

（四）中央为先行城市办好公平优质教育提供政策支持

中共中央、国务院《关于支持浙江高质量发展建设共同富裕示范区的意见》指出，支持浙江"推进以人为核心的新型城镇化，健全农业转移人口市民化长效机制，探索建立人地钱挂钩、以人定地、钱随人走制度，切实保障农民工随迁子女平等接受义务教育，逐步实现随迁子女入学待遇同城化"。可见，教育公共服务均等化是中央赋予部分城市的改革任务。未来，随着人地钱挂钩政策落地，常住人口教育经费承担机制将更加完善，地方政府在教育公共服务均等化方面的成本将进一步减轻。我国正在加快构建城市群—都市圈—中心城市—大小城市协同发展—特色小镇—乡村振兴的区域协调格局，未来城市常住人口或可以将建设用地指标挂牌交易，向中心城市提供更多建设用地空间，为中心城市降低市民居住成本、解决中心城市产业居住空间瓶颈等迫在眉睫的难题提供出路。

三、宁波做好“双减”这项民心工程的配套措施建议

（一）力争增加全市普高入学率

2021 年深圳市新增 7 所公办普高学校，2020 年、2021 年普高入学率分别达 67%、63%，2020—2025 年，深圳规划新增公办普通高中学位 11 万个以上。而宁波近十年来，普职比例基本稳定在 5∶5，公办普高入学率更低。建议在国家政策允许的范围内，增加高中学位供给，摒弃把增加普高与优化职教相互对立起来的观念，适当提高普高入学率，从根子上减轻全社会教育负担。

（二）完善普高定向招生机制

目前宁波试行直属高中定向分配制度，即纳入试点的高中 50% ～ 60% 的招生名额按照学校人数等因素分配至各初中，使各初中都有基本同比例的学生升入高中。这项政策是维护教育公平、促进义务教育均衡发展的重要创新，对于减轻教育负担有切实的重要作用。但如果将定向招生名额分配至班级，则可能走向另一个极端，会削弱学生自主学习知识、参与有效竞争的积极性，会淡化教师爱岗敬业的积极性，也会降低全市高中学生参与全省高考竞争的素养。因此，应尽量避免、减少班级定额的数量或适用范围。

（三）建设一批教育综合体

强化教育设施建设的市级统筹力度，以“XOD”理念为指导，打造 2 ～ 3 座以全龄段教育为主要功能，兼具文创、人居、运动、休闲、旅游、进修、展览等多重功能于一体的“TOD+EOD”相结合的教育综合体，着重化解学位数与人口规模不匹配、教育用地不够集中集约、教育建设资金平衡难等问题，加大全龄段学位硬件设施供给，基本满足全市常住人口学前和中小学入学需求。

（四）积极争取高等院校新建项目

加快理顺建设和运行体制机制，倾力支持推进东方理工大学（暂名）建设及相关产业落地工作。积极推动大连理工大学在甬引进建设中德合作大学，力争新增一所本科院校。关注北京等超大城市推进城市功能调整和疏解的计划和

动态，力争有关疏解高校在甬设立实质性办学点。

（五）创办一所技术工人大学

着眼于我国职业教育改革创新和对产业升级技术人才的需求，力争教育部批准，创办一所以招收职业技术学校优秀毕业生、优秀技术工人为主的本科及以上学历的新型高校。可以地方政府创办为主，也可力争引进 985、211 高校创办，还可引进重量级、头部型、高新化的企业作为办学主体，主要目标是培养符合信息革命、数字化时代需要的技术应用人才，同时为优秀技术工人晋升发展提供平台，为新时代高等教育和职业教育改革、融合探索路径。

（六）创新教师编制和队伍管理

加大教职工编制统筹配置和跨区域调整力度，建立市域一体、城乡统筹、余缺调剂、灵活周转的中小学教职工编制动态调整机制，探索与“轮校执教”相适应的编制创新。力争按照学生人数新增全市总体教师编制。对于新增编制已至天花板的，实行合同招聘等市场方式增加教师供给，新增教师的岗位性质可事先明确为“统筹编制”，以便于教师岗位流动，给予与在编教师同等工资和社保待遇。按照高于全市正科干部平均收入标准保障教师工资待遇，同时对教师实行“参照公务员”管理，适用党政干部纪律。妥善处理学生减负与学生成长的关系，对教师实行科学、合理、可行的教学质量绩效考核。赋予教师合理的惩戒权，对教师的尽责履职给予容错空间，成立由教师、家长、法律人士和其他社会代表组成的家校矛盾调解仲裁机构，依法保障教师履职和学生正当权益，更好发挥学校教育的主阵地作用。

（七）同步探索推进教师减负

充分保障教师的备课和休息时间，探索弹性工作制，对教师额外延时工作实施补休，如实行一周三休、一日半休工作制等。发挥绩效考核的保基本功能，减少末位淘汰、竞争排名式的考核和以工作出勤、学生基本学业过关达线为主的考核，减少面向教师的考试、检查、评比频次和评价权重，减少素质教育形式主义活动，大幅减少教学外活动任务。探索教学辅导员制度，如通过合同招聘等方式，对低年级班级考虑配备 1 名辅助员，对高年级配备年级辅导员等，以减轻日益繁重的学生保育、家校沟通、托管管理等负担。

（八）丰富学生在校托管服务

错时接送学生是家长普遍面临的痛点，即便是近年来推出的五点钟学校服务，对家长合理安排接送时间也很难起到实质性帮助。建议将学校放学托管时间最迟延长至普通职工下班后的1小时，托管期间可安排作业自习、体育锻炼、艺术教育、科学探索等活动，尽量实现小学生回家后无家庭作业。对于这部分增加出来的教学、托管成本，建议由财政和家长共同负担，对于困难家庭实行财政补助。可考虑，允许部分培训机构向非营利性辅助教学组织转型，使他们成为丰富学生托管和教育的辅助力量。

(九) 加强“少年友好型”教育保障

近40年来，中国学生的激烈竞争和高强度努力，是我们整个国家追赶跨越的一个缩影，对于塑造我国在全球产业链中的分工优势起到了重要作用。但面向社会主义现代化强国的星辰大海，传统教育方式很难承担起培养更多顶尖科学和人文大家的使命。教育必须回归到教和育的本位上来，更加尊重青少年儿童的成长规律，尽可能激励和保护青少年儿童的好奇心、想象力、意志力。为此，建议加快适应少年友好型教育的基础设施和力量配备。例如给予学生午休保障，如江西南昌文山路学校在教室创造性提供折叠贴壁式午休床，解决无午休设施的难题；加大社区教育、幼托、学托等公益性辅助设施的创新和供给；在创新园区、大型企业探索设立由财政、企业和个人承担相结合的幼儿保育机构；建设一批户外教学设施，从教室教学的刻板教条中创新一条适合低幼年龄、学前孩子的教学模式；结合“唐诗之路”工程建设一批公益型的自然游学点，使少年儿童可以亲近自然、俯瞰山河、感悟诗画、激发灵感，可以掌握农业农村、生存技巧、危机处理、社会交往知识；合理布局一批大规模的现代化青少年宫，使更多学生有学习艺术人文知识的机会；探索一批少年友好型示范课程；探索建设一批工业旅游设施，使青少年更直观地了解商品生产过程和经济运行规律；建设一批天文、海洋、生物博物馆、旅游点、体验营，为青少年儿童提供优惠性门票服务；加强青少年儿童国防教育，建设一批公益、半公益性的军事体验营地。

汪志飞

湖滨未来社区建设的探索与思考

一、基本概况

湖滨未来社区地处宁波镇海区庄市街道，是镇海区首个一体化改造未来社区建设项目，项目规划单元面积161.8公顷，实施单元面积22.4公顷，实施单元由同心路和庄市大道合围而成，目前实施单元项目已经竣工等待验收。该项目预计直接受益居民超过6000人，辐射带动周边居民近3万人，联动周边商贸和科创产业需求，吸引精英回归，计划引进高端人才2000人。湖滨未来社区具有鲜明的区位优势，地处甬江科创区北部功能片区核心位置，是镇海区连接宁波中心城区的地理门户，社区依同心湖而建，水域面积超过14.6公顷，周边轨道交通2号线、5号线、三官堂大桥等交通基础设施便捷，新材料小镇客厅、甬江实验室筹备中心、北高教园区等科创资源集聚，开元广场、国际人才公园、万科1902商业广场等生活配套完善。自去年被列入宁波市首批改造提升类未来社区建设项目以来，湖滨未来社区始终坚持"人文庄市、科创湖滨"总体定位，深挖潜力、凝心聚力，以数字化建设为主线，聚力打造"一核两轴多节点"布局，合力推动未来社区规划设计、建设运营全生命周期的高标准落地，探索出一条以未来社区建设推动城市发展有机更新的全新模式。

二、创建特点

（一）以人为本，注重发挥居民主体作用

居民是社区的主体，未来社区建设是一项"让居民来做主"的民生工程。湖滨未来社区在创建过程中始终注重把握人本化的价值理念，积极营造邻里和睦、守望相助的"生活共同体"。一是把握共商属性，注重问需于民。通过发

放线上调查问卷、召开线下座谈会、举办需求对接会等方式，及时收集梳理居民（包括周边底商）需求，摸清社区创建重点难点，共收集高频需求60多条，同时通过社区内多媒体平台投放互动短视频等形式，发挥居民参与社区治理的主观能动性，积极引导更多居民共同参与未来社区建设。二是把握共创属性，注重问计于民。湖滨未来社区在创建过程中，特别重视挖掘宁波帮文化、院士文化等在地优秀文化资源，将传承弘扬优秀精神文化作为联结属地居民的“根”和“魂”，借以营造全体社区居民共同的“情感地标”和“精神家园”。三是把握共享属性，注重问效于民。湖滨未来社区“万物云”运营团队，不断创新“平台+管家”物业服务机制，培育引进各类社会公益组织，激发社区活力，以让居民获得更多幸福感和满意度作为衡量工作业绩的根本标准。

（二）系统集成，精心营造三大特色场景

特色场景营造，是未来社区满足居民需求、解决社区痛点的重要举措。湖滨未来社区坚持系统集成创新理念，重点聚焦未来邻里、未来创业、未来健康三大特色场景营造，以特色场景提升满足居民对未来美好生活的向往。一是未来邻里场景营造。社区利用闲置的售楼处精心打造邻里服务中心和特色展厅，同时整合社区内部口袋公园、小区架空层等空间资源，穿插设置公共服务和商业服务功能空间，拉动居民走进公共空间，缩短彼此距离。二是未来创业场景营造。社区通过整合周边新材料初创产业园、甬江实验室、泊寓青年人才驿站、开元广场等资源，营造“工作+生活+娱乐+社交”共享联动的创业空间，实现产学研居一体化发展。三是未来健康场景营造。社区针对不同人群、不同年龄段需求，重点打造慢跑绿道空间、老年日照中心、智慧养老云平台等，为社区居民提供“防、诊、治、管、健”全方位全生命周期的健康医疗服务。

（三）数字赋能，重点搭建信息智慧平台

更加注重数字技术赋能，是未来社区建设最大的特色和亮点。湖滨未来社区积极利用大数据、物联网、云计算、人工智能等先进技术手段，通过构建整体智治的综合平台，提升社区治理和居民服务智慧化水平。一是搭建智慧治理应用平台。以“万物云”现有的物联网平台为基础，依托社区信息模型（CIM）平台集成地理信息大场景宏观模型、建筑信息小场景、社区实时动态数据等内容，与镇海区各部门和庄市街道“基层治理四平台”实现数据互通，构建湖滨

社区特有的数据中心，同时又能通过“驾驶舱”界面（全彩LED大屏）即时得以呈现，有效赋能社区治理。二是搭建智慧服务应用平台。社区面向居民高频需求事项，集成开发“邻里互助生活”“智慧健康管理”“社区养老助残”“房屋在线租赁”“线上社区议事”等17个场景功能模块，居民只需要通过微信小程序“云晓事”一键下单，随时随地可获得生活缴费、物业政务等各项服务，真正实现了数字化红利的普惠共享。

三、面临困惑

（一）数据标准有待统一，信息壁垒较多

信息数据是未来社区建设的基础依托，数字技术的应用能力决定了未来社区的建设水平。一是纵向层级间数据标准有待统一。尚还存在着城市大脑与街道中脑、社区小脑纵向层级之间数据标准不统一、服务场景设置不兼容等问题，导致系统对接不畅、数据复用性差，难以实现共享目标。二是部门之间信息壁垒较多。教育、医疗、文化、体育等各部门数据存在更新速度慢、社区获取难、数据孤岛现象等问题。三是平台数据整合能力有待提升。社区智慧服务平台包含社区居民服务C端、运营企业应用B端和社区管理G端，三者之间离联动指挥高效、资源整合充分、日常服务便捷的要求还存在较大差距。

（二）运营机制有待完善，资金平衡较难

“三分建设七分管理”，综合运营管理能力是实现未来社区可持续发展的根本支撑和保障。一是运营资金平衡难度大。由于社区商业多属于公益和微利型，单靠运营短期内难以实现盈利。湖滨未来社区“万物云”团队负责人也坦言，前期主要依靠政府投入以及销售出租闲置物业平衡资金，后期如何进一步推进尚在探索中。二是多元主体责任边界不够清晰。街道、居委、业委、物业、社区组织、居民等尚未建立起全过程统筹协调、常态化的问题研判和联动共享机制。三是专业人才缺乏。现有的运营团队流动性较大，高素质、专业化的运营管理人才缺乏。

四、若干启示

（一）树立全方位、全周期发展理念，加强未来社区顶层谋划

未来社区建设是一项全新的工作，要做好顶层设计、政策创新和统筹推

进工作。一是加强统筹规划。强化未来社区建设与城乡发展、国土空间、交通、产业、人才等规划编制的协同融合，做好未来社区建设与国土出让计划、土地收入预算等的有效衔接，充分考虑财政资金动态平衡问题。二是加强政策创新。以“最多跑一次”改革推动未来社区建设，围绕“九大场景”落地，着力在土地供给、规划控制、人才引进、金融支持、智慧设计等方面加强政策突破，强化对未来社区建设的政策引导和要素保障。三是加强工作推进。进一步完善未来社区建设的指标体系和标准体系，精心打造一批精品示范项目，以区块局部打造带动面上整体跃升，提升宁波城市建设品位，推动宁波城市发展有机更新。

（二）树立人本化、生态化发展理念，突显未来社区人文底蕴

坚持人本价值、伦理价值和美学价值三位一体，为未来社区建设注入持久深远的文化气质。一是彰显传统文化特色。在未来社区规划设计中要深入挖掘在地文化资源，深度融入地方文化特色，突出人文多样性、包容性和差异性，注重用艺术化的手段打造社区色彩、建筑形态等。二是拓展生态绿色空间。推广绿色节能建筑和零能耗建筑，提高社区综合节能水平。加强空中花园、绿色连廊等立体生态布局，开展生活垃圾智慧化治理。三是构建全生活链体系。借鉴日本、新加坡等国外 BLOCK 街区设计理念，构建周边 15 分钟生活服务圈，在建筑造型、空间设计上更好满足居民日常交往、游憩等需求，提供高品质、集成式、多样化便捷服务。

（三）树立数字化、智慧化发展理念，夯实未来社区科技底盘

充分运用数字技术赋能未来社区建设，提升社区治理和服务的精细化和精准化水平。一是推进社区治理数字化。坚持“政府导治、社区智治、居民自治”，积极推进跨层级、跨系统、跨部门的业务协同，推进数据交互共享，实现公共服务流程再造，打通数字治理“最后一公里”。二是推进社区服务数字化。依托智慧平台建设，推进“九大场景”布局落地，围绕“一老一小”等重点人群，培育发展新业态新模式，推动物业公司向社区生活服务平台运营商转型，切实提升居民生活幸福感、获得感、安全感。三是推进社区公益数字化。建立健全社区居民积分制服务机制，让居民凭借积分享受社区服务。引进培育社区公益组织，发挥社区基金会、志愿者协会、时间银行等作用，引导居民自我管理、自我服务。

（四）树立多元化、高效化发展理念，创新未来社区建设机制

突破传统思维定式，创新建设思路，探索形成科学高效、具有宁波特色的未来社区建设体制机制。一是创新建设运营模式。统筹项目审批、土地开发、工程建设、后续运营、场景落地等各个环节，大胆探索“投建管运”一体化模式，切实把各方责任落实好、利益兼顾好。二是创新多元参与机制。探索产业联盟支撑的可持续未来社区建设模式，落实“带方案”土地出让制度，创新PPP、众筹、发展基金等融资方式，引导支持国资、民资、外资共同参与建设运营和服务供给。三是创新公众参与机制。鼓励居民参与社区规划与更新过程，对庭院、架空层等与群众关联密切的空间区域，可引导组织居民自我设计，实现社区功能模块的动态调整与完善。

史　斌

后　记

2022年以来，面对异常复杂严峻的外部环境和超预期因素叠加冲击，我们坚持以习近平新时代中国特色社会主义思想为指导，全面贯彻党的二十大精神，在浙江省委、省政府的坚强领导下，宁波市委、市政府忠实践行“八八战略”，贯彻落实“两个先行”，统筹疫情防控和经济社会发展，在全市上下共同努力下，实现了现代化滨海大都市建设良好开局。

宁波市政府发展研究中心紧扣决策咨询服务领导工作这条主线，紧紧围绕市委、市政府的决策部署，抓住事关宁波发展全局的重点、难点和热点问题，深入调查研究，集思广益，取得了一批可喜的研究成果。我们从中遴选了部分研究成果，分为城市发展、现代经济、产业提质、助企纾困、改革开放、社会民生等六个篇章，结集为《奋力打造中国式现代化市域样板——2022宁波发展研究报告》，供决策参考和研究交流。

宁波市政府发展研究中心研究一处承担了本书编撰的相关工作，其他编委会成员和相关处室承担了审稿工作。全书由宁波市政府发展研究中心主任、党组书记张健同志审定。

本书在编写过程中得到市有关领导及相关部门的关心和指导，还得到中国商业出版社的支持和帮助，在此特致谢忱。囿于水平，书中不足在所难免，恳望批评指正。

编　者

2023年4月